合格奪取！
中国語検定 2級 トレーニングブック 筆記問題編

戴 暁旬 = 著

ask PUBLISHING

まえがき

　本書は中国語検定2級の受験者、及び中国語の読解力、文法力をいっそう高めようとする学習者のために作ったものです。大きく分けて文法の説明、練習問題、長文、模擬試験、常用連語リストの5つの部分によって構成されています。

　文法説明には慣用表現、多義語、類義語も多く取り入れており、練習問題はこれまでの検定試験の形式に沿ったものです。また独学者及びこの参考書を手に取った学習者の使いやすさを考慮し、すべての例文や練習問題、長文に日本語訳とピンインを添え、出来る限り詳細な解説文をつけました。各自の状況に応じて、本書をご活用ください。例えば、本書に用意した文法を一通り整理した上で、練習問題、長文問題を解いても、あるいは先に練習問題を解いて引っかかった箇所についてだけ文法の補強をしてもよいです。

　中国語検定2級の試験問題は3級と比べてはるかに難易度が高いため、多くの練習問題や長文を通じて文法力の他に、類義語、多義語、慣用句などの語彙力、読解力を向上させることが不可欠です。また検定試験に合格するには聴力のアップも必要であり、リスニング問題対策は、戴暁旬『合格奪取！中国語検定2級トレーニングブック　リスニング問題編』（アスク出版）を是非ご利用ください。

　本書の刊行にあたって、アスク出版の浅見忠仁氏には編集から、校正にいたるまで、大変貴重なご助言、ご援助を戴き、ここで、厚くお礼を申し上げたいと思います。また応援、協力して戴いた友人、家族にも、とても感謝しています。最後に皆さんが本書を存分に活用され、試験に合格されることを、心から願っております。

2009年6月　戴　暁旬

中国語検定試験について

中国語検定試験

　日本中国語検定協会が実施している、中国語の学習成果を客観的に測るための検定試験です。
　準4級・4級・3級・2級・準1級・1級の6段階に分かれ、試験は3月、6月、11月の年3回実施されています。(1級は11月の1回のみです。)
　本書は2級の筆記問題を対象としております。

2級の認定基準（日本中国語検定協会の試験概要より）
- ●実務能力の基礎づくり完成の保証：複文を含むやや高度の中国語を読み、3級程度の文章を書くことができること。日常的な話題での会話が行えること。
- ●出題内容：単語・熟語・慣用句の日本語訳・中国語訳、多音語・軽声の問題、語句の用法の誤り指摘、100～300字程度の文章の日本語訳・中国語訳。

出題方式

　各級とも、リスニング試験と筆記試験で構成され、解答はマークシート方式と一部記述式を取り入れています。また2級の試験時間は120分です。

●申し込み方法などの詳しい内容は、下記にご確認ください。

日本中国語検定協会
〒102-8218　東京都千代田区九段北1-6-4 日新ビル5F
TEL：03-5211-5881　FAX：03-5211-5882
URL：http://www.chuken.gr.jp　E-Mail：info@chuken.gr.jp

本書の特色・使い方

本書は中国語検定試験 2 級筆記問題対策用のトレーニングブックです。

分野別に過去問題を徹底分析し、苦手な問題を集中的に勉強できるよう、要点を細かく整理、出題形式に沿って、豊富に問題を用意しました。

これにより、弱点を克服し、またたくさんの問題を解くことで、本番の試験での対応力がつくでしょう。

STEP1「文法を整理しよう！」から、STEP4「実力アップを確認しよう！」まで、それぞれ文法解説、練習問題、長文読解問題、模擬試験で構成されています。

どこから始めても構いません。自由に使って合格への近道としましょう。

STEP2～STEP4 の各問題には、チェックボックスを用意しています。学習成果の確認にご利用ください。また、解答は白抜き数字となっております。

本書の使い方

STEP 1　文法を整理しよう！

2 級でよく出題される文法事項を中心に、補語や多義語、類義語などを豊富な例文で解説しています。すでに習った文法事項や語句でも、さらに高度な使い方や知識を求められますので、しっかり整理しましょう。

STEP 2　練習問題にチャレンジしよう！

2 級筆記問題には、長文読解問題の他に、正しい文の選択問題、正しくない文の選択問題、意味の近い語を選択する問題、空欄補充問題、作文（日文中訳）問題が出題されますので、それらの問題に対応できるよう、それぞれ 130～150 問の問題を用意しました。

正しい文の選択問題は、正しくない文も見極められるよう正しい文が 1 つだけではなく 3 つまである形式にしています。

> **STEP 3　長文読解問題を克服しよう！**

　２級の長文読解問題は、①と④で２題出題されます。①は 10 問、④は６問の設問がこれまで出題されてきましたので、本書の長文読解問題は１題につき、16 問の設問を用意しました。
　長文読解問題は総合的な力が試されます。８題の長文読解問題で、総合的な力を確かなものにしましょう。

> **STEP 4　実力アップを確認しよう！**

　筆記問題の模擬試験を２回分用意しています。最後に実際の時間通りに解いて、本番に備えるもよし、最初に解いて、弱点を見極めるのもよいでしょう。
　２回分ありますので、自由に活用してください。

> **付録　常用連語、熟語、離合詞**

　２級レベルで必要とされる常用連語、熟語、離合詞をまとめました。実際の会話をより生き生きとしたものにするためにも、しっかり覚えましょう。

　●**本書をご購入の皆様へ**
　　学習補助ツールがアスクオンラインよりダウンロードできます。ぜひご活用ください。

> **中国語検定２級　学習補助ツールダウンロード URL**
> http://www.ask-digital.co.jp/chinese/chuken/test/

もくじ

まえがき
中国語検定試験について ………………………………………………… 4
本書の特色・使い方 ……………………………………………………… 5

STEP 1　文法を整理しよう！

❶ 様々な品詞とそれらの構文 ……………………………………………… 12
　量詞 ……………………………………………………………………… 12
　二重目的語を取る動詞 ………………………………………………… 17
　離合詞 (分離動詞) …………………………………………………… 17
　動詞や文を目的語に取る動詞 ………………………………………… 18
　動詞 (句) の連用による連動文、兼語文、使役文 ………………… 19
　　連動文 ………………………………………………………………… 19
　　兼語文 ………………………………………………………………… 19
　　使役文 ………………………………………………………………… 20
　助動詞 …………………………………………………………………… 21
　前置詞、および比較文、"把"構文、受身文 ………………………… 23
　　比較文 ………………………………………………………………… 30
　　"把"構文 …………………………………………………………… 31
　　受身文 (受身構造を用いない、意味上の受身文・受身の意味を持つ動詞による受身文・
　　　　　日本語では受身表現をしない例文・中国語で受身表現をしない例文) ………… 33
　接続詞などによる慣用表現 …………………………………………… 36
　疑問詞、副詞などによる反語文 ……………………………………… 54
　副詞の"在"による進行を表す構文 ………………………………… 55
　助詞の"着"による持続を表す構文、及び存現文 ("着"の他の用法) … 56
　存現文 …………………………………………………………………… 57
　助詞の"过"による経験や完了を表す構文 ………………………… 58
　助詞の"了"による完了、変化などを表す構文 …………………… 59
　　完了（実現）について ……………………………………………… 59
　　状態変化について …………………………………………………… 60
　　"了"をつけるかどうか、迷うとき ("了"の他の用法) ………… 61

2 様々な補語 …………………………………………… 64
　数量補語 …………………………………………… 64
　方向補語 …………………………………………… 65
　結果補語 …………………………………………… 70
　可能補語 …………………………………………… 72
　可能補語と助動詞の比較 ………………………… 73
　程度補語 …………………………………………… 74
　程度補語と可能補語の比較 ……………………… 75
3 様々な多義語 ………………………………………… 76
　"个"のいろいろな用法 …………………………… 76
　"给"のいろいろな用法 …………………………… 76
　"在"のいろいろな用法 …………………………… 77
　"着"のいろいろな用法 …………………………… 78
　"好"のいろいろな用法 …………………………… 79
　"对"のいろいろな用法 …………………………… 80
　"弄"のいろいろな用法 …………………………… 81
　"来"のいろいろな用法 …………………………… 82
　"上"のいろいろな用法 …………………………… 83
　"下"のいろいろな用法 …………………………… 84
　"就"のいろいろな用法 …………………………… 85
　"才"のいろいろな用法 …………………………… 86
　"倒"のいろいろな用法 …………………………… 86
4 様々な類義語 ………………………………………… 87
　副詞の類義語 (不と没 (有) の使い分けについて) … 87
　量詞、名詞の類義語 ……………………………… 95
　動詞、形容詞の類義語 …………………………… 101
　接続詞、前置詞の類義語 ………………………… 120

STEP 2　練習問題にチャレンジしよう！

- ❶ 正しい文の選択 (140 問) ……………………………… 128
    - 正しい文の選択　解答と解説 …………………… 147
- ❷ 意味の近い語を選択 (130 問) ………………………… 177
    - 意味の近い語を選択　解答と解説 ……………… 188
- ❸ 空欄補充 (130 問) ……………………………………… 214
    - 空欄補充　解答と解説 …………………………… 224
- ❹ 作文 (150 問) …………………………………………… 248
    - 作文　解答例と解説 ……………………………… 257

STEP 3　長文読解問題を克服しよう！

- 長文 (1) / 長文 (2) / 長文 (3)/ 長文 (4) / 長文 (5) / 長文 (6) / 長文 (7) / 長文 (8) …… 284
- 長文読解問題 解答と解説 ………………………………… 307

STEP 4　実力アップを確認しよう！

- 筆記問題　模擬試験　第 1 回 …………………………… 342
- 筆記問題　模擬試験　第 2 回 …………………………… 348
- 筆記問題　模擬試験　第 1 回　解答と解説 …………… 354
- 筆記問題　模擬試験　第 2 回　解答と解説 …………… 366

付録　常用連語、熟語、離合詞　　　　　　　　　378

STEP 1
文法を整理しよう！

中国語の文法知識を効率的に復習するため、このステップでは文法知識をまとめて整理し、重要な文法事項や慣用表現における例文も用意しました。これらの例文を生かしながら文法力を上げましょう！

1 様々な品詞とそれらの構文

中国語の品詞は**名詞、動詞、形容詞、数詞、量詞、副詞、助動詞、代詞、前置詞（介詞）、接続詞、助詞、感嘆詞、擬声詞**があります。本書は量詞、動詞、助動詞、前置詞（介詞）、接続詞、副詞、疑問詞、助詞の順にポイントを説明します。動詞はいろいろなタイプがあり、例えば、意味から見れば、動作動詞、状態動詞があります。文法から見れば、目的語の取れる動詞と取れない動詞、及び１つの目的語しか取れない動詞、二重目的語の取れる動詞もあります。さらにその目的語が代詞、名詞である場合、動詞や文である場合もあります。ここではいろいろな品詞を説明すると同時に関連する文型をまとめて整理しました。

量詞

中国語の量詞は２つに大きく分かれ、物や事柄の数を数える**名量詞**、及び動作の回数や期間を数える**動量詞**があります。さらに**名量詞**は**個体量詞、集合量詞、不定量詞、複合量詞、度量衡量詞**があり、**借用量詞**（本来の名詞を借りて量詞として用いるもの）は**名量詞**と**動量詞**があります。ここでは一覧表にまとめました。

名量詞（個体、集合、不定、複合）一覧

量詞	説明	例
把 bǎ	握りのある物、ひとつかみ	雨伞 / 椅子 / 钥匙 / 锁 / 扇子 / 刀 / 剪子 / 梳子 米 / 花 / 鼻涕 / 眼泪 / 胡子 / 火 / 劲儿 / 沙子 / 土
包 bāo	包んだ物	药
瓣 bàn	花弁や実等の一切れ	橘子 / 蒜
帮 bāng	群れ	人 / 孩子
杯 bēi	コップ	茶 / 酒 / 水
本 běn	本など	书 / 词典 / 杂志 / 小说
笔 bǐ	まとまりの金銭（口）	钱 / 款 / 买卖 / 交易 / 债 / 财产 / 收入 / 资金
步 bù	一歩の距離	步
部 bù	資料など	资料 / 作品 / 电影 / 手机 / 小说
册 cè	冊	地图 / 书
层 céng	重なっている物 物の表面を覆う物	楼 / 建筑 / 玻璃 / 纸 冰 / 雪 / 灰 / 油 / 薄膜 / 油漆
出 chū	芝居など	戏
串 chuàn	つながっている物	鞭炮 / 珠子 / 葡萄 / 眼泪
床 chuáng	布団などの寝具	被子
沓 dá	重なった薄い物	钞票 / 纸

打 dá	12個で1組となった物	铅笔
道 dào	回数、命令や問題や細い物	菜 / 手续 / 命令 / 题 / 浓眉 / 光 / 彩虹 / 闪电
滴 dī	しずく	水 / 眼泪 / 汗珠 / 血
顶 dǐng	てっぺんのある物	帽子 / 轿子 / 蚊帐
栋 dòng	家屋	房子
堆 duī	積んである物や群れ	垃圾 / 东西 / 土 / 人 / 问题
对 duì	2つで1組になっている物など	夫妇 / 夫妻 / 情人 / 恋人 / 鸳鸯 / 耳环 / 手镯 / 枕头 / 电池 / 花瓶 / 眼睛 / 翅膀 / 角
队 duì	一団の人、隊	人
段 duàn	一定の距離、時間、事物の段落	距离 / 路 / 时间 / 时期 / 文章 / 话 / 相声 / 历史 / 故事 / 日记
朵 duǒ	花や雲	花 / 云
份 fèn	セットになった物 新聞や書籍、その他	饭 / 礼物 / 报纸 / 工资 / 工作 / 心意 / 友情
封 fēng	手紙	信
幅 fú	絵画など	画儿 / 刺绣 / 地图
副 fù	セットや組で使う物など	眼镜 / 手套 / 耳环 / 手镯 / 手铐 / 球拍 / 对联 / 筷子 / 麻将牌 / 扑克 / 象棋 / 嗓子 / 笑脸
个 ge	最も常用の物	人 / 字 / 苹果 / 公司 / 故事 / 办法 / 秘密 / 问题 / 计划 / 理由 / 电影 / 小时 / 星期 / 月
根 gēn	細長い物	线 / 头发 / 筷子 / 木头 / 草 / 蜡烛 / 神经 / 绳子
管 guǎn	細い円筒形の物	笔 / 牙膏
股 gǔ	気体や水の流れなど	风 / 气 / 味儿 / 烟 / 泉水 / 劲儿 / 力量
行 háng	行や列になった物	字 / 树 / 眼泪
盒 hé	箱入りの物	饭 / 点心 / 火柴
伙 huǒ	人の群れ	人
家 jiā	商店、企業など	商店 / 旅馆 / 公司 / 医院 / 饭店 / 报社
架 jià	飛行機など	飞机
间 jiān	部屋	屋子
件 jiàn	衣服、事柄など	衣服 / 行李 / 事 / 东西 / 工具 / 礼物 / 商品
节 jié	幾つかの区切りに分けられる物	课 / 车厢 / 电池
句 jù	言葉	话 / 诗

具 jù	一部の器具、死体	座钟 / 尸体	
卷 juǎn	巻いた物	电线 / 纸	
颗 kē	丸くて小さい物	豆子 / 玉米 / 种子 / 珠子 / 星 / 牙齿 / 心	
棵 kē	木など	树 / 草	
口 kǒu	家族の人数など	人 / 牙齿 / 气 / 井	
块 kuài	塊状や片状の物	糖 / 橡皮 / 肉 / 骨头 / 砖 / 石头 / 肥皂 / 手表 / 板 / 冰 / 玻璃 / 镜子 / 布 / 地 / 点心 / 豆腐	
类 lèi	類	人 / 动物 / 问题 / 书	
粒 lì	粒状の物	米 / 种子	
辆 liàng	乗り物	汽车 / 自行车	
摞 luò	積み重ねた物	报纸 / 书 / 盘子 / 砖	
枚 méi	小さい物	邮票 / 硬币	
门 mén	学科、技術など	课 / 技术 / 手艺 / 外语 / 学问 / 炮 / 亲戚 / 心思	
面 miàn	平たい物	镜子 / 锣 / 旗	
名 míng	人	学生	
排 pái	並び、列	树 / 牙齿	
盘 pán	皿に盛った物など	棋 / 菜	
批 pī	ひとまとまりの物、人	货物 / 商品 / 人	
匹 pǐ	馬	马	
篇 piān	文章	文章 / 小说 / 日记	
片 piàn	平たく薄い物、面積や範囲の広い物など	药 / 面包 / 云 / 土地 / 沙漠 / 草地 / 森林 / 心	
瓶 píng	瓶	啤酒 / 可乐	
群 qún	群になっている物	人 / 羊	
扇 shàn	扉、窓など	门 / 窗户	
首 shǒu	詩や歌など	歌 / 诗歌	
束 shù	束ねた物	花	
双 shuāng	ペアの物	手 / 脚 / 翅膀 / 眼睛 / 鞋 / 袜子 / 手套 / 筷子	
艘 sōu	船	船	
所 suǒ	建物	房子 / 学校	
台 tái	家電、出し物など	电视 / 电话 / 洗衣机 / 电脑 / 照相机 / 戏	
摊 tān	広がった液状の物	水 / 泥 / 血	
套 tào	組になった物や事柄	茶具 / 邮票 / 衣服 / 家具 / 办法 / 书	
条 tiáo	細長い物など	裤子 / 裙子 / 毛巾 / 被子 / 虫子 / 狗 / 蛇 / 尾巴 / 命 / 船 / 沟 / 绳子 / 河 / 街 / 标语 / 消息	

头 tóu	牛など	牛 / 狮子 / 象	
团 tuán	丸まった物	毛线 / 火 / 棉花	
碗 wǎn	碗	饭 / 汤	
位 wèi	敬意を受ける人	客人 / 老师	
项 xiàng	項目、種類に分けた物	声名 / 工作 / 计划 / 技术 / 政策 / 制度	
眼 yǎn	穴	井	
样 yàng	種類	东西 / 工具	
扎 zhā	ジョッキ	啤酒	
盏 zhǎn	灯り	灯	
张 zhāng	平面のある物など	桌子 / 床 / 纸 / 照片 / 票 / 报纸 / 表 / 地图 / 嘴 / 脸	
幢 zhuàng	建物	楼房 / 大楼	
支（枝）zhī	棒状の物など	笔 / 烟 / 蜡烛	
只 zhī	動物、対になっている物の1つなど	猫 / 兔子 / 熊猫 / 鸭 / 鸟 / 狗 / 老虎 / 老鼠 / 眼睛 / 手 / 耳朵 / 鞋 / 船 / 耳环	
种 zhǒng	種類	动物 / 商品 / 现象 / 看法 / 思想	
撮 zuǒ	ひとつまみ	胡子 / 头发	
座 zuò	大きく固定した物	山 / 城市 / 桥 / 宫殿 / 塔 / 坟 / 水库 / 塑像	
些 xiē	不確定の数量	人 / 东西 / 问题 / 工作 / 地方 / 意见	
点儿 diǎnr	不確定の数量	东西 / 问题 / 工作 / 意见	
人次 réncì	延べ人数	人次	

名量詞（度量衡）一覧

量詞	説明
尺 chǐ	3分の1メートルに相当
寸 cùn	"尺"の10分の1
公斤 gōngjīn	キログラム
斤 jīn	500グラム
两 liǎng	50グラム
克 kè	グラム
公里 gōnglǐ	キロメートル
里 lǐ	500メートル
米（公尺）mǐ	メートル
厘米（公分）límǐ	センチメートル

動量詞一覧

量詞	説明	例
遍 biàn	最初から終わりまでの全過程の回数	写一遍（ひと通り書く）
场 cháng	風雨、雪、戦争、病気、災害、悪夢等の回数	病了一场（酷い病気にかかった）大哭一场（ひとしきり泣きわめく）
场 chǎng	芝居、映画、試合等の回数	赛一场（試合を1回する）
次 cì	動作の回数	去一次（1回行く）
顿 dùn	叱責等の回数	被训了一顿（ひとしきり叱られた）
番 fān	回、度	解释一番（ひと通り説明する）
回 huí	動作の回数	去过一回（1回行ったことがある）
起 qǐ	事件、事故の回数	有一起事故（事故が1件あった）
趟 tàng	往復の回数	去一趟（1往復する）
下 xià	手で叩いたり押したりする回数	敲一下（1回叩く）
阵 zhèn	しばらく続いている事や動作に用いる	雨下了一阵（雨はひとしきり降った）

借用量詞の例（☆名量詞としての例、★動量詞としての例）

量詞	例
刀 dāo	切了一刀（★ナイフで切った）
地 dì	撒了一地（★床一面にこぼした）／一地水（☆床一面の水）
脚 jiǎo	踢了一脚（★ポンと蹴った）
觉 jiào	睡了一觉（★ひと眠りした）
口 kǒu	喝了一口（★ひと口飲んだ）
脸 liǎn	一脸汗（☆顔中汗だらけ）
枪 qiāng	开了一枪（★鉄砲で撃った）
拳 quán	打了一拳（★ぽかりと殴った）
身 shēn	一身汗（☆全身汗びっしょり）／一身本领（☆技能を身につけた）
声 shēng	说了一声（★一声かけた）
手 shǒu	一手好手艺（☆素晴らしい腕前）
头 tóu	一头白发（☆頭いっぱいの白髪）
屋子 wūzi	一屋子烟（☆部屋いっぱいの煙）
箱子 xiāngzi	一箱子书（☆箱いっぱいの本）
眼 yǎn	看了一眼（★チラッと見た）
桌子 zhuōzi	一桌子资料（☆机いっぱいの資料）

二重目的語を取る動詞

「**主語＋動詞＋間接目的語＋直接目的語**」のような文型に用いる動詞、すなわち2つの目的語を取る動詞です。直接目的語は名詞だけではなく文によるものもあります。実際二重目的語を取る動詞は少数であり、例えば、"**称** chēng，**递** dì，**罚** fá，**告诉** gàosu，**给** gěi，**还** huán，**回答** huídá，**奖** jiǎng，**教** jiāo，**交** jiāo，**叫** jiào，**借** jiè，**扣** kòu，**买** mǎi，**卖** mài，**赔** péi，**抢** qiǎng，**求** qiú，**收** shōu，**送** sòng，**偷** tōu，**通知** tōngzhī，**托** tuō，**问** wèn，**找** zhǎo"などがあります。その他に"**写** xiě，**留** liú，**寄** jì，**唱** chàng，**带** dài"などのような本来"あげる"意味のない動詞の後に"**给**"をつけることによって2つの目的語を取ることが可能になります。

按我们公司的规定，得**收**你百分之五的服务费。
Àn wǒmen gōngsī de guīdìng, děi shōu nǐ bǎi fēn zhī wǔ de fúwùfèi.
（会社の規定により5パーセントのサービス料を差し引かなければならない。）

她好像喜欢别人**叫**她妹妹，不喜欢别人**叫**她姐姐。
Tā hǎoxiàng xǐhuan biéren jiào tā mèimei, bù xǐhuan biéren jiào tā jiějie.
（彼女は人に妹と呼ばれるのは嬉しそう、お姉さんと呼ばれるのは嬉しくなさそうだ。）

你可真有先见之明，还没等我开口，你就猜出来了我要**问**你什么。
Nǐ kě zhēn yǒu xiān jiàn zhī míng, hái méi děng wǒ kāikǒu, nǐ jiù cāichulaile wǒ yào wèn nǐ shénme.
（あなたは本当に先見の明があるね、私がまだ口を開けないうちに、あなたはもう私が何を聞こうとするかわかったよね。）

我前几天**寄给**你一封特快专递，收到了吗？
Wǒ qiánjǐtiān jìgěi nǐ yì fēng tèkuài zhuāndì, shōudào le ma?
（先日エクスプレスメールを送りましたが、受け取りましたか。）

離合詞（分離動詞）

2音節の動詞には「**動詞＋目的語**」の構成になっているものがあり、その間に他の要素が入ってくることができます。分離動詞とも呼ばれています。
離合詞を使うときに以下のことに注意する必要があります。
⑴一般に数量補語やアスペクト助詞などは、離合詞の間に挿入します。
⑵基本的に離合詞の後に目的語を取ることができませんので、目的語を前置詞で離合詞の前に出すか、或いは離合詞の間に挿入することになります。
⑶離合詞「ＡＢ」の重ね型は「ＡＡＢ」となり、「ちょっと～してみる」、或いは軽い気持ちで「～したり、～したりする」の意味を表します。

※単音節動詞の重ね型は「Ａ＋(一)＋Ａ」、2音節動詞「ＡＢ」の重ね型は「ＡＢＡＢ」、2音節形容詞「ＡＢ」の重ね型は、一般に「ＡＡＢＢ」となります。

(4) 例外ですが、目的語が取れる離合詞もあります。例えば、"担心 dānxīn，注意 zhùyì，起草 qǐcǎo，出席 chūxí"などがあります。

每到星期天我都要在网上下一会儿棋。
Měi dào xīngqītiān wǒ dōu yào zài wǎngshang xià yíhuìr qí.
(日曜日になると私はいつもネットで少し囲碁を打つ。)

今天是大喜的日子，你怎么扫大家的兴呢?
Jīntiān shì dàxǐ de rìzi, nǐ zěnme sǎo dàjiā de xìng ne?
(今日はめでたい日なのに、どうして君は皆をがっかりさせるの?)

等有空儿我们去香格里拉游游山玩儿玩儿水吧。
Děng yǒu kòngr wǒmen qù Xiānggélǐlā yóuyou shān wánrwanr shuǐ ba.
(暇になったら、シャングリラへ景勝地を楽しみに行きましょう。)

他正忙着起草一个文件呢。Tā zhèng mángzhe qǐcǎo yí ge wénjiàn ne.
(彼は原稿の下書き作りで、忙しくしているところだ。)

動詞や文を目的語に取る動詞

一部の動詞は単なる名詞を目的語に取るだけではなく、動詞や形容詞、及び文を目的語に取るものもあります。例えば、"爱 ài，表示 biǎoshì，答应 dāying，担心 dānxīn，得知 dézhī，发现 fāxiàn，辜负 gūfù，告诉 gàosu，估计 gūjì，欢迎 huānyíng，加以 jiāyǐ，记得 jìde，继续 jìxù，建议 jiànyì，教 jiāo，纪念 jìniàn，讲究 jiǎngjiu，进行 jìnxíng，拒绝 jùjué，觉得 juéde，决定 juédìng，决心 juéxīn，开始 kāishǐ，看 kàn，看见 kànjiàn，怀疑 huáiyí，后悔 hòuhuǐ，练习 liànxí，怕 pà，盼望 pànwàng，期待 qīdài，认为 rènwéi，说 shuō，送 sòng，提醒 tíxǐng，听 tīng，听见 tīngjiàn，同意 tóngyì，忘 wàng，问 wèn，希望 xīwàng，习惯 xíguàn，喜欢 xǐhuan，小心 xiǎoxīn，相信 xiāngxìn，想 xiǎng，需要 xūyào，学 xué，学会 xuéhuì，要求 yāoqiú，以为 yǐwéi，影响 yǐngxiǎng，预定 yùdìng，赞成 zànchéng，知道 zhīdao，祝 zhù，注意 zhùyì，准备 zhǔnbèi"などは名詞だけを目的語に取るものではありません。

怪不得妈妈一大早儿就开始打扫房间，原来今天要来客人啊!
Guàibude māma yídàzǎor jiù kāishǐ dǎsǎo fángjiān, yuánlái jīntiān yào lái kèren a!
(道理でお母さんは朝はやくから部屋を掃除し始めたわけだ、なんだ今日はお客さんが来るのか。)

偶然得知我的血管年龄比实际年龄老得多，从此以后就再也不敢打通宵了。

Ǒurán dézhī wǒ de xuèguǎn niánlíng bǐ shíjì niánlíng lǎo deduō, cóngcǐ yǐhòu jiù zài yě bù gǎn dǎ tōngxiāo le.
（偶然に自分の血管年齢は実際の年齢よりずっと上になったことを知り、それからは恐れて徹夜で仕事するのはもうしないようにした。）

動詞（句）の連用による連動文、兼語文、使役文

動詞（句）の連用からなっている構文があり、これらの動詞（句）が同じ主語にかかわる文を連動文といい、異なる主語にかかわる文を兼語文といいます。使役文も兼語文の1つです。

連動文

(1) 一般に前の動詞（句）が後の動作の手段を表し、後ろの動詞（句）が前の動作の目的を表します。また前後の動作が関係なく、単なる動作の行われる順で並ぶ文もあります。**"了"** は最後の動詞（句）にかかります。

(2) **"有"** をもつ連動文は「**"有/没有"＋目的語＋動詞（句）**」の形で、後ろの動詞（句）が前の **"有/没有"** の目的語を修飾すると考えることができます。

(3) 連動文は一般に **"来/去＋動詞"** のように動作の順に動詞を並べますが、**"来/去"** の後に目的語がない場合、**"動詞＋来/去"** のような語順も用いられます。例えば、**"我去买东西"** ＝ **"我买东西去"**

(4) **"我来安排吧"** 文中の **"来"** は、具体的な動作を表すのではなく、積極的に動作をする意味を表します。

他们坐火车去丽江了。Tāmen zuò huǒchē qù Lìjiāng le.
（彼らは汽車で麗江に行きました。）

人人都有责任关心和爱护儿童。Rénrén dōu yǒu zérèn guānxīn hé àihù értóng.
（誰でも、子供に関心を寄せ子供を守る責任がある。）

你拿着书不看的话，先给我看看吧。
Nǐ názhe shū bú kàn dehuà, xiān gěi wǒ kànkan ba.
（君が本を手にして読まないのなら、先に読ませてください。**後ろに否定形が来る場合もある**）

他有病没来学校。Tā yǒu bìng méi lái xuéxiào.
（彼は病気で学校に来なかった。**このような原因を表す文もある**）

兼語文

(1)「**主語＋動詞＋目的語（後ろの動詞句の主語を兼ねる）＋動詞（句）**」のよう

に前の動詞の目的語がその後の動詞句の主語になっている構文です。

(2) よく使うものに **"让，叫，请，要，给，要求** yāoqiú，**劝** quàn，**允许** yǔnxǔ，**强迫** qiǎngpò，**逼** bī，**命令** mìnglìng，**表扬** biǎoyáng，**批评** pīpíng，**提醒** tíxǐng，**夸** kuā，**夸奖** kuājiǎng，**托** tuō，**求** qiú，**派** pài，**催** cuī，**选** xuǎn，**喜欢**，**嫌** xián，**讨厌** tǎoyàn，**怪** guài，**埋怨** mányuàn，**感谢**，**谢谢"** などがあります。

(3) **"有"** をもつ兼語文は「**主語＋"有"＋"有"の目的語であると同時に後ろの動詞句の主語＋動詞句**」の形となります。

因为他两个月没交房租了，所以房东强迫他搬走了。
Yīnwèi tā liǎng ge yuè méi jiāo fángzū le, suǒyǐ fángdōng qiǎngpò tā bānzǒu le.
(彼が2ヶ月家賃を払わなかったので、大家さんは強制的に出てもらった。)

你能不能把这次旅行的见闻讲给我听听？
Nǐ néng bu néng bǎ zhècì lǚxíng de jiànwén jiǎnggěi wǒ tīngting?
(今回の旅行の見聞を語って聞かせてもらえませんか。)

我喜欢你会体贴人。Wǒ xǐhuan nǐ huì tǐtiē rén.
(私はあなたの人を思いやるところが好きだ。)

她有两个姐姐是双胞胎。Tā yǒu liǎng ge jiějie shì shuāngbāotāi.
(彼女には双子であるお姉さんがいます。)

中国有句俗语叫做"天下无难事，只怕有心人"。
Zhōngguó yǒu jù súyǔ jiàozuò "Tiānxià wú nánshì, zhǐ pà yǒuxīnrén".
(中国に「世の中に難しいことはない、やろうとしさえすれば」ということわざがある。)

使役文

使役文は兼語文の1つであり、「**主語＋使役動詞＋目的語（主に人）＋動詞（句）**」の形を取り、「〜（主に人）に（を）〜させる」という意味を表します。使役動詞は **"让，叫，请，使，令"** などがあります。

(1) **"让，叫"** は主に人に行動をさせるときに用います。**"请"** は「〜していただく」。否定は **"不，没（有）"** を用い、使役動詞の前に置きます。**"不让"** は「〜させない」、**"没让"** は「〜させなかった」となります。

(2) **"使，令"** は意図的に人に行動をさせるのではなく、ある原因で何らかの状態や感情を変化させるときに用いることが多いです。後ろによく感情、状態、気持ちを表す言葉が来ます。よく使う語句をそのまま覚えれば便利です。例えば、**"令人感动** lìngrén gǎndòng（人を感動させる），**令人高兴** gāoxìng（人を喜ばせる），**令人满意** mǎnyì（人に満足を感じさせる），**令人生气** shēngqì（人

を怒らせる)，**令人失望** shīwàng（人に失望をさせる)，**令人痛苦** tòngkǔ（人をつらくさせる)，**令人厌倦** yànjuàn（うんざりさせる)，**令人佩服** pèifu（人を敬服させる)，**令人尊敬** zūnjìng（尊敬させる)，**令人尴尬** gāngà（人を困らせる)"

她把自己的作品摆到小摊儿上，**让**大家评头品足。
Tā bǎ zìjǐ de zuòpǐn bǎidào xiǎotānrshang, ràng dàjiā píng tóu pǐn zú.
(彼女は自分の作品を屋台に並べて、皆さんにあれこれと批評させる。)

因为遗产问题，**使**兄弟之间产生了隔阂。
Yīnwèi yíchǎn wèntí, shǐ xiōngdì zhījiān chǎnshēngle géhé.
(遺産のことで、兄弟の間に溝ができた。)

助動詞

動詞の前に置き、**可能、願望、可能性、義務、必要、許可**などを表します。"**能，会，可以，想，要，应该，该，得，打算，肯，敢，愿意**"などがあります。

助動詞の一覧

助動詞	説明
能 néng	(1)能力や客観的な条件があって、或いは能力が回復して「〜できる」、(2)使い道があって「〜できる」、(3)許可されて「〜できる」、(3)の否定は一般に"不能"、(1)(2)の否定はやや複雑であり、一般に自分の意識による「できない」場合、"不能"を用い、客観的な理由による「できない」場合、「動詞＋"不了"」のような可能補語の否定形を用いることが多い
会 huì	(1)技能を習得して「〜できる」、子供の成長とともに、自然に身につけることから、より高水準の技能を習得することまで幅広く使われる。(2)可能性があって「〜するだろう、〜するはずだ」、文末に"的"をつけることによって断定の語気を強めることができる。(3)「〜するのが上手だ」、よく副詞"真，很"などを伴う。(4)否定は"不会"
可以 kěyǐ	(1)能力や条件があって「〜できる」、否定形は"不能"(2)許可されて「〜できる」、否定は"不能，不可以"を用い、"不可以"は禁止する意味になる。(3)使い道があって「〜できる」、否定は"不能"(4)「〜してみたら」という控えめにすすめることを表し、否定は"不值得"を用い、「〜する価値がない」の意味
想 xiǎng	「〜したい」、願望を表す。否定は"不想"

要 yào	(1)「〜したい、〜しようとする」、意思を表す、否定は"不想"(2)「〜する必要がある、〜しなければならない、〜すべきだ」、必要、義務を表す、否定は一般に"不用（〜する必要がない）"と"不要（〜してはいけない）"(3)「〜する予定だ、〜することになっている」、予定を表す、否定は一般に"不"(4)「いつも〜する」、習慣や傾向を表す。(5)可能性を表す。否定は"不会"
该 gāi	「〜すべきだ、〜のはずだ」、よく"该…了"の形で用いる
应该 yīnggāi	「〜すべきだ、〜しなければならない、〜のはずだ」、否定は一般に"不应该"。"应该"は"应当"とほぼ同じ意味
得 děi	「〜しなければならない」
打算 dǎsuan	「〜するつもりだ、〜する予定だ」、否定は"不打算"
肯 kěn	「〜しようとする、〜する気がある」、否定は"不肯"を用い、「〜しようとしない」
敢 gǎn	「〜する勇気がある」、否定は"不敢"
愿意 yuànyi	「（喜んで）〜したいと思う、〜する気がある」、否定は"不愿意"

今天**能**和各位共进晚餐，我感到很荣幸。
Jīntiān néng hé gèwèi gòngjìn wǎncān, wǒ gǎndào hěn róngxìng.
（今日は各位と共に夕食をとることができ、とても光栄に感じています。）

西瓜皮**能**做菜，而且味道还很不错呢。
Xīguāpí néng zuòcài, érqiě wèidao hái hěn búcuò ne.
（西瓜の皮で料理を作ることができる、しかも味も結構美味しい。**使い道があって「〜できる」**）

这孩子刚**会**走，还**不会**跑。Zhè háizi gāng huì zǒu, hái bú huì pǎo.
（この子は歩けるようになったばかり、まだ走ることができない。**人間の生まれつきの潜在的な能力があって成長とともにできるようになる**）

依我看，他们是**不会**注意到这条消息的。
Yī wǒ kàn, tāmen shì bú huì zhùyìdào zhèi tiáo xiāoxi de.
（私の見るところでは、彼らはこの記事に気づかないはずだ。）

有位预言家说，今天这里**将会**发生八级地震，吓得我哪儿也没敢去。
Yǒu wèi yùyánjiā shuō, jīntiān zhèli jiāng huì fāshēng bā jí dìzhèn, xiàde wǒ nǎr yě méi gǎn qù.
（ある予言者は、今日ここでマグニチュード8の地震が起こりそうだと言ったので、怖くてどこも行く気になれなかった。**副詞"将，一定，肯定"は助動詞"会"と合わさって使うこともある、「〜だろう」との意味となる**）

你可真**会**逗孩子玩儿啊！ Nǐ kě zhēn huì dòu háizi wánr a!
（あなたは本当に子供をあやすのが上手だ。）

这个会场**可以**（**能**）容纳多少观众？
Zhèige huìchǎng kěyǐ(néng) róngnà duōshao guānzhòng?
（この会場はどれくらいの観客を収容することができますか。収容能力を表す）

他的讲演总是有声有色的，你**可以**去听听。
Tā de jiǎngyǎn zǒngshì yǒu shēng yǒu sè de, nǐ kěyǐ qù tīngting.
（彼の講演はいつも生き生きとして面白い、あなた聞きに行ってみたら。「～してみたら」、軽いすすめを表す）

我每天都**要**在这个车站换车。Wǒ měitiān dōu yào zài zhèige chēzhàn huànchē.
（私は毎日この駅で乗り換えることになる。習慣を表す）

今天恐怕**要**挨老师批评了。Jīntiān kǒngpà yào ái lǎoshī pīpíng le.
（今日は恐らく先生に叱られるだろう。可能性）

你怎么**该**说的不说，**不该**说的却说起来没完呢？
Nǐ zěnme gāi shuō de bù shuō, bù gāi shuō de què shuōqilai méiwán ne?
（どうして言うべきことは言わず、言うべきではないことは逆にきりがないほど言うの？）

他早上十点就出发了，现在**应该**到了。
Tā zǎoshang shí diǎn jiù chūfā le, xiànzài yīnggāi dào le.
（彼は朝１０時にもう出発したので、いま着いたはずだ。）

她要是**肯**早点儿动手术的话，癌细胞怎么也不至于转移。
Tā yàoshi kěn zǎodiǎnr dòng shǒushù dehuà, áixìbāo zěnme yě búzhìyú zhuǎnyí.
（彼女がもしすすんではやく手術するなら、癌細胞は絶対に転移するまでには至らない。）

敢做**不敢**当，算什么男子汉大丈夫？
Gǎn zuò bù gǎn dāng, suàn shénme nánzǐhàn dàzhàngfu?
（やった事に責任を取る勇気がないなら、一人前の男とは言えるものか。）

谁**愿意**跟这样的人交往啊，一会儿满脸堆笑，一会儿不理不睬的。Shéi yuànyi gēn zhèyàng de rén jiāowǎng a, yíhuìr mǎnliǎn duīxiào, yíhuìr bù lǐ bù cǎi de.
（誰がこのような人と付き合いたいのですか、満面の笑みを浮かべたかと思うと、相手にしなかったりするのよ。）

前置詞、および比較文、"把"構文、受身文

「**前置詞＋目的語**」による前置詞句は単独で使わず、文の中では

⑴基本的に動詞・形容詞の前に置き、連用修飾語になり、**動作の場所、方向、時間、対象、原因、目的**などを表します。
⑵前置詞句は動詞の後に置き、補語として用いることもあります。
⑶前置詞句は連体修飾語として用いることもあります。
⑷目的語になる前置詞句もあり、例えば、"这么做，是**为了公司**"
⑸「**一部の動詞＋"着"**」の形で前置詞を作ることもあります。
例えば、"**按着** ànzhe（〜によって），**朝着** cháozhe（〜に向かって），**冲着** chòngzhe（〜に向かって、〜に対して），**跟着** gēnzhe（〜について），**接着** jiēzhe（続いて），**绕着** ràozhe（〜を巡って），**围着** wéizhe（〜を囲んで），**顺着** shùnzhe（〜に沿って），**沿着** yánzhe（〜に沿って），**依着** yīzhe（〜の言うことを聞く），**照着** zhàozhe（〜のように）"など。
⑹否定は **"不"**、**"没（有）"** が使えます。述語が動作を表す動詞の場合、**"不＋前置詞句＋動詞句"** の語順となり、述語が形容詞、或いは状態を表す動詞の場合、**"前置詞句＋不＋形容詞・動詞句"** の語順となります。ルールから外れるものもあります。

前置詞の一覧

前置詞	説明
按（按照） àn(ànzhào)	「〜に基づいて、〜によって」
把 bǎ	「〜を〜（する）」、目的語を動詞の前に出す、"把"構文を参照
被 bèi	「〜に〜（される）」、受身文の加動者を導く、受身文を参照
比 bǐ	「〜より」、比較対象を示す、比較文を参照
朝 cháo	「（〜の方向に）向かって」
趁 chèn	「〜のうちに、〜を利用して」
冲 chòng	「〜に向かって、〜に対して、〜に基づいて、〜のために」
从 cóng	⑴「〜から」、空間、時間、範囲の起点、変化の始まり、及び経由地を表す。⑵「〜に基づいて」、根拠を表す
打 dǎ	「〜から」、時間と場所の起点、経由地を表す
当 dāng	⑴「面と向かって」、⑵「〜のとき」、行われる時間や場所を表す
到 dào	「〜に、〜へ、〜まで」、到達地点（目的地）を表す
对 duì	「〜（主に人）に対して、〜（主に事柄）について」、対象を表す
给 gěi	「〜に」、受け手の対象、受益者、被害者を表す
跟 gēn	「〜と、〜から」、動作の対象を表し、また"跟/和…一样"は「〜と同じだ」となる、他に接続詞用法もある

和 hé	「～と」、関係が及ぶ対象を表す、他に接続詞用法もある
将 jiāng	「～を～（する)」、目的語を動詞の前に出す、"把"構文を参照
叫 jiào	「～に～（される)」、受身文の加動者を導く、受身文を参照
就 jiù	「～について」、他に副詞用法もある
就着 jiùzhe	「～を利用して」
据 jù	「～に基づいて」
离 lí	「～から、～まで」、時間や空間の隔たりを表す他に、現状と到達する基準や目標などとの隔たりを表すこともできる
论 lùn	「～によって、～についていえば」
拿 ná	「～を」、動作の対象を目的語にする。使う動詞は限られている、例えば、"开（玩笑），开（心），当，没（办法）"など
凭 píng	「～に基づいて、～によって、～を根拠に」
让 ràng	「～に～（される)」、受身文の加動者を導く、受身文を参照
替 tì	「～のために」、**比較**：(1)受益者を表す場合、"替、给、为"とも使える。(2)目的や原因を表す場合、"为"を使う。(3)「～に向かって」、動作の対象を表す場合、"给"を使う
通过 tōngguò	「～を通じて、～によって」
往 wǎng	「～（方向）に向かって」、動作の移動する方向を表す。"往"の後ろに方位詞や場所を表す言葉が来る
为 wèi	「～のために」、対象（主に受益者）、原因、目的を表す。目的を表す場合、"了"をつけることが多い
向 xiàng	「～（主に人）に、～（主に方向、場所）に向かって」、移動方向や対象を表す
依 yī	「～によれば、～に基づいて」
由 yóu	「～（人）によって～（する)、～（材料など）から（構成される)、～（来源）から（生じる)、(起点や経由場所）～から、(原因）～によって」、**比較**："从"と共に空間や時間の起点を表せるが、他は異なる
于 yú	「～に、～で、～にとって」、普通動詞（句）や形容詞の後に用い、動作の対象、目標、原因、時点、地点、比較の対象などを導く
与 yǔ	「～と」、対象を示す、書き言葉。他に接続詞用法もある
自 zì	「～から」、空間や時間の起点を表す
自从 zìcóng	「(過去のある時点を起点として）～から」、**比較**："自"は場所、時間とも使えるが、"自从"は時間しか使えない
在 zài	「～で」、動作が行われる場所を表す。他の用法はP77を参照

按（按照）他的实力拿冠军应该没什么问题。
Àn(Ànzhào) tā de shílì ná guànjūn yīnggāi méi shénme wèntí.
（彼の実力だと、チャンピオンを取るのは何も問題ないはずだ。）

厕所的门有的**朝**里开，有的**朝**外开。
Cèsuǒ de mén yǒude cháo lǐ kāi, yǒude cháo wài kāi.
（トイレのドアは内側に開くものもあれば、外側に開くものもある。）

朝南的房间是客厅，**朝**东的房间是寝室。
Cháo nán de fángjiān shì kètīng, cháo dōng de fángjiān shì qǐnshì.
（南向きの部屋はリビングルームであり、東向きの部屋は寝室だ。）

趁他们没注意，我偷偷地走了。Chèn tāmen méi zhùyì, wǒ tōutōude zǒu le.
（彼らが気づかないうちにこっそりと逃げてしまった。）

你**冲**我傻笑什么？Nǐ chòng wǒ shǎxiào shénme?
（君は私に向かって何をへらへら笑ってるの？）

千里之行，始于足下，我们**从**零做起吧。
Qiān lǐ zhī xíng, shǐ yú zú xià, wǒmen cóng líng zuòqi ba.
（千里の道も一歩からだから、私たちはゼロからやりましょう。）

有些案件是**从**犯人的笔迹破获的。
yǒuxiē ànjiàn shì cóng fànrén de bǐjì pòhuò de.
（一部の案件は犯人の筆跡から検挙したのだ。）

你能来看我，我真是**打（从）**心眼儿里高兴啊！
Nǐ néng lái kàn wǒ, wǒ zhēnshì dǎ(cóng) xīnyǎnrli gāoxìng a!
（見舞いに来ていただいて、本当に心の底から嬉しいですよ。）

你要是有什么不满的话，就**当**我面说吧。
Nǐ yàoshi yǒu shénme bùmǎn dehuà, jiù dāng wǒ miàn shuō ba.
（何か不満があれば、じかに言ってください。）

当最后一位马拉松选手跑到终点时，观众席上响起了雷鸣般的掌声。
Dāng zuìhòu yí wèi mǎlāsōng xuǎnshǒu pǎodào zhōngdiǎn shí, guānzhòngxíshang xiǎngqile léimíng bān de zhǎngshēng.
（最後のマラソン選手がゴールに飛び込んだとき、スタンドでは雷鳴のような拍手が沸き起こった。）

今天下了课，就**到**操场上**和**同学们玩儿耍，不慎把书包弄丢了。
Jīntiān xiàle kè, jiù dào cāochǎngshang hé tóngxuémen wánrshuǎ, búshèn bǎ shūbāo nòngdiū le.
（今日は授業が終わった後、すぐに運動場に行って同級生と遊んだので、うっかりしてカバンを失くした。）

你怎么**对**什么事儿都是漫不经心的?
Nǐ zěnme duì shénme shìr dōushì màn bù jīng xīn de?
(君はどうしてどんなことにも能天気なのか。)

她最近**对**我不理不睬的，可能是我无意中**把**她得罪了。
Tā zuìjìn duì wǒ bù lǐ bù cǎi de, kěnéng shì wǒ wúyìzhōng bǎ tā dézuì le.
(彼女が最近相手にしてくれないが、私は無意識に彼女を怒らせただろうか。)

给爸爸画像真难，他老是动来动去的，所以我只好**趁**他打瞌睡的时候画。
Gěi bàba huàxiàng zhēn nán, tā lǎoshì dònglái dòngqù de, suǒyǐ wǒ zhǐhǎo chèn tā dǎ kēshuì de shíhou huà.
(お父さんの肖像画を描くのは本当に難しい、彼がよく動くので、居眠りしているうちに描くしかない。)

她以前**跟着**美国教练练习，后来又**跟着**日本教练练习，最近好像又换教练了。
Tā yǐqián gēnzhe Měiguó jiàoliàn liànxí, hòulái yòu gēnzhe Rìběn jiàoliàn liànxí, zuìjìn hǎoxiàng yòu huàn jiàoliàn le.
(彼女は以前アメリカ人コーチについて練習したが、その後日本人コーチについて練習して、最近またコーチを変えたみたいだ。)

苹果的甜度**跟（和／与）**日照时间有关。
Píngguǒ de tiándù gēn(hé/yǔ) rìzhào shíjiān yǒuguān.
(リンゴの甘さは日照時間に関係ある。)

这个工厂生产各种手提包、皮鞋**和**旅行用品。
Zhèige gōngchǎng shēngchǎn gèzhǒng shǒutíbāo, píxié hé lǚxíng yòngpǐn.
(この工場はいろいろなタイプのカバン、革靴と旅行用品を作るのだ。**接続詞**)

我们今天**就**事论事，长话短说吧。
Wǒmen jīntiān jiù shì lùn shì, cháng huà duǎn shuō ba.
(今日事実そのものについて話すので、長い話を短く話しましょう。)

她**就着**去长春旅游的机会，**对**饺子的来历进行了一番调查研究。Tā jiùzhe qù Chángchūn lǚyóu de jīhuì, duì jiǎozi de láilì jìnxíngle yìfān diàochá yánjiū.
(彼女は旅行で長春に行く機会を利用して、餃子の由来についてひと通り調査研究を行った。)

据电视报道，这起交通事故造成了二十人死亡，五十一人受伤。
Jù diànshì bàodào, zhè qǐ jiāotōng shìgù zàochéngle èrshí rén sǐwáng, wǔshíyī rén shòushāng.
(テレビの報道によると、今回の交通事故で20人死亡、51人の怪我人を出したそうだ。)

这个数字**离**我们这个月的指标还差远了。
Zhèige shùzì lí wǒmen zhèige yuè de zhǐbiāo hái chà yuǎn le.
(この数字は私たちの今月の目標までまだ遠い。"离"は距離や時間の隔たり、ある目標までの隔たりを表せる)

这些苹果是**论（按）**斤卖，还是**论（按）**个儿卖？
Zhèxiē píngguǒ shì lùn(àn) jīn mài, háishi lùn(àn) gèr mài?
(こちらのリンゴは500グラムいくらで売るか、それとも1ついくらで売るか。)

他在班里**论**学习是打狼的，可是**论**下棋却是不可多得的高手。
Tā zài bānli lùn xuéxí shì dǎláng de, kěshì lùn xiàqí què shì bùkě duō dé de gāoshǒu.
(勉強の面では、彼はクラスのびりだが、将棋を指す面からいえば、得がたい達人だ。)

你别**拿**我做挡箭牌，不同意就直说嘛。
Nǐ bié ná wǒ zuò dǎngjiànpái, bù tóngyì jiù zhí shuō ma.
(私を隠れ蓑にしないで、賛成しなければ率直に言えばよい。)

凭你这两下子还想蒙混过关，想得倒挺美的。
Píng nǐ zhè liǎngxiàzi hái xiǎng ménghùn guòguān, xiǎngde dào tǐng měi de.
(君のこの程度の腕前でごまかしてやり過ごそうとして、うまいことを考えすぎたよ。)

凭感情用事，往往会做出错误的判断。
Píng gǎnqíng yòngshì, wǎngwǎng huì zuòchu cuòwù de pànduàn.
(感情に走ったら、誤った判断を下すことが多いだろう。)

明天我可以**替**你去接机。Míngtiān wǒ kěyǐ tì nǐ qù jiējī.
(明日あなたに代わって空港まで人を出迎えることができる。)

我**通过**这件事长了很多见识。Wǒ tōngguò zhèi jiàn shì zhǎngle hěn duō jiànshi.
(この事を通じて見識が高くなった。)

各位乘客请**往**车厢里边走，以免在车门口影响乘客上下车。Gèwèi chéngkè qǐng wǎng chēxiāng lǐbiān zǒu, yǐmiǎn zài chēménkǒu yǐngxiǎng chéngkè shàngxiàchē.
(乗客の皆さん、電車の中ほどにお進みください、扉の近くで乗客の乗下車に影響を与えないようにしましょう。)

我们出版社**为**汉语初学者编写了一本发音练习的参考书。Wǒmen chūpǎnshè wèi Hànyǔ chūxuézhě biānxiěle yì běn fāyīn liànxí de cānkǎoshū.
(私たちの出版社は中国語の初心者のために発音練習の参考書を作りました。
対象を表す)

你们**为**一点儿鸡毛蒜皮的小事闹得天翻地覆，值得吗？
Nǐmen wèi yìdiǎnr jīmáo suànpí de xiǎoshì nàode tiān fān dì fù, zhíde ma?
（君たちはどうでもいい些細なことで大騒ぎして何の意味があるのか。**原因を表す**）

听说她**为了**保持苗条的身材，每天都做健美操。
Tīngshuō tā wèile bǎochí miáotiao de shēncái, měitiān dōu zuò jiànměicāo.
（彼女はスマートな体形を保つために毎日エアロビクスをやるそうだ。**目的を表す**）

一到秋天，大雁就排成一行，**向**南方飞去。
Yí dào qiūtiān, dàyàn jiù páichéng yì háng, xiàng nánfāng fēiqu.
（秋になると、雁が1列になり南に向かっていく。）

依你看，她能消气儿吗？ Yī nǐ kàn, tā néng xiāoqìr ma?
（あなたの考えでは、彼女は気を静めるのか。）

听说索尼公司是**由**几个人办起来的。
Tīngshuō Suǒní gōngsī shì yóu jǐ ge rén bànqilai de.
（ソニーは何人かによって始めたそうだ。**来源や出所を表す**）

中国人常说，一日之计在**于**晨，一年之计在**于**春。
Zhōngguórén cháng shuō, yí rì zhī jì zàiyú chén, yì nián zhī jì zàiyú chūn.
（1日の計は朝にあり、1年の計は春にある、と中国人がよく言うのだ。）

今年高考的平均成绩高**于**往年。
Jīnnián gāokǎo de píngjūn chéngjì gāoyú wǎngnián.
（今年大学受験の平均成績は例年より高い。**「形容詞＋"于"」で、比較を表す**）

请你不要**把**自己的意见强加**于**别人。
Qǐng nǐ bú yào bǎ zìjǐ de yìjian qiángjiāyú biérén.
（自分の考えを他人に押し付けないでください。**対象を表す**）

护照**自**发行之日起，五年之内有效。
Hùzhào zì fāxíng zhī rì qǐ, wǔnián zhīnèi yǒuxiào.
（パスポートは発行日より5年以内有効だ。）

我**自从**得到了你的鼓励以后，就越干越有劲儿了。
Wǒ zìcóng dédàole nǐ de gǔlì yǐhòu, jiù yuè gàn yuè yǒujìnr le.
（あなたの励みをもらった後、やればやるほど力が出てくる。）

宇航员可以**在**航天飞机里做各种试验，人类真了不起啊！
Yǔhángyuán kěyǐ zài hángtiān fēijīli zuò gèzhǒng shìyàn, rénlèi zhēn liǎobuqǐ a!
（宇宙飛行士はスペースシャトルでいろいろな実験ができる、人類は本当に素晴らしいですね。）

我认识她是**在**一次宴会上。Wǒ rènshi tā shì zài yí cì yànhuìshang.
(彼女と知り合ったのは宴会に出席したときだったのだ。**前置詞句は目的語になる**)

沿着这条路一直**往**前走，就是动物园。
Yánzhe zhè tiáo lù yìzhí wǎng qián zǒu, jiù shì dòngwùyuán.
(この道をまっすぐに歩いていけば、動物園だ。**「動詞＋"着"」の形で前置詞を作る**)

你再胡说，我就**不跟你好**了。Nǐ zài húshuō, wǒ jiù bù gēn nǐ hǎo le.
(君がこれ以上でたらめを言ったら、仲良くしてあげないよ。**ここの"好"は「仲を良くする」という動作を表す**)

我们俩性格合不来，所以她**跟**我**不太好**。
Wǒmen liǎ xìnggé hébulái, suǒyǐ tā gēn wǒ bútài hǎo.
(私たち2人性格が合わないので、彼女は私と仲があまりよくない。**ここの"好"は「親しい」という状態を表す、否定詞の位置に注意**)

比較文

(1)「**A比B＋形容詞など＋(比較の差)**」は「AはBより〜」
「**A要比B…**」、「**A比B要…**」の形を取ることもあります。
(2)「**A比B＋形容詞など＋得多/多了**」は「AはBよりずっと〜」
(3)「**A没有B＋形容詞など**」は「AはBほど〜ない」
(4)「**A不如B＋(形容詞など)**」は「AはBほど〜ない」、"A"は省略されることもあり、「〜に及ばない、〜かなわない、〜しないほうがよい」
(5)「**A不比B＋形容詞など**」は「AはBより〜ない、AとBは〜ほとんど同じだ」といった意味、どの意味になるか文脈から判断します。
(6)「**A和/跟B＋一样＋(形容詞)**」は「AはBと同じ〜」
(7)「**A和/跟B＋不一样**」は「AはBと同じではない」
(8)比較文では"**很，真，太，非常，挺，相当，极，最，比较，有点儿**"などの「程度が高い」ことを表す副詞が使えず、"**更，还**"のような「程度がより高い」ことを表し、他のものと比較する意味を含む副詞が使えます。
(9)程度補語がつき、しかも目的語がない場合、「**比B**」は動詞の前でも補語の前でも置けることが多いです。
(10)日本語の「〜より、〜のほうが〜」という文型は中国語に訳すときに間違いが多いようです。例えば、「ジャズよりロックのほうが好きだ」は"我喜欢摇滚乐比爵士乐"ではなく、"**比起爵士乐来/和爵士乐相比，我更喜欢摇滚乐**"のようになります。

姜还是老的辣嘛，别忘了他吃的盐**比**你吃的饭**还**多。
Jiāng háishi lǎo de là ma, bié wàngle tā chī de yán bǐ nǐ chī de fàn hái duō.
（亀の甲より年の功だ、彼の食べた塩は君の食べたご飯よりも多いことを忘れないで。）

他现在可**比**十年前大学毕业时**要**胖**多了**。
Tā xiànzài kě bǐ shíniánqián dàxué bìyè shí yào pàng duōle.
（彼はいま１０年前大学卒業したときよりだいぶ太くなった。）

妹妹**没有**姐姐爱学习。Mèimei méiyǒu jiějie ài xuéxí.
（妹は姉ほど勉強が好きではない。）

她今天好像特别没有情绪，**不如**过几天再跟她说。
Tā jīntiān hǎoxiàng tèbié méiyǒu qíngxù, bùrú guò jǐtiān zài gēn tā shuō.
（彼女は今日とても不機嫌のようで、後日また彼女と話したほうがましだ。）

这个食堂的伙食**不比**宿舍旁边的那个差。
Zhèige shítáng de huǒshi bùbǐ sùshè pángbiān de nèige chà.
（この食堂の食事は宿舎の傍のより劣らない。）

墨西哥的芒果**跟**台湾的芒果味道好像**不太一样**。
Mòxīgē de mángguǒ gēn Táiwān de mángguǒ wèidao hǎoxiàng bútài yíyàng.
（メキシコのマンゴーは台湾のマンゴーと味が違うようだ。）

这个年轻选手**比**老将**表现**得还沉着。
Zhèige niánqīng xuǎnshǒu bǐ lǎojiàng biǎoxiànde hái chénzhuó.
这个年轻选手**表现**得**比**老将还沉着。
Zhèige niánqīng xuǎnshǒu biǎoxiànde bǐ lǎojiàng hái chénzhuó.
（この若い選手はベテラン選手よりも落ち着いている。）

"把"構文

「**主語＋"把"＋目的語＋(给) 動詞＋他の要素**」の形を取り、本来動詞後の目的語を前置詞 **"把"** により動詞の前に出すことになります。助詞 **"给"** はなくても文は成立します。**"把"** 構文は処置文とも呼ばれ、事物に意識的に処置（位置や状態の変化も含む）を加える場合、処置を加えた後に何らかの結果を出す、出そうとする場合、または意外な結果を示す場合に用いられます。**"把"** 構文には次のようないろいろな約束があります。

⑴動詞の後に**補語**（可能補語を除く）や**助詞**（"了，着"、及び完了を表す"过"、但し経験を表す"过"を除く）、**動量詞、動詞の目的語**などを加えなければなりません、あるいは動詞重ね型にするなど、裸の動詞は普通用いられません。

⑵**"把"**構文で使わない動詞があります。

(a) 一部の目的語を持てない自動詞 "游泳，生气，游行 yóuxíng，旅行，旅游，休息" など

(b) 判断や存在を表す動詞 "是，姓，像，有，在，存在 cúnzài，属于 shǔyú" など

(c) 状態や知覚を表す、動作を表さない動詞 "相信，希望，愿意，以为，觉得，看见，听见，碰见 pèngjiàn，遇见 yùjiàn，感到，感觉，知道，明白，爱，喜欢，讨厌，注意，赞成，同意，同情，要求，怀疑" など

(d) 方向動詞 "来，去，到，上，下，进，出" など

(3) "把"の目的語は、確定したもの、または話し手と聞き手にとって分かるものになります。"这／那"などを用い、はっきり指す場合もあれば、暗示する場合もあります。例外も見かけます。

(4) 助動詞、副詞、否定詞は一般に"把"の前に置きますが、例外もあり、例えば、"也"、頻度を表す"再，又"、または"地"を伴う連用修飾語が動詞の前にも用いられます。"也"は置かれる位置によって意味が変わります。また範囲を表す"都，全，全部"は動詞の前に置きます。

(5) 書き言葉には"将"を用いることもできます。

你帮我把衣服熨一下吧。Nǐ bāng wǒ bǎ yīfu yùn yíxià ba.
(服にアイロンかけるのを手伝ってください。意識的に処置を加える)

几个孩子七手八脚地竟然把一只奄奄一息的小鸟救活了。Jǐ ge háizi qī shǒu bā jiǎo de jìngrán bǎ yì zhī yǎn yǎn yì xī de xiǎoniǎo jiùhuó le.
(何人かの子供でいっせいにやって、なんと死に瀕している小鳥を生き返らせた。処置を加えて結果を出した)

爸爸决心把女儿培养成奥运会选手。
Bàba juéxīn bǎ nǚ'ér péiyǎngchéng Àoyùnhuì xuǎnshǒu.
(お父さんは娘さんをオリンピック選手まで育てると決心をした。処置を加えて結果を出そうとする)

我把时间记错了，差点儿误了飞机。Wǒ bǎ shíjiān jìcuò le, chàdiǎnr wùle fēijī.
(私は時間を覚え間違ったので、危うく飛行機に遅れるところだった。意識的ではなくうっかりして意外な結果をもたらした)

(間違い文) 你把一本杂志递给我，好吗?
(正しい文) 你把（那本）杂志递给我，好吗?
Nǐ bǎ (nèi běn) zázhì dìgěi wǒ, hǎo ma?（あの雑誌を取ってもらっていいですか。）

(正しい文) 他把一块布剪成了两块。Tā bǎ yí kuài bù jiǎnchéngle liǎng kuài.
(彼は1枚の布を2枚に切った。)

（ここの"一本书"は不確定なものという意味になり、どれをさすか不明である。"那本杂志"あるいは"杂志"はどれをさすか互いに分かるものである。しかしここの"一块布"は確定なものを指す。「"一"＋量詞」は確定なものと不定なものを指すことがあり、文脈から判断して、確定なものであれば、"把"が使える）

我**还没**把这个高兴的消息告诉家里呢。
Wǒ hái méi bǎ zhèige gāoxìng de xiāoxi gàosu jiāli ne.
（私はまだこのめでたい知らせを家族に伝えていないよ。副詞、否定詞の位置）

他把当时的情况**一五一十地**向警察讲述了一遍。
Tā bǎ dāngshí de qíngkuàng yī wǔ yī shí de xiàng jǐngchá jiǎngshùle yí biàn.
他**一五一十地**把当时的情况向警察讲述了一遍。
Tā yī wǔ yī shí de bǎ dāngshí de qíngkuàng xiàng jǐngchá jiǎngshùle yí biàn.
（彼はそのときの様子をすべて警察に語った。"地"を伴う連用修飾語の位置）

我**也**把这个月的工资用光了。
Wǒ yě bǎ zhèige yuè de gōngzī yòngguāng le.
（私も今月の給料を使い終わった。"也"の位置によって意味が変わる、この文は「私も例外なく」の意味）

我把这个月的工资**也**用光了。
Wǒ bǎ zhèige yuè de gōngzī yě yòngguāng le.
（私は今月の給料も使い終わった。この文は「今月の給料も例外なく」の意味）

他**已经**把这个月的工资**都（全／全部）**用光了。
Tā yǐjing bǎ zhèige yuè de gōngzī dōu(quán/quánbù) yòngguāng le.
（彼はすでに今月の給料を全部使い終わった。）

他把这个月的工资**已经都（全／全部）**用光了。
Tā bǎ zhèige yuè de gōngzī yǐjing dōu(quán/quánbù) yòngguāng le.
（彼は今月の給料をすでに全部使い終わった。）

（"已经"は「すでに」、"把"の前でも動詞の前でも置ける、"都,全,全部"は「全部」、動詞の前に置く）

听说有的企业家**将**孙子兵法中的一些战略战术运用于经营管理上了。
Tīngshuō yǒude qǐyèjiā jiāng Sūnzǐ bīngfǎ zhōng de yìxiē zhànlüè zhànshù yùnyòngyú jīngyíng guǎnlǐshang le.
（孫子兵法中の一部の戦略戦術を経営管理に用いた実業家もいるそうだ。）

受身文

受身構造を用いた**受身文**（**"被"構文**ともいう）、受身構造を用いない意味上の受身文、及び受身の意味を表す動詞を用いる受身文があります。

"被"構文は「受動者＋受身前置詞＋加動者＋動詞（句）」の形をとり、「〜に〜される」という意味、受身前置詞は"被，让，叫，给"などがあります。"被"構文は次のような特徴があります。

(1) 述語動詞は単独で使うことは少なく、普通結果を表す何らかの成分（"了，过"及び補語や量詞）を伴わなければなりません。
(2) "被"を用いる場合は加動者が省略できますが、"让，叫"を用いる場合は加動者が一般に省略できません。
(3) "没，不，都，也，就"などの副詞、助動詞は、受身前置詞の前に置きます。"不"は助動詞と組み合せて使うことが多いです。
(4) 「受動者＋"被／让／叫"＋加動者＋"给"＋動詞（句）」の形を取ることもあります。"给"は助詞です。
(5) 「"被／为（wéi）"…"所 suǒ"＋動詞」の形を取ることもあります。
(6) "爱，生气，伤心 shāngxīn，理解，哭 kū，是，有，在"のような感情や知覚などを表す動詞、及び可能補語は受身文に用いられないことが多いです。

受身構造を用いない、意味上の受身文

"被"構文の形をとらない受身文です。主語（受動者）は動作を起こさないものが多いです。動詞が単独ではなく、補語や助詞などを加えるのが普通です。

受身の意味を持つ動詞による受身文

受身の意味を持つ動詞は"受 shòu，受到 shòudào，遭 zāo"などがあります。

今天的风可真大，头发**被（让／叫／给）**风吹**得乱七八糟的**。Jīntiān de fēng kě zhēn dà, tóufa bèi(ràng/jiào/gěi) fēng chuīde luàn qī bā zāo de.
（今日の風は本当に強い、髪が風にめちゃくちゃに吹かれてしまった。**動詞が程度補語を伴う**）

"4"在中国是一个**被冷遇**的数字，可是"44"却很讨人喜欢。"Sì" zài Zhōngguó shì yí ge bèi lěngyù de shùzì, kěshì "sìsì" què hěn tǎo rén xǐhuan.
（"4"は中国では冷遇された数字だけど、"44"は逆に人に好かれる。**"被"は動詞と直結する**）

她在梦里笑得那么甜蜜，仿佛世上所有的幸福**都被**她拥有了似的。Tā zài mèngli xiàode nàme tiánmì, fǎngfú shìshàng suǒyǒu de xìngfú dōu bèi tā yōngyǒu le shìde.
（彼女は夢であんなに幸せそうに笑っている、まるで世の中のすべての幸福は彼女のものになっているみたいだ。**"都"は動詞の前ではなく"被"の前に置く**）

我的手**被（让／叫）**猫**给**抓掉了一块皮。
Wǒ de shǒu bèi(ràng/jiào) māo gěi zhuādiàole yí kuài pí.
我的手**被（让／叫）**猫把皮**给**抓掉了一块。
Wǒ de shǒu bèi(ràng/jiào) māo bǎ pí gěi zhuādiàole yí kuài.
(私の手が猫に（つかまれて）皮膚を少しむかれた。やや複雑な構文)

他过着平凡的人生，并不**被（为）**人**所**知。
Tā guòzhe píngfán de rénshēng, bìng bú bèi(wéi) rén suǒ zhī.
(彼は平凡な人生を送っているが、人に知られてはない。)

饺子已经煮好了，快趁热吃吧。Jiǎozi yǐjing zhǔhǎo le, kuài chèn rè chī ba.
(餃子がもう出来上がった、はやく熱いうちに食べましょう。意味上の受身文)

衣服洗得干干净净的。Yīfu xǐde gāngānjìngjìng de.
(服が綺麗に洗われた。意味上の受身文)

他**受到**了上司的表扬。Tā shòudàole shàngsī de biǎoyáng.
(彼は上司に褒められた。"受到"は受身の意味を持つ動詞)

这一带**遭受了**水灾。Zhè yídài zāoshòule shuǐzāi.
(このあたりは水害に見舞われた。"遭受"は受身の意味を持つ動詞)

中国語と日本語の受身表現はいろいろな違いがあり、幾つかの例文を取り上げます。

日本語では受身表現をしない例文

他的无理要求被**我**驳回了。Tā de wúlǐ yāoqiú bèi wǒ bóhuí le.
(私は彼の理不尽な要求を退けた。第1人称の場合)

我差点儿被**门槛**绊了个跟头。Wǒ chàdiǎnr bèi ménkǎn bànle ge gēntou.
(私は敷居につまずいて危うく転ぶところだった。動作を起こさない加動者)

中国語で受身表現をしない例文

他爱我。Tā ài wǒ.（彼に愛される。）

液晶电视卖得不错。Yèjīng diànshì màide búcuò.
(液晶テレビはよく売れている。)

五年前死了父亲。Wǔniánqián sǐle fùqin.
(5年前に父に死なれた。存現文)

东西放在桌子上了。Dōngxi fàngzài zhuōzishang le.
(荷物が机に置かれた。)

接続詞などによる慣用表現

中国語では様々な慣用表現があり、ここでは副詞、前置詞、接続詞、疑問詞にかかわる慣用表現をＡＢＣ順でまとめました。

别看　「～とは言うものの、～だけれども」

别看她平时少言寡语的，可一打开话匣子，就滔滔不绝，而且是出口成章。
Biékàn tā píngshí shǎo yán guǎ yǔ de, kě yì dǎkāi huàxiázi, jiù tāo tāo bù jué, érqiě shì chū kǒu chéng zhāng.
(彼女は普段口数が少ないけれども、しゃべり出すと、滔々として止まらない、しかも言うことがそのまま文章になる。)

别说　「～はもちろんのこと」

别说怕他，就是天塌下来了我也不怕啊！
Biéshuō pà tā, jiùshì tiān tāxialaile wǒ yě bú pà a!
(彼が怖くないのは言うまでもなく、たとえ天が落ちても怖くないよ。)

这么沉的行李连大人都拿不动，**别说**小孩儿了。
Zhème chén de xíngli lián dàren dōu nábudòng, biéshuō xiǎoháir le.
(こんな重い荷物だと、大人さえも重くて持てないのだから、ましてや子供にはなおさらだ。)

并　⑴副詞「決して、ともに」　⑵接続詞「その上、しかも」

我**并**不是不想原谅你，而是无法原谅你。
Wǒ bìng bú shì bù xiǎng yuánliàng nǐ, ér shì wúfǎ yuánliàng nǐ.
(許してあげたくないわけではなく、許してあげようがないのだ。**副詞用法、"并不是…"は「決して～ではない」**)

今天在业主定期会议上通过了有关决议，**并**选出了下届的理事长。
Jīntiān zài yèzhǔ dìngqī huìyìshang tōngguòle yǒuguān juéyì, bìng xuǎnchūle xiàjiè de lǐshìzhǎng.
(今日はオーナーの定期会議で関連する決議案を採択した、さらに次回の理事長も選出した。**接続詞用法**)

不是…，而是…　「～ではなく～だ」

我**不是**不想结婚，**而是**没有合适的对象。
Wǒ bú shì bù xiǎng jiéhūn, ér shì méiyǒu héshì de duìxiàng.
(私は結婚したくないのではなく、適当な結婚相手がいないのだ。)

不是…，就是 / 便是…　「～でなければ～だ」

他**不是**想升大官，**就是**想发大财，整天想入非非的。Tā bú shì xiǎng shēng dàguān, jiù shì xiǎng fā dàcái, zhěngtiān xiǎng rù fēi fēi de.
（彼は高官になりたがるのでなければ、大金持ちになりたがるのだ、いつも空想ばかりだ。）

不但…，而且 / 并且…、不仅 /…，而且…　「～だけでなく、しかも（その上）～」

他为了淘金，**不但**放弃了做生意，**而且**把自己的旅馆都卖掉了。Tā wèile táojīn, búdàn fàngqìle zuò shēngyi, érqiě bǎ zìjǐ de lǚguǎn dōu màidiào le.
（彼は砂金を採集するため、商売をやめたばかりか、その上自分のホテルまで売ってしまった。）

不管 / 不论 / 无论…　「～にかかわらず、～であろうとなかろうと」

普通、後に疑問詞、疑問文が来て、選択疑問文が来る場合、"**不管是**"の形で用いることができます。また"**不管 / 不论 / 无论**…"による複文の前節と後節の主語が同じとき、主語は前節と後節のどちらにも用いられます。P120を参照してください。

天下没有不散的宴席，**无论**什么事情，只要有开始，就有结束。Tiānxià méiyǒu bú sàn de yànxí, wúlùn shénme shìqing, zhǐyào yǒu kāishǐ, jiù yǒu jiéshù.
（世の中に終わらない宴会はない、どんなことでも、始まりがあれば、終わりもあるのだ。）

不管别人怎么看我，我都不在乎，唯一在乎的就是你。Bùguǎn biéren zěnme kàn wǒ, wǒ dōu búzàihu, wéiyī zàihu de jiùshì nǐ.
（他の人がどう考えてくれても平気だが、唯一あなたの考えを気にするよ。）

不管（是）中国人还是日本人都用筷子吃饭。Bùguǎn (shì) Zhōngguórén háishi Rìběnrén dōu yòng kuàizi chīfàn.
（中国人であれ、日本人であれ、みんな箸でご飯を食べる。）

不管我多忙，都要学习汉语。Bùguǎn wǒ duō máng, dōu yào xuéxí Hànyǔ.
不管多忙，我都要学习汉语。Bùguǎn duō máng, wǒ dōu yào xuéxí Hànyǔ.
（いくら忙しくても、中国語を勉強しなければならない。**主語が同じ**）

除非　ある条件が唯一の先決条件であることを強調します。

(1)「～しない限り」

(2)"**才**"と呼応して「～してこそ～する、～で（し）ない限り～しない」

(3)"**否则，不然，要不然，要不**"と呼応して「～という条件でない限り～の結果になる（する）」

(4)前に仮定句を置いて「もし～するなら～するほかない」

(5) "除非"の後で同一の動詞の否定形と肯定形が続けて用いられるとき、「～するときはともかく、～しないときは別として」

他们反对夫妇选择胎儿的性别，除非由于医学上的需要。
Tāmen fǎnduì fūfù xuǎnzé tāi'ér de xìngbié, chúfēi yóuyú yīxuéshang de xūyào.
（医学上の必要がない限り、彼らは夫婦が胎児の性別を選ぶのを反対する。）

这部电影太感人了，除非木头人看了才不感动。
Zhè bù diànyǐng tài gǎnrén le, chúfēi mùtourén kànle cái bù gǎndòng.
（この映画はとても感動的だ、のろまじゃない限り見ると誰も感動するよ。）

除非时光倒流，地球不再自转，否则这种事儿是不会发生的。Chúfēi shíguāng dàoliú, dìqiú bú zài zìzhuàn, fǒuzé zhè zhǒng shìr shì bú huì fāshēng de.
除非时光倒流，地球不再自转，这种事儿才会发生。
Chúfēi shíguāng dàoliú, dìqiú bú zài zìzhuàn, zhè zhǒng shìr cái huì fāshēng.
（時間が逆戻り、地球がもう自転しない、という条件でない限り、このようなことは起こらないはずだ。）

若要人不知，除非己莫为。Ruòyào rén bù zhī, chúfēi jǐ mò wéi.
（人に知られたくないなら、しないほかはない。）

除非不说，说就要说个清清楚楚。
Chúfēi bù shuō, shuō jiù yào shuō ge qīngqīngchǔchǔ.
（言わないなら別として、言うならはっきり言わなければならない。）

除了…以外　「～を除いて、～のほかに」

房间里静得除了孩子微微的酣睡声以外，听不到任何声音。Fángjiānli jìngde chúle háizi wēiwēide hānshuì shēng yǐwài, tīngbudào rènhé shēngyīn.
（部屋がとても静かだ、子供がかすかにすやすやと眠っている物音のほかに、何の音も聞こえない。）

从而　「したがって、それによって」　書き言葉

通过不懈的努力，从而得到了消费者的信赖。
Tōngguò búxiè de nǔlì, cóng'ér dédàole xiāofèizhě de xìnlài.
（たゆまない努力をすることによって、消費者の信頼を得た。）

从…動詞＋到…　「～から～に（まで）する」

他动作十分敏捷，不一会儿就从水泄不通的人群里挤到了最前面。
Tā dòngzuò shífēn mǐnjié, bù yíhuìr jiù cóng shuǐ xiè bù tōng de rénqúnli jǐdàole zuì qiánmiàn.
（彼は動作がとてもすばしこいので、すぐにすし詰めほど込んでいる人ごみから1番前に入った。）

从…到… 「～から～まで」

起点と終点を表し、時間にも空間にも範囲にも用いることができます。

> 他好像病了，每天**从**早**到**晚只是反反复复地说着同样的话，"从前有个山，山里有个庙，庙里有个老道在看报，看的什么报，从前有个山…"。
> Tā hǎoxiàng bìng le, měitiān cóng zǎo dào wǎn zhǐshì fǎnfǎnfùfùde shuōzhe tóngyàng de huà, "Cóngqián yǒu ge shān, shānli yǒu ge miào, miàoli yǒu ge lǎodào zài kàn bào, kàn de shénme bào, cóngqián yǒu ge shān…".
> （彼は病気になったみたい、毎日朝から晩まで同じことを繰り返し言うだけで、［昔昔ある山にお寺があって、お寺の中に新聞を見ている道士がいて、どんな新聞を読んでいるかと聞くと、昔昔ある山に～］。）

到…为止 「～までとする、～までのところ」

> 今天的谈判，就**到**此**为止**吧，下次谈判的时间我们再商量。Jīntiān de tánpàn, jiù dào cǐ wéizhǐ ba, xiàcì tánpàn de shíjiān wǒmen zài shāngliang.
> （今日の交渉はこれで終わりにしましょう、次回交渉の時間はまた相談します。）

> **到**现在**为止**选票还没有全部统计完，大概最快也得今晚才能知道选举结果。
> Dào xiànzài wéizhǐ xuǎnpiào hái méiyǒu quánbù tǒngjìwán, dàgài zuì kuài yě děi jīnwǎn cáinéng zhīdao xuǎnjǔ jiéguǒ.
> （いままでのところ、得票数はまだ全部統計し終わっていない、たぶんはやくても晩になってやっと選挙結果が分かるようになるだろう。）

等…（以后）「～してから、～になって」

> **等**准备工作都做好**以后**，再动手也不迟啊！
> Děng zhǔnbèi gōngzuò dōu zuòhǎo yǐhòu, zài dòngshǒu yě bù chí a!
> （準備ができてから、また着手しても遅くはないよ。）

動詞＋都＋同じ動詞 強調を表します。

> 这么难的课文我**念都念**不出来，怎么可能背得出来呢？
> Zhème nán de kèwén wǒ niàn dōu niànbuchūlái, zěnme kěnéng bèidechūlái ne?
> （こんなに難しい課文は読むことさえもできないのに、暗記するなんてできるはずがないでしょう？）

> 这么简单的台词我**背都背**下来了，你怎么还念不出来呢？
> Zhème jiǎndān de táicí wǒ bèi dōu bèixialai le, nǐ zěnme hái niànbuchūlái ne?
> （こんな簡単なセリフは私は暗記までできたのに、君はどうして読むことすらできないのか。）

对（于）…来说 「～にとっては」 P125 を参照してください。

> 这样的工作，**对（于）**我**来说**，简直是轻车熟路。
> Zhèyàng de gōngzuò, duì(yú) wǒ láishuō, jiǎnzhí shì qīng chē shú lù.
> （このような仕事は、私にとっては、まったくお茶の子さいさいだ。）

而

(1) 並列関係を表します。
(2) 目的や因果関係を表し、"**因（为）…而**"の形を取ることが多いです。
(3) 「ところが、しかし」、逆接を表します。
(4) 「～まで」
(5) 方式や状態を表す成分を動詞に接続します。

她心灵**而**手巧，干什么像什么。
Tā xīnlíng ér shǒuqiǎo, gàn shénme xiàng shénme.
(彼女は頭がよくて手も器用で、何をしても上手にできる。**並列関係**)

弟弟一听说今天**因**台风**而**停课，就乐得蹦了起来。
Dìdi yì tīngshuō jīntiān yīn táifēng ér tíngkè, jiù lède bèngleqilai.
(弟は台風で休校になると聞くと、喜んで飛び上がった。**因果関係**)

全家人都**为**你能在奥运会上得到金牌**而**感到自豪。
Quánjiārén dōu wèi nǐ néng zài Àoyùnhuìshang dédào jīnpái ér gǎndào zìháo.
(一家は君がオリンピックで金メダルを取ったことを、誇りに思う。**因果関係**)

他说得倒是头头是道，**而**一干起来，就显得杂乱无章了。
Tā shuōde dàoshi tóu tóu shì dào, ér yí gànqilai, jiù xiǎnde zá luàn wú zhāng le.
(彼は筋道立って話すのに、やってみると筋道が立っていないように見える。**逆接**)

汉字的笔顺一般是由上**而**下，由左**而**右，由里**而**外。
Hànzì de bǐshùn yìbān shì yóu shàng ér xià, yóu zuǒ ér yòu, yóu lǐ ér wài.
(漢字の書き順は普通上から下まで、左から右まで、中から外までだ。**～まで**)

她悄悄**而**来，又悄悄**而**去。Tā qiāoqiāo ér lái, yòu qiāoqiāo ér qù.
(彼女はこっそりと来て、またこっそりと去った。**方式や状態を表す成分を動詞に接続する**)

非（得）…不可 / 不行 / 才行 「どうしても～しなければならない」

昨天的事，他**非得**跟我叫真儿**不可**，真让人头疼。
Zuótiān de shì, tā fēiděi gēn wǒ jiàozhēnr bùkě, zhēn ràng rén tóu téng.
(昨日のことを彼はどうしても必要以上に追究しなければならないから、本当に悩まされる。)

刚要＋動詞 / 形容詞 「～しようとしたときに」

车**刚要拐弯儿**，迎面跑过来一只猫，刹车已经来不及了。
Chē gāng yào guǎiwānr, yíngmiàn pǎoguolai yì zhī māo, shāchē yǐjing láibují le.
(車が曲がろうとするとき、猫が真正面から走ってきて、ブレーキをかけたが

すでに間に合わなかった。）

各＋動詞＋各 「それぞれ、いずれも」

她们俩在**各**说**各**的，说的完全不是一回事儿。
Tāmen liǎ zài gè shuō gè de, shuō de wánquán bú shì yìhuíshìr.
（彼女ら2人はそれぞれ各自のことを言って、まったく違うことを言っている）

给…带来… 「～に～をもたらす」

这种药的研制将会**给**很多患者**带来**希望。
Zhèi zhǒng yào de yánzhì jiāng huì gěi hěn duō huànzhě dàilái xīwàng.
（この薬の研究開発は、多くの患者に希望をもたらすだろう。）

给…以… 「～に～を与える」

他的话**给**人**以**春天般的温暖。Tā de huà gěi rén yǐ chūntiān bān de wēnnuǎn.
（彼の話は人に春のような温もりを与える。）

根据 「～によれば、～に基づいて」

算命先生总是**根据**生日时辰给人算命。
Suànmìng xiānsheng zǒngshì gēnjù shēngrì shíchen gěi rén suànmìng.
（占い師はいつも生年月日と時刻に基づいて人に運命を判断する。）

这种产品确实是我们所需要的，可是至于订货与否，还要**根据**价格**而定**。
Zhèi zhǒng chǎnpǐn quèshí shì wǒmen suǒ xūyào de, kěshì zhìyú dìnghuò yǔfǒu, hái yào gēnjù jiàgé ér dìng.
（この製品は確かに私たちに必要なもので、しかし注文するかどうかについては、まだ値段によって決めることになる。"**根据…而定**"は「～によって決める」、"**与否**"は「～かどうか」、"**订货与否**"は"**订不订货**"と同じ、「注文するかどうか」）

关于… 「～について、～に関して」（前置詞）

这是一篇**关于**人类起源的文章，看了以后觉得耳目一新。Zhè shì yì piān guānyú rénlèi qǐyuán de wénzhāng, kànle yǐhòu juéde ěr mù yì xīn.
（これは人類起源に関する文章であり、読んだ後見聞が新たになったと思う。）

毫不… 「少しも～し（で）ない」　毫无… 「少しも～がない」

这打卡机真是铁面无私，就差两秒钟，它就**毫不**留情地让我迟到了，真可气。
Zhè dǎkǎjī zhēnshì tiě miàn wú sī, jiù chà liǎng miǎo zhōng, tā jiù háobù liúqíng de ràng wǒ chídào le, zhēn kěqì.
（このタイムレコーダーは本当に情け容赦がないのだ、2秒遅れただけで、少しも容赦なく遅刻させた、本当に腹が立った。）

不知为什么这种药对我**毫无**效果。
Bùzhī wèishénme zhè zhǒng yào duì wǒ háowú xiàoguǒ.
(なぜか分からないが、この薬は私には少しも効果がなかった。)

何况 「ましてや」

客家方言对中国人来说都很难懂，**何况**外国人就更不用说了。
Kèjiā fāngyán duì Zhōngguórén láishuō dōu hěn nán dǒng, hékuàng wàiguórén jiù gèng bú yòng shuō le.
(客家方言は中国人にとっても分かりづらいから、ましてや外国人にはなおさらのことだ。)

或者，还是 「それとも」 一般に或者は叙述文に、还是は選択疑問文に用います。

今年春节我想去哈尔滨看冰展，**或者**去长春看扭大秧歌。Jīnnián Chūnjié wǒ xiǎng qù Hā'ěrbīn kàn bīngzhǎn, huòzhě qù Chángchūn kàn niǔ dàyāngge.
(今年の春節にハルビンへ氷祭り、あるいは長春へヤンコ踊りを見に行きたい。)

即使 / 即便 / 就是 / 就算…也… 「たとえ〜でも〜、かりに〜でも〜」

就算は「"就（副詞）"＋"算（動詞）"」の用法もあり、「〜と言える」の意味です。

即使我说得口干舌燥，他**也**只是当成耳旁风。
Jíshǐ wǒ shuōde kǒu gān shé zào, tā yě zhǐshì dàngchéng ěrpángfēng.
(私がのどがからからになるほど話しても、彼はただどこ吹く風と聞き流すだけだ。)

即使是山珍海味，每天都吃的话，**也**会吃腻的。
Jíshǐ shì shān zhēn hǎi wèi, měitiān dōu chī dehuà, yě huì chīnì de.
(山海の珍味であっても、毎日食べるなら、飽きてしまうだろう。)

尽管…

(1)副詞「遠慮なく、思う存分」
(2)接続詞「〜だけれども」 P120を参照してください。

你想要什么**尽管**说，别见外啊！
Nǐ xiǎng yào shénme jǐnguǎn shuō, bié jiànwài a!
(ほしいものがあれば遠慮なく言ってください、他人行儀は必要ないよ。)

尽管蚂蚁的身体小得可怜，可是它们却有惊人的智慧。
Jǐnguǎn mǎyǐ de shēntǐ xiǎode kělián, kěshì tāmen què yǒu jīngrén de zhìhuì.
(蟻の体はかわいそうなほど小さいが、しかし蟻は驚くべき知恵を持っている。)

既然… 「～であるからには、～である以上」
よく"就，也，还，又"と呼応して用います。P124を参照してください。

既然他下决心要改邪归正，那就要给他机会，俗话说，浪子回头金不换嘛。
Jìrán tā xià juéxīn yào gǎi xié guī zhèng, nà jiù yào gěi tā jīhuì, súhuà shuō, làngzǐ huítóu jīnbuhuàn ma.
（彼が足を洗って正道に立ち戻ると決心したというのなら、彼にチャンスを与えなければならない、よく言われるように、道楽者の改心は金にも換え難いよ。）

既… 「～でもあれば～でもある、～し～もする」
"又，也"と呼応して用います。同時に2つの性質、状態を備えていることを表します。

萝卜蘸酱吃的话，既爽口又不破坏维生素。
Luóbo zhàn jiàng chī dehuà, jì shuǎngkǒu yòu bú pòhuài wéishēngsù.
（大根に味噌をつけて食べれば、口の中がさっぱりするし、ビタミンも破壊しない。）

据说… 「～だそうだ」

据说这种营养药可以改善血液循环。
Jùshuō zhèi zhǒng yíngyǎngyào kěyǐ gǎishàn xuèyè xúnhuán.
（この栄養薬は血液循環を改善できるそうだ。）

可见 「～から～であることがわかる」

连他这样班里的尖子都考得一塌糊涂，可见这次考试题是太难了。
Lián tā zhèyàng bānli de jiānzi dōu kǎode yì tā hú tú, kějiàn zhèicì kǎoshìtí shì tài nán le.
（彼のようなクラスの秀才さえも試験でめちゃくちゃな成績を取ったので、それによって今回の試験問題が確かに難しかったことが分かる。）

连…带… 「合わせて、～から～まで、～したり～したり」

她俩好像聊得很开心，连说带笑的。
Tā liǎ hǎoxiàng liáode hěn kāixīn, lián shuō dài xiào de.
（彼女2人はとても楽しそうに話している、しゃべったり笑ったり。）

连…都/也… 「～さえも～」

连你都觉得不好意思说，那我就更不用提了。
Lián nǐ dōu juéde bù hǎoyìsi shuō, nà wǒ jiù gèng bú yòng tí le.
（君さえも口に出し難いと思うなら、私のほうがもっと無理だ。）

免得 / 省得 / 以免　「～しないように」

咱们还是去问问值班的警察吧，**免得（省得/以免）**走冤枉路。Zánmen háishi qù wènwen zhíbān de jǐngchá ba, miǎnde (shěngde/yǐmiǎn) zǒu yuānwanglù.
（私たちはやはり交番の警察に聞きに行こう、遠回りをしないように。）

拿…来说　「～について言えば」　P125 を参照してください。

这里的交通已是今非昔比了，就**拿**地铁**来说**，就增加了五条线。Zhèli de jiāotōng yǐ shì jīn fēi xī bǐ le, jiù ná dìtiě láishuō, jiù zēngjiāle wǔ tiáo xiàn.
（ここの交通はもう昔と比べ物にならないほど変わって、地下鉄について言えば、5つの路線が増えた。）

哪怕（是）…也　「たとえ～としても、いくら～でも（ても）」話し言葉

哪怕是倾家荡产也得把病治好啊！
Nǎpà shì qīng jiā dàng chǎn yě děi bǎ bìng zhìhǎo a!
（たとえ家の財産を使い尽くしても病気を治さなければならないよ。）

你…

"我，他"と組み合わせて、すなわち2つの異なる人称代詞を呼応させて、多くの特定していない人がある動作をすることやお互いにある動作をすることを表します。

最近大家一凑到一起，就**你**一言**我**一语地议论起选举的事儿来。
Zuìjìn dàjiā yí còudào yìqǐ, jiù nǐyìyán wǒyìyǔ de yìlùnqi xuǎnjǔ de shìr lai.
（最近みんな一緒に集まると、すぐにこちらから一言、あちらから一言と盛んに選挙のことを議論し始める。）

几个淘气包正在学老师走路的样子，没想到老师就进来了，大家**你看看我，我看看你**，都傻眼了。
Jǐ ge táoqìbāo zhèngzài xué lǎoshī zǒulù de yàngzi, méi xiǎngdào lǎoshī jiù jìnlai le, dàjiā nǐ kànkan wǒ, wǒ kànkan nǐ, dōu shǎyǎn le.
（何人かのいたずらな子供がちょうど先生の歩く様子をまねているところ、思わず先生が入ってきたので、みんなが互いに顔を見合わせて、うろたえている。）

宁可 / 宁肯 / 宁愿　「むしろ、いっそ」

利害得失を比較して選択することを表します。

她说，**宁愿（宁肯/宁可）**一辈子不结婚，也不想放弃自己的工作。Tā shuō, nìngyuàn(nìngkěn/nìngkě) yíbèizi bù jiéhūn, yě bù xiǎng fàngqì zìjǐ de gōngzuò.
（彼女はむしろ一生結婚しなくても、自分の仕事を辞めたくないと言った。）

宁愿（宁肯/宁可）自己吃苦，也不能连累别人。
Nìngyuàn(nìngkěn/nìngkě) zìjǐ chīkǔ, yě bù néng liánlei biéren.
（むしろ自分が苦労しても、他人には迷惑をかけない。）

然而 「しかし、ところが」

我常常用蚂蚁啃骨头的精神来激励自己，**然而**做起来却很难。Wǒ chángcháng yòng mǎyǐ kěn gǔtou de jīngshén lái jīlì zìjǐ, rán'ér zuòqǐlai què hěn nán.
(私はよく蟻の骨をかじる精神でおのれを励ますが、しかしやってみると難しいのだ。)

A就A 「AならAでも（よい）」 受け入れることを表します。

拉倒就拉倒吧，有什么了不起的？ Lādǎo jiù lādǎo ba, yǒu shénme liǎobuqǐ de?
(やめるなら仕方がないよ、たいしたことはない。)

A是A 「確かに～だが」

譲歩を表します。よく**"但是，就是，可是"**などと呼応して用い、「A是A＋補語」で用いることもあります。

这个小茶壶**精巧是精巧**，就是只能作为艺术品供人欣赏，不太实用。
Zhèige xiǎo cháhú jīngqiǎo shì jīngqiǎo, jiùshì zhǐnéng zuòwéi yìshùpǐn gōng rén xīnshǎng, bútài shíyòng.
(この小さい急須は確かに精巧ですが、ただ芸術品として人の鑑賞に供することができるだけで、あまり実用的ではない。)

甚至…

(1)副詞「～さえ」 よく**"都，也"**と呼応します。
(2)接続詞「さらには、～ばかりでなく～さえ」**"不但"**と呼応することもあります。

她抱怨说，自己的男朋友**甚至**把她的名字**都**叫错了。
Tā bàoyuàn shuō, zìjǐ de nánpéngyou shènzhì bǎ tā de míngzi dōu jiàocuò le.
(彼女は、ボーイフレンドが自分の名前さえも呼び間違えたのに文句を言った。)
副詞用法

过去在中国是父母有命不可违，**不但**是生活中的琐事，**甚至**连选择结婚对象都得由父母来定。
Guòqù zài Zhōngguó shì fùmǔ yǒu mìng bùkě wéi, búdàn shì shēnghuózhōng de suǒshì, shènzhì lián xuǎnzé jiéhūn duìxiàng dōu děi yóu fùmǔ lái dìng.
(昔中国では両親の命令に逆らえないのだったが、日常の生活における些細なことばかりではなく、結婚相手を選ぶことさえも親が決めなければならないのだった。**接続詞**)

是…，（而）不是… 「～であり、～ではない」

这件事儿**是**我没讲清楚，**不是**你没听清楚。
Zhèi jiàn shìr shì wǒ méi jiǎngqīngchu, bú shì nǐ méi tīngqīngchu.
(この件については、私のほうがはっきりと説明しなかったのであり、君がちゃ

んと聞いていなかったのではない。）

虽然…，但是／可是／不过… 「～だが、しかし～」

她**虽然**表面上大大咧咧的，**可是**工作起来比谁都认真，工作上没出过一次错。
Tā suīrán biǎomiànshang dàdaliēliē de, kěshì gōngzuòqilai bǐ shéi dōu rènzhēn, gōngzuòshang méi chūguo yí cì cuò.
（彼女はうわべは大ざっぱな人のように見えるが、仕事をすると誰よりもまじめで、仕事において1度もミスがでなかったのだ。）

虽说… 「～とはいえ」

虽说她刚出生时，弱得要命，可她的生命力却很强。Suīshuō tā gāng chūshēng shí, ruòde yàomìng, kě tā de shēngmìnglì què hěn qiáng.
（彼女は生まれたとき大変弱かったとはいえ、しかし彼女の生命力はとても強い。）

随着… 「～につれて、～に従って」

随着岁月的流逝，孩子一天天长大了，妈妈的眼角上却布满了皱纹。
Suízhe suìyuè de liúshì, háizi yìtiāntiān zhǎngdà le, māma de yǎnjiǎoshang què bùmǎnle zhòuwén.
（時間が経つにつれて、子供は日に日に大きくなって、お母さんの目じりは逆に皺だらけになった。）

所＋動詞＋（的） 「～するところの」

名詞を修飾したり名詞句を作ったりします。

孩子长大以后才会发现爸爸并不是像自己**所想像的**那样神通广大。
Háizi zhǎngdà yǐhòu cái huì fāxiàn bàba bìng bú shì xiàng zìjǐ suǒ xiǎngxiàng de nàyàng shéntōng guǎngdà.
（子供が大きくなったら、お父さんは自分の思ったほどあんなに偉いわけではないことをようやく知るようになる。）

先…，然后（再）… 「まず～して、それから～」

你**先**看看，**然后**再说好不好也不迟。
Nǐ xiān kànkan, ránhòu zài shuō hǎo bu hǎo yě bù chí.
（先に見てから、またいいかどうかを言っても間に合うよ。）

（像／如／如同）…一般 「まるで～のようだ」

她长得**像**天使**一般**可爱。Tā zhǎngde xiàng tiānshǐ yìbān kě'ài.
（彼女は天使のように可愛い。）

（要）数…（了） 「他と比べて～が1番だ、～に数えられる」

我们班的同学当中，**要数**她变化最大**了**，变得已经找不到过去的模样了。

Wǒmen bān de tóngxué dāngzhōng, yào shǔ tā biànhuà zuì dà le, biànde yǐjing zhǎobudào guòqù de múyàng le.
（クラスの同級生の中で、1番変化の激しいのは彼女だ、昔の様子がもう見つからないほど変わった。）

也许…也许… 「～かもしれないし、～かもしれない」

这个案件**也许**很棘手，**也许**很容易解决。
Zhèige ànjiàn yěxǔ hěn jíshǒu, yěxǔ hěn róngyì jiějué.
（この案件は手を焼くかもしれないし、簡単に解決できるかもしれない。）

…也好 / 也罢…也好 / 也罢 「～にしても～にしても、～であろうと～であろうと、～といい～といい」

领袖**也好**，草民**也好**，都免不了犯错误。
Lǐngxiù yěhǎo, cǎomín yěhǎo, dōu miǎnbuliǎo fàn cuòwù.
（指導者であろうと、庶民であろうと、過失を犯すのは避けられない。）

也就 「～したらもう～だ」

怪事儿多了，**也就**不足为怪了。Guàishìr duō le, yě jiù bùzú wéi guài le.
（変なことが多くなるともう怪しむに足りなくなる。）

以… 「それによって～する、～をもって」

他站起身来，再次**以**主人的身分向各位来宾表示感谢。
Tā zhànqi shēn lai, zàicì yǐ zhǔren de shēnfèn xiàng gèwèi láibīn biǎoshì gǎnxiè.
（彼は立ちあがって、再び主人の身分として来賓の各位に感謝の意を表す。）

以…为… 「～を～とする」　以…为主… 「～を～主とする」

这部电影是**以**早已灭绝的恐龙**为**题材制作的。
Zhèi bù diànyǐng shì yǐ zǎoyǐ mièjué de kǒnglóng wéi tícái zhìzuò de.
（この映画はとっくに絶滅した恐竜を題材にして作ったのだ。）

中国过去是**以**农业**为主**的国家。
Zhōngguó guòqù shì yǐ nóngyè wéi zhǔ de guójiā.
（中国は過去農業を中心とした国だった。）

一…都 / 也＋否定文 「少しも～ない、1つも～ない」

我觉得他的比喻很恰当，**一点儿也不**夸张。
Wǒ juéde tā de bǐyù hěn qiàdàng, yìdiǎnr yě bù kuāzhāng.
（彼の比喩はぴったりで、まったく誇張ではないと思う。）

（一）＋量詞の重ね型　例外がないことや数量が多いことを表します。
「一＋量詞」の重ね型　事物が個々別々の状態で多くあることを表します。
一＋量詞＋又＋一＋量詞　動作や状態が何度も繰り返すことを表します。

就算我爱吃面条，让我**顿顿**吃也该吃腻了。
Jiùsuàn wǒ ài chī miàntiáo, ràng wǒ dùndùn chī yě gāi chīnì le.
(麺類が好きだと言っても、毎食麺類を食べさせられると飽きるはずだよ。**例外なく**)

几年之后当我重游故地时，眼前出现的是**一幢幢**高楼大厦和**一排排**随风飘舞的垂柳。Jǐnián zhīhòu dāng wǒ chóng yóu gùdì shí, yǎnqián chūxiàn de shì yí zhuàng zhuàng gāolóu dàxià hé yì páipái suí fēng piāowǔ de chuíliǔ.
(数年後、以前住んでいた所を再訪するとき、目の前に現れたのは、多くの高層ビルとたくさんの風になびく垂れ柳だ。**数が多いこと**)

不要担心，**一个个**问题都会解决的。
Bú yào dānxīn, yí gègè wèntí dōu huì jiějué de.
(心配しないで、すべての問題はみんな解決するはずだ。**例外なく**)

问题有待于**一个一个**解决，急不得啊！
Wèntí yǒudàiyú yí ge yí ge jiějué, jíbude a!
(問題は１つ１つ解決する必要があるので、焦ってはいけない。**１つ１つ別個の状態で多く存在すること**)

他**一趟又一趟**地去向老师赔礼道歉，可是都被拒之门外了。Tā yí tàng yòu yí tàng de qù xiàng lǎoshī péilǐ dàoqiàn, kěshì dōu bèi jù zhī ménwài le.
(彼は何度も何度も先生に謝罪しに行ったが、毎回きっぱり断られた。**何度も繰り返すことを表す**)

一方面…（另）一方面…　「一方では～他方では～」
大夫对他说，现在重要的是**一方面**要增强体力，**另一方面**要抓紧治疗。
Dàifu duì tā shuō, xiànzài zhòngyào de shì yìfāngmiàn yào zēngqiáng tǐlì, lìng yìfāngmiàn yào zhuājǐn zhìliáo.
(先生は彼に「いま一方では体力をつけること、他方でははやく治療することが大事だ」と言った。)

一会儿…一会儿…　「～したり～したり」
货币总是**一会儿**升值，**一会儿**贬值。
Huòbì zǒngshì yíhuìr shēngzhí, yíhuìr biǎnzhí.
(貨幣は常に値上がったり、値下がったりすることになる。)

一…，就/便…　「～するとすぐ～」
我**一**进家门，**便**看见饭桌上摆满了香喷喷的饭菜。
Wǒ yí jìn jiāmén, biàn kànjiàn fànzhuōshang bǎimǎnle xiāngpēnpēn de fàncài.
(家に入るとすぐにテーブルの上にぷんぷんとよいにおいのする料理がいっぱい並んでいるのを見た。)

一下雪，孩子们就要跑到外面堆雪人。
Yí xiàxuě, háizimen jiù yào pǎodào wàimiàn duī xuěrén.
（雪が降ると、子供たちは外に飛び出して雪だるまを作ることになる。）

一＋動詞＋再＋同じ動詞　動作が何度も繰り返されることを表します。

这项工程被他们一拖再拖，也不知道要拖到何年何月。Zhèi xiàng gōngchéng bèi tāmen yì tuō zài tuō, yě bù zhīdào yào tuōdào hé nián hé yuè.
（この工事は彼らに延び延びにさせられて、いつまで延びるかわからない。）

因为…，所以…

(1)「～なので、だから～」、因果関係を表します。
(2)それぞれ単独で用いることもできます。
(3)それぞれ複文の文頭にも後半にも置くことができ、よく**「(之)所以…，是因为…」**の形で、用いられ、「～なのは～だからだ」の意味を表します。

因为年龄的关系，她这次没被选上。
Yīnwèi niánlíng de guānxi, tā zhèicì méi bèi xuǎnshang.
（年齢の関係で、彼女は今回選ばれなかった。）

这篇文章之所以能够产生动人的效果，是因为真实地描述了人物的个性。
Zhèi piān wénzhāng zhī suǒyǐ nénggòu chǎnshēng dòngrén de xiàoguǒ, shì yīnwèi zhēnshíde miáoshùle rénwù de gèxìng.
（この文章が人を感動させる効果を生むのは、如実に人物の個性を描いたからだ。）

（一）边…，（一）边…　「～しながら～する」

２つ以上の動作が同時に進行することを表します。

在旋转餐厅一边品尝美食，一边欣赏夜景，真开心啊！Zài xuánzhuǎn cāntīng yìbiān pǐncháng měishí, yìbiān xīnshǎng yèjǐng, zhēn kāixīn a!
（回転レストランで美味しい料理を食べながら夜景を鑑賞して、本当に楽しいよ。）

又…，又…　「～でもあり～でもあり」

这条河又宽又深。Zhèi tiáo hé yòu kuān yòu shēn.
（この川は幅が広いし、深い。）

有的…，有的…　「あるものは～、あるものは～」

同样都是新建筑，可是在这次地震中，有的几乎完好无损，有的却变成了废墟。Tóngyàng dōu shì xīnjiànzhù, kěshì zài zhèicì dìzhènzhōng, yǒude jīhū wánhǎo wúsǔn, yǒude què biànchéngle fèixū.
（同じ新築なのに、今回の地震でまったく破損がないものもあれば、廃墟になったものもある。）

有的是 / 多的是… 「～がたくさんある」

现在三、四十岁不结婚的人**有的是**。
Xiànzài sān、sìshí suì bù jiéhūn de rén yǒudeshì.
(いま 3、40 歳で結婚しない人がたくさんいる。)

要不是… 「もし…ということでなかったら」

要不是你磨磨蹭蹭的，我们已经该到了。
Yàobushì nǐ mómocèngcèng de, wǒmen yǐjing gāi dào le.
(君がぐずぐずしなかったら、すでに着いたはずだよ。)

要是 / 如果 /…（的话），（就）… 「もし～ならば～」

書き言葉には"**假如 / 假使 / 假若**"を用いることもあります。

你**要是**懒得做饭**的话**，咱们干脆去外边吃吧。
Nǐ yàoshi lǎnde zuòfàn dehuà, zánmen gāncuì qù wàibiān chī ba.
(あなたがご飯を作る気がしなかったら、いっそ外で食べましょう。)

与其（说）…不如（说）… 「～よりも～のほうがよい」

他这话，**与其说**是说给我听的，还**不如说**是在敲打你。
Tā zhè huà, yǔqí shuō shì shuōgěi wǒ tīng de, hái bùrú shuō shì zài qiāoda nǐ.
(彼がこう言うのは、私に聞かせると言うより、あなたを刺激していると言ったほうがよい。)

与其跟这样的人在一起生活，还**不如**一个人过好。
Yǔqí gēn zhèyàng de rén zài yìqǐ shēnghuó, hái bùrú yí ge rén guò hǎo.
(このような人と一緒に暮らすよりは、1 人で暮らすほうがましだ。)

与 / 和 / 跟…有关 「～と関係ある」、否定は 与 / 和 / 跟…无关 「～と関係ない」

少年犯罪不能不说**和**他们所处的环境**有关**。
Shàonián fànzuì bù néng bù shuō hé tāmen suǒ chǔ de huánjìng yǒuguān.
(少年犯罪は彼らのいる環境と関係あると言える。)

少年犯罪不能说**和**他们所处的环境**无关**。
Shàonián fànzuì bù néng shuō hé tāmen suǒ chǔ de huánjìng wúguān.
(少年犯罪は彼らのいる環境と関係ないと言えない。)

越…越… 「～すればするほど～」

赌博的人总是存有侥幸心理，老想把输掉的钱再赢回来。所以往往是**越输越**赌，可是结果却是**越**赌**越**输。Dǔbó de rén zǒngshì cúnyǒu jiǎoxìng xīnlǐ, lǎo xiǎng bǎ shūdiào de qián zài yínghuilai. Suǒyǐ wǎngwǎng shì yuè shū yuè dǔ, kěshì jiéguǒ què shì yuè dǔ yuè shū.
(賭博をやる人はいつも射幸心を持っている、負けで損したお金をまた勝ち取りたがる。だからよく負ければ負けるほど賭け事をして、しかし結果として

は逆に賭博をすればするほど負けてしまうことになる。）

再也＋否定詞…　「もうこれ以上～しない、2度と～しない」

这部恐怖电影真是令人毛骨悚然，我**再也不**想看了。Zhèi bù kǒngbù diànyǐng zhēnshì lìngrén máo gǔ sǒng rán, wǒ zài yě bù xiǎng kàn le.
（このホラー映画はほんとうに鳥肌が立つので、もう2度と見たくない。）

再…也＋否定詞　「どんなに～であっても」

就是**再**有理由，**也不**能回回考试都吃鸭蛋吧。
Jiùshì zài yǒu lǐyóu, yě bù néng huíhuí kǎoshì dōu chī yādàn ba.
（たとえどんなに理由があっても、毎回試験で零点を取ってはいけないよ。）

再不…就…　「これ以上～しないと～」

你**再不**下来，我**就**走了。Nǐ zài bú xiàlai, wǒ jiù zǒu le.
（これ以上降りてこないと、私は帰るよ。）

则　事柄の対比関係や因果関係などを表します

爸爸妈妈的性格完全不一样。爸爸是个乐天派，整天笑容满面，妈妈**则**是个多愁善感的人，动不动就皱起眉头。Bàba māma de xìnggé wánquán bù yíyàng. Bàba shì ge lètiānpài, zhěngtiān xiàoróng mǎnmiàn, māma zé shì ge duō chóu shàn gǎn de rén, dòngbudòng jiù zhòuqi méitóu.
（お父さんとお母さんの性格が全然違う。お父さんは楽天家であり、いつも満面に笑みをたたえる、それに対してお母さんは感傷的な人であり、ちょっと何かあるとすぐ眉間にしわを寄せることになる。対比関係を表す、前者の場合はこうだのに対して後者の場合はこうだ）

美国的股票一跌，**则**各国都跟着跌得一塌糊涂，害得股民们苦不堪言。
Měiguó de gǔpiào yì diē, zé gèguó dōu gēnzhe diēde yì tā hú tú, hàide gǔmínmen kǔ bù kān yán.
（アメリカの株が下がり、各国もそれにつれてめちゃくちゃに下がったおかげで、株の投資家を言葉にならないほど苦しくさせた。因果関係を表す）

正要…　「ちょうど～しようとするところだ」

我**正要**给你打电话呢，你就来电话了。
Wǒ zhèngyào gěi nǐ dǎ diànhuà ne, nǐ jiù lái diànhuà le.
（ちょうど電話をしようとしたところ、あなたから電話がきた。）

正（是）因为…才　「～だからこそ」

正因为跟不上形势，**才**要学习啊！
Zhèng yīnwèi gēnbushàng xíngshì, cái yào xuéxí a!
（社会の発展に追いつけないからこそ、勉強しなければならないよ。）

直到…（才 / 还）「～になってから（やっと）、～になっても（まだ）」

直到所有的观众都离开了，她**才**从座位上站了起来。
Zhídào suǒyǒu de guānzhòng dōu líkāi le, tā cái cóng zuòwèishang zhànleqilai.
（観衆がみんな離れてから、彼女はやっと席から立ち上がってきた。）

直到今天，我**还**清清楚楚地记得他对我说的那番话。
Zhídào jīntiān, wǒ hái qīngqīngchǔchǔde jìde tā duì wǒ shuō de nà fān huà.
（今日になっても、彼が私に話したことをまだはっきりと覚えている。）

只好…「～するしかない、やむなく～（する）」、"不得不"ともいいます

我已经给他打了无数次电话了，一直占着线，**只好**明天再打了。Wǒ yǐjing gěi tā dǎle wúshù cì diànhuà le, yìzhí zhànzhe xiàn, zhǐhǎo míngtiān zài dǎ le.
（もう何度も何度も彼に電話をかけたが、ずっと話し中だったので、明日またにするしかない。）

只是 / 只不过（是）…（而已 / 罢了 / 就是了）

ともに「ただ～にすぎない」の意味を持ち、また"**只是**"は「～するばかりだ」の意味も持っています。

他这样做，**只是（只不过是）**杀鸡给猴看**而已**。
Tā zhèyàng zuò, zhǐshì(zhǐbuguò shì) shā jī gěi hóu kàn éryǐ.
（彼がこのようにするのは、ただ見せしめでするにすぎない。"杀鸡给猴看"は「鶏を殺して猿に見せて脅かす」）

她一句话也不说，**只是**坐在那儿生闷气。
Tā yí jù huà yě bù shuō, zhǐshì zuòzài nàr shēng mènqì.
（彼女は何も言わず、そこに座ってむかむかするばかりだ。）

只要…（就）…　「～さえすれば～」　必要な条件を表します

只要是你做的菜，我都喜欢。Zhǐyào shì nǐ zuò de cài, wǒ dōu xǐhuan.
（あなたが作った料理であれば、全部好きだ。）

只有…、只有…才…

(1) 接続詞"只有…才…"は「～してこそはじめて～」、欠かせない条件を表します。
(2) 副詞"只有…"は「～するしかない」

只有笔试和听力考试都达到规定的分数，**才**能通过汉语检定考试。
Zhǐyǒu bǐshì hé tīnglì kǎoshì dōu dádào guīdìng de fēnshù, cái néng tōngguò Hànyǔ jiǎndìng kǎoshì.
（筆記とリスニング試験とも決められた点数に達しないと中国語検定試験に合格できない。）

俗话说，无风不起浪，我**只有**相信这是真的了。
Súhuà shuō, wú fēng bù qǐ làng, wǒ zhǐyǒu xiāngxìn zhè shì zhēnde le.
(よく言われるように、風がなければ波は立たない（火のないところに煙は立たない）、これは本当のことだと信じるしかない。)

至于…

(1) 前置詞「～については」

(2) 反語に用いる、「～のようなことになるだろうか」

(3) **"不至于…"**「～するようなことはない」

至于这个问题嘛，我不知问过自己多少次，可一直没有找到正确的答案。
Zhìyú zhèige wèntí ma, wǒ bùzhī wènguo zìjǐ duōshao cì, kě yìzhí méiyǒu zhǎodào zhèngquè de dá'àn.
(この問題については、自分にどれくらい問うたか分からないが、ずっと正しい答えを見つけていない。)

你早点儿减肥的话，**至于**得糖尿病吗？
Nǐ zǎodiǎnr jiǎnféi dehuà, zhìyú dé tángniàobìng ma?
(あなたがはやくダイエットしたとしたら、糖尿病になるだろうか)

就算这件衣服的颜色不太好，那也**不至于**连半价都不值吧。
Jiùsuàn zhèi jiàn yīfu de yánsè bútài hǎo, nà yě búzhìyú lián bànjià dōu bùzhí ba.
(かりにこの服の色があまりよくないとしても、半額の値打ちもないことはないだろう。)

没（有）什么… 「特に～ない」

别听他胡扯了，**没什么**意思。Bié tīng tā húchě le, méi shénme yìsi.
(彼のでたらめな話を聞かないで、あんまり面白くないよ。)

同じ疑問詞を前後で呼応させ、同じ内容を表します

我今天奉陪到底，你喝**多少**，我就喝**多少**。
Wǒ jīntiān fèngpéi dàodǐ, nǐ hē duōshao, wǒ jiù hē duōshao.
(今日は最後までお相手する、あなたと同じ量のお酒を飲むよ。)

你问**什么**，我就答**什么**了，怎么还说我答非所问呢？
Nǐ wèn shénme, wǒ jiù dá shénme le, zěnme hái shuō wǒ dá fēi suǒ wèn ne?
(あなたに聞かれたことを全部答えたはずなのに、どうして私がとんちんかんな答えをしたと言うの？)

怎么＋動詞＋也／都＋同一動詞＋可能補語の否定 「いくらしても～できない」

她好像非去不可，我**怎么拦都拦不住**。
Tā hǎoxiàng fēi qù bùkě, wǒ zěnme lán dōu lánbuzhù.
(彼女はどうしても行かないと気がすまないみたい、私がいくら止めても止め

られないのだ。)

你把东西放到那么高的地方，我**怎么够也够不着**。
Nǐ bǎ dōngxi fàngdào nàme gāo de dìfang, wǒ zěnme gòu yě gòubuzháo.
(あなたは荷物をあんなに高いところに置いたが、いくら頑張っても届かない。)

怎么也＋否定　「どうしても～ない」

他计划倒是做得很好，可就是**怎么也不**去执行。
Tā jìhuà dàoshì zuòde hěn hǎo, kě jiùshì zěnme yě bú qù zhíxíng.
(彼は確かに計画をちゃんと作ったが、ただどうしても実行しない。)

疑問詞、副詞などによる反語文

　反語文は否定形で肯定を、肯定形で否定を強調する文型です。多くは疑問文の形を取りながら、疑問の表現ではなく語気を強めるものです。いろいろなタイプがあり、ここではよく使われるタイプを幾つか取り上げます。

(1) **不**…**吗**　「～ではないか」

看你说到哪儿去了，咱们**不**是好朋友**吗**？
Kàn nǐ shuōdào nǎr qù le, zánmen bú shì hǎopéngyou ma?
(何を言っているんだい、私たちはいい友達じゃないか。)

(2) 疑問詞を用いる文型

我**哪**敢跟你比呢？这点儿自知之明还是有的。
Wǒ nǎ gǎn gēn nǐ bǐ ne? Zhèi diǎnr zì zhī zhī míng hái shì yǒu de.
(あなたと比べるなんてできるはずがないじゃないか。これくらいのおのれを知る賢さがまだあるのだ。)

谁碍你什么事儿了？　Shéi ài nǐ shénme shìr le?
(誰があなたの何を邪魔したのか。)

真是见鬼了，我的眼镜**怎么会**在这儿**呢**？
Zhēnshì jiàn guǐ le, wǒ de yǎnjìng zěnme huì zài zhèr ne?
(おかしいね、私のメガネはどうしてここにあるのか。)

还早呢，着**什么**急啊？　Hái zǎo ne, zháo shénme jí a?
(まだはやいよ、何を慌てているのだ。)

有什么好客气的？　Yǒu shénme hǎo kèqi de?
(何を遠慮しているんですか。)

你**怎么**总是这么客客气气的**呢**？　Nǐ zěnme zǒngshì zhème kèkèqìqì de ne?
(あなたはどうしていつもこんなに遠慮するのか。)

(3) 副詞、動詞を用いる文型

难道你以为大功告成了**吗**？ Nándào nǐ yǐwéi dàgōng gàochéng le ma?
（まさか大きな仕事が終わったと考えているのか。）

我们**岂止**是认识，已经是多年的老朋友了。
Wǒmen qǐzhǐ shì rènshi, yǐjing shì duōnián de lǎopéngyou le.
（私たちはただの知り合いだけだろうか、もう長年の友達だよ。）

你**何苦**自己跟自己过不去呢？ Nǐ hékǔ zìjǐ gēn zìjǐ guòbuqù ne?
（君はわざわざ自分で自分を困らせなくてもいいじゃないか。）

何必自讨苦吃呢？ Hébì zì tǎo kǔ chī ne?
（自ら苦労を求める必要があろうか。）

还笑呢？哭都来不及了。Hái xiào ne? Kū dōu láibují le.
（笑う余裕があるのか。泣くのも間に合わないよ。）

这里平时都挤得要命，**何况**节假日呢？
Zhèli píngshí dōu jǐde yàomìng, hékuàng jiéjiàrì ne?
（ここは普段でもすごく込んでいるのに、ましてや祝祭日はなおさらではないか。）

就因为这么点儿小事，**至于**闹到打离婚的地步吗？
Jiù yīnwèi zhème diǎnr xiǎoshì, zhìyú nàodào dǎ líhūn de dìbù ma?
（こんな些細なことで、離婚するまで騒ぎを起こすだろうか。）

副詞の"在"による進行を表す構文

(1)「**"在／正在／正"**＋動詞＋(**"呢"**)」の形で、「〜しているところ」という動作が進行中であることを表します。過去のことも未来のことも時間詞を伴って用いることができます。否定は**"没在／不是在／没（有）"**を用います。また「**"是在"**＋動詞＋(**"呢"**)」を用いることもあります。

(2)動作が進行中であることを反復疑問文で表す場合、**"是不是"**を用いることができます。

(3)進行状態を表す構文に使えない動詞があります。例えば、状態などを表す動詞**"知道，认识，忘，喜欢，有，是"**などがあります。

记者们**正在**一家刚刚破产的证券公司采访**呢**。
Jìzhěmen zhèngzài yì jiā gānggāng pòchǎn de zhèngquàn gōngsī cǎifǎng ne.
（記者たちは倒産したばかりのある証券会社で取材をしている。**"正在在"**は言わないので、前置詞の**"在"**だけ残る）

他没在看电视，在听京剧呢。Tā méi zài kàn diànshì, zài tīng Jīngjù ne.
（彼はテレビを見ているところではなく、京劇を聞いているところだ。）

他不是在看影集，是在看漫画呢。
Tā bú shì zài kàn yǐngjí, shì zài kàn mànhuà ne.
（彼はアルバムを見ているところではなく、漫画を見ているところだ。）

他们现在是不是正在演出呢?
Tāmen xiànzài shì bu shì zhèngzài yǎnchū ne?
（彼らはいまちょうど公演の最中ではないか。）

助詞の"着"による持続を表す構文、及び存現文

「動詞+"着"+（目的語）+（呢）」の形をとり、「～している、～してある」という状態や動作の持続を表します。過去のことも未来のことも時間詞を伴って用いることができます。

(1) 動作の終了状態がそのまま持続していることを表します。否定は"没"を動詞の前につけて"着"が残り、数量詞は普通つけません。
(2) 動作そのものが続いていることを表します。"正（在）…呢"と併用できます。否定は"没在，没"を用い、"着"が一般に消えます。
(3) "学习，知道，认识，觉得，记得，同意"などのような持続性を持つ動詞や"找到，看见，学会"などのような結果補語を伴う動詞は"着"を用いられません。

报纸的专栏里写着什么? Bàozhǐ de zhuānlánli xiězhe shénme?
（新聞のコラムに何が書いてあるの？存在を表す存現文の形で状態の持続を表す）

她没抱着孩子。Tā méi bàozhe háizi.
（彼女は子供を抱いていない。人の身体動作を表す文は動作の持続と動作結果の持続とも表すが、否定は"着"が残る）

我忐忑不安地看着表针。Wǒ tǎn tè bù ān de kànzhe biǎozhēn.
（私はどきどきしながら時計の針を見つめている。動作の持続）

昨天出门的时候，外面正下着鹅毛大雪呢。
Zuótiān chūmén de shíhou, wàimiàn zhèng xiàzhe émáo dàxuě ne.
（昨日出かけたとき、外はぼたん雪が降っていたところだった。自然現象を表す存現文）

外面没下雪。Wàimiàn méi xiàxuě.
（外は雪が降っていない。）

我**过去**爱**着**你，**现在**也依然爱**着**你，**将来**也会永远地爱**着**你。Wǒ guòqù àizhe nǐ, xiànzài yě yīrán àizhe nǐ, jiānglái yě huì yǒngyuǎnde àizhe nǐ.
(私は以前あなたを愛していた、いまも相変わらず愛し続けている、将来も永遠に愛し続けるだろう。**過去のことも未来のことも時間詞を伴って用いられる**)

"着"の他の用法

(1)「**動詞１+"着"+動詞２**」の形で、２つの動作が同時に進行すること、或いは動詞１が動詞２の方式、状態を表します。「～しながら～する、～して～する」という意味になります。

(2)「**動詞１+"着"+動詞１+"着"+動詞２**」の形で、動詞１の進行中に動詞２の動作が現われることを表します。「～しているうちに～する」という意味になります。

(3)「**動詞+"着"+形容詞**」、「～してみると」という意味になります。

(4)一部の動詞の後に置き、前置詞を作ることができます。前置詞 P24 を参照してください。

她**听着**音乐**做**饭，结果把白糖当成盐放到菜里了。
Tā tīngzhe yīnyuè zuòfàn, jiéguǒ bǎ báitáng dàngchéng yán fàngdào càili le.
(彼女は音楽を聞きながら食事を作っていて、結局砂糖を塩と間違えて料理に入れた。)

他**走着走着**，突然**停下**脚步站住了。
Tā zǒuzhe zǒuzhe, tūrán tíngxià jiǎobù zhànzhù le.
(彼は歩いているうちに、突然足を止めて立ち止った)

这件衣服**看着**一般，**穿着**却很漂亮。
Zhèi jiàn yīfu kànzhe yìbān, chuānzhe què hěn piàoliang.
(この服は見た感じでは普通だけど、着てみるとかえって綺麗だ。)

存現文

(1)「**場所 / 時間+動詞+目的語（意味上の主体）**」の文型を取り、自然現象、また人や物の存在、出現、消失を表します。

(2)目的語は一般に不特定なものであり、日本語では主語として「～が」に訳されます。

(3)存現文の動詞は**"有"**を用いること、または動詞の後に**"着，了"**や補語を加える形で用いることが多いです。**"着"**の前によく使われる動詞は**"摆** bǎi，**插** chā，**雕** diāo，**堆** duī，**放** fàng，**挂** guà，**搁** gē，**画** huà，**刻** kè，**贴** tiē，**停**

tíng，**围** wéi，**写** xiě，**绣** xiù，**印** yìn，**站** zhàn，**种** zhòng，**装** zhuāng，**坐** zuò"
などがあります。

西边出彩虹了。Xībiān chū cǎihóng le.
（西の方に虹が現れた。自然現象）

窗台上摆着很多花。Chuāngtáishang bǎizhe hěn duō huā.
（窓台に花がたくさん並んでいる。存在）

不知道什么时候，车站的天棚上搬进来了两只猴子。
Bù zhīdào shénme shíhou, chēzhàn de tiānpéngshang bānjinlaile liǎng zhī hóuzi.
（知らないうちに、2匹の猿が駅の屋根にやってきた。出現）

书架上少了几册影集。Shūjiàshang shǎole jǐ cè yǐngjí.
（本棚のアルバムが何冊か少なくなった。消失）

助詞の"过"による経験や完了を表す構文

(1) 経験「〜したことがある」を表す文は「(曾经)＋動詞＋"过"」の形を取り、否定文は「(还，从来)＋没(有)＋動詞＋"过"」の形を取ります。
(2) 完了「〜し終える」を表す文は後ろに"了"を伴うのが普通であり、否定は"还没(有)…呢"を使うことが多く、普通は"过"が消えます。
(3) 「形容詞＋"过"」で、現在と比較する意味が加わります。否定は"没(有)"を用います。

人类只有不断地做前人没做过的事，走前人没走过的路才能发展。
Rénlèi zhǐyǒu búduànde zuò qiánrén méi zuòguo de shì, zǒu qiánrén méi zǒuguo de lù cái néng fāzhǎn.
（人類は常に先人がかつてやったことのないことをやりつつあって、先人が歩んだことのない道を歩みつつあってこそ発展できるようになる。）

上次已经去过香山了，这次就算了吧。
Shàngcì yǐjing qùguo Xiāngshān le, zhèicì jiù suànle ba.
（前回すでに香山に行ったので、今回はやめましょう。動作の完了を表す）

我以前胖过一段时间，现在又瘦了。
Wǒ yǐqián pàngguo yíduàn shíjiān, xiànzài yòu shòu le.
（以前一時的に太っていたのに、いままたやせた。）

我从来没有这么寂寞过。Wǒ cónglái méiyǒu zhème jìmòguo.
（いままでこんなに寂しくなったことがない。）

助詞の"了"による完了、変化などを表す構文

"了"には動態助詞と語気助詞の2種類があり、前者は"**了1**"とも呼ばれ、動詞や形容詞の後に置き、**動作や状態の完了（実現）**を表します。後者は"**了2**"とも呼ばれ、文末や句末に置き、**状態変化や新しい状況の発生**を表します。ときには"**了2**"は"**了1**"の役割を兼ねることもあります。ここでは完了（実現）、及び状態変化についてそれぞれよく使われている文型を説明します。"了"の品詞については辞書を参照してください。

完了（実現）について

(1) 動作や状態の完了（実現）を表すには、動詞の後に"**了**"をつけるのが原則です。実際に修飾語のつく目的語の場合、"**了**"は動詞の後に置きますが、裸の目的語、かつ動詞に結果補語がついていない場合、"**了**"は文末に置くことが多いです。一般的に言えば、「**動詞＋"了"＋裸の動詞＋"了"**」の形でないと文が終わらないとされますが、しかし文末に"**了**"をつければ、動詞後の"**了**"はよく省略され、むしろそれは自然な表現です。

(2) 否定は"**没（有）**"を用い、"**了**"が消えるという原則があります。「〜しなかった、〜していない」という意味になります。

(3) 完了（実現）を表す"**了**"は過去、現在、未来といった時制に関係なく、仮定や未来における動作の完了、ある時点における前後の動作の引き続き完了を表すことにも用いられます。一般に「**動詞＋"了"＋（目的語）〜，……**」の形を取り、「〜したら〜（する）、〜してから〜（する）、〜した後に〜（した）」に当たります。

她以分期付款的方式购买**了**一所带院子的房子。
Tā yǐ fēnqī fùkuǎn de fāngshì gòumǎile yì suǒ dài yuànzi de fángzi.
（彼女は分割払いの方式で庭付きの建物を購入した。(1)の説明を参照）

她喝啤酒**了**。Tā hē píjiǔ le.
（彼女はビールを飲んだ。(1)の説明を参照）

假期光顾玩儿了，作业还没做呢。
Jiàqī guāng gù wánr le, zuòyè hái méi zuò ne.
（休み中遊びに夢中になって、宿題をまだやっていない。否定文に"**了**"は不要）

家里养**了**狗，我就天天带着狗出去散步。
Jiāli yǎngle gǒu, wǒ jiù tiāntiān dàizhe gǒu chūqu sànbù.
（家で犬を飼ったら、毎日犬を連れて散歩する。〜したら、仮定を表す）

你到了车站，就给我来个电话，我好去接你。
Nǐ dàole chēzhàn, jiù gěi wǒ lái ge diànhuà, wǒ hǎo qù jiē nǐ.
(駅に着いたら、電話をしてください、迎えに行けるから。**未来における動作の完了を表す**）

今天早上冲了淋浴，就上班了。
Jīntiān zǎoshang chōngle línyù, jiù shàngbān le.
(今朝シャワーを浴びた後、すぐに出勤した。**今朝という時点における２つの動作が続けて完了したことを表す**）

状態変化について

⑴状態の変化を表すには、**"了"** を文末や句末に置きます。

⑵予定の変更、または都合による状態変化を表すには、**「"不"＋動詞（句）＋"了"」** の形を用いることができ、「〜しなくなった、〜するのをやめた」の意味になります。その他に **「助動詞＋動詞（句）＋"了"」** は「〜になった」、**「"別/不要"＋動詞（句）＋"了"」** は「もう〜するな、もう〜しないで」、といったような文型もあります。

⑶していない状態が期間詞の通りに続いていることを表すには、**「期間を表す言葉＋"没（有）"＋動詞＋目的語＋"了"」** の形を用いることができます。

⑷発話の時点まで動作や状態の変化がその時間や数量まで完了し、その結果が続いていることを表すには、**「動詞/形容詞＋"了"＋時間/数量＋"了"」** の形を用いることができます。

⑸近い将来において新しい状況が発生しようとすることを表すには、**「"(就)要…了"/"快(要)…了"」** の形をとり、「もうすぐ〜となる、もうすぐ〜する」の意味になります。**"快(要)"** は具体的な時間を表す語とともに用いられません。書き言葉 **"将要 …了"** も用いられます。

你已经是中学生了，怎么还这么不懂事？
Nǐ yǐjing shì zhōngxuéshēng le, zěnme hái zhème bù dǒngshì?
(君はもう中学生になったのに、なんでこんなに世間の事をわきまえないのか。
⑴の用法）

你不愿意的话，就不勉强你了。Nǐ bú yuànyi dehuà, jiù bù miǎnqiǎng nǐ le.
(嫌だったら、無理にさせないようにする。**⑵の用法**）

你别难过了，这次失败了还有下次嘛！
Nǐ bié nánguò le, zhèicì shībàile hái yǒu xiàcì ma!
(もう悲しまないで、今回失敗したけど、まだ次のチャンスがある。**⑵の用法**）

我和她虽然住对门儿，可是已经好长时间没打照面儿了。Wǒ hé tā suīrán zhù duìménr, kěshì yǐjing hǎo cháng shíjiān méi dǎ zhàomiànr le.
（私と彼女は向かいの部屋に住んでいるが、もう長いこと会っていない。会っていない状態が"好长时间"という期間詞の通り続いていることを表す）

关于这个问题，我们已经讨论了两个多小时了。
Guānyú zhèige wèntí, wǒmen yǐjing tǎolùnle liǎng ge duō xiǎoshí le.
（この問題に関して私たちはすでに２時間以上討論しつづけている。(4)の用法）

这种膏药我用了一个星期了，也没什么效果，已经不想用了。Zhèi zhǒng gāoyào wǒ yòngle yí ge xīngqī le, yě méi shénme xiàoguǒ, yǐjing bù xiǎng yòng le.
（この貼り薬は１週間使ったが、あまり効果がないので、もうやめよう。(4)の用法、これから動作はもう続く可能性がないだろう）

这种膏药我用了一个星期了，效果不错，还想继续用。Zhèi zhǒng gāoyào wǒ yòngle yí ge xīngqī le, xiàoguǒ búcuò, hái xiǎng jìxù yòng.
（この貼り薬を１週間使ったが、効果がよいので、まだ続けて使いたい。(4)の用法、これから動作はまだ続く可能性があるだろう）

妈妈说，"因为我不听话，所以妈妈的头发都白了一半儿了"。
Māma shuō, "Yīnwèi wǒ bù tīnghuà, suǒyǐ māma de tóufa dōu báile yíbànr le".
（お母さんは、「あなたが話を聞かないせいで、お母さんの髪がすでに半分白くなっている」と言った。(4)の用法、髪は白くなった、その状態は既に"一半儿"という漠然とした分量までなっている）

酷夏走在坑坑洼洼的山间小路上，我热得简直快要蒸发了。Kùxià zǒuzài kēngkengwāwā de shānjiān xiǎolùshang, wǒ rède jiǎnzhí kuàiyào zhēngfā le.
（真夏日にでこぼこの山間小道を歩いて、暑くて蒸発しそうになった。近未来）

我们的小宝宝，再有两个星期就要降生了。
Wǒmen de xiǎobǎobǎo, zài yǒu liǎng ge xīngqī jiùyào jiàngshēng le.
（私たちの子供が後２週間経てば、もう生まれるよ。"快（要）"は具体的な時間を表す語とともに用いられない）

"了"をつけるかどうか、迷うとき

過去のことでも"了"をつけないことがあります。
(1) **状態動詞**（"**是，有，在，懂，知道，觉得，明白，熟悉，认为，理解，了解，相信，希望，爱，喜欢，恨，羡慕，同情，体贴，姓，叫，像，好像，属于，怕**"など）、**形容詞、助動詞、可能補語、程度補語**といったような状態を表す述語の場合、"**了**"は不要です。ところが、これらが状態変化を表す場合、"**了**"をつけます。
(2) 動作が繰り返し行われた習慣的な動作の場合、"**了**"は不要です。過去の習慣

的な動作は一種の状態として考えられるからです。

⑶ 目的語が引用文の場合、述語動詞に**"了"**をつけないのが普通です。引用文を取る動詞は**"说** shuō，**同意** tóngyì，**决定** juédìng，**看见** kànjiàn，**发现** fāxiàn，**听说** tīngshuō，**听见** tīngjiàn**"** などがあります。

⑷ 副詞**"才，刚"**は「やっと、～したばかり」の意味として使う場合、一般に**"了"**は不要です。

⑸ 結果補語や方向補語を伴う場合、**"了"**は省略する場合もあります。

⑹ **"是…的"**構文は**"了"**は不要です。この構文は動作の完了を前提として、その完了した動作について「いつ，どこで，どのように」行われたかを説明する場合に用い、「～したのだ」という完了した状況の確認を表す構文です。それに対して**"了"**は動作そのものの完了をしたかどうかを確認する場合に用いるものです。

我以前很**喜欢**交朋友。Wǒ yǐqián hěn xǐhuan jiāo péngyou.
（私は以前友達を作るのが好きだった。**過去**）

我现在**喜欢**交朋友**了**。Wǒ xiànzài xǐhuan jiāo péngyou le.
（私はいま友達を作るのが好きになった。**状態変化、状態動詞**）

我刚生下来的时候很**胖**。Wǒ gāng shēngxialai de shíhou hěn pàng.
（私は生まれたばかりのとき太っていた。**過去**）

我现在有点儿**胖了**。Wǒ xiànzài yǒudiǎnr pàng le.
（私はいまちょっと太っている。**状態変化、形容詞**）

我以前**能**游一千米。Wǒ yǐqián néng yóu yìqiānmǐ.
（私は以前1000メートル泳ぐことができた。**過去**）

我现在**能**游一千米**了**。Wǒ xiànzài néng yóu yìqiānmǐ le.
（私はいま1000メートル泳げるようになった。**状態変化、助動詞**）

我以前汉语**说得**很糟糕。Wǒ yǐqián Hànyǔ shuōde hěn zāogāo.
（私は以前中国語を話すのが下手だった。**過去**）

我现在汉语**说得**不错**了**。Wǒ xiànzài Hànyǔ shuōde búcuò le.
（私はいま中国語を話すのが上手になっている。**状態変化、程度補語**）

我以前**听不懂**法语。Wǒ yǐqián tīngbudǒng Fǎyǔ.
（私は以前フランス語が聞き取れなかった。**過去**）

我现在**听得懂**法语**了**。Wǒ xiànzài tīngdedǒng Fǎyǔ le.
（私はいまフランス語が聞き取れるようになった。**状態変化、可能補語**）

以前他们**常常**闹矛盾。Yǐqián tāmen chángcháng nào máodùn.
（以前彼らはよくごたごたした。**過去の習慣的な動作**）

以前我**每个星期一**都听广播讲座。
Yǐqián wǒ měige xīngqīyī dōu tīng guǎngbō jiǎngzuò.
(以前私は毎週月曜日にラジオ講座を聞いた。**過去の習慣的な動作**)

他说，"**我给大家拜个早年**"。Tā shuō, "Wǒ gěi dàjiā bài ge zǎo nián".
(彼は、「皆さんに、はやめに新年のあいさつをします」と言った。**引用文がある**)

刚才我听见**隔壁夫妇在吵架**。Gāngcái wǒ tīngjiàn gébì fūfù zài chǎojià.
(先ほど隣に住んでいる夫婦のけんかする声が聞こえた。**引用文がある**)

他决定**退休以后去马来西亚度晚年**。
Tā juédìng tuìxiū yǐhòu qù Mǎláixīyà dù wǎnnián.
(彼は「定年退職後マレーシアで晩年を送る」と決めた。**引用文がある**)

他到小学三年级的时候，**刚（才）**够一米。
Tā dào xiǎoxué sān niánjí de shíhou, gāng(cái) gòu yìmǐ.
(彼は小学校3年生のとき、やっと1メートルに達した。**副詞、やっと**)

她五分钟以前**刚**出去。Tā wǔ fēnzhōng yǐqián gāng chūqù.
(彼女は5分前に出かけたばかりだ。**副詞、～したばかり**)

中国人亲切地送**给（了）**福原爱一个可爱的绰号，叫"瓷娃娃"。Zhōngguórén qīnqiède sònggěi(le) Fúyuán Ài yí ge kě'ài de chuòhào, jiào "cíwáwa".
(中国人は親しく福原愛ちゃんに可愛いニックネームを贈った、「瓷娃娃（磁器製の人形）」という。**結果補語を伴うので、この文では"了"がなくてもよい**)

她从柜子里拿**出来（了）**一条项链。Tā cóng guìzili náchulai(le) yì tiáo xiàngliàn.
(彼女は箪笥の中からネックレスを1本出した。**方向補語を伴うので、この文では"了"がなくてもよい**)

我**是**五年前结**的**婚。Wǒ shì wǔniánqián jié de hūn.
(私は5年前結婚したのだ。**"结婚"は離合詞、目的語は"是…的"の外にも内にも置ける**)

我**是**让晶晶转告他**的**。Wǒ shì ràng Jīngjīng zhuǎngào tā de.
(晶晶ちゃんに、彼に伝えてもらったのだ。**目的語が代詞の場合は"是…的"の内に置く**)

"了"の他の用法

「一部の動詞+"了"」で、「～てしまう」という結果補語の用法もあります。「動詞+"掉"」と似ています。

你不能图一时痛快，毁**了（掉）**自己的前程啊！
Nǐ bù néng tú yìshí tòngkuai, huǐle(diào) zìjǐ de qiánchéng a!
（刹那的な快楽を求めることで、自分の将来を壊してはいけないよ。）

2 様々な補語

数量補語

数量補語には**時量補語、動量補語、差量（名量）補語**があります。

　時量補語は動作の行われる継続時間を表します。時量補語のつく目的語の位置については次のようになります。

(1) 目的語が一般名詞のとき、時量補語は目的語の前に置き、その間に**"的"**をつけてもよいです。
(2) 目的語が人称詞や場所詞のとき、時量補語は目的語の後に置きます。
(3) 目的語が呼び名や場所詞で、時量補語が**"一会儿"**などの漠然とした言葉の場合、時量補語は目的語の前に置くことも後に置くこともあります。

　動量補語（数詞＋動量詞）は動作の行われる回数を表します。動量補語のつく目的語の位置については次のようになります。

(1) 動量補語は一般に動詞の後、目的語の前に置きます。
(2) しかし目的語が代詞の場合、動量補語は目的語の後に置きます。
(3) 目的語が人名・地名・呼称の場合、動量補語は目的語の前でも後でもよいです。

　差量補語（数詞＋名量詞）は比較した結果の差を表します。
　"一点儿，一下，一会儿"も数量補語の一種なので、動詞の後に置き、「ちょっと〜する」という動作量が少ないことや、動作時間が短いことを表します。

　　我今天在飞机上睡了**一个小时**（的）觉。
　　Wǒ jīntiān zài fēijīshang shuìle yí ge xiǎoshí (de) jiào.
　　（今日は飛行機で1時間寝た。**時量補語**）

　　我劝了她快**一个小时**了，可是一点儿用也没有。
　　Wǒ quànle tā kuài yí ge xiǎoshí le, kěshì yìdiǎnr yòng yě méiyǒu.
　　（彼女に1時間忠告したが、少しも役に立たなかった。**"快，才，已经"**のような副詞は時量補語の前に用いることもある）

　　时间过得真快啊，一晃她已经离开这里**好几年**了。Shíjiān guòde zhēn kuài a,
　　yíhuàng tā yǐjing líkāi zhèli hǎo jǐ nián le.
　　（時間の経つのは本当にはやいですね、彼女がここを出てからいつしか数年も経った。**"好几年"**は時量補語、**"这里"**は場所詞。**"离开"**は瞬時に終わる動

作を表す動詞であり、この場合の"好几年"という時量補語は動作完了から現在までの経過時間を表す）

我去**一会儿**图书馆。Wǒ qù yíhuìr túshūguǎn.
我去图书馆**一会儿**。Wǒ qù túshūguǎn yíhuìr.
（ちょっと図書館に行ってくる。**時量補語**）

她看了我**一眼**。Tā kànle wǒ yì yǎn.
（彼女はちらっと私を見た。**借用動量補語**）

她住院的时候，我去看望过她**一次**。
Tā zhùyuàn de shíhou, wǒ qù kànwàngguo tā yí cì.
（彼女が入院したとき、１度お見舞いに行ったことがある。**動量補語**）

我去过葡萄牙**一次**。Wǒ qùguo Pútáoyá yí cì.
我去过**一次**葡萄牙。Wǒ qùguo yí cì Pútáoyá.
（私はポルトガルに１度行ったことがある。**動量補語**）

这次期末考试，数学比物理多得了**五分**。
Zhèicì qīmò kǎoshì, shùxué bǐ wùlǐ duō déle wǔ fēn.
（今回の期末試験では、数学は物理より５点多く取れた。**差量補語**）

这张桌子比那张高**一点儿**。Zhèi zhāng zhuōzi bǐ nèi zhāng gāo yìdiǎnr.
（この机はあれより少し高い。**差量補語**）

方向補語

「動詞＋方向補語」の形で、動作の移動する方向を表します。"**来，去，上，下，进，出，回，过，起**"のような１文字の方向補語を単純方向補語といい、"**上来，下来，进来，出来，回来，过来，起来，上去，下去，进去，出去，回去，过去**"のような２文字の方向補語を複合方向補語といいます。否定は"**不，没（有）**"を用いることができます。目的語を伴う場合、目的語の位置は次のようになります。

(1) "**来，去**"がつき、場所や持ち運べない目的語であれば、"**来，去**"の前に置くのが普通です。
(2) "**来，去**"がつき、物のような持ち運べる目的語であれば、"**来，去**"の前にも後にも置けますが、存現文は普通"**来，去**"の後に置きます。
(3) "**来，去**"がなく、"**上，下，进，出，回，过，起**"がつく場合は、目的語は補語の後に置きます。

一走进饭店，服务员立刻迎**上来**问，您几位？
Yì zǒujìn fàndiàn, fúwùyuán lìkè yíngshanglai wèn, nín jǐ wèi?
（レストランに入ると、店員はすぐ迎え出て、「何名様ですか」と聞いた。"**上**

来"は動作が話し手の位置に近づいてくることを表す）

叶公自称喜爱龙，可是当龙爬进他家去的时候，他却吓得魂不附体。
Yègōng zìchēng xǐ'ài lóng, kěshì dāng lóng pájin tā jiā qu de shíhou, tā què xiàde hún bú fù tǐ.
（葉公は竜が好きだと自称したが、竜が彼の家に入ったとき、彼はなんと肝がつぶれるほど怖がった。"他家"は場所詞、四字熟語、叶公好龙）

她抱起孩子来就想走。Tā bàoqi háizi lai jiù xiǎng zǒu.
她抱起来孩子就想走。Tā bàoqilai háizi jiù xiǎng zǒu.
（彼女は子供を抱きあげすぐ出ようとした。"孩子"は持ち運べるもの）

那边踉踉跄跄地走过来一个醉鬼。
Nèibiān liàngliangqiàngqiàngde zǒuguolai yí ge zuìguǐ.
（あっちから酔っ払いが千鳥足で歩いてきた。存現文）

站台上飞来了几只鸽子，一动不动地站在那儿，仿佛在等电车似的。Zhàntáishang fēilaile jǐ zhī gēzi, yí dòng bú dòng de zhànzài nàr, fǎngfú zài děng diànchē shìde.
（何匹かの鳩がホームに飛んできてそこに立ってまったく動かない、まるで電車を待っているみたい。存現文）

他用筷子夹起一块肉，放进了嘴里。
Tā yòng kuàizi jiāqi yí kuài ròu, fàngjinle zuǐli.
（彼は箸で肉を1つ取って口に入れた。）

方向補語から派生した動詞（意味上では結果補語の用法）の一覧

出 chū	事物の出現、発見、識別を表す
出来 chūlai	考えついたことや識別などを表す
过 guò	(1)動作が限度を超過することを表す
	(2)ある場所からある場所へ移ること、向きを変えることを表す
过来 guòlai	(1)元の状態或いは正常な状態に戻ることなどを表す
	(2)"倒、反"等の動詞の後に置き、向きを変えることを表す
	(3)時間・数量・能力などが十分であることを表す
过去 guòqu	(1)本来の正常な状態を失うことなどを表す
	(2)あちらに向きを変えることを表す
来 lái	"看、说、想、算"の後に置き、「〜してみると、したところ」
起来 qǐlai	(1)「〜し始める」という動作や状態が始まり続くことを表す
	(2)記憶の回復などを表す
	(3)「〜してみる」という試みを表す
	(4)分散しているものを1つにまとめることを表す

去 qù	(1)失ってしまうことを表す
	(2)放任の意味を表す
上 shàng	(1)離れているものがくっつくことや付着を表す
	(2)高い水準、目標への到達や追いつくことを表す
	(3)一定の数量に達することを表す
	(4)動作の開始と継続を表す
上来 shànglai	答えや考えなどを発表できる
下 xià	(1)残存を表す
	(2)離脱を表す
下来 xiàlai	(1)動作がある状態に定着することを表す
	(2)分離、離脱することを表す
	(3)以前から現在まで継続することを表す
下去 xiàqu	動作を継続してやっていくことを表す

谁都能听出她在指桑骂槐呢。Shéi dōu néng tīngchu tā zài zhǐ sāng mà huái ne.
（誰でも聞き分けられるが、彼女は遠回しに非難している。識別）

这道题应该怎么解，我还没想出来。
Zhèi dào tí yīnggāi zěnme jiě, wǒ hái méi xiǎngchulai.
（この問題はどう解くべきか、まだ考えついていない。考えつく）

因为昨天喝过了量，所以坐过站了。
Yīnwèi zuótiān hēguole liàng, suǒyǐ zuòguo zhàn le.
（昨日飲みすぎたので、乗り過ごした。限度の超過）

她高兴地接过礼物，说了声谢谢。
Tā gāoxìngde jiēguo lǐwù, shuōle shēng xièxie.
（彼女は嬉しそうにプレゼントを受け取って、「ありがとう」と言った。場所の移動）

她转过身照了照镜子。Tā zhuǎnguo shēn zhàolezhào jìngzi.
（彼女は体の向きを変えて鏡をみてみた。向きを変える）

我把错的地方全部改过来了。Wǒ bǎ cuò de dìfang quánbù gǎiguolai le.
（私は誤ったところを全部正した。正常な状態へ）

这个箱子里放的是药品，千万不能倒过来放。
Zhèige xiāngzili fàng de shì yàopǐn, qiānwàn bù néng dàoguolai fàng.
（この箱に入っているのは薬品なので、絶対逆さにしてはいけない。向きを変える）

我在西安呆了三天，可是还没玩儿过来。
Wǒ zài Xī'ān dāile sān tiān, kěshì hái méi wánrguolai.
（私は西安に３日間滞在したが、まだ十分に遊んでいなかった。時間が不十分だ）

他眼睛微微睁开了一下，又昏过去了。
Tā yǎnjing wēiwēi zhēngkāile yíxià, yòu hūnguoqu le.
（彼は目がわずかに開いたが、また意識を失った。正常状態を失う）

她转过脸去，不理我了。Tā zhuǎnguo liǎn qu, bù lǐ wǒ le.
（彼女は顔をあっちに向けて相手にしてくれなくなった。向きを変える）

算来已有五年没见面了。Suànlai yǐ yǒu wǔ nián méi jiànmiàn le.
（数えてみると、もう５年会っていない。）

她高兴地跳起舞来了。Tā gāoxìngde tiàoqi wǔ lai le.
（彼女は喜んで踊り始めた。動作の開始、持続を表す）

一想起他的态度来，就气不打一处来。
Yì xiǎngqi tā de tàidu lai, jiù qì bù dǎ yí chù lái.
（彼の態度を思い出すと、とても腹が立つ。記憶の回復）

把炒好的菜放到烙好的饼里，然后包起来吃。
Bǎ chǎohǎo de cài fàngdào làohǎo de bǐngli, ránhòu bāoqilai chī.
（炒めて作った惣菜を焼き上がったビン（小麦粉の皮）に入れて、それから包んで食べる。分散から集中へ）

她为了参加这次表演每天都进行排练，几乎占去了所有的休息时间。
Tā wèile cānjiā zhèicì biǎoyǎn měitiān dōu jìnxíng páiliàn, jīhū zhànqule suǒyǒu de xiūxi shíjiān.
（彼女は今度の公演に参加するために毎日リハーサルをして、休みの時間をほぼ犠牲にした。失ってしまうことを表す）

让他随便笑去吧，别跟他一般见识。
Ràng tā suíbiàn xiàoqu ba, bié gēn tā yìbān jiànshi.
（彼に好きなように笑わせて、あいつと同じようなことをしないで。放任の意味を表す）

这里的冬天冰冻三尺，不戴上围巾出去的话，恐怕耳朵都会冻掉的。
Zhèli de dōngtiān bīng dòng sānchǐ, bú dàishang wéijīn chūqu dehuà, kǒngpà ěrduo dōu huì dòngdiào de.
（ここの冬は雪が３尺にも達するので、マフラーをまかず出かけると、恐らく耳が凍えて取れてしまうだろう。付着すること）

她越跑越有劲儿，最后追**上**了所有的人，得了冠军。
Tā yuè pǎo yuè yǒu jìnr, zuìhòu zhuīshangle suǒyǒu de rén, déle guànjūn.
（彼女は走れば走るほど力が出てきて、最後にすべての人を追い越して優勝した。**高い水準、目標への到達、追いつく**）

还没说**上**几句话，就不得不离开了。
Hái méi shuōshang jǐ jù huà, jiù bùdébù líkāi le.
（まだあまり話していないのに、もう出なければならないことになった。**一定の数量に達すること**）

她一到家就忙**上**了。Tā yí dào jiā jiù mángshang le.
（彼女が家に着くと、すぐに忙しくなった。**動作の開始と継続**）

她提的问题，我一下子没答**上来**。Tā tí de wèntí, wǒ yíxiàzi méi dáshanglai.
（彼女に出された質問に、私はすぐに答えられなかった。**答えや考えなどを発表できる**）

我想把这张照片留**下**做个纪念。
Wǒ xiǎng bǎ zhèi zhāng zhàopiàn liúxià zuò ge jìniàn.
（この写真を記念として残したい。**とどめ残す、残存を表す**）

他摘**下**眼镜，擦掉了玻璃上的哈气。
Tā zhāixia yǎnjìng, cādiàole bōlishang de hāqì.
（彼は眼鏡をはずして、ガラスの曇りをふき取った。**離脱を表す**）

结婚日期还没定**下来**呢。Jiéhūn rìqī hái méi dìngxialai ne.
（結婚の期日がまだ決まっていない。**動作がある状態に定着することを表す**）

她把挂在墙上的镜子摘**下来**了。
Tā bǎ guàzài qiángshang de jìngzi zhāixialai le.
（彼女は壁に掛けてある鏡をはずした。**分離、離脱することを表す**）

这个秘方是祖上传**下来**的，今后还要让后代传**下去**。
Zhèige mìfāng shì zǔshàng chuánxialai de, jīnhòu hái yào ràng hòudài chuánxiaqu.
（この秘方は祖先から代々伝えられてきたもので、今後さらに子孫に伝えていってもらわなければならない。"**下来**"は以前から現在まで継続することを表す。"**下去**"は現在の動作を続けてやっていくことを表す）

再这样节食**下去**，身体就要搞垮了啊！
Zài zhèyàng jiéshíxiaqu, shēntǐ jiùyào gǎokuǎ le a!
（このように節食していけば、体を壊してしまうよ。**動作や状態が続くことを表す**）

69

結果補語

「動詞+補語（動詞／形容詞）」の形で、動作の結果を表します。否定には一般に"**没**"を用い、条件文の場合"**不**"も用いられます。離合詞と異なって"**了，过**"は「動詞+補語（動詞／形容詞）」の後に置きます。ここではよく使う結果補語を一覧表にまとめました。

結果補語の一覧

饱 bǎo	「～十分にする」。吃饱（お腹いっぱいに食べる）
成 chéng	「～になる」、あるものや状態からあるものや状態に変わる 翻译成日语（日本語に訳す）
错 cuò	「～し間違える」、間違えることを表す。认错人（人違いをする）
倒 dǎo	「倒れる」。摔倒（つまずいて転ぶ）
倒 dào	「（上下が）逆さになる」、画贴倒了（絵を逆さに貼った）
到 dào	目的の達成や動作の到達する時点、地点「～に、～まで」を表す 练到十点（10時まで練習する）、没注意到（気付かなかった）
掉 diào	「～てしまう」、排除、離脱、消失を表す。扔掉（捨ててしまう）
懂 dǒng	「～して理解する」、理解することを表す。看懂（見て分かる）
翻 fān	「ひっくり返す、態度が豹変する」、东西被碰翻了（荷物をひっくり返された）、他俩闹翻了（彼2人はけんかをした）
反 fǎn	「（前後、左右、表裏などが）反対になる」、电池装反了（電池を正負反対に入れた）、鞋穿反了（靴を左右逆に履いた）
对 duì	「正しい」。猜对了（うまく当てた）
多 duō	「～しすぎる」、動作の量が多すぎる。喝多了（飲みすぎた）
干净 gānjìng	「～綺麗にする」、綺麗になることを表す。洗干净（綺麗に洗う）
给 gěi	「～に」、物を受け取る人を示す。留给（ある人に残す）
够 gòu	「十分に」、玩儿够（十分に遊ぶ）
惯 guàn	「慣れる」、看惯了（見慣れた）、吃惯了（食べ慣れた）
光 guāng	何も残らず、すっかりなくなることを表す。用光（使い果たす）
好 hǎo	「ちゃんと～する、～し終わる」、満足な状態になることを表す 约好（ちゃんと約束する）
坏 huài	悪い状態になることを表す 孩子被惯坏了（子供は甘やかされて悪くなった）
会 huì	練習によって会得したことを表す。学会（マスターする）
见 jiàn	目や耳により情報をキャッチする。听见（耳に入る）
紧 jǐn	「しっかりと固定する」。系紧安全带（シートベルトをしっかり締める）

开 kāi	(1)「離れる、あける」、くっついているものが離れることを表す 把行李挪开（荷物をのけなさい）。离开家了（家を離れた） (2)広がることを表す。消息传开了（ニュースは広がった） (3)解消することやはっきりすることを表す。想开了（気が楽になった） (4)動作の開始、持続を表す。一见面就聊开了（会うとすぐ話を始めた） (5)収容することを表す。这儿能坐开四个人（ここは4人だと座れる）
累 lèi	「疲れる」、哭累了（泣き疲れた）
明白 míngbai	「〜はっきりする、分かる」、听明白了（聞いて分かった）
腻 nì	「飽きる」、听腻了（聞き飽きた）、吃腻了（食べ飽きた）
跑 pǎo	「離れる、去る」、衣服被刮跑了（服は吹き飛ばされた）
破 pò	「壊れる、破れる」、衣服磨破了（服がすり切れた）
齐 qí	「揃う」、东西凑齐了（荷物は集めた）、人来齐了（全員揃った）
清楚 qīngchu	「〜はっきりする」、はっきりすることを表す。看清楚了（はっきり見た）
死 sǐ	「固定した、動かない」、钉死（釘づけする）。「死ぬ」、饿死（餓死する）
通 tōng	「通じている、納得する」、电话打通了（電話が通じた）、终于想通了（やっと分かった）
透 tòu	動作が徹底していることを表す。看透（見抜く）
完 wán	「〜し終わる」、動作が完了することを表す。看完（読み終わる）
晚 wǎn	「遅れる」、動作が遅れることを表す。来晚了（遅れました）
醒 xǐng	「〜して目を覚まさせる」、吵醒（騒いで目を覚まさせる）
在 zài	「〜に」、動作の結果が残る場所を表す。放在这儿（ここに置く）
早 zǎo	「〜はやすぎる」、動作がはやすぎることを表す。来早了（来るのがはやすぎた）
着 zháo	目的を達成する。猜着了（推測が当たった），睡着了（寝ついた）
中 zhòng	目的に達することを表す。看中（気に入った）、打中（命中する）
住 zhù	(1)「しっかり〜する」、動作がしっかり固定し定着する。拿住（しっかり持つ）(2)停止、阻止を表す。叫住（呼び止める）、站住（立ち止まる）
走 zǒu	「離れる、去る、移動する」、邻居家搬走了（隣の家は引っ越した）

可能補語

「動詞+"得/不"+補語」の形で、その動作が可能/不可能かを表します。補語には結果補語、方向補語になる動詞が多用されます。ここではよく使う可能補語を一覧表にまとめました。

可能補語の一覧（ここでは否定形の例を取り上げます）

饱 bǎo	吃不饱（食べてお腹いっぱいにならない）
成 chéng	办不成（やっても成功しない、うまくやれない）
出手 chūshǒu	拿不出手（恥ずかしくて人前に出せない）
到 dào	买不到（物がなくて買えない）、吃不到（物がなく食べられない）
掉 diào	洗不掉（洗い落とせない）、去不掉（取り除けない）
懂 dǒng	看不懂（読んで理解できない）
动 dòng	搬不动（重くて運べない）、咬不动（硬くてかめない）
干净 gānjìng	洗不干净（綺麗に洗えない）
够 gòu	聊不够（話が尽きない）
惯 guàn	吃不惯（食べ慣れない）、看不惯（見慣れない）
过 guò	打不过（勝てない）、说不过（言い負かせない）
好 hǎo	做不好（ちゃんとやれない）
会 huì	学不会（マスターできない）
见 jiàn	听不见（聞こえない）
开 kāi	伸不开（伸ばせない）、摆不开（空間が狭くて並べられない）、吃不开（歓迎されない,もてない）、分不开（分けられない）、走不开（忙しくて離れられない）、弄不开（あけられない）、破不开（お金がくずれない）
明白 míngbai	听不明白（聞いても理解できない）
了 liǎo	拿不了（量が多くて持ちきれない）、忘不了（忘れられない）、干不了（量が多くてやりきれない、または都合や能力によりやれない）
清楚 qīngchu	看不清楚（はっきり見えない）
消 xiāo	吃不消（耐えられない）
通 tōng	行不通（通用しない）、解释不通（解釈できない）
透 tòu	摸不透（はっきりとつかめない）
完 wán	干不完（やり終わらない）、用不完（使いきれない）
着 zháo	找不着（見つからない）、买不着（品物がないので、手に入らない）
住 zhù	吃不住（耐えられない）、忍不住（我慢できない）、靠不住（信用できない）

准 zhǔn	说不准（正確に言えない）、拿不准（確定できない）
出来 chūlái	认不出来（見分けられない）、吃不出来（どんなものか食べても分からない）、说不出来（言い出せない）、这道题做不出来（この問題は解けない）
出去 chūqù	卖不出去（売れない）
过来 guòlái	吃不过来（種類が多すぎてすべての種類を食べることができない）
过去 guòqù	看不过去（黙って見すごしてはおけない）
进去 jìnqù	听不进去（聞き入れない）
来 lái	起不来（起きられない）、吃不来（口に合わない）
起 qǐ	租不起（家賃が高くて借りられない）、担不起（責任を負いきれない）
起来 qǐlái	拿不起来（重くて持ち上げられない、または、任に堪えない）
去 qù	进不去（入れない）、过不去（通れない）
上 shàng	吃不上（間に合わなく、或いは物がなくて食べられない）
上来 shànglái	说不上来（すらすらと口に出てこない）
下 xià	吃不下（気分が悪い、或いは満腹で、喉を通らない） 搁不下（空間が狭くて置ききれない）
下去 xiàqù	活不下去（生きていけない）、坚持不下去（続けられない）

可能補語と助動詞の比較

(1) 一般に自分でコントロールできない客観的な事柄による可能か不可能を表す場合、可能補語を用い、自分でコントロールできる事柄についての不可能を表す場合、助動詞"**不能**"を用いることが多いです。ただし肯定文の場合、助動詞"**能**"でも客観的な条件として用いられます。

(2) 相手を忠告、制止する場合、助動詞"**不能**"を用います。

(3) 可能補語は可能かどうかを表すことだけではなく、より細かな理由を表すこともできます。

我虽然赞成你的做法，可是能力有限，实在**帮不了**你的忙。Wǒ suīrán zànchéng nǐ de zuòfǎ, kěshì nénglì yǒuxiàn, shízài bāngbuliǎo nǐ de máng.
（私はあなたのやり方に賛成するけれども、能力に限界があるので、本当に助けられないのだ。**客観的な理由で**）

我不赞成你的做法，所以**不能**帮你的忙。
Wǒ bú zànchéng nǐ de zuòfǎ, suǒyǐ bù néng bāng nǐ de máng.
（私はあなたのやり方に賛成しないので、助けるわけにはいかない。**主観的に**）

你千万**不能**瞒着我啊！Nǐ qiānwàn bù néng mánzhe wǒ a!
（あなたは絶対に私をだましてはいけないよ。**忠告**）

我**拿不动**你帮帮我，好吗？ Wǒ nábudòng nǐ bāngbang wǒ, hǎo ma?
（重くて持てないので、手伝ってもらえますか。）

我**拿不过来**你帮帮我，好吗？ Wǒ nábuguòlái nǐ bāngbang wǒ, hǎo ma?
（多くて持ちきれないので、手伝ってもらえますか。）

程度補語

⑴ **基本文型**は「動詞／形容詞＋"得"＋補語」となり、動作や状態がどの程度に達したかを表します。一般に「〜するのが〜」のように訳します。補語には形容詞、副詞、語句を用いることができます。

⑵ 目的語を取れないので、目的語がある場合、動詞と組み合わせて前に出します。目的語を伴う文型は「（動詞）＋目的語＋基本文型」となります。目的語前の動詞が省略できます。

⑶ 否定は補語の部分を否定します。

⑷ "得"を用いない文型もあります。「形容詞・動詞＋"极了／死了／坏了"など」の形で程度を表します。

⑸ 「動詞＋"个"＋補語」の形で、"个"は補語を導く"得"に近い働きをします。時には"了，得"と連用することもあり、"个"の後に"**不停，没完，不休，痛快，够，饱**"などの語句が来ることが多いです。

今天一天没吃饭了，现在饿得**发慌**。
Jīntiān yì tiān méi chīfàn le, xiànzài ède fāhuāng.
（今日は1日ご飯を食べなかったので、お腹が大変空いている。**補語は"得"の後に置く**）

我**汉语**说得比你还差远了。Wǒ Hànyǔ shuōde bǐ nǐ hái chàyuǎn le.
（私は中国語を話すのが遥かにあなたに及ばない。**目的語の位置に注意**）

她老是絮絮叨叨地说些车轱辘话，听得**我耳朵都快要起膙子了**。Tā lǎoshì xùxudāodāode shuō xiē chēgūluhuà, tīngde wǒ ěrduo dōu kuàiyào qǐ jiǎngzi le.
（彼女はいつも同じことを何度も何度もくどくど言うので、耳にたこができるくらい聞いたよ。**長い補語**）

我已经累得**不**想说话了。Wǒ yǐjing lèide bù xiǎng shuōhuà le.
（私はもう話したくないほど疲れた。**否定詞の位置に注意**）

他好像无聊得**很**，到处找人聊天儿。
Tā hǎoxiàng wúliáode hěn, dàochù zhǎo rén liáotiānr.

（彼は退屈なようで、あちこちから話し相手を探している。**副詞は補語になっている**）

他把皮鞋擦得亮**极了**。Tā bǎ píxié cāde liàng jíle.
（彼は革靴をピカピカに磨いた。**形容詞＋"极了"**）

别再争了，免得闹**个**不欢而散。Bié zài zhēng le, miǎnde nào ge bù huān ér sàn.
（これ以上争わないで、けんか別れにならないように。**"个"は"得"に近い、この文ではまだ起こらないことを表す**）

他故意找我的别扭，把我气**了个（得个）**半死。
Tā gùyì zhǎo wǒ de bièniu, bǎ wǒ qìle ge(de ge) bànsǐ.
（彼はわざと私を不愉快にさせて、ひどく腹が立った。**"了个"、"得个"は連用する、既に起こったことを表す**）

雨下个**不停（没完）**，怎么去看红叶啊？
Yǔ xià ge bùtíng(méi wán), zěnme qù kàn hóngyè a?
（雨がひっきりなしに降っているのに、どうやって紅葉を見に行くの？**"不停，没完"によって進行中であることを表す**）

程度補語と可能補語の比較

(1) 可能補語の補語に使うものは主に結果補語、方向補語として使う形容詞、動詞ですが、程度補語の補語は形容詞や副詞及び語句などです。
(2) 可能補語は目的語が取れるのに対し、程度補語は取れません。
(3) 可能補語の否定は**"得"**を**"不"**に変えます。程度補語は補語の部分を否定します。
(4) 可能補語は実現が可能か不可能かの結果を表し、程度補語はすでに実現した結果を表します。

我今天**写不完**这篇稿子。Wǒ jīntiān xiěbuwán zhèi piān gǎozi.
（今日はこの原稿を書き終わることができない。**可能補語の否定は"得"の代わりに"不"を使うこと。また可能補語の場合、目的語が取れる**）

孩子被你吓得**不敢说话了**。Háizi bèi nǐ xiàde bù gǎn shuōhuà le.
（子供があなたに驚かされて、怖がって話ができなくなったよ。**程度補語の否定形も"得"が必要**）

3 様々な多義語

"个"のいろいろな用法

(1) 天上只有一**个**月亮，却有无数**个**星星。
Tiānshang zhǐ yǒu yí ge yuèliang, què yǒu wúshù ge xīngxing.
(空に月は1つだけあるが、星は数えきれないほどある。最も使われている量詞)

(2) 她一次能喝**个两三**杯。Tā yí cì néng hē ge liǎng sān bēi.
(彼女は1回で2、3杯飲める。概数の前につけて軽い口調を表す)

(3) 我想**打个盹儿**，你们轻点儿啊！Wǒ xiǎng dǎ ge dǔnr, nǐmen qīng diǎnr a!
(ちょっと居眠りしたいので、静かにしてね。動詞と目的語の間に置き、「ちょっと〜する」という口調を表す、"开个会，洗个澡，帮个忙，睡个觉，唱个歌"などもよく使われる)

(4) 她**哭个不停**。Tā kūge bùtíng.
(彼女は泣き止まない。動詞と補語の間に置き、"得"に近い働きをする、程度補語 P74 を参照)

"给"のいろいろな用法

(1) 我想**给他一个**风筝。Wǒ xiǎng gěi tā yí ge fēngzheng.
(彼に凧をあげたい。二重目的語が取れる動詞)

(2) 我**把**臭鱼**给扔**了。Wǒ bǎ chòuyú gěi rēng le.
(腐った魚を捨てた。助詞用法、"把"構文や受身文で動詞の前に置く)

(3) 房盖**给龙卷风**卷跑了。Fánggài gěi lóngjuǎnfēng juǎnpǎo le.
(屋根は旋風に巻き上げられた。受身文に用い、"被"と同じ、加動者を導く)

(4) 我**给票**弄丢了。Wǒ gěi piào nòngdiū le.
(私はチケットを失くしてしまった。"把"のように目的語を動詞の前に導く)

(5) 他从图书馆**给我**借了一本书。Tā cóng túshūguǎn gěi wǒ jièle yì běn shū.
(彼は図書館から私に本を1冊借りた。前置詞用法、"给"は「〜のために」の意味を表すもので、"替，为 wèi"に置き換えられる)

(6) 他留**给我一个**条子，就走了。Tā liúgěi wǒ yí ge tiáozi, jiù zǒu le.
(彼は私にメモを残すと、すぐに行ってしまった。動詞"写，留，寄，唱，带，卖，发，传"などの後に"给"をつけることによって2つの目的語が取れる動詞になると考えられる)

(7) 父母离婚后，孩子判**给谁**了？Fùmǔ líhūn hòu, háizi pàngěi shéi le?

（両親が離婚した後、子供を誰に渡すよう判決が下ったのですか。**結果補語用法、人、物の受け取り人を示す**）

(8)我托你办的事儿可别**给忘**了。Wǒ tuō nǐ bàn de shìr kě bié gěi wàng le.
（あなたに頼んだことを忘れないでください。**助詞用法、動詞の前に置き、「〜を〜してくれる、〜を〜する」の意味を表すことができる**）

(9)你闹什么闹，赶紧把饭**给我**吃了。
Nǐ nào shénme nào, gǎnjǐn bǎ fàn gěi wǒ chī le.
（騒がないの、はやくご飯を食べなさい。**"给我"の形で、命令の語気を表す**）

(10)这篇文章你看完了，**给我**看看吧。
Zhèi piān wénzhāng nǐ kànwán le, gěi wǒ kànkan ba.
（この文章を読み終わったら、読ませてください。**"给"は"让"に置き換えられる**）

"在"のいろいろな用法

(1)我养的花都**在阳台上**。Wǒ yǎng de huā dōu zài yángtáishang.
（私が育てている花は全部ベランダにある。**動詞用法、「〜にいる、〜にある」の意味、所在を表す**）

(2)**在这儿**停车。Zài zhèr tíng chē.
（ここで車を止める。**前置詞用法、「〜で」に当たり、動作をする場所を表す**）

(3)谁把车**停在**这儿了？ Shéi bǎ chē tíngzài zhèir le?
（誰が車をここに止めたのですか。**結果補語用法、"在＋名詞（代詞）"は、動詞の前に置く場合は一般に「（どこどこ）で」に訳し、ある場所でなになにをすることを表す。動詞の後に置く場合は一般に「（どこどこ）に」に訳し、動作の結果がある時点や場所に到達することを表す**）

(4)她皱着眉头，好像**在冥思苦想**。
Tā zhòuzhe méitóu, hǎoxiàng zài míng sī kǔ xiǎng.
（彼女はしわを眉間に寄せて、頭を絞って考えているようだ。**動作が進行中であることを表す**）

(5)**在**研究**上（中，方面）**，他取得了辉煌的成就。
Zài yánjiūshang (zhōng, fāngmiàn), tā qǔdéle huīhuáng de chéngjiù.
（研究の面では、彼は輝かしい成果を出した。**"在…上，中，方面"で、範囲を表す**）

⑹**在**大家的共同努力**下**，问题终于解决了。
　Zài dàjiā de gòngtóng nǔlì xià, wèntí zhōngyú jiějué le.
　（皆さんの一緒の努力の下で、問題はやっと解決した。"在…下"で、「～の下で」の意味、条件、状況を表す。その他に"在…前提下"は「～の前提で」、"在…情况下"は「～の状況の下で」）

"着"のいろいろな用法

⑴他们正**开着**会呢。Tāmen zhèng kāizhe huì ne.
　（彼らは会議中だ。助詞用法、動詞の後に置き、動作の進行を表す）

⑵电视上**摆着**地球仪。Diànshìshang bǎizhe dìqiúyí.
　（テレビの上に地球儀が置いてある。助詞用法、動詞の後に置き、持続を表す）

⑶这个饭店没有坐的地方，得**站着**吃饭。
　Zhèige fàndiàn méiyǒu zuò de dìfang, děi zhànzhe chīfàn.
　（この店には座る場所がないので、立って食べなければならない。助詞用法、２つの動詞の間に置き、動作１が動作２の状態を表す）

⑷地球**绕着**太阳转。Dìqiú ràozhe tàiyáng zhuàn.
　（地球は太陽のまわりを回る。「動詞＋"着"」の形で前置詞を作ることもある）

⑸这孩子**鬼着**呢。Zhè háizi guǐ zhene.
　（この子はとても利口だ。"着"と"呢"は連用して、形容詞の後に置き、誇張を表す）

⑹脚疼得不敢**着地**。Jiǎo téngde bù gǎn zháo dì.
　（足が痛くて地面に下ろせない。動詞用法、「接触する、着く」の意味）

⑺我算是**累着**了。Wǒ suànshì lèizháo le.
　（私はどうやらくたくたに疲れたようだ。「動詞＋"着"」で、動作の結果を表す）

⑻我怎么会**猜得着**你的秘密呢？ Wǒ zěnme huì cāidezháo nǐ de mìmì ne?
　（君の秘密を当てるなんてどうやってできるのか。「動詞＋"得"＋"着"」で、動作の目的が達成できることを表す）

⑼飞机正点**着陆**了。Fēijī zhèngdiǎn zhuólù le.
　（飛行機が時刻通り着陸した。動詞用法、「つく、付着する」の意味）

⑽我是一点儿**着**也没有了。Wǒ shì yìdiǎnr zhāo yě méiyǒu le.
　（私はまったくお手上げだ。名詞用法、「わざ、手、手段」の意味）

"好"のいろいろな用法

(1) **好**主意就这样定了。Hǎo zhǔyi jiù zhèyàng dìng le.
（よい考えだ、そうしましょう。形容詞用法、ここでは名詞を修飾し、「よい」の意味）

(2) 听说他们俩**好了**。Tīngshuō tāmen liǎ hǎo le.
（彼ら2人は恋仲になったと聞いた。形容詞用法、ここでは述語になる、「親密だ」の意味）

(3) 要带的东西**准备好**了吗？Yào dài de dōngxi zhǔnbèihǎo le ma?
（持っていく荷物を準備できたの？動詞の後に置き、動作の完成を表す）

(4) **好多天**没见到她了，怪想她的。
Hǎo duō tiān méi jiàndào tā le, guài xiǎng tā de.
（ずいぶん長いこと彼女にあっていないので、とても会いたくなるよ。副詞用法、「とても、ずいぶん」の意味）

(5) 把手机号码告诉我，有事儿**好联系**。
Bǎ shǒujī hàomǎ gàosu wǒ, yǒu shìr hǎo liánxì.
（携帯番号を教えてください、何かあると連絡できます。助動詞用法、動詞の前に置き、「～することができる」の意味）

(6) 这个字典真**好用**。Zhèige zìdiǎn zhēn hǎo yòng.
（この辞書は本当に使いやすい。形容詞であり、動詞の前に置き、「～しやすい」の意味）

(7) 他说的比唱的还**好听**。Tā shuō de bǐ chàng de hái hǎo tīng.
（彼はうまいことばかり言う（歌は話す言葉より耳に心地よい）。動詞 "看，听，闻，吃" などの前に置き、姿・音・味などがよいことを表す）

(8) 现在才想起来去问**好**，已经来不及了。
Xiànzài cái xiǎngqilai qù wèn hǎo, yǐjing láibují le.
（いまやっと挨拶をすることを思い出して、もう間に合わないよ。名詞用法、「挨拶」の意味）

(9) 她**好管闲事**，不该管的也管。Tā hào guǎn xiánshì, bù gāi guǎn de yě guǎn.
（彼女はよくお節介をやく、干渉すべきじゃないことも干渉する。動詞用法、「好きだ」の意味）

"对"のいろいろな用法

(1) **对**同一种现象会有完全不同的反应。
　　Duì tóng yì zhǒng xiànxiàng huì yǒu wánquán bùtóng de fǎnyìng.
　　(同じ現象に対して全く異なる反応がでるだろう。前置詞、「～に対して」の意味)

(2) 他好象**对**赛马特别**感兴趣**。Tā hǎoxiàng duì sàimǎ tèbié gǎn xìngqù.
　　(彼は競馬にとても興味を持っているみたい。"对…感（有）兴趣"は「～に対して興味を持っている」)

(3) **对**我这个爱吃肉的人**来说**，不让我吃肉，太痛苦了。
　　Duì wǒ zhèige ài chī ròu de rén láishuō, bú ràng wǒ chī ròu, tài tòngkǔ le.
　　(肉料理を好む私にとっては、あなたが肉を食べさせないのはつらいよ。"对…来说"は「～にとっては」の意味)

(4) 她们俩各讲各的理，到底谁**对**呢？
　　Tāmen liǎ gè jiǎng gè de lǐ, dàodǐ shéi duì ne?
　　(彼女ら２人は各自理を主張して、一体どっちが正しいのか。形容詞、「正しい、合っている」の意味)

(5) 我得**对**一下**表**，免得明天早上误了飞机。
　　Wǒ děi duì yíxià biǎo, miǎnde míngtiān zǎoshang wùle fēijī.
　　(明朝飛行機に遅れないように時計を合わせなくちゃ。動詞、「調節する、合わせる」の意味)

(6) 每天都要**对**一次**帐**才行。Měitiān dōu yào duì yí cì zhàng cái xíng.
　　(毎日帳簿を確認しなければならない。動詞、「照合する、突き合わせる」の意味)

(7) 喝威士忌要**对水**。Hē wēishìjì yào duì shuǐ.
　　(ウイスキーを飲むとき水で割る必要がある。動詞、「（水で）割る」の意味)

(8) 这个菜**对**你的**口味**吗？Zhèige cài duì nǐ de kǒuwèi ma?
　　(この料理はあなたの口に合うのか。動詞、「合う」の意味)

(9) **对**了，我差点儿把这件事儿忘了。
　　Duì le, wǒ chàdiǎnr bǎ zhèi jiàn shìr wàng le.
　　(そうだ、もう少しでこの件を忘れるところだった。「（何かを思い出して）そうだ」の意味)

(10) 面**对着**窗外两眼发直。Miàn duìzhe chuāngwài liǎng yǎn fā zhí.
　　(窓の外に向かって目がすわっている。「向く、面する」の意味)

⑾今天的比赛是甲队**对乙队**。Jīntiān de bǐsài shì jiǎduì duì yǐduì.
（今日の試合は甲チーム対乙チームだ。**「～に当たる、～に対する」の意味**）

⑿鸳鸯总是**一对一对**的。Yuānyāng zǒngshì yí duì yí duì de.
（オシドリは常にペアでいる。**量詞、「対」の意味**）

"弄"のいろいろな用法

"**弄**" は「弄る、もてあそぶ」の意味を持つ他に、いろいろな動詞の代わりに使えるので、文脈から判断する必要があります。

⑴我把电脑**弄坏了**。Wǒ bǎ diànnǎo nònghuài le.
（私はパソコンを弄って壊した。）

⑵电视没声音了，快**弄弄**吧。Diànshì méi shēngyīn le, kuài nòngnong ba.
（テレビは音がでなくなったので、はやく直してください。**"修理" と入れ替えできる**）

⑶这屋里连下脚的地方都没有了，快**弄弄**吧。
Zhè wūli lián xiàjiǎo de dìfang dōu méiyǒu le, kuài nòngnong ba.
（この部屋は足の踏み場もない、はやく片付けましょう。**"收拾，整理" と入れ替えできる**）

⑷**弄**点儿**饭**吃吧。Nòng diǎnr fàn chī ba.
（ご飯を作って食べましょう。**"做" と入れ替えできる**）

⑸对不起，我**弄错了**。Duìbuqǐ, wǒ nòngcuò le.
（すみません、私は間違えた。**"搞" と入れ替えできる**）

⑹问题已经**弄明白了**。Wèntí yǐjing nòngmíngbai le.
（問題はもうはっきりさせた。）

⑺衣服**弄脏了**。Yīfu nòngzāng le.
（服は汚れてしまった。）

⑻我把车票**弄没了**。Wǒ bǎ chēpiào nòngméi le.
（私は切符を失くした。）

⑼瓶盖**弄不开**了。Pínggài nòngbukāi le.
（ビンの蓋が開けられない。**"打不开" と入れ替えできる**）

⑽昨天半夜被孩子**弄醒**了。Zuótiān bànyè bèi háizi nòngxǐng le.
（昨日夜中、子供に目を覚まされた。**"吵，叫" と入れ替えできる**）

⑾我小时候喜欢弄土。Wǒ xiǎo shíhou xǐhuan nòng tǔ.
（小さいときは砂や土で遊ぶのが好きだった。"玩儿"と入れ替えできる）

⑿他弄得别人很尴尬。Tā nòngde biéren hěn gāngà.
（彼は人を困らせた。"弄＋得"で用いることもできる）

"来"のいろいろな用法

⑴旧的不去，新的不来。Jiù de bú qù, xīn de bù lái.
（古いものを失くさないと、新しいものは来ない。「来る」の意味）

⑵你不用管了，我来搬。Nǐ bú yòng guǎn le, wǒ lái bān.
（あなたは何もしなくていいよ、私が運ぶ。動詞の前に置き、積極的にやる姿勢を表す）

⑶你忙你的，我自己来吧。Nǐ máng nǐ de, wǒ zìjǐ lái ba.
（あなたは自分のことをやっていいよ、私は自分でやりましょう。他の動詞の代わりに用い、ここは"干"と入れ替えできる）

⑷这盘棋算我输了，再来一盘吧。Zhèi pán qí suàn wǒ shū le, zài lái yì pán ba.
（いまのゲームは私の負けにして、もう1局打ちましょう。他の動詞の代わりに用い、ここは"下棋"の"下"と入れ替えできる）

⑸不好意思，您点的鲍鱼今天已经卖完了，来点儿别的，好吗？
Bù hǎoyìsi, nín diǎn de bàoyú jīntiān yǐjing màiwán le, lái diǎnr biéde, hǎo ma?
（すみません、ご注文いただいたアワビ料理は今日すでに売り切れましたので、他の料理にしましょうか。「注文する」の意味）

⑹服务员把菜拿来了。Fúwùyuán bǎ cài nálai le.
（店員は料理を持ってきた。動詞の後に置き、動作の移動方向を表す）

⑺来，我们干一杯吧。Lái, wǒmen gān yì bēi ba.
（さあ、乾杯しましょう。）

⑻我刚才给你打电话时，你干什么来着？
Wǒ gāngcái gěi nǐ dǎ diànhuà shí, nǐ gàn shénme láizhe?
（さっきあなたに電話をしたとき、何をしていたの？ "来着"は文末に用い、「～していた」、過去に起きたことを回想する気持ちを表す）

⑼漫画家很善于用夸张的手法来描述人物的特征。
Mànhuàjiā hěn shànyú yòng kuāzhāng de shǒufǎ lái miáoshù rénwù de tèzhēng.
（漫画家は誇張の手法で人物の特徴を描くのが得意です。"用…来…"は「（道具、材料、方法）～を用いて～する」の意味）

⑽ **通过**因特网**来**了解新动向。Tōngguò yīntèwǎng lái liǎojiě xīn dòngxiàng.
（インターネットを通じて新しい動向を知る。"**通过…来…**"は「（媒介、手段）〜を通じて〜する」の意味）

⑾ 我向您**道歉来**了。Wǒ xiàng nín dàoqiàn lái le.
（あなたに謝りに来た。「動詞（句）＋"来"」で、何かしに来ることを表す）

⑿ 看上去，大概三十**来**岁吧。Kànshàngqu, dàgài sān shí lái suì ba.
（見る感じでは、30歳前後だろう。「〜ぐらい」の意味、概数を表す）

"上" のいろいろな用法（ここでは動詞用法だけ、補語用法は P67 を参照）

⑴ 家里白天总是没有人，因为孩子要**上学**，大人要**上班**。
Jiāli báitiān zǒngshì méiyǒu rén, yīnwèi háizi yào shàngxué, dàren yào shàngbān.
（昼は家にいつも人がいない、子供は学校に通う、大人は出勤するからだ。「学校に通う、出勤する」の意味）

⑵ 等一下，**上街**以前，我先**上趟厕所**。
Děng yíxià, shàngjiē yǐqián, wǒ xiān shàng tàng cèsuǒ.
（ちょっと待って、出かける前に、先にトイレに行ってくる。「行く」の意味）

⑶ 我刚才**上网**检索了一下，发现最近又**上映**新电影了。Wǒ gāngcái shàngwǎng jiǎnsuǒle yíxià, fāxiàn zuìjìn yòu shàngyìng xīn diànyǐng le.
（さっきネットで検索したら最近また新しい映画が上映されたと分かった。
「インターネットする、上映する」の意味）

⑷ 你整天玩儿游戏都玩儿**上瘾**了吧？
Nǐ zhěngtiān wánr yóuxì dōu wánrshàngyǐn le ba?
（君はいつもゲームを遊んでいて、もう癖になってやめられないでしょ？「癖になってやめられない、病みつきになった」の意味）

⑸ 明天一早**上山**看日出，别忘了**上闹钟**。
Míngtiān yìzǎo shàngshān kàn rìchū, bié wàngle shàng nàozhōng.
（明日はやく山に行って日の出を見るから、目覚まし時計をかけ忘れないで。
「登る、かける」の意味）

⑹ **上**点儿这个**药**，伤口很快就会好的。
Shàng diǎnr zhèige yào, shāngkǒu hěn kuài jiù huì hǎo de.
（この薬を塗って、傷口がはやく治るよ。「塗る、つける」の意味）

⑺ **上**了**年纪**，**上下车**时难免有些费劲。
Shàngle niánjì, shàngxiàchē shí nánmiǎn yǒuxiē fèijìn.
（年をとると、乗り降りのときちょっと疲れがでるのは避けられない。「年をとる、乗下車」の意味）

(8) 请快点儿<u>上菜</u>。Qǐng kuàidiǎnr shàng cài.
（はやく料理を運んできてください。「運ぶ」の意味）

(9) 过几天我再<u>上门</u>拜访。Guò jǐ tiān wǒ zài shàngmén bàifǎng.
（後日またご訪問します。「訪ねる」の意味）

(10) 我<u>上</u>了你的<u>当</u>，一定要去<u>上告</u>。
Wǒ shàngle nǐ de dàng, yídìng yào qù shànggào.
（私はあなたに騙されたので、必ず訴える。「騙される、上告する」の意味）

(11) 这是刚<u>上</u>的<u>货</u>。Zhè shì gāng shàng de huò.
（これは仕入れたばかりの商品です。「商品を棚に並べる」）

"下"のいろいろな用法（ここでは動詞用法だけ、補語用法はP67を参照）

(1) 今晚<u>下</u>点儿<u>面条</u>，再给我弄点儿<u>下酒菜</u>，好吗？
Jīnwǎn xià diǎnr miàntiáo, zài gěi wǒ nòngdiǎnr xiàjiǔcài, hǎo ma?
（今晩はうどんを煮て（食べて）、それから酒のつまみを作ってもらっていい？
"下面条"「（麺類を）入れて煮る」、"下酒"は「酒を飲む」、"下酒菜"は「酒のさかな、つまみ」）

(2) 与其现在就<u>下结论</u>，不如再认真调查一下为好。
Yǔqí xiànzài jiù xià jiélùn, bùrú zài rènzhēn diàochá yíxià wéihǎo.
（いま結論を出すより、もう1度よく調査したほうがよい。「下す、出す」の意味）

(3) 为了这个公司，他不仅<u>下</u>了<u>本钱</u>，也真<u>下</u>了<u>工夫</u>。
Wèile zhèige gōngsī, tā bùjǐn xiàle běnqián, yě zhēn xiàle gōngfu.
（この会社のために彼は資本を出したばかりではなく、本当に精一杯努力した。
「資本を投入する、努力する」の意味）

(4) 现在又刮风，又<u>下雨</u>，还是等一会儿再<u>下山</u>吧。
Xiànzài yòu guāfēng, yòu xiàyǔ, háishi děng yíhuìr zài xiàshān ba.
（いま風も吹いているし、雨も降っている、やはり少し待ってから山を降りましょう。「雨が降る、山を下りる」の意味）

(5) 今天<u>下馆子</u>吃了点儿螃蟹，回到家就<u>上吐下泻</u>。
Jīntiān xià guǎnzi chīle diǎnr pángxiè, huídào jiā jiù shàng tù xià xiè.
（今日は料理屋でカニを食べてから、家に帰るとすぐに吐いたり下したりした。
「料理屋に行く、下痢をする」の意味）

(6) 我<u>下决心</u>不再和他这种人来往了。
Wǒ xià juéxīn bú zài hé tā zhèi zhǒng rén láiwang le.
（もう彼のような人と付き合わないことにすると決心した。「決心する、決心がつく」の意味）

(7) 今天**下**课以后，跟我**下**盘**棋**，好吗？
Jīntiān xiàkè yǐhòu, gēn wǒ xià pán qí, hǎo ma?
(今日授業が終わった後、囲碁を1局打っていい？「授業が終わる、打つ」の意味)

(8) 由于资金不足，这项工程不得不**下马**了。
Yóuyú zījīn bùzú, zhè xiàng gōngchéng bùdébù xiàmǎ le.
(資金不足なので、このプロジェクトはやむを得ず中止した。「中止する」の意味)

(9) 大家要求他马上**下台**。Dàjiā yāoqiú tā mǎshàng xiàtái.
(みんな彼に、すぐに政治舞台から降りるのを要求した。「やめる、政権を離れる」の意味)

(10) 他空话连篇，弄得自己**下**不了**台阶**了。
Tā kōnghuà liánpiān, nòngde zìjǐ xiàbuliǎo táijiē le.
(彼は空論ばかり言うので、自分で自分を窮地に追い込んだ。「窮地を逃れる」の意味)

"就"のいろいろな用法

(1) 他一来，我们**就**动身吧。Tā yì lái, wǒmen jiù dòngshēn ba.
(彼が来たら、すぐに出発しましょう。「すぐに」の意味)

(2) 我刚说几句，他**就**不耐烦了。
Wǒ gāng shuō jǐ jù, tā jiù bú nàifán le.
(私がちょっと話すとすぐに、彼はもう嫌になった。「もう」の意味)

(3) 弱肉强食**就**是大鱼吃小鱼，小鱼吃虾米的意思。
Ruò ròu qiáng shí jiù shì dàyú chī xiǎoyú, xiǎoyú chī xiāmi de yìsi.
("弱肉强食"はつまり大きな魚は小さい魚を食べる、小さな魚は小エビを食べることです。「つまり、強調を表す」)

(4) 没办法，他**就**要钻牛角尖。Méi bànfǎ, tā jiù yào zuān niújiǎojiān.
(どうしようもない、彼はどうしてもどうでもいいことに頭を悩ませる。「どうしても、絶対に」の意味)

(5) 自从这一带建了高层住宅以后，一个班**就**要接收六十五名学生了。
Zìcóng zhè yídài jiànle gāocéng zhùzhái yǐhòu, yí ge bān jiù yào jiēshōu liùshiwǔ míng xuéshēng le.
(このあたりに高層住宅ビルが建って以来、1つのクラスだけで、もう65名の生徒を受け入れなければならないことになった。数量が多いことを強調する、「～だけで～もう」の意味)

(6)她责任心很强，**就**有点儿太叫真了。
　　Tā zérènxīn hěn qiáng, jiù yǒudiǎnr tài jiàozhēn le.
　　(彼女は責任感が強い、ただちょっと必要以上に追及するだけだ。「～だけ」の意味)

(7)能节省点儿，**就**尽量节省点儿吧。
　　Néng jiéshěng diǎnr, jiù jǐnliàng jiéshěng diǎnr ba.
　　(節約できれば、できるだけ節約しよう。「ならば」の意味)

"才"のいろいろな用法

(1)我**才**注意到这儿还有一个窗户。
　　Wǒ cái zhùyìdào zhèr hái yǒu yí ge chuānghu.
　　(私はやっと気づいた、ここにはもう1つ窓があるよ。「やっと」の意味)

(2)中国现在一对夫妇**才**可以生一个孩子。
　　Zhōngguó xiànzài yí duì fūfù cái kěyǐ shēng yí ge háizi.
　　(中国ではいま1組の夫婦は子供をわずか1人だけ生める。「わずかに」の意味)

(3)股票**才**（刚）涨了一天，又开始暴跌，一下子就跌到了史上最低值。Gǔpiào cái (gāng) zhǎngle yì tiān, yòu kāishǐ bàodiē, yíxiàzi jiù diēdàole shǐshàng zuìdīzhí.
　　(株は1日上がったばかりなのに、また急落した、急に史上最安値まで落ちた。「～になったばかり」の意味)

(4)除非她疯了，**才**有可能做出这种丧失理智的事来。
　　Chúfēi tā fēng le, cái yǒu kěnéng zuòchu zhèi zhǒng sàngshī lǐzhì de shì lai.
　　(彼女が気がおかしくならない限り、このような理性をなくすことをしないはずだ。「～してこそ」の意味)

(5)早就知道他净骗人，我**才**不会上他的当呢！
　　Zǎojiù zhīdao tā jìng piàn rén, wǒ cái bú huì shàng tā de dàng ne!
　　(前から彼は人をだましてばかりだと知っていたので、彼に騙されるものか。「～するものか」の意味、この場合文末に普通"呢"を伴う)

"倒"のいろいろな用法

(1)今天中午吃得都撑着了，结果**倒**（反倒）比往常饿得厉害。Jīntiān zhōngwǔ chīde dōu chēngzhe le, jiéguǒ dào(fǎndào) bǐ wǎngcháng ède lìhai.
　　(今日お昼はお腹いっぱいでもう入らないほど食べたのに、結局かえっていつもよりお腹がひどく空いた。「かえって」、予想に反することを表し、"反倒"と置き換えできる)

(2)你**想得倒**容易，试试就知道没那么容易了。
　　Nǐ xiǎngde dào róngyì, shìshi jiù zhīdao méi nàme róngyì le.

(君は簡単にできると思っているが、やってみるとそんなに簡単にできそうなことじゃないのを分かってくるよ。「動詞＋"得"＋"倒"＋補語」で納得できず、事実に反することを表す）

(3) 想**倒是**想过，就是没有勇气去做。
Xiǎng dàoshì xiǎngguo, jiùshì méiyǒu yǒngqì qù zuò.
（確かに考えたことがあるが、ただやる勇気がない。"倒（是）"の前後に同じ動詞が来ることが多く、譲歩を表す。「確かに」に訳してよい）

(4) 买点儿彩票碰碰运气，**倒**也可以。
Mǎi diǎnr cǎipiào pèngpeng yùnqì, dào yě kěyǐ.
（宝くじを少し買って運を試すなら、まあいいけど。語気を和らげる）

(5) 你**倒（是）**说话呀，真急死人了。Nǐ dào(shì) shuōhuà ya, zhēn jísǐ rén le.
（何とか話してみたらどう、本当にいらいらするよ。催促や詰問を表す）

(6) 这倒也是。Zhè dào yě shì.
（それもそうだよね。決まり文句）

4 様々な類義語

副詞の類義語

副詞は連用修飾語として形容詞や動詞を修飾し、**時間、頻度、範囲、程度、様態、語気、否定**などを表します。その他に"**就，只，光，全部，一共**"、"**都，已经，才，刚**"のような範囲、時間を表す副詞は、主語や述語になる名詞、代詞、数量詞を修飾することもできます。例えば、"**就我一个人加班**（私1人だけ残業する）"、"**两个，一共二十块**（2つだと合計20元だ）"、"**已经春天了，还这么冷**（もう春になったのに、まだこんなに寒い）"、"**这孩子才十一个月，就会走路了**（この子はまだ11ヶ月になったばかり、もう歩けるようになった）"

副詞の位置は原則として形容詞や動詞、或いは名詞述語の前に置きますが、"**也许，大概，到底，可能，果然，几乎，究竟，恐怕，竟然，幸亏，最好，好像**"のような推測などの語気を表す副詞は文頭に置くこともあります。副詞は多いので、ここでは一部の類義語を例文を通じて説明します。

(1) **过，过于**「～すぎる」
"**过**"は単音節、"**过于**"は2音節の形容詞、動詞及び語句を修飾します。

你把牛吹得**过**大，成不了怎么办？
Nǐ bǎ niú chuīde guò dà, chéngbuliǎo zěnme bàn?
（あなたはあまり大きな話を言いすぎ、できなかったらどうするの？）

不要过于悲观，一次没选上，并不等于下次也选不上。Bú yào guòyú bēiguān, yí cì méi xuǎnshang, bìng bù děngyú xiàcì yě xuǎnbushàng.
(悲観しすぎないで、1回選ばれなくても、次回も選ばれないわけではない。)

(2) **好容易，好不容易**

(a) ともに「やっとのことで」、この場合は置き換えできますが、(b)「**好＋容易**」或いは「**好＋不容易**」が述語や補語になる場合、それぞれ「とてもやさしい」、「とてもたいへんだ」との意味で、置き換えできません。

好（不）容易拿到了驾驶执照，可是根本没有机会开车。
Hǎo(bù) róngyì nádàole jiàshǐ zhízhào, kěshì gēnběn méiyǒu jīhuì kāichē.
(やっとのことで運転免許を取ったのにまったく車を運転する機会がない。)

好（不）容易盼来了一个暑假，可老师却给我们留了一大堆作业。Hǎo(bù) róngyì pànláile yí ge shǔjià, kě lǎoshī què gěi wǒmen liúle yí dà duī zuòyè.
(やっとのことで待ち望んだ夏休みが来たのに、先生はいっぱいいっぱい宿題を出してくれた。)

我一大早挤车赶到这儿，真是**（好）不容易**啊，没想到却扑了个空。
Wǒ yídàzǎo jǐ chē gǎndào zhèr, zhēnshì (hǎo) bù róngyì a, méi xiǎngdào què pūle ge kōng.
(私は朝はやく込んでいる電車に乗って急いでここに来たが、本当に大変だったよ、なんと無駄足を運んでしまったとは思わなかった。)

(3) **好像，仿佛，似乎**「まるで～のようだ」

"**好像，仿佛**"は"**似的**"と組み合わせて使うこともあり、"**似乎**"は比喩に用いることができません。

我好几次想跟她搭话，可是她**好像（仿佛/似乎）**故意避开我的视线。Wǒ hǎo jǐ cì xiǎng gēn tā dāhuà, kěshì tā hǎoxiàng(fǎngfú/sìhū) gùyì bìkāi wǒ de shìxiàn.
(何度も彼女に話しかけようと思ったが、彼女は意識的に私の視線を避けたようだ。)

从飞机上鸟瞰不夜城的灯火，就**好像（仿佛）**天上的星星。Cóng fēijīshang niǎokàn búyèchéng de dēnghuǒ, jiù hǎoxiàng(fǎngfú) tiānshàng de xīngxing.
(飛行機から不夜城の灯火を見渡すと、まるで空の星みたいだ。**比喩**)

不把菜吃得干干净净的，**仿佛（好像）**就不算吃饱了似的。
Bù bǎ cài chīde gāngānjìngjìng de, fǎngfú(hǎoxiàng) jiù búsuàn chībǎole shìde.
(おかずを綺麗に食べないと、お腹がいっぱいになるとは言えないみたい。)

(4) **一定，肯定**

(a) ともに「必ず、きっと」、"**一定**"は副詞用法のほかに、形容詞「一定の、適当な」

の用法もあります。

(b)**"一定"** は **"肯定"** より語気が弱く、一般に主観的な判断に用いるのに対し、**"肯定"** は客観的判断に使います。また命令や依頼を表す文には **"一定"** を用います。

(5)**一定，千万**「ぜひとも、絶対に」

　"千万" は第１人称の代詞に用いられず、また肯定文では助動詞 **"要"** と連用、否定文では **"别，不许，不能，不要，不可以"** と連用することが普通です、相手に丁寧に頼む、あるいは相手に命令する場合、用います。**"一定"** はこのような制限はありません。

　　你**一定**要说话算数啊！Nǐ yídìng yào shuōhuà suànshù a!
　　（絶対言うことを守らなければならない。**依頼文**）

　　这孩子一撒尿，就疼得直哭，**肯定**是得了什么病了。
　　Zhè háizi yì sāniào, jiù téngde zhí kū, kěndìng shì déle shénme bìng le.
　　（この子はおしっこをすると、痛くて泣いてしまうから、きっと何か病気にかかっているよ。）

　　你**千万**别忘了买飞机票，今天再不买可就来不及了。
　　Nǐ qiānwàn bié wàngle mǎi fēijīpiào, jīntiān zài bù mǎi kě jiù láibují le.
　　（絶対航空券を買い忘れないで、今日買わないともう間に合わないよ。）

(6)**忽然，突然**

(a)ともに「突然、急に」の意味で用いる場合、通常置き換えできますが、**"突然"** の方が程度が強く突発的であることを強調します。

(b)**"突然"** は形容詞用法もあり、**"忽然"** は副詞用法に限られます。

　　她刚才还在这儿呢，怎么**忽然（突然）**就没影儿了？
　　Tā gāngcái hái zài zhèr ne, zěnme hūrán(tūrán) jiù méiyǐngr le?
　　（彼女はさっきまだここにいたのに、突然どこかへ消えてしまったなんて。）

　　他今天能把这件事情摆到桌面上来，根本就不**突然**。Tā jīntiān néng bǎ zhè jiàn shìqing bǎidào zhuōmiànshang lái, gēnběn jiù bù tūrán.
　　（彼が今日このことをみんなの前に持ち出したのは決して意外なことではない。）

(7)**否定副詞　不，没（有），别，不要，不许，不必，不用，甭**

　"不" は「～しない、～ではない」、主観的な意志や習慣、及び状態（形容詞、状態動詞）、可能補語の否定などに用います。

　"没（有）" は「～していない、～しなかった」、発生していないことや実現しな

かったことを表します。その他に「ない、持っていない」のような動詞用法もあり、比較文にも使います。

"**别，不要**"は「〜するな、〜しないで」といった禁止や中止させることを表します。

"**不许**"は「許さない」、"**不必，不用，甭**"は「〜する必要がない、〜でなくてもよい」、"**甭**"は"**不用**"の合音であり、話し言葉です。

不と没（有）の使い分けについて

動詞は"**不**"と"**没（有）**"で否定でき、"**不看**（見ない）"、"**没看**（見ていない）"。形容詞の否定は普通"**不**"を用い、例えば"**不贵**（高くない）"、ただし"**有意思，有趣，有效，有劲，有名，有用**"のような"**有**"を持つ形容詞は、"**没（有）**"で否定します。助動詞の否定は普通"**不**"を用い、"**能、想**"などは"**没**"でも否定できます。"**不想看**（見たくない）"、"**没想看**（見たくなかった）"。名詞の否定は"**没（有）**"を用います。

老板对我说，这儿的工资是**不**高，不过管你一天三顿饱是**没有**问题的。
Lǎobǎn duì wǒ shuō, zhèr de gōngzī shì bù gāo, búguò guǎn nǐ yì tiān sān dùn bǎo shì méiyǒu wèntí de.
（ボスは私に、ここの給料は確かに高くないけど、あなたに1日お腹いっぱいになる3食を提供するには問題ない、と言った。）

人生就是这样，**没有**悲伤，就**没有**快乐。
Rénshēng jiùshì zhèyàng, méiyǒu bēishāng, jiù méiyǒu kuàilè.
（人生はこういうものだ、悲しみがなければ、楽しみもない。**ここの"悲伤，快乐"は名詞用法、因みに形容詞として使う場合は"不悲伤，不快乐"**）

办事**别**留个尾巴。Bànshì bié liú ge wěiba.
（ことを処理するとき、何かを余してはいけない。）

你**不要**站在这儿发呆了。Nǐ bú yào zhànzài zhèr fādāi le.
（ここにぽかんと立っているなんてしないで。）

根本**没有的事儿**，**不许**瞎说。Gēnběn méiyǒu de shìr, bùxǔ xiāshuō.
（まったくとんでもないことだ、でたらめを言うな。**"没有的事儿"は決まり文句、とんでもない**）

你到我这儿来，就**甭**客气了。Nǐ dào wǒ zhèr lái, jiù béng kèqi le.
（私のところに来るなら、遠慮しないでください。）

(8) **偶尔，偶然**

偶尔「たまに」 反対言葉は「しょっちゅう（经常）」であり、頻度が低いことを表します。

偶然「偶然に」 反対言葉は「必然（必然）」であり、意外であることを表します。他に形容詞用法もあります。

我平时吃食堂，**偶尔**也自己做点儿菜什么的。
Wǒ píngshí chī shítáng, ǒu'ěr yě zìjǐ zuò diǎnr cài shénmede.
（私は普段食堂で食べるが、たまには自分で料理などを作る。）

听说这位科学家**偶然**在梦中，发现了重要的化学元素。Tīngshuō zhè wèi kēxuéjiā ǒurán zài mèng zhōng, fāxiànle zhòngyào de huàxué yuánsù.
（この科学者は偶然に夢の中で、重要な化学元素を見つけたと聞いた。）

昨天发生的两件事，完全是**偶然**的巧合。
Zuótiān fāshēng de liǎng jiàn shì, wánquán shì ǒurán de qiǎohé.
（昨日起こった2つの件は、まったく偶然の一致だった。**形容詞用法**）

(9) **毕竟，究竟，到底，终于，竟然，居然，果然**

毕竟「結局のところ、さすがに、なんといっても」

究竟「いったい、結局」

到底「ついに、さすがに、なんといっても、やはり、いったい」

终于「ついに、とうとう」

竟然「意外にも、なんと」

居然「意外にも」、竟然よりやや強い

果然「果たして、案の定、やはり、思った通り」

他**毕竟（到底）**是律师啊，说起话来总是滴水不漏。
Tā bìjìng(dàodǐ) shì lǜshī a, shuōqi huà lai zǒngshì dī shuǐ bú lòu.
（彼はさすが弁護士だ、話をするのにいつも一分の隙もない。）

你说话吞吞吐吐的，**究竟（到底）**想说什么呢？
Nǐ shuōhuà tūntūntǔtǔ de, jiūjìng(dàodǐ) xiǎng shuō shénme ne?
（君の話はしどろもどろで、いったい何を言いたいのか。）

她几经周折，**到底（终于）**把失散多年的亲人找到了。
Tā jǐjīng zhōuzhé, dàodǐ(zhōngyú) bǎ shīsàn duō nián de qīnrén zhǎodào le.
（彼女は紆余曲折を経てついに長年離れ離れになっていた肉親を捜し出した。）

你**到底（果然）**是个内行啊，一看就看出了门道。
Nǐ dàodǐ(guǒrán) shì ge nèiháng a, yí kàn jiù kànchule méndao.
（あなたはやっぱり玄人だ、見るとすぐにコツを見抜くね。）

他因为还不起贷款，**竟然（居然）**把房子给卖了。
Tā yīnwèi huánbuqǐ dàikuǎn, jìngrán(jūrán) bǎ fángzi gěi mài le.
(彼はローンを返せないので、なんと部屋を売ってしまった。)

我穿上旗袍走到镜子前，打量着镜子中的自己，**果然**漂亮了许多。
Wǒ chuānshang qípáo zǒudào jìngziqián, dǎliangzhe jìngzi zhōng de zìjǐ, guǒrán piàoliangle xǔduō.
(私はチャイナドレスを着て鏡の前に来て、よく鏡の中の自分を見た、案の定だいぶ綺麗になった。)

⑽ **根本，完全**

根本 (a)「まったく」、多くは否定文で用います。(b)「徹底的に、根本的に」
完全「まったく、完全に」

这个办法太荒唐了，**根本（完全）**行不通。
Zhèige bànfǎ tài huāngtáng le, gēnběn(wánquán) xíngbutōng.
(この方法はとてもでたらめで、まったく通用しない。)

这个问题已经**根本**解决了。Zhèige wèntí yǐjing gēnběn jiějué le.
(この問題はすでに根本的に解決した。)

别担心，你的病**完全**有希望治好。
Bié dānxīn, nǐ de bìng wánquán yǒu xīwàng zhìhǎo.
(心配しないで、あなたの病気は、完全に治る望みがあるよ。)

⑾ **差点儿，差不多，几乎，简直**

差点儿
(a)望ましい事柄の場合、「もう少しで…ところだった」に当たり、**「差点儿＋肯定形」**は結局実現しなかったことを、**「差点儿＋否定形」**は実現したことを表します。
(b)望ましくない事柄の場合、**"差点儿（没）"**は「あやうく…ところだった」という意味になります。

差不多「ほぼ、だいたい」
几乎「ほぼ、ほとんど、もう少しで、危うく」
简直「まるで、まったく、そっくり」

简直，几乎，差不多の比較

"简直"はある状態に極めて近い、やや誇張に強調し、比喩にも用いられます。**"几乎"**は客観的に事実を述べ、比喩や誇張の語気がなく、ある状態に近いですが、**"简直"**ほど極めて近いではありません。**"差不多"**は**"几乎"**に似ていますが、副詞用法の他に「大差ない、だいたいよい、ほとんどの」の形容

詞用法もあります。

我**差点儿考上**北大。Wǒ chàdiǎnr kǎoshang Běidà.
（私はもう少しで北京大学に受かるところだった。"考上北大"は望ましいことであり、「差点儿＋肯定形」は実現しなかったことを表す）

我**差点儿没考上**北大。Wǒ chàdiǎnr méi kǎoshang Běida.
（私はもう少しで北京大学に受からないところだった。"考上北大"は望ましいことであり、「差点儿＋否定形」は実現したことを表す）

那天我冻得**差点儿（几乎）**失去了知觉。
Nèitiān wǒ dòngde chàdiǎnr(jīhū) shīqùle zhījué.
（あの日は、凍えて危うく感覚を失うところだった。）

他对这一带了如指掌，**几乎（差不多）**所有的地方都知道。
Tā duì zhè yídài liǎo rú zhǐ zhǎng, jīhū(chàbuduō) suǒyǒu de dìfang dōu zhīdao.
（彼はこのあたりによく精通している、ほとんどすべてのところを知っている。）

他的鼻子太灵敏了，简直跟狗**差不多**。
Tā de bízi tài língmǐn le, jiǎnzhí gēn gǒu chàbuduō.
（彼の鼻はとても敏感だ、まったく犬と同じだ。"差不多"は形容詞用法）

她的歌声太动听了，我**简直（几乎）**听得入了迷。
Tā de gēshēng tài dòngtīng le, wǒ jiǎnzhí(jīhū) tīngde rùle mí.
（彼女は歌声がとても綺麗だ、私はまったく夢中になって聞き入っている。）

他们把责任推来推去的，**简直**像踢皮球一样。
Tāmen bǎ zérèn tuī lái tuī qù de, jiǎnzhí xiàng tī píqiú yíyàng.
（彼らは責任をたらい回しにして、まるでゴムまりをけって遊ぶみたい。比喩）

(12) **恰恰，恰好，恰巧**

恰恰「ちょうど、まさに、まさしく」

恰好「（時間、空間、数量などが）ちょうどよく、都合よく、ちょうど」

恰巧「（時間、条件などが）折よく、ちょうど、あいにく」、偶然に一致することを表します。

害了你自己的不是别人，**恰恰**是你自己。
Hàile nǐ zìjǐ de bú shì biéren, qiàqià shì nǐ zìjǐ.
（あなたを害したのは他人ではなく、まさしくあなた自身だ。）

这部片子**恰好**拍了两个月。Zhèi bù piānzi qiàhǎo pāile liǎng ge yuè.
（この映画はちょうど2カ月撮影した。）

我的座位**恰好（恰巧）**和你挨着。Wǒ de zuòwèi qiàhǎo(qiàqiǎo) hé nǐ āizhe.
（私の席はちょうどあなたと隣席だ。）

这姐俩的性格**恰好（恰恰）**相反。Zhè jiě liǎ de xìnggé qiàhǎo(qiàqià) xiāngfǎn.
（この姉妹２人は性格がちょうど（まったく）反対だ。）

⒀ 亲自，亲眼，亲耳，亲口，亲手

亲自「自ら、自分で」、亲眼「自分の目で」、亲耳「自分の耳で」、

亲口「自分の口で」、亲手「自分の手で」

看来，这个问题非你**亲自**出马解决不可了。
Kànlái, zhèige wèntí fēi nǐ qīnzì chūmǎ jiějué bùkě le.
（どうもこの問題はあなたが自ら乗り出して解決しなければならないようだ。）

暑假想去敦煌**亲眼**看看石窟。
Shǔjià xiǎng qù Dūnhuáng qīnyǎn kànkan shíkū.
（夏休みに敦煌へ自分の目で石窟を見に行きたい。）

我**亲耳**听见了婴儿降生时的啼哭声。
Wǒ qīn'ěr tīngjiànle yīng'ér jiàngshēng shí de tíkū shēng.
（私は自分の耳で赤ちゃんの生まれたときの泣き声が聞こえた。）

哪天我一定请你来**亲口**尝尝我做的拿手菜。
Nǎtiān wǒ yídìng qǐng nǐ lái qīnkǒu chángchang wǒ zuò de náshǒucài.
（いつか必ずあなたを呼んできて私の得意料理をあなたに自分の口で食べさせる。）

不**亲手**试试的话，就不会知道其中的乐趣。
Bù qīnshǒu shìshi dehuà, jiù bú huì zhīdao qízhōng de lèqù.
（自分の手で試してみないと、その中の楽しみが分かるはずがない。）

⒁ 从来，历来，向来，一直，一向，曾经

从来，历来，向来「これまでずっと、従来」

基本的に同じ、過去から現在に至るまで続いていることを表します。持続時間は比較的長いです。

一直「ずっと」

過去から現在まで途切れなく短期間続いている場合に用いることが多いようです。

一向「いままでずっと、平素から」

一定の期間に変化なく安定していることを表し、安定性を強調します。

曾经「かつて」

他这个人**从来（历来／向来／一向）**都是我行我素，以自己为中心。Tā zhèige rén cónglái(lìlái/xiànglái/yíxiàng) dōu shì wǒ xíng wǒ sù, yǐ zìjǐ wéi zhōngxīn.
(この人は従来自分のやり方でやってきて、自己中心的なものだ。)

原来他们俩是夫妇啊，我**一直**以为他们只是朋友呢。
Yuánlái tāmen liǎ shì fūfù a, wǒ yìzhí yǐwéi tāmen zhǐshì péngyou ne.
(なんだ彼らは夫婦だったのか、ただの友達だとばかり思っていたよ。)

我也**曾经**走过许多弯路，才取得了今天的成绩。
Wǒ yě céngjīng zǒuguo xǔduō wānlù, cái qǔdéle jīntiān de chéngjì.
(私もかつていろいろ無駄なことをしていたが、やっといまの実績を手に入れた。)

量詞、名詞の類義語

(1) **幅，副，双，对**

- **幅** 絵画、布などを数えます。
- **副** (a) "**手套，耳环，手镯，手铐，球拍，对联，筷子，眼镜，麻将牌，扑克，象棋**" のようなセットや組で使うものを数えます。
  (b) 顔の表情について言う場合も用いられます。
- **双** (a) "**手，脚，翅膀，肩膀，眼睛**" のような身体で左右対称を成すものを数えます。
  (b) "**鞋，袜子，手套，筷子**" のようなペアで使うものを数えます。
- **对** (a) "**眼睛，翅膀**" のような身体で左右対称を成すものを数えます。
  (b) 2つで1組になっているものを数えます。例えば、"**夫妇，夫妻，情人，恋人，鸳鸯，耳环，手镯，枕头，电池，花瓶**" など。

我从苏州买回来了一**幅**特别精致的刺绣。
Wǒ cóng Sūzhōu mǎihuilaile yì fú tèbié jīngzhì de cìxiù.
(蘇州からとても手が込んでいる刺繍を1枚買ってきた。)

这**副（对）**耳环是玉石的。Zhè fù(duì) ěrhuán shì yùshí de.
(この組のイヤリングは玉石のものだ。)

她总是带着一**副**和蔼的面孔。Tā zǒngshì dàizhe yí fù hé'ǎi de miànkǒng.
(彼女はいつも愛想のよい表情をしている。)

这是一**双（副）**象牙筷子。Zhè shì yì shuāng(yí fù) xiàngyá kuàizi.
(これは1膳の象牙箸だ。)

她长着一**双（对）**水汪汪的大眼睛。
Tā zhǎngzhe yì shuāng(yí duì) shuǐwāngwāng de dà yǎnjing.
(彼女はぱっちりとした、大きな目をしている。)

这**对**金鱼真漂亮。Zhè duì jīnyú zhēn piàoliang.
(この対の金魚は本当に綺麗だ。)

(2) 根，条，支，枝，管

根 (a) "头发，草，葱，萝卜，胡萝卜" のような根のあるものを数えます。
　　(b) "线，绳子，项链，筷子，木头，针，火柴，蜡烛，轨道" のような細長いものや短く太いものを数えます。

条 (a) "沟，河，街，铁路，公路，山脉，裤子，裙子，毛巾，被子，绳子，项链" のような細長くて曲がりうるものを数えます。
　　(b) "鱼，虫子，狗，蛇，龙，尾巴，腿，汉子，（人）命" のような動物や人にも用いられます。
　　(c) "标语，消息，出路，罪状" のような抽象的な事物にも用いられます。

支 (a) "笔，香烟，枪，蜡烛" のような棒状のものを数えます。
　　(b) "一支歌" のような歌にも用いられます。

枝 (a) "支" の(a)と同じです。
　　(b) "一枝梅花，一枝柳条" のような枝などにも用いられます。

管 "笔，牙膏" のような細い円筒形のものを数えます。

一**根**筷子掉到地上了。Yì gēn kuàizi diàodào dìshang le.
(1本の箸が床に落ちた。)

亚马孙河是世界上最长的一**条**大河。
Yàmǎsūnhé shì shìjièshang zuì cháng de yì tiáo dàhé.
(アマゾンは世界において1本の1番長い大河だ。)

你看，我买的这**条**（**根**）项链，怎么样？
Nǐ kàn, wǒ mǎi de zhèi tiáo(gēn) xiàngliàn, zěnmeyàng?
(ほら、私の買ったこのネックレスはどう？)

不开灯，点上一**支**（**枝**）蜡烛，也别有情趣嘛。
Bù kāi dēng, diǎnshang yì zhī(zhī) làzhú, yě bié yǒu qíngqù ma.
(電気をつけず、ろうそくを1本つけて、それも特別な趣があるよ。)

这**管**牙膏已经用完了，一点儿也挤不出来了。
Zhè guǎn yágāo yǐjing yòngwán le, yìdiǎnr yě jǐbuchūlái le.
(この歯磨きはもう使い終わった、少しも押し出せない。)

(3) 遍，趟，次，回

遍　最初から終わりまでの全過程の回数を表します。
趟　動作の往復の回数を表します。
次　繰り返される動作の回数を表します。

回　同上

我把这道题又做了**一遍**。Wǒ bǎ zhèi dào tí yòu zuòle yí biàn.
（私はこの問題をもう1度解いた。）

即使你不愿意去，也陪我走一**趟**吧。
Jíshǐ nǐ bú yuànyi qù, yě péi wǒ zǒu yí tàng ba.
（たとえあなたが行きたくなくても、相手をしてもらって1回一緒に行こうね。）

上**次**（**回**）我把对方的地址写错了，结果信被退回来了。
Shàngcì(huí) wǒ bǎ duìfāng de dìzhǐ xiěcuò le, jiéguǒ xìn bèi tuìhuilai le.
（この前、私は相手の住所を書き間違えたから、結局手紙は返されてきた。）

⑷ **办法，方法**

办法「方法、手段」
問題を処理、解決する方法をいい、小さいことにも大きいことにも用いられます。よく使うものに"**想办法，有办法，没办法，好办法**"などがあります。

方法「方法、手段」
問題を解決する方法や手順をいい、抽象的なことにも具体的なことにも用いられます。よく使うものに"**工作方法，学习方法，方法多样**"などがあります。

他眨巴着眼睛，好像在动脑筋想**办法**呢。
Tā zhǎbazhe yǎnjing, hǎoxiàng zài dòng nǎojīn xiǎng bànfǎ ne.
（彼は目をぱちくりさせて、知恵を絞って対策を講じているようだ。）

学习**方法**很重要，学汉语当然也不例外。
Xuéxí fāngfǎ hěn zhòngyào, xué Hànyǔ dāngrán yě bú lìwài.
（学習方法はとても重要であり、中国語の学習も当然例外ではない。）

⑸ **本领，本事**

本领「能力、技量、本領」
よく学習や訓練することによって得られた特殊な技術、技能を表し、やや改まった言い方です。

本事「腕前、才能、能力」
一般に人が持つ能力、技能をいい、「仕事がよくできる」、「世渡りがうまい」のような才能、才覚を表すこともできます。話し言葉としてよく用いられます。

孙悟空练就了一身非凡的**本领**，能七十二变。
Sūn Wùkōng liànjiùle yìshēn fēifán de běnlǐng, néng qīshi'èr biàn.
（孫悟空は非凡な技量を身に付けたので、72相の変身術ができる。）

你有**本事**的话，就露一手吧。Nǐ yǒu běnshi dehuà, jiù lòu yì shǒu ba.
(あなたに能力があれば、腕前を見せてください。)

(6) 成果，后果，结果，效果，结局

成果「よい結果、成果」

后果「結果」悪い結果を言うことが多いです。

结果「結果」よい結果にも悪い結果にも用いられます。

效果「効果、効き目」よい結果を言うことが多いです。

结局「結末、最終の局面」よい終結にも悪い終結にも用いられます。

虽然这次试验没有达到预想的**结果**，可是应该看到我们所取得的重要**成果**。
Suīrán zhèicì shìyàn méiyǒu dádào yùxiǎng de jiéguǒ, kěshì yīnggāi kàndào wǒmen suǒ qǔdé de zhòngyào chéngguǒ.
(今回の実験は予想した結果に達していないが、私たちが得た重要な成果を認めるべきだ。)

这样下去**后果**不堪设想。Zhèyàng xiàqu hòuguǒ bùkān shèxiǎng.
(このように行けば、悪い結果となるだろう。)

这个**结果（结局）**完全出乎了大家的意料。
Zhèige jiéguǒ(jiéjú) wánquán chūhūle dàjiā de yìliào.
(この結果は完全にみんなの予想外だった。)

用比喻的手法来描写人物，能产生动人的**效果**。
Yòng bǐyù de shǒufǎ lái miáoxiě rénwù, néng chǎnshēng dòngrén de xiàoguǒ.
(比喩の手法で人物を描写すれば、感動的な効果が生まれる。)

连你都看不透**结局（结果）**会怎样，我就更不用说了。
Lián nǐ dōu kànbutòu jiéjú(jiéguǒ) huì zěnyàng, wǒ jiù gèng bú yòng shuō le.
(あなたさえも結果がどうなるかを見極められないなら、私のほうはなおさら無理だ。)

(7) 房子，家，房间，屋子

房子「家屋、家」建築を言う。

家「家、家族」家族や家庭を指すことが多く、建築や場所を指すこともできます。

房间，屋子「部屋」

房子离车站越近，房租越贵。Fángzi lí chēzhàn yuè jìn, fángzū yuè guì.
(家が駅から近ければ近いほど家賃は高い。"**房子**"は建物を指す)

你怎么什么事儿也不跟**家里**商量呢？
Nǐ zěnme shénme shìr yě bù gēn jiāli shāngliang ne?
(君はどうしてどんなことも家族と相談しないの？ここの"**家里**"は家族を指

す）

(8) **价格，价钱，价值，值钱**

价格（价钱）「値段、価格」"**价钱**"は"**价格**"よりくだけた言い方です。
价值「価値、値打ち」
值钱「値段が高い、値打ちがある」 形容詞、動詞（離合詞）です。

这件旗袍是不错，不过**价钱（价格）**也够意思了。
Zhèi jiàn qípáo shì búcuò, búguò jiàqian(jiàgé) yě gòuyìsi le.
（このチャイナドレスは確かにいいですが、でも値段もすごいよね。）

我买了一件自认为很有**价值**的古董，你看看怎么样？
Wǒ mǎile yí jiàn zì rènwéi hěn yǒu jiàzhí de gǔdǒng, nǐ kànkan zěnmeyàng?
（価値があると思っている骨董品を1つ買ったが、君はどう思いますか。）

这个可不**值**这么多**钱**啊！Zhèige kě bù zhí zhème duō qián a!
（これはあんなに値段の高いものに当たらないだろう。）

(9) **乐趣，兴趣，有趣**

乐趣「楽しみ」
様々な活動などに加わることによってもたらされた楽しい気持ちを表します。
兴趣「興味、関心」 興味や好みを表します。
有趣「面白い」 形容詞です。

这条奇娃娃给我的生活带来了无穷的**乐趣**。
Zhèi tiáo qíwáwa gěi wǒ de shēnghuó dàiláile wúqióng de lèqù.
（このチワワは私の生活に限りない楽しみを与えてくれた。）

他好像对养鱼产生了浓厚的**兴趣**，屋里摆满了鱼缸。
Tā hǎoxiàng duì yǎng yú chǎnshēngle nónghòu de xìngqù, wūli bǎimǎnle yúgāng.
（彼は金魚を飼うことに深く興味を持つようになったようです、部屋に金魚鉢がいっぱい並んでいる。）

你编的这个故事真**有趣**。Nǐ biān de zhèige gùshi zhēn yǒuqù.
（あなたの作ったこの物語は本当に面白い。）

(10) **期间，时间，时期**

期间「期間、間」
ある特定の期間を表し、連体修飾語との間に"**的**"を入れることができません。
时间「時間、時」
ある特定の時、ある一定の期間（時間の長さ）、及び概念としての時間を表し

ます。

时期「時期」
ある特定の比較的長い時期を表します。よく特徴のある特定の時期に用います。

比赛**期间**他们在拼命地为选手们加油。
Bǐsài qījiān tāmen zài pīnmìngde wèi xuǎnshǒumen jiāyóu.
（試合中に彼らは一生懸命に選手たちの応援をしている。）

时间就是生命，一寸光阴一寸金，寸金难买寸光阴。Shíjiān jiùshì shēngmìng, yí cùn guāngyīn yí cùn jīn, cùnjīn nán mǎi cùnguāngyīn.
（時間は命です、一寸の光陰は一寸の金に等しい、金で時間を買うことは難しい。**概念としての時間**）

这段**时间**（期间），我每天都在练习瑜伽。
Zhèi duàn shíjiān(qījiān), wǒ měitiān dōu zài liànxí yújiā.
（最近私は毎日ヨガの練習をしている。）

听说在泡沫经济**时期**，靠炒股就可以酒足饭饱。
Tīngshuō zài pàomò jīngjì shíqī, kào chǎogǔ jiù kěyǐ jiǔzú fànbǎo.
（聞いたところによれば、バブル経済の時期、株の売買だけで酒もご飯も十分に食べられたそうだ。）

(11)权力，权利

权力「權力、權限」支配者が他人を支配する強制力を言います。
权利「權利」法律の下で行使できる権利を言います。

他在公司里只是个挂名的经理，没有什么**权力**。
Tā zài gōngsīli zhǐshì ge guàmíng de jīnglǐ, méiyǒu shénme quánlì.
（彼は会社でただ名ばかりの社長です、あまり権力がありません。）

即使是贫困家庭的孩子也有接受义务教育的**权利**。
Jíshǐ shì pínkùn jiātíng de háizi yě yǒu jiēshòu yìwù jiàoyù de quánlì.
（たとえ貧困家庭の子供であっても、義務教育を受ける権利がある。）

(12)消息，新闻

消息「便り、ニュース」
メディアによるニュースのほかに、非公式な知らせ、音信にも用いられます。
新闻「ニュース」　テレビ、新聞などのメディアによる報道を重点に置きます。

在没有得到正式通知之前，我只能认为这些小道**消息**并不可靠。
Zài méiyǒu dédào zhèngshì tōngzhī zhīqián, wǒ zhǐnéng rènwéi zhèxiē xiǎodào xiāoxi bìng bù kěkào.

（正式な知らせを得るまでは、これらの口コミは信用できないと思うほかない。）

别换频道啊，我想看看今天的国际**新闻**。
Bié huàn píndào a, wǒ xiǎng kànkan jīntiān de guójì xīnwén.
（チャンネルを変えないでね、今日の国際ニュースを見てみたいから。）

動詞、形容詞の類義語

(1) 安排，安置，布置

安排「（物事を）都合よく処理する、手配する」 一般に事柄や時間に用います。
安置「（適当な場所に）置く、配置する」 一般に人や物に用います。
布置「（部屋などを）装飾する、手配する」

这次旅游尽管日程**安排**得比较紧张，不过每天都过得很充实。Zhècì lǚyóu jǐnguǎn rìchéng ānpáide bǐjiào jǐnzhāng, búguò měitiān dōu guòde hěn chōngshí.
（今回の旅行は日程は割りにきつかったけど、でも毎日とても充実していた。）

先**安置**一下行李，再去吃饭吧。Xiān ānzhì yíxià xíngli, zài qù chīfàn ba.
（先に荷物を適当な場所に置いてから、食事に行きましょう。）

你真会**布置**房间啊！Nǐ zhēn huì bùzhì fángjiān a!
（あなたは本当に部屋を飾りつけるのが上手ですね。）

(2) 安心，放心

安心「気持ちが落ち着く」 そのほかに「下心を持つ」の意味もあります。
放心「安心する、ほっとする」 否定文 **"不放心"＋目的語** の形で用いることができます。

只要你能来，我就**安心（放心）**了。Zhǐyào nǐ néng lái, wǒ jiù ānxīn (fàngxīn) le.
（あなたが来られれば、私はもうほっとするよ。）

你**安心**养病吧，家里的事儿有我呢。
Nǐ ānxīn yǎng bìng ba, jiāli de shìr yǒu wǒ ne.
（あなたは心おきなく療養しましょう、家の事はまかせてくれ。**連用修飾語とみなす**）

你有的也说，没的也说，到底**安**的是什么**心**?
Nǐ yǒude yě shuō, méide yě shuō, dàodǐ ān de shì shénme xīn?
（君はあることないこと言うなんて、いったいどういう了見なんだ。）

直到接到录取通知书，这才**放**下**心**来。
Zhídào jiēdào lùqǔ tōngzhīshū, zhè cái fàngxia xīn lai.
（合格通知書を受け取って、これでやっと安心した。）

(3) **拜访，访问，参观，游览**

拜访「ご訪問する」敬意を表すために人を訪ねることを表します。
访问「訪問する」目的を持って人に会うことや場所を訪ねることを表します。
参观「見学する、見物する」知識を広げるためにある場所を訪れて見学することを表します。
游览「観光する、見物する」
景色などを楽しむために観光地などを観光することを表します。

下次回国时，我一定登门**拜访**。Xiàcì huíguó shí, wǒ yídìng dēngmén bàifǎng.
（次回帰国するとき、必ずお宅を訪問します。）

我**访问**过鲁迅的故居。Wǒ fǎngwènguo Lǔ Xùn de gùjū.
（私は魯迅の旧居を訪れたことがある。）

我上次随旅游团**参观**了陶瓷工厂。
Wǒ shàngcì suí lǚyóutuán cānguānle táocí gōngchǎng.
（私は前回ツアーで陶器工場を訪れて見学した。）

人们说，黄山归来不看山，九寨归来不看水，所以我很想**游览**黄山和九寨沟。
Rénmen shuō, Huángshān guīlái bú kàn shān, Jiǔzhài guīlái bú kàn shuǐ, suǒyǐ wǒ hěn xiǎng yóulǎn Huángshān hé Jiǔzhàigōu.
（人々はこう言った、黄山から帰ってきたらもう山を見なくてよい、九寨溝から帰ってきたらもう水を見なくてよい、だから黄山と九寨溝を遊覧したいのだ。）

(4) **摆，放**

摆「並べる、置く」
品物をある場所に順序よく並べる、きちんと置くことを表します。他に「～のそぶりをする、振る」などの意味もあります。

放「置く」
単に品物をある場所に置くことを表します。他に「放す、休みになる、入れる」などの意味もあります。

圣诞树**摆**在什么地方好呢？Shèngdànshù bǎizài shénme dìfang hǎo ne?
（クリスマス・ツリーはどこに置いたらいいのか。**きちんと置く**）

他为了**摆阔气**买了一台高级车。Tā wèile bǎi kuòqi mǎile yì tái gāojíchē.
（彼は派手にふるまうために、高級車を買った。）

妹妹经常偷偷地把猫**放**到自己的被窝里，搂着睡觉。
Mèimei jīngcháng tōutōude bǎ māo fàngdào zìjǐ de bèiwōli, lǒuzhe shuìjiào.

（妹はよくこっそりと猫を自分の布団の中に入れて、抱きながら寝る。）

她紧张得手都不知道**放**在哪儿好了。
Tā jǐnzhāngde shǒu dōu bù zhīdào fàngzài nǎr hǎo le.
（彼女は手をどこに置いていいかわからないほど緊張した。）

今年元旦**放**几天**假**？　Jīnnián Yuándàn fàng jǐ tiān jià?
（今年の正月は何日間休みになりますか。**一定期間内、学習、仕事を停止すること**）

饺子馅儿里**放**点儿榨菜别有风味，不信你试试看。
Jiǎozi xiànrli fàng diǎnr zhàcài bié yǒu fēngwèi, bú xìn nǐ shìshì kàn.
（餃子の具に少しザーサイを入れると特別な味が出る、疑うなら試してみたら。）

(5) 搬，拉，拖

搬「運ぶ」　一般に重い物や大きい物を移す、運ぶことを表します。
拉 (a)「運ぶ」　一般に車で人や荷物を運ぶことを表します。
　(b)「引く、引っ張る」　自分の方へ引くこと、または動ける物や動かしやすい物を引っ張ることを表すことができます。
拖「引く、引っ張る、引きずる」
動かしにくい物を地面などに接触したままで、摩擦しながら引っ張る、引きずることを表します。

他替我把行李**搬**到楼上去了。Tā tì wǒ bǎ xíngli bāndào lóushàng qù le.
（彼は私に替って荷物を階上まで運んでいった。）

他突然晕倒了，被**拉**到医院去了。Tā tūrán yūndǎo le, bèi lādào yīyuàn qù le.
（彼は突然倒れて病院に運ばれて行った。）

他不肯进屋，我好不容易才把他**拉**进来了。
Tā bù kěn jìn wū, wǒ hǎobù róngyì cái bǎ tā lājinlai le.
（彼がなかなか部屋に入らないので、私は彼を引っ張ってやっと入ってもらった。）

公司送来的箱子太沉了，我根本**搬**不动，只好**拖**进来了。
Gōngsī sònglai de xiāngzi tài chén le, wǒ gēnběn bānbudòng, zhǐhǎo tuōjinlai le.
（会社が送ってきた段ボールが重すぎて、私は全然運べないので、仕方なくすって引いて部屋に入れた。）

(6) 办，搞，干，弄，进行，作，做

办「する、処理する」
よく使う連語に"办手续，办事，办护照，办签证，办公司"などがあります。

搞「する、従事する、何とか手に入れる」
　方言から定着した言葉です。よく使う連語に"**搞对象，搞关系，搞建筑，搞美术，搞卫生，搞研究**"などがあります。
干「する」
　よく話し言葉に用います。よく使う連語に"**干活，干家务，干什么**"などがあります。
弄「やる、弄る」　動詞の代わりにも用いられます。P81 を参照してください。
进行「する、行う」
　正式な場での表現であり、よく"**帮助，调查，谈判，合作，教育，交涉，访问，比赛，改革，讨论，研究，比较，说服，分析**"などのような持続性のある動詞を目的語に取ります。
作「書く、行う」　書くこと、活動を行うこと、やや抽象的なことに用います。
做「書く、作る、従事する、～になる」　よく具体的な物を作る場合に用います。

"**作**"と"**做**"の連語は多いです、次を参考にしてください。
　書くことについては"**作（做）文章，作（做）诗，作（做）词，作（做）曲，作（做）画**"などがあります。
　活動を行うことについては"**作报告，作调查，作说明，作解释，作总结**"などがあります。
　やや抽象的なことについては"**作罢，作弊，作废，作对，作恶，作假，作怪，作乱**"などがあります。
　具体的な物を作る、あるいは仕事をする、従事することなどについては"**做操，做饭，做衣服，做买卖，做家务，做工，做作业，做官，做生意，做事，做学问，做手术，做寿，做礼拜，做鬼脸，做梦，做人情，做手脚**"などがあります。
　担当すること、ある関係になることについては"**做老师，做医生，做翻译，做保证人，做代表，做母亲，做丈夫，做妻子，做朋友，做客，做伴，做主，做东**"などがあります。

谁会想到他竟然把事儿**办**得这么糟糕呢！
Shéi huì xiǎngdào tā jìngrán bǎ shìr bànde zhème zāogāo ne!
（彼が用件をこんなにめちゃくちゃに済ませたなんて誰が想像できるのだろうか。）

他拼命强调自己不行，**搞（弄）**不清他到底是谦虚，还是在推脱。Tā pīnmìng qiángdiào zìjǐ bùxíng, gǎo(nòng)buqīng tā dàodǐ shì qiānxū, háishi zài tuītuō.
（彼は一生懸命自分がだめだと強調しているが、一体謙虚なのか、理由にかこつけて断るのか、はっきり分からない。）

这个小姑娘反应快着呢，她一看大人的眼神，就知道该**干**什么。
Zhèige xiǎogūniang fǎnyìng kuài zhene, tā yí kàn dàren de yǎnshén, jiù zhīdao gāi gàn shénme.
（この女の子は反応がすごく速いよ、大人の目つきを見ると、すぐに何をすべきか分かる。）

专家们正在对这次事故的原因**进行**分析。
Zhuānjiāmen zhèngzài duì zhèicì shìgù de yuányīn jìnxíng fēnxī.
（専門家は今回の事故の原因について分析を行っている。）

我们在行李上**做**个记号，就不会弄错了。
Wǒmen zài xínglishang zuò ge jìhao, jiù bú huì nòngcuò le.
（私たちは荷物にしるしをつければ、間違いを避けられるだろう。）

我说呢，原来是你在**作怪**啊！Wǒ shuō ne, yuánlái shì nǐ zài zuòguài a!
（道理で君が邪魔しているのか。）

(7) 帮，帮忙，帮助

　帮 「助ける、手伝う、代わりに…してやる」
　　後ろに目的語や数量補語を伴う必要があります。

　帮忙 「助ける、手伝う」
　　離合詞なので、目的語は後ろに置けません、前置詞"给"で"帮忙"の前に出すことやその間に挿入することができます。また"帮"と"忙"の間に動態助詞、修飾語などを入れることもできます。

　帮助 「助ける、援助する」
　　やや改まった言い方です、援助する意味や名詞用法もあります。

从明天开始得加班了，你**帮**我分担点儿家务吧。
Cóng míngtiān kāishǐ děi jiābān le, nǐ bāng wǒ fēndān diǎnr jiāwù ba.
（明日から残業しなければならないので、2人で家事を分担しましょう。）

你今天**帮**了我的**忙**，改日我要好好儿地感谢你。
Nǐ jīntiān bāngle wǒ de máng, gǎirì wǒ yào hǎohāor de gǎnxiè nǐ.
（あなたが今日助けてくれたので、日を改めて感謝の気持ちを示さなければならない。**目的語は"帮忙"の間に挿入する**）

我拿不住了，快来**帮帮忙**吧。Wǒ nábuzhù le, kuài lái bāngbang máng ba.
（もう手から落ちそうだ、はやく手伝ってください。）

大家**帮助**灾民重建家园。Dàjiā bāngzhù zāimín chóngjiàn jiāyuán.
（みんな被災者の家の再建を手伝う。）

(8) **保持，维持**

保持「保持する、維持する」
よい状態やレベルが変わらないようにすることに用い、目的語は名詞、動詞、形容詞のいずれもよいです。

维持「維持する」
状況が悪くならないようにすることに用い、目的語は普通、名詞です。

希望以后能和你**保持**联系。Xīwàng yǐhòu néng hé nǐ bǎochí liánxì.
（今後あなたと連絡を取り続けたい。）

维持治安的警察被坏人吓哭了，这还算什么警察啊！
Wéichí zhì'ān de jǐngchá bèi huàirén xiàkū le, zhè hái suàn shénme jǐngchá a!
（治安を維持する警察が犯罪者に脅かされて泣いてしまった、それでも警察と言えるか。）

(9) **出发，动身，去，走**

出发「出発する、出かける」
目的地に向かって、あるところ（起点）を離れることを表し、人（個人、集団）から乗り物まで広く使われています。起点や目的地を表す場合、「"从"＋起点＋"出发"」、「"出发去（前往）"＋目的地」のように用いられます。起点はいまのいる場所であれば、言う必要がありません。

动身「出発する」
基本的に"出发"と同じですが、使う範囲は"出发"ほど広くなく人しか使えません。

去「行く、出かける、去る、離れる」
目的地に向かっていくことを表し、目的地を表す目的語は後ろに置いてもよく、省略してもよいです。

走「行く、出る、離れる、帰る」
ある場所から離れていくことを表し、目的地を意識しないので、"去"と異なって後ろに目的地を表す目的語は置きません。他に「歩く、歩む、訪問する、漏らす、経由する」の意味として用いる場合は目的語が取れます。

"去，走"は補語として使う場合もニュアンスが違うので、次の例文を参照してください。

我准备明天**从**洛杉矶**出发（动身）去**旧金山。
Wǒ zhǔnbèi míngtiān cóng Luòshānjī chūfā(dòngshēn) qù Jiùjīnshān.
（明日ロスから出発してサンフランシスコに行く予定です。）

要是上司让你**去**那儿，你敢不**去**吗?
Yàoshi shàngsī ràng nǐ qù nàr, nǐ gǎn bú qù ma?
（上司にあっちに行かされたら、行かないなんて君にできるのか。**～あるところに行く**）

上司下令让我**走**，我哪敢不**走**啊！
Shàngsī xiàlìng ràng wǒ zǒu, wǒ nǎ gǎn bù zǒu a!
（出ていけと上司に命令された、逆らうなんて私にはできないよ。**～ある場所を去る**）

这把伞是备用的，你**拿去**用吧。Zhèi bǎ sǎn shì bèiyòng de, nǐ náqu yòng ba.
（これは置き傘なので、持っていって使っていいよ。**"拿"+"去"はある場所に持っていく**）

放在门口的伞被谁顺手牵羊给**拿走**了。
Fàngzài ménkǒu de sǎn bèi shéi shùn shǒu qiān yáng gěi názǒu le.
（玄関に置いた傘は誰かに行きがけの駄賃に取られてしまった。**"拿"+"走"はいまの場所から持ち去る**）

你**走**你的阳关道，我过我的独木桥，谁也不要干涉谁。
Nǐ zǒu nǐ de yángguāndào, wǒ guò wǒ de dúmùqiáo, shéi yě bú yào gānshè shéi.
（君は君の道を行けばよい、私は私の道を行き、互いに干渉しないように。**歩む**）

⑽ 带，跟，领，陪

带「連れる」
相手を連れて行くことを表します。その他に「携帯する、帯びる、世話をする」などの意味もあります。

跟「ついて行く」
すぐ後ろについて行くことを表します。

领「案内する、お連れする」
"带"と同じ意味、やや丁寧な言い方です。その他に「受け取る、もらう」などの意味もあります。

陪「お供する」
相手に付き合って一緒に行くことを表します。

这个周末我骑摩托车**带**你去兜风吧。
Zhèige zhōumò wǒ qí mótuōchē dài nǐ qù dōufēng ba.
（今度の週末にバイクで君を連れてドライブに行きましょう。）

你老**跟**在我后面干什么? Nǐ lǎo gēnzài wǒ hòumiàn gān shénme?
（君はいつも私の後についていて、何をするの?）

明天我**领**你去见老板吧。Míngtiān wǒ lǐng nǐ qù jiàn lǎobǎn ba.
(明日君をボスに案内するよ。)

你能不能**陪**我去赶海。Nǐ néng bu néng péi wǒ qù gǎnhǎi.
(一緒に潮干狩りに行ってもらえませんか。)

(11) 带，拿

带「持つ、携帯する」 身につけることを表します。

拿「持つ、取る」 手に取る、手で握ることを表します。

听说你们公司的经理总是**带**着大笔现金进进出出的，是真的吗？
Tīngshuō nǐmen gōngsī de jīnglǐ zǒngshì dàizhe dà bǐ xiànjīn jìnjìnchūchū de, shì zhēnde ma?
(あなたの会社の社長はいつも大金を携帯してお金が出たり入ったりしてると聞いたけど、本当なの？)

她手里**拿**着冰激凌，边走边吃。Tā shǒuli názhe bīngjilíng, biān zǒu biān chī.
(彼女はアイスクリームを手に持って、歩きながら食べている。)

(12) 担心，惦记，操心，费心，关心

担心「心配する、不安に思う」
心配事が起こるのではないかと不安に思うことを表します。

惦记「気にかける」 常に気にかけていることを表します。

操心「気を配る、心を砕く」 苦労することを重点に置きます。

费心「気をつかう」 また人に頼むときや謝意を表すときにもよく使います。

关心「関心を持つ、気にかける」 人にも物事にも用いられます。

我**担心**赶不上飞机，所以取消了原来的计划。
Wǒ dānxīn gǎnbushàng fēijī, suǒyǐ qǔxiāole yuánlái de jìhuà.
(飛行機に間に合わないかと心配したので、もとの計画を取り消した。)

父母总是**惦记**着孩子，正如中国人所说的那样，儿行千里母担忧。
Fùmǔ zǒngshì diànjìzhe háizi, zhèngrú Zhōngguórén suǒ shuō de nàyàng, ér xíng qiānlǐ mǔ dānyōu.
(親は常に子供のことを気にかけているが、まさに中国人の言ったように、子供が遠くに行けば、母親の心配は絶えない。)

你怎么这么絮叨呢，这事儿你就甭**操心**了。
Nǐ zěnme zhème xùdao ne, zhè shìr nǐ jiù béng cāoxīn le.
(どうしてこんなにくどくど言うのよ、この件は心配しなくてもいいよ。)

真不好意思，又让你**费心**了。Zhēn bù hǎoyìsi, yòu ràng nǐ fèixīn le.
(本当に悪いね、またお気をつかわせてすみません。)

他除了打高尔夫球以外，对什么都不**关心**。
Tā chúle dǎ gāo'ěrfūqiú yǐwài, duì shénme dōu bù guānxīn.
（彼はゴルフのほかに何に対しても興味がない。）

在埋怨对方不**关心**自己以前，应该先想想自己**关心**对方了没有。
Zài mányuàn duìfāng bù guānxīn zìjǐ yǐqián, yīnggāi xiān xiǎngxiang zìjǐ guānxīn duìfāng le méiyǒu.
（相手が自分のことを考えていないと相手に文句を言う前に、先に自分が相手のことを考えているかどうかを考えるべきだ。）

⒀ 懂，懂得，明白，知道，觉得

懂「（道理を）理解する、会得する、わきまえる」
　普通、名詞の目的語を取ります。他に結果補語としても用いられます。

懂得「（道理を）理解する、会得する、わきまえる」
　動詞句、主述句を目的語に取ることが多いです。

明白「（意味を）理解する、悟る」
　疑問に思っていたことが理解できたことを表します。

知道「（事実の存在を）知っている」　普通、客観的に知ることを表します。

觉得「感じる、〜と思う」
　"感じる"の意味として使う場合、客観的な事実に対する主観的な感触を言うことを表します。"〜と思う"の意味として使う場合、語気が弱くあまり断定できません。

奶奶说完以后问我，你**听懂**了吗？我只好**似懂非懂**地点了点头。
Nǎinai shuōwán yǐhòu wèn wǒ, nǐ tīngdǒng le ma? Wǒ zhǐhǎo sì dǒng fēi dǒng de diǎnlediǎn tóu.
（おばあちゃんが言い終わった後、分かったのかと聞いてくれて、私は仕方なく分かったような分からなかったような様子でうなずいた。）

通过这件事，我**懂得**了一个道理，就是世上无难事，只怕有心人。Tōngguò zhèi jiàn shì, wǒ dǒngdele yí ge dàoli, jiùshì shìshàng wú nánshì, zhǐ pà yǒuxīnrén.
（このことを通じて、世の中に難しいことはなくこつこつやれば必ずやり遂げられるという道理が分かった。）

妈妈笑着说，傻丫头，**等你长大了就会明白**了。
Māma xiàozhe shuō, shǎyātou, děng nǐ zhǎngdàle jiù huì míngbai le.
（お母さんが笑いながら、おばかさん、あなたが大きくなったら分かるようになるよ、と言いました。）

天**知道**他葫芦里卖的是什么药。Tiān zhīdao tā húluli mài de shì shénme yào.
（あいつは腹の中で何をたくらんでいるか、誰も分からないよ。）

那一瞬间只**觉得**鼻子一酸，眼泪就刷刷地掉了下来。
Nà yíshùnjiān zhǐ juéde bízi yì suān, yǎnlèi jiù shuāshuāde diàole xialai.
（あの瞬間ただ鼻がつんと感じて、涙がぼろぼろ落ちた。）

事情的来龙去脉还没有弄清楚，我**觉得**现在应该再做一次调查。
Shìqing de lái lóng qù mài hái méiyǒu nòngqīngchu, wǒ juéde xiànzài yīnggāi zài zuò yí cì diàochá.
（ことの経緯はまだはっきり分からないので、いまもう１度調査すべきだと思う。）

⑭ **反应，反映**

反应「反応、反応する」
　ある働きかけに応じることを表します。目的語が取れません。
反映「反映、反映する、報告する」
　物事を映し出すことなどを表します。目的語が取れます。

我怎么逗她，她都没有**反应**。Wǒ zěnme dòu tā, tā dōu méiyǒu fǎnyìng.
（私がいくら彼女をからかって笑わせても、彼女は反応しなかった。）

这张照片**反映**了当时的建筑风格。
Zhèi zhāng zhàopiàn fǎnyìngle dāngshí de jiànzhù fēnggé.
（この写真は当時の建築の特徴を反映したものです。）

⑮ **放假，请假，休假**

放假「休みになる」
　会社や学校などが休みになること、または国が定めた休日のことを言います。
请假「休みを取る」　個人が病気などのため、休みを取ることを言います。
休假「休暇を取る」　個人が会社などの規定にある休暇を取ることを言います。

放暑**假**的时候，我打算去欧洲旅行。
Fàng shǔjià de shíhou, wǒ dǎsuan qù Ōuzhōu lǚxíng.
（夏休みのとき、欧州へ旅行に行くつもりだ。）

除非他病得起不来了，否则他不会**请假**的。
Chúfēi tā bìngde qǐbulái le, fǒuzé tā bú huì qǐngjià de.
（彼が病気で起きられないのじゃなければ、休みを取ることはないだろう。）

等这段工作忙完了，我想**休**几天**假**。
Děng zhèi duàn gōngzuò mángwán le, wǒ xiǎng xiū jǐ tiān jià.
（いまの仕事をやり終わってから、何日か休暇を取りたい。）

⑯ **丰富，丰盛**

丰富「豊富である、豊富にする」

形容詞と動詞用法があり、具体的な物から、経験、知識、感情など抽象的なことまで幅広く用いられます。

丰盛「(物が) 盛りだくさんである」 食品、料理に用いられます。

他执教二十多年，有着**丰富**的教学经验。
Tā zhíjiào èrshiduō nián, yǒuzhe fēngfù de jiàoxué jīngyàn.
(彼は20年以上教師を務めていて、豊富な教学経験を持っている。)

通过看漫画**丰富**了我的知识。Tōngguò kàn mànhuà fēngfùle wǒ de zhīshi.
(漫画を読むことによって自分の知識を豊かにした。)

生日那天，妈妈为我准备了一桌**丰盛**的晚餐。
Shēngri nà tiān, māma wèi wǒ zhǔnbèile yì zhuō fēngshèng de wǎncān.
(誕生日にお母さんは私のためにテーブルいっぱいの夕食を作ってくれた。)

⑴⑺**改变，改动，改到，改成，改正，改**

改变「(～が) 変わる、(～を) 変える」
抽象的な考えや性質の変化から具体的な位置や数量などの変化まで幅広く用いられます。

改动「(文章などを) 手直しする」 文章、項目、順序などの変更に限られます。

改到「～に (まで) 変更する」
"動詞＋到"は後ろに来る時点に移動し、到達することを表します。

改成「～になる、～にする」 あるものや状態からあるものや状態に変わります。

改正「(過ち、欠点、不良習慣などを) 正す」

改「(～が) 変わる、(～を) 変える、(～を) 改める」

应该**改变**（改）一下学习计划和学习内容。
Yīnggāi gǎibiàn(gǎi) yíxià xuéxí jìhuà hé xuéxí nèiróng.
(学習計画と学習内容を変えるべきだ。)

我只是**改动**（改）了一下前后顺序，内容基本上没有**改动**（改）。Wǒ zhǐshì gǎidòng(gǎi)le yíxià qiánhòu shùnxù, nèiróng jīběnshang méiyǒu gǎidòng(gǎi).
(私は順番を手直しただけで、内容は基本的に手を加えなかった。)

把出发时间**改到**明天早上了。Bǎ chūfā shíjiān gǎidào míngtiān zǎoshang le.
(出発時間を明日朝に変更した。時間帯の変更)

把在北京的逗留时间**改成**了两天。
Bǎ zài Běijīng de dòuliú shíjiān gǎichéngle liǎng tiān.
(北京に滞在する時間を2日間に変更した。時間の長さの変更)

把一个大房间**改成**了两个小房间。
Bǎ yí ge dà fángjiān gǎichéngle liǎng ge xiǎo fángjiān.
（1つの大きな部屋を2つの小さい部屋にリフォームした。**あるものからあるものに変わる**）

错了也没关系，**改正（改）**了就好。Cuòle yě méi guānxi, gǎizhèng(gǎi)le jiù hǎo.
（間違ってもかまわない、正せばそれでよい。）

⑱ 感谢，感激，谢谢，感动，激动

感谢「感謝する、感謝」
人に対する感謝の気持ちを表す場合にも、公式な場で感謝の意を述べる場合にも用いられます。"谢谢"と違って人だけではなく、物や事をありがたく思う場合にも用いられます。

感激「深く感謝する、感激する」
他人の好意や援助に心から深く感謝することを表します。"感谢"より語気が強いです。

谢谢「ありがとう、感謝する」
挨拶言葉としても感謝の意を述べる動詞としても用いられます。

感动「感動する、感動させる」 心を打たれて感動することを表します。

激动「興奮する」 気持ちが高ぶることを表します。

我要**感谢（谢谢）**所有的给了我支持和帮助的人。
Wǒ yào gǎnxiè(xièxie) suǒyǒu de gěile wǒ zhīchí hé bāngzhù de rén.
（私はすべての応援してくれた、助けてくれた人に感謝したい。）

在此向您表示衷心的**感谢**。Zàicǐ xiàng nín biǎoshì zhōngxīn de gǎnxiè.
（ここであなたに心より感謝の意を表します。**名詞用法**）

感谢这充满激情的歌词，是它，使我有了信心。
Gǎnxiè zhè chōngmǎn jīqíng de gēcí, shì tā, shǐ wǒ yǒule xìnxīn.
（熱情をこめた歌詞に感謝し、この歌詞こそ私に自信を持たせた。**感謝の対象は事です**）

我对他**感激**不尽，因为他给了我温暖和幸福。
Wǒ duì tā gǎnjī bújìn, yīnwèi tā gěile wǒ wēnnuǎn hé xìngfú.
（私は彼に感謝に堪えない、彼は私に温もりと幸せをくれたからだ。**感激に堪えない**）

听了这番话，她**感动（激动）**得说不出话来了。
Tīngle zhè fān huà, tā gǎndòng(jīdòng)de shuōbuchū huà lái le.
（この話を聞くと、彼女は感動のあまり言葉が出てこなくなった。）

⑲ **好看，美丽，漂亮**

好看「見て美しい、可愛い、見る価値がある」
「美しい」の意味では**"漂亮"**と言い換えられます。

美丽「綺麗である、美しい」
あらたまった言い方ですが、風景、動植物、女性の美しさを表します。また抽象的な事柄にも用いられます。

漂亮「綺麗である、美しい、見事である」
容姿、服装、用具などの美しさを表します。
女性については**"美丽，好看，漂亮，潇洒"**が多用されます。
男性については**"帅，精神，好看，潇洒"**が多用されます。

小时候，觉得长头发**好看（漂亮）**，总不舍得把头发剪短。Xiǎo shíhou, juéde cháng tóufa hǎokàn(piàoliang), zǒng bù shěde bǎ tóufa jiǎnduǎn.
(小さいとき、長い髪が綺麗だと思っていたので、なかなか髪を短く切らなかった。)

北京奥运会的开幕式真**好看**。Běijīng Àoyùnhuì de kāimùshì zhēn hǎokàn.
(北京オリンピックの開幕式は本当に見る価値があった。)

燕子说，因为这里的春天最**美丽**，所以年年春天我都要来这里。Yànzi shuō, yīnwèi zhèli de chūntiān zuì měilì, suǒyǐ niánnián chūntiān wǒ dōu yào lái zhèli.
(ツバメは、ここの春が１番美しいので、毎年春になるとここに来る、と言った。)

老师给孩子们讲了一个**美丽**的童话。Lǎoshī gěi háizimen jiǎngle yí ge měilì de tónghuà.
(先生は子供たちに素晴らしい童話を語った。)

大家管**漂亮**的女孩儿叫靓女，文静的女孩儿叫淑女，聪明的女孩儿叫才女。Dàjiā guǎn piàoliang de nǚháir jiào liàngnǚ, wénjìng de nǚháir jiào shūnǚ, cōngming de nǚháir jiào cáinǚ.
(みんな綺麗な女の子を美女、しとやかな女の子を淑女、賢い女の子を才女と呼ぶ。)

这件事你办得真**漂亮**啊！Zhèi jiàn shì nǐ bànde zhēn piàoliang a!
(君は見事にこの件を処理したね。)

⑳ **幻想，理想，梦想，妄想**

幻想「空想する、夢見る、空想、ファンタジー」
現実離れの想像を表し、褒貶の意味にも用いられます。

理想「理想的である、理想、夢」褒義語として用いられます。

梦想「切に望む、妄想する、妄想、夢」 褒貶の意味にも用いられます。
妄想「妄想する、妄想」 貶す意味の言葉です。

科学**幻想**小说可以开阔人的眼界。
Kēxué huànxiǎng xiǎoshuō kěyǐ kāikuò rén de yǎnjiè.
（科学空想小説は人の見聞を広めることができる。）

我的**理想**是当一名宇航员。Wǒ de lǐxiǎng shì dāng yì míng yǔhángyuán.
（私の夢は宇宙飛行士になることだ。）

昨天的试验结果不太**理想**。Zuótiān de shìyàn jiéguǒ bútài lǐxiǎng.
（昨日の試験結果は不本意だった。）

人们**梦想**着地震预报能早日实现。
Rénmen mèngxiǎngzhe dìzhèn yùbào néng zǎorì shíxiàn.
（人々は地震予知が1日もはやく実現できることを期待している。）

指望天上掉馅儿饼，那只能是**妄想**。
Zhǐwàng tiānshàng diào xiànrbǐng, nà zhǐnéng shì wàngxiǎng.
（空からぼた餅が落ちてくるよう期待するなんて、それはとんでもない考えなだけだ。）

⑵₁ 检查，检讨

检查「検査する、調査する、点検する」
間違いがあるかどうか、或いはどこにあるかを調べることを表します。思想、仕事、言動、身体、衛生、品物の数量や品質、機械などに用います。

检讨「反省する」
過ちを調べ、厳しく反省することを表します。思想、言動に用います。

我答完了考卷，并没有马上交卷，而是仔细地**检查**了一遍。Wǒ dáwánle kǎojuàn, bìng méiyǒu mǎshàng jiāojuàn, ér shì zǐxìde jiǎnchále yí biàn.
（試験問題に答えた後、すぐに答案を出すわけではなく、注意深く1度チェックしたのだ。）

我已经**检讨**过了，这回该你的了。Wǒ yǐjing jiǎntǎoguo le, zhèi huí gāi nǐ de le.
（私はもう反省したので、今度あなたの番になるよ。）

⑵₂ 焦急，着急，急躁，急忙，连忙

焦急「苛立つ、気をもむ」
形容詞です。よく書き言葉に用い、**"着急"**よりあせりの程度が深いです。

着急「焦る、心配する」
離合詞なので、他の成分をその間に入れることができます。よく話し言葉に

用い、"**不，没，别**"で否定できます。
急躁「苛立つ、せっかちである」
いらいらして落ち着かないことを重点に置きます。
急忙「慌しい、急いで」
形容詞です。気持ちが焦ってるため、行動が慌しくなることを表します。"**急急忙忙**"も言います。
连忙「急いで」 副詞です。焦ってる気持ちがなく、ただ急ぐことを表します。

汽车艰难地在雪地上爬行，乘客们都**焦急**地望着车窗外。Qìchē jiānnánde zài xuědìshang páxíng, chéngkèmen dōu jiāojíde wàngzhe chēchuāngwài.
（バスは困難に雪の積もった地面をのろのろとはい進んでいる、乗客たちはいらいらした様子で窓の外を見ている。）

你**着**什么**急**啊？ Nǐ zháo shénme jí a?
（あなたは何を焦っているの。）

越是不顺利，越不能**急躁**。Yuè shì bú shùnlì, yuè bù néng jízào.
（順調でなければないほど、焦ってはいけない。）

为了避免股票继续下跌，政府**急急忙忙**地做出了降低银行利息的决定。Wèile bìmiǎn gǔpiào jìxù xiàdiē, zhèngfǔ jíjímángmángde zuòchūle jiàngdī yínháng lìxī de juédìng.
（株が引き続き下がるのを避けるために、政府は急いで銀行利下げの決断を下した。）

没想到在这条路上碰见了老同学，我**连忙**上前和他握手。Méi xiǎngdào zài zhèi tiáo lùshang pèngjiànle lǎotóngxué, wǒ liánmáng shàngqián hé tā wòshǒu.
（この道で昔の同級生とばったり会うとは思わなかったが、私は急いで前に近づいて彼と握手をした。）

⑵ **谅解，原谅，体谅，体贴，理解，领会，了解**

谅解「理解を得る」 文句を言わないことを言います。
原谅「許す」 誤りや過失などを責めないことを言います。
体谅「他人の気持ちを理解する、思いやる」
体贴「他人の身になって思いやる、いたわる」
理解「分かる、理解する」
感情の面から理解することや、判断や思考を通して深く認識することを表します。よく他人の立場、態度、考え、気持ち、やり方などについて言い、"**了解**"より深いです。
领会「理解する、悟る」 よく意味、意図などについて言います。

了解「分かる、深く知る、調べる」
接触や調査などを通して客観的に認識することを表します。よく状況、歴史、関係、風俗、習慣などについて言います。

这完全是一场误会，希望你能**谅解（理解）**。
Zhè wánquán shì yì cháng wùhuì, xīwàng nǐ néng liàngjiě(lǐjiě).
（これはまったく誤解だった、ご理解いただくようお願いします。）

他已经深刻地反省了自己的过失，你就**原谅**他吧。
Tā yǐjing shēnkède fǎnxǐngle zìjǐ de guòshī, nǐ jiù yuánliàng tā ba.
（彼はすでに自分の過失を深く反省したので、許してあげたら。）

他很**体谅**我的难处，没有勉强我。
Tā hěn tǐliang wǒ de nánchu, méiyǒu miǎnqiǎng wǒ.
（彼は私の困ったことを理解し、無理にさせなかった。）

他们夫妻之间互相**体贴**，生活过得很美满。
Tāmen fūqī zhījiān hùxiāng tǐtiē, shēnghuó guòde hěn měimǎn.
（彼ら夫婦2人は互いに思いやっているので、円満に暮らしている。）

我虽然很**了解**她，可是对她今天的言行还是难以**理解**。
Wǒ suīrán hěn liǎojiě tā, kěshì duì tā jīntiān de yánxíng háishi nányǐ lǐjiě.
（彼女をよく知っているけど、彼女の今日の言動に対しては理解しがたい。）

他说话绕弯子，我没有彻底**领会（理解）**他的意思。
Tā shuōhuà rào wānzi, wǒ méiyǒu chèdǐ lǐnghuì(lǐjiě) tā de yìsi.
（彼が遠回しな言い方をしたので、私は完全に彼の気持ちを理解しなかった。）

㉔ **见面，看望，看见，碰见，遇见**

见面「顔を合わせる」 離合詞なので、後ろに目的語が取れません。
看望「見舞う、訪問する」 目上の人や親友などを見舞うことを表します。
看见「見かける、目に入る、見える」
普通、意識的にしない場合に用いられます。
碰见，遇见「ばったり会う」 事前に約束がなく偶然に会うことを表します。

明天**见**了**面**再说吧。Míngtiān jiànle miàn zài shuō ba.
（明日会ってからまたにしましょう。）

我昨天去**看望**了一个病人。Wǒ zuótiān qù kànwàngle yí ge bìngrén.
（昨日1人の患者さんをお見舞いに行った。）

我**看见**她脸色有点儿不对劲儿。Wǒ kànjiàn tā liǎnsè yǒudiǎnr bú duìjìnr.
（彼女を見かけた、顔色がちょっとおかしかった。）

真倒霉，我要是早走一步的话，就不会遇见（碰见）这种事儿了。
Zhēn dǎoméi, wǒ yàoshi zǎo zǒu yíbù dehuà, jiù bú huì yùjiàn(pèngjiàn) zhèi zhǒng shìr le.
（運が悪い、少しはやく出れば、こんなことに出くわさないだろう。）

(25) **满意，满足，自满，骄傲，自豪，傲慢**

满意「気に入る、満足する」
自分の気持ちが満たされていることを重点に置きます。多くは**"对…满意"**の形で用います。

满足「満足する、満足させる」
望んでいることが満たされていること、需要を満たすこと、要求に応じてそれを満足させることに用いられます。**"满足于…"**の形で使うこともあります。

自满「自己満足する、うぬぼれる」 自分に満足しすぎる、貶義語です。

骄傲「うぬぼれる、誇りに思う、誇り」
傲慢で人を見下す意味の他に、誇りに思う意味もあります。

自豪「誇りに思う、誇らしい」 **"骄傲"**と同じ意味を持っています。

傲慢「傲慢である」 貶義語です。

丈夫在家的时候，不是帮她做饭，就是帮她带孩子，她对丈夫能不满意吗?
Zhàngfu zài jiā de shíhou, bú shì bāng tā zuòfàn, jiùshì bāng tā dài háizi, tā duì zhàngfu néng bù mǎnyì ma?
（旦那が家にいるとき、彼女を手伝って食事を作るのでなければ、子供の世話をするのだ、彼女が旦那に不満を感じるはずがないだろう？）

决不能满足于现状，还要把公司办得更好才行。
Jué bù néng mǎnzú yú xiànzhuàng, hái yào bǎ gōngsī bànde gèng hǎo cái xíng.
（決して現状に満足してはいけない、会社をもっとよく運営しないとだめだ。）

她总是非常谦虚，从不自满（骄傲）。
Tā zǒngshì fēicháng qiānxū, cóng bù zìmǎn(jiāo'ào).
（彼女はいつも謙虚であり、従来から威張らない。）

我为能有你这样的学生而感到骄傲（自豪）。
Wǒ wèi néng yǒu nǐ zhèyàng de xuésheng ér gǎndào jiāo'ào(zìháo).
（君のような生徒を持っていることに誇りを感じている。）

一看他那傲慢的样子，我就讨厌。Yí kàn tā nà àomàn de yàngzi, wǒ jiù tǎoyàn.
（彼の傲慢な様子を見ると、嫌になる。）

(26) **难过，难受，痛苦**

难过「生活に苦しむ、（精神的に）つらい」 動詞と形容詞用法があります。

117

难受「体調が悪い、気持ちが悪い、（精神的に）つらい」
　形容詞であり、"难过，痛苦"より程度が軽いです。
痛苦「（精神的や肉体的に）苦しい、苦痛」
　形容詞と名詞用法があります。"难过，难受"より程度が重いです。

自从父亲失业以后，日子越来越难过了。
Zìcóng fùqin shīyè yǐhòu, rìzi yuè lái yuè nánguò le.
（父が失業した後、生活はますます苦しくなった。）

电车里有股怪味儿，熏得难受。Diànchēli yǒu gǔ guàiwèir, xùnde nánshòu.
（電車の中で変なにおいがする、鼻をついて気持ちが悪い。）

她离婚以后不但不痛苦（不难过），反倒好像被解脱了一样。Tā líhūn yǐhòu búdàn bú tòngkǔ(bù nánguò), fǎndào hǎoxiàng bèi jiětuōle yíyàng.
（彼女が離婚した後、精神的に苦しそうもないばかりではなく、逆に自由になったようだ。）

⑵⁷批判，批评
　批判「論駁する」　誤った思想や言動を分析し、論駁する、否定することを表します。
　批评「批判する、叱責する」　欠点や誤りを指摘することを表します。日本語の「批評」とはニュアンスが異なります。

他这个人就喜欢批判。Tā zhèige rén jiù xǐhuan pīpàn.
（この人は論駁するのを好んでいる。）

电视上总是在批评政治家。Diànshìshang zǒngshì zài pīpíng zhèngzhìjiā.
（テレビではいつも政治家を批判する。）

⑵⁸任性，任意
　任性「勝手である、わがままだ」　形容詞であり、普通、述語として用います。
　任意「思うままに、自由に、任意の」
　　副詞用法なので、普通、動詞や形容詞の前に用います。他に形容詞用法もあります。

她可任性了，我根本劝不动她，已经碰了好几次壁了。
Tā kě rènxìng le, wǒ gēnběn quànbudòng tā, yǐjing pèngle hǎo jǐ cì bì le.
（彼女はとてもわがままだ、私はまったく説得できず、すでに何回も失敗した。）

她的工作就是对进出口商品进行任意抽样检查。
Tā de gōngzuò jiùshì duì jìnchūkǒu shāngpǐn jìnxíng rènyì chōuyàng jiǎnchá.
（彼女の仕事は輸入輸出品に対して任意にサンプル検査を行うのだ。）

⑩ 温暖，温和，暖和，随和，温厚，温柔

温暖「(雰囲気、気候、天気、日差しが) 暖かい、(心に) 温かみを感じさせる」
形容詞と動詞用法があります。

温和「(気候が) 暖かい、(性格、態度、言葉などが) 温和である」
形容詞用法だけです。

暖和「(天気などが) 暖かい、(身体を) 暖める、(部屋などが) 暖まる」
形容詞と動詞用法があり、気候、環境、日差し、衣服などに用います。

随和「人付き合いがよい、親しみやすい」
形容詞であり、性格、態度、言葉などに用います。

温厚「温厚である」 形容詞であり、性格や人柄に用います。

温柔「やさしい」 女性について言うことが多いです。

温暖的阳光从窗户照射进来了。
Wēnnuǎn de yángguāng cóng chuānghu zhàoshèjinlai le.
（温かい日差しが窓から差した。）

世界各国的援助温暖了灾区人民的心。
Shìjiè gèguó de yuánzhù wēnnuǎnle zāiqū rénmín de xīn.
（世界各国の援助は被災地の人々の心に温かみを与えた。）

昆明气候温和（温暖），四季如春。
Kūnmíng qìhòu wēnhé(wēnnuǎn), sìjì rú chūn.
（昆明は気候が温和であり、1年中が春のようだ。）

他性格温和（随和，温厚），所以大家都愿意和他相处。
Tā xìnggé wēnhé(suíhé, wēnhòu), suǒyǐ dàjiā dōu yuànyi hé tā xiāngchǔ.
（彼は性格が穏やかなので、みんなは喜んで彼と一緒に仕事をする。）

寒流一过，天气就暖和起来了。Hánliú yí guò, tiānqì jiù nuǎnhuoqilai le.
（寒気が去っていくと、天気が暖かくなってきた。）

在寒冷的北方，人们常常用酒暖和身体。
Zài hánlěng de běifāng, rénmen chángcháng yòng jiǔ nuǎnhuo shēntǐ.
（寒い北方では、人々はよくお酒で身体を暖める。）

男朋友说，他喜欢我温柔的性格。
Nánpéngyou shuō, tā xǐhuan wǒ wēnróu de xìnggé.
（ボーイフレンドは、私のやさしい性格が好きだ、と言った。）

⑳ 小心，注意

小心「注意する、気をつける、注意深い」
災いが起きないよう注意を促す意味を表します。具体的なものを表す名詞、

または動詞（句）を目的語に取れますが、目的語は動詞（句）であれば、"**小心**"と動詞（句）の間に"**別**"を入れても意味は変わりません。

注意「注意する、気をつける、注意深い、用心する」

"**小心**"より使う範囲が広く、具体的なものにも、抽象なことにも用いられます。目的語は動詞（句）の場合、"**注意**"と動詞（句）の間に普通"**別**"を入れます。

小心（注意）别走丢了。Xiǎoxīn(zhùyì) bié zǒudiū le.
（迷子にならないように気をつけて。）

他过去得过肾炎，所以一不**注意**（一不**小心**）就犯病。
Tā guòqù déguo shènyán, suǒyǐ yì bú zhùyì(yí bù xiǎoxīn) jiù fànbìng.
（彼は以前腎炎になったことがあるので、ちょっと不注意だと持病が再発することになる。）

要想提高工作效率，就要**注意**营养和睡眠。
Yào xiǎng tígāo gōngzuò xiàolǜ, jiù yào zhùyì yíngyǎng hé shuìmián.
（仕事の効率を上げようとしたかったら、栄養と睡眠に用心する必要がある。）

他故意把杯子碰掉地，想引起大家的**注意**。
Tā gùyì bǎ bēizi pèngdiào dì, xiǎng yǐnqǐ dàjiā de zhùyì.
（彼は故意にコップを床に落とした、みんなの注意を引きたいから。）

⑶¹⁾**攒钱，挣钱，赚钱**

攒钱「金をためる」

挣钱「金を稼ぐ」

赚钱「金を儲ける、金が儲かる」

挣钱不容易，**攒钱**更不容易。Zhèng qián bù róngyì, zǎn qián gèng bù róngyì.
（お金を稼ぐのは容易ではないが、お金をためるのはもっと難しい。）

这个公司不但没有**赚钱**，反而赔钱了。
Zhèige gōngsī búdàn méiyǒu zhuàn qián, fǎn'ér péi qián le.
（この会社は儲けなかったばかりではなく、逆に損をした。）

接続詞、前置詞の類義語

⑴**不管，尽管，无论**

不管「～にもかかわらず」

後ろに不確定の条件文を伴い、いかなる条件でも結論や結果は変わらないことを表します。

尽管「～だけれども」

後ろに確定の語句を伴い、事実を認めた上で、結論は変わらず、確定したことを表します。

无论"不管"と意味も用法もほとんど同じ

"**不管**"は話し言葉に、"**无论**"は書き言葉に多用されます。

不管（无论）是刮风，还是下雨，闹钟从来都是雷打不动地坚守自己的职责。
Bùguǎn(wúlùn) shì guāfēng, háishi xiàyǔ, nàozhōng cónglái dōushì léi dǎ bú dòng de jiānshǒu zìjǐ de zhízé.
（風が吹くにしても雨が降るにしても、目覚まし時計はいつも何があっても変わらず自分の職責をしっかりと守っている。）

尽管她经济条件不错，可是她并不奢侈。
Jǐnguǎn tā jīngjì tiáojiàn búcuò, kěshì tā bìng bù shēchǐ.
（彼女は経済状況がよいけれども、贅沢しない。）

(2) **不过，但，但是，可是**

いずれも接続詞で、「しかし、だけれども」の意味を持っています。

不过「でも」 角が立たない軽い表現なので、会話によく使います。

但是（但），可是 大体言い換えられますが、直後にカンマを入れるとき、"**但**"は使えません。

虽然耽误了一点儿时间，但（但是，可是，不过）没什么问题。
Suīrán dānwùle yìdiǎnr shíjiān, dàn(dànshì, kěshì, búguò) méi shénme wèntí.
（少し時間を無駄にしたが、でも大したことはない。）

(3) **朝，往，向**

いずれも動作の方向を表します。

朝 (a)ある方向に向いているだけで移動しない場合に用いられます。"**向**"と言い換えられますが、"**往**"と言い換えできません。

(b)ある方向に向かって移動することを表します。この場合"**向，往**"と置き換えられます。

(c)動作の対象（多くは人）にも用いられます。

往 (a)"**朝**"の(b)と同じです。

(b)動作の移動先を表します。

(c)後に場所を表す言葉を置くことに対し"**朝，向**"にはこのような制限がありません。

(d)"**开，去，通，迁，送，运，派，飞，寄，逃**"などの動詞の後ろに用いられます。

向 (a)"**朝**"の(a)と同じです。

(b)"**朝**"の(b)と同じです。
(c)動作の対象にも用いられます。
(d)"**奔，冲，通，推，走，飞，流，转**"などの動詞の後にも用いられます。

住在地球北半球的人喜欢房子**朝（向）**南开。
Zhùzài dìqiú běibànqiú de rén xǐhuan fángzi cháo(xiàng) nán kāi.
（地球の北半球に住んでいる人は南向きの部屋が好きだ。）

救火车**朝（往／向）**东开了。Jiùhuǒchē cháo(wǎng/xiàng) dōng kāi le.
（消防車は東のほうに向かって行った。）

她在**朝（向）**你招手呢。Tā zài cháo(xiàng) nǐ zhāoshǒu ne.
（彼女はあなたに手を振っているよ。）

一个醉鬼上了电车，就**往**地上一躺。
Yí ge zuìguǐ shàngle diànchē, jiù wǎng dìshang yì tǎng.
（1人の酔っ払いが電車に乗るやいなや、床に横になった。**動作の移動先は"地上"**）

犯人在**逃往**国外的途中被抓住了。
Fànrén zài táowǎng guówài de túzhōng bèi zhuāzhù le.
（犯人が国外へ逃走する途中で捕まった。）

不要把你们之间的矛盾**转向**没关系的人。
Bú yào bǎ nǐmen zhījiān de máodùn zhuǎnxiàng méi guānxi de rén.
（君たちの間の対立を無関係の人に向けないでください。）

(4) 除非…才，只有…才

ともに「～してこそ～する」、欠かせない条件を表します。"**除非…才**"と"**只有…才**"は大体置き換えできます。前者は語気が強いです。"**除非是**"は言いますが、"**只有是**"は言いません。

你**除非（只有）**毛遂自荐才有可能得到这次机会。
Nǐ chúfēi(zhǐyǒu) máo suì zì jiàn cái yǒu kěnéng dédào zhèicì jīhuì.
（君が自己推薦しない限り今回のチャンスをもらえる可能性はない。）

除非（只有）在迫不得已的情况下，我才会这样做。
Chúfēi(zhǐyǒu) zài pò bù dé yǐ de qíngkuàng xià, wǒ cái huì zhèyàng zuò.
（やむを得ない状況でなければ、このようにしないはずだ。）

(5) 从，离，由，自，自从

从「～から」 空間、時間、範囲、及び変化などの起点を表します。話し言葉です。
离「～から、～まで」 時間や空間の隔たり、現状と目標との隔たりを表します。

由「～から」 空間や時間の起点を表す意味では"**从**"と共通ですが、他は異なります、書き言葉です。

自「～から」 空間や時間の起点を表します。"**出，来，选**"などの動詞の後に用いることもできます。

自从「～から」 時間の起点を表し、過去の事に用います。

魔术师一会儿**从**袖子里拔出一把刀来，一会儿**从**嘴里掏出一个苹果来。
Móshùshī yíhuìr cóng xiùzili báchu yì bǎ dāo lai, yíhuìr cóng zuǐli tāochu yí ge píngguǒ lai.
（魔術師は袖の中から刀を抜き出したり、口の中からリンゴを取り出したりしている。）

你的要求**离**现实太远了。Nǐ de yāoqiú lí xiànshí tài yuǎn le.
（あなたの要求は現実から遠すぎる。）

因为公司**离**家比较远，所以每天早上六点半就得离开家。Yīnwèi gōngsī lí jiā bǐjiào yuǎn, suǒyǐ měitiān zǎoshang liù diǎn bàn jiù děi líkāi jiā.
（会社は家から比較的遠いので、毎日朝6時半にもう家を出なければならない。）

由香港飞往曼谷的机票已经预约好了。
Yóu Xiānggǎng fēiwǎng Mànggǔ de jīpiào yǐjing yùyuēhǎo le.
（香港からバンコク行きの航空券はもう予約した。）

听说**自**明年**起**，又要增加休日了。
Tīngshuō zì míngnián qǐ, yòu yào zēngjiā xiūrì le.
（来年から、また休日が増えることになると聞いた。）

这个典故**出自**《三国演义》中的赤壁之战。
Zhèige diǎngù chūzì «Sānguó yǎnyì» zhōng de Chìbì zhī zhàn.
（この典故は「三国志」の赤壁の戦いから出たものだ。）

自从新的航线开通以后，我回家探亲就方便多了。
Zìcóng xīn de hángxiàn kāitōng yǐhòu, wǒ huíjiā tànqīn jiù fāngbiàn duō le.
（新しい航路が開通してから、親族に会いに行くのがだいぶ便利になった。）

(6) **对于，关于，至于**

对于「～に対して、～について」 動作の対象を表し、連用修飾語になるとき、文頭にも主語の後にも用いられます。

关于「～について、～に関して」
関連する事物を表し、連用修飾語になるとき、文頭に用います。関連、対象の両方の意味を兼ねる場合は"**关于**"と"**对于**"は言い換えられます。更に"**关**

于"を用いた前置詞句は表題としても使えます。

至于「～に至っては、～については」
ある話題を述べた後、それに関連する別の話題を導くときに用い、それに対して"关于"は話題が1つで、別の話題を展開しません。

我们俩**对于**这件事儿的看法不完全一样。
Wǒmen liǎ duìyú zhèi jiàn shìr de kànfǎ bù wánquán yíyàng.
（私たち2人はこの事に対する考えは全部同じではない。）

关于（对于）价格和数量的问题，我们可以商量。
Guānyú(duìyú) jiàgé hé shùliàng de wèntí, wǒmen kěyǐ shāngliang.
（価格と数量の問題については、相談できる。）

这是一本**关于**饲养宠物的书籍。Zhè shì yì běn guānyú sìyǎng chǒngwù de shūjí.
（これはペット飼育関連の書籍です。）

我打算去留学，**至于**具体时间，还没定。
Wǒ dǎsuan qù liúxué, zhìyú jùtǐ shíjiān, hái méi dìng.
（留学に行くつもりで、具体的な時間については、まだ決めていない。）

(7) 即使，虽然，尽管

ともに譲歩を表します。

即使「たとえそうだとしても」
仮定の条件や状況で、考えなどが変わらないことを表します。"**即使**"は多く"**也，仍然**"と呼応で用います。

虽然（尽管）「～だけれども」
一方を事実とした状況で、相反する考えなどを表します。"**虽然**"はよく"**可是，但是，还是，然而**"と呼応で用います。

即使有困难，也不用发愁，车到山前必有路嘛。
Jíshǐ yǒu kùnnan, yě bú yòng fāchóu, chē dào shān qián bì yǒu lù ma.
（たとえ困難があっても悩まなくてもいい、行き詰っても打開の道があるよ。）

虽然（尽管）你大名鼎鼎，可是乘车也应该买票啊！
Suīrán(jǐnguǎn) nǐ dà míng dǐng dǐng, kěshì chéngchē yě yīnggāi mǎi piào a!
（あなたの名前は世間に知られているけれども、切符を買って乗車すべきだよ。）

(8) 既然，要是

既然「～であるからには」
一般に複文の前半は既に実現したことや確実となったことの場合に用います。

要是「～もしも」 複文の前半が単純な仮定の場合に用います。

既然来到了丽江，就应该去登玉龙雪山。
Jìrán láidàole Lìjiāng, jiù yīnggāi qù dēng Yùlóng xuěshān.
(麗江に来た以上、玉龍雪山に登るべきだ。)

你**要是**学过佛教和道教的话，就会知道老道和和尚有什么不一样了。
Nǐ yàoshi xuéguo Fójiào hé Dàojiào dehuà, jiù huì zhīdao lǎodào hé héshang yǒu shénme bù yíyàng le.
(もし仏教と道教を習ったことがあれば、道士と和尚はどこが違うか分かるはずだ。)

⑼ **拿…来说，对…来说**

拿…来说「〜について言えば」
一般的には、まず全体の状況を総括説明し、さらに１つの具体的な例を通して、事物や状況を説明します。

对…来说「〜にとっては」 ある人の立場から問題を見ます。

今年是个冷夏，就**拿**东京**来说**，八月的平均气温比往年低三度左右。
Jīnnián shì ge lěngxià, jiù ná Dōngjīng láishuō, bāyuè de píngjūn qìwēn bǐ wǎngnián dī sān dù zuǒyòu.
(今年は冷夏だ、東京について言えば、８月の平均気温が例年より３度くらい低かった。)

五点起床，**对**你**来说**可能是件很轻松的事，可**对**我**来说**却是件很痛苦的事。
Wǔ diǎn qǐchuáng, duì nǐ láishuō kěnéng shì jiàn hěn qīngsōng de shì, kě duì wǒ láishuō què shì jiàn hěn tòngkǔ de shì.
(５時に起きるのは、あなたにとってはたぶん楽なことかもしれないが、私にとってはとても辛いことだ。)

⑽ **只要，只有**

只要「〜さえすれば〜」
必要な条件を表し、"**只要…就…**"の形で用いることが多いです。

只有「〜してこそはじめて〜」
欠かせない条件を表し、"**只有…才…**"の形で用いることが多いです。

只要我一开口，他**就**满足我的要求，从未让我失望过。
Zhǐyào wǒ yì kāikǒu, tā jiù mǎnzú wǒ de yāoqiú, cóngwèi ràng wǒ shīwàng guo.
(私が頼めば、彼はすぐに私を満足させてくれて、がっかりさせたことがない。)

只有你对我发誓永远爱我，我**才**会原谅你。
Zhǐyǒu nǐ duì wǒ fāshì yǒngyuǎn ài wǒ, wǒ cái huì yuánliàng nǐ.
(いつまでも愛してくれると誓ってくれないと、許してあげるはずがない。)

STEP 2
練習問題に
チャレンジしよう！

長文読解問題以外に筆記問題で出題される、正しい文の選択問題、正しくない文の選択問題、意味の近い語を選択する問題、空欄補充問題、作文（日文中訳）問題を豊富に用意しました。
中国語に対する様々な知識が問われますので、何度もチャレンジして、しっかり覚えましょう！

1 正しい文の選択（140問）

これまで文法問題を中心として、正しいもの、もしくは正しくないものを選ぶ問題が出題されてきました。本書はすべて正しいものを選ぶ問題としていますが、ただし正しい文が１つだけではなく、２つ、３つのものもあります。問題をじっくり考えた上で正しい文を１つ～３つ選んでください。解答P147

次の中国語①～④の中から，正しいものを選びなさい。

(1)　①听说你练过好多年少林拳，咱们比试一点儿吧。
　　　②听说你练过好多年少林拳，咱们比试一下吧。
　　　③听说你练过好多年少林拳，咱们比比试吧。
　　　④听说你练过好多年少林拳，咱们较量一较量吧。

(2)　①现在中国正在掀起一股股热潮，比如，健康热、股票热等等。
　　　②现在中国正在掀起一串串热潮，比如，旅游热、集邮热等等。
　　　③现在中国正在掀起一团团热潮，比如，足球热、自学热等等。
　　　④现在中国正在掀起一片片热潮，比如，观光热、建筑热等等。

(3)　①他一足把球踢进了球门。
　　　②他一腿把球踢进了球门。
　　　③他把球踢进了球门一脚。
　　　④他一脚把球踢进了球门。

(4)　①他喝得醉醺醺的，摇摇晃晃满脑子就撞到电线杆子上了。
　　　②他喝得醉醺醺的，摇摇晃晃一屁股就撞到树上了。
　　　③他喝得醉醺醺的，摇摇晃晃一鼻子就撞到墙上了。
　　　④他喝得醉醺醺的，摇摇晃晃一头就撞到门上了。

(5)　①上个月我在中国逗留了二个天。
　　　②上个月我逗留了中国二天。
　　　③上个月我在中国逗留了两天。
　　　④上个月我正在中国逗留了。

(6)　①不好意思，我只能说一二句汉语。
　　　②不好意思，我只能说一两口汉语。
　　　③不好意思，我只能说一两句汉语。
　　　④不好意思，我只能说一点儿句汉语。

☑ (7) ①快点儿给我告诉你的秘密。
②快点儿告诉你的秘密。
③快点儿教你的秘密我。
④快点儿把你的秘密告诉我。

☑ (8) ①他通知我改时间明天的讨论会了。
②他对我通知明天的讨论会改时间了。
③他通知明天的讨论会改时间了我。
④他通知我明天的讨论会改时间了。

☑ (9) ①我搬家过两次，离东京搬到大阪，又离大阪搬到了东京。
②我搬家了两次，往东京搬到大阪，又往大阪搬到了东京。
③我搬过两次家，从东京搬到大阪，又从大阪搬到了东京。
④我搬两次过家，向东京搬到大阪，又向大阪搬到东京。

☑ (10) ①你看你，这么怎么没有自信呢，竟然吃起醋来她了。
②你看你，为什么这么没有自信呢，竟然吃起了她的醋来了。
③你瞧你，怎么这么没有自信呢，竟然跟她吃醋。
④你说你，多没有自信啊，竟然吃了她的醋。

☑ (11) ①光阴似箭，一晃我已经毕业大学十年了。
②光阴似箭，一晃我已经大学毕业十年了。
③光阴似箭，一晃我已经大学毕了十年业。
④光阴似箭，一晃已经我大学毕业十年的。

☑ (12) ①你没有资格教训我。
②你教训我没有资格。
③你有什么资格教训我。
④你教训我，还不够资格。

☑ (13) ①我想托你帮我查一下火车的时间。
②我想求你帮我查一查火车的时间。
③我想让你帮我查查火车的时间。
④我想使你帮我查一下火车的时间。

☑ (14) ①是命运又让了我们重逢。
②是命运又让着我们重逢。
③是命运又让我们重逢了。

④是命运让又我们重逢了。

(15) ①你把这次的调查结果讲给大家听听吧。
②你把这次的调查结果给大家讲一下吧。
③你把这次的调查结果跟大家讲讲看吧。
④你把这次的调查结果讲大家听听吧。

(16) ①所以爸爸的工作关系，他转过好几次学。
②为了爸爸的工作关系，他转过好几次学。
③因为爸爸的工作关系，他转过好几次学。
④由于爸爸的工作关系，他转过好几次学。

(17) ①他一边往我招手，一边朝我走了过去。
②他一边向我招手，一边朝我走了过来。
③他一边招手向我，一边走了过去朝我。
④他一边跟我招手了招手，一边向我走了过来。

(18) ①我想研究养花技术从明年开始。
②我想从明年开始研究养花技术。
③我刚要自从明年开始研究养花技术。
④我直到明年为止开始研究养花技术。

(19) ①他出差一回来，就去度蜜月了。
②他从外国出差回来，就去度蜜月了。
③他出差一回来，才去度蜜月了。
④他从出差回来，就去了度蜜月。

(20) ①他家离滑冰场不远。
②他家不离滑冰场远。
③他家从滑冰场很远。
④他家自从滑冰场很远。

(21) ①离春节还有二十几天。
②离春节还是二十多天。
③从春节还有二十几天。
④自从春节还剩二十多天。

(22) ①这里的冬天比北海道不冷。
②这里的冬天比北海道太冷。

③这里的冬天比北海道差不多。
④这里的冬天比北海道还要冷。

☐ ⑳ ①你过于性急,怎么比我还不耐烦呢?
②你太性急了,还不如我有耐性呢?
③你怎么这样性急,比我还急躁得多呢?
④你怎么这么性急,比我一样不耐烦呢?

☐ ㉔ ①据这个问题,我们已经讨论过好几次了,可是还没得到彻底解决。
②就这个问题,我们已经讨论过好几次了,可是还没得到彻底解决。
③凭这个问题,我们已经讨论过好几次了,可是还没得到彻底解决。
④按这个问题,我们已经讨论过好几次了,可是还没得到彻底解决。

☐ ㉕ ①你刚刚发给我的伊妹儿都是乱码,给我再发一次,行吗?
②你刚才发给我的伊妹儿都是乱码,再给我发一次,好吗?
③你刚才给我发的伊妹儿都是乱码,能给我发个传真吗?
④你刚才给我发了伊妹儿都是乱码,再给我发一次,怎么?

☐ ㉖ ①手机在办公室落了。
②我把手机落到办公室了。
③我把手机落在办公室了。
④我把手机落过办公室。

☐ ㉗ ①这孩子把嗓子都哭哑了。
②这孩子把嗓子都给哭哑了。
③这孩子嗓子都哭哑了。
④这孩子把嗓子都哭。

☐ ㉘ ①赶紧把这个发霉的东西得倒掉。
②得把一个发霉的东西赶紧倒得掉。
③得把这个发霉的东西倒赶紧掉。
④得把这个发霉的东西赶紧倒掉。

☐ ㉙ ①因为今天晴空万里,连一丝云都没有,所以把富士山看见了。
②因为今天晴空万里,连一丝云都没有,所以看见富士山了。
③因为今天晴空万里,连一片的云都没有,所以把富士山看。
④因为今天晴空万里,连一点儿云都没有,所以把富士山看得见了。

☐ ㉚ ①你把头发长得弯弯的,好漂亮啊!

②你头发长得很弯弯的，好漂亮啊！
③你头发长得弯弯，好漂亮啊！
④你头发长得弯弯的，好漂亮啊！

(31) ①他没把钱投在不动产上，而是买了高级别墅。
②他把钱没投在不动产上，而是买了高级别墅。
③他把钱不投在不动产上，而且买了高级别墅。
④他别把钱投在不动产上，并且买了高级别墅。

(32) ①他早上一起床，就在厕所里把报纸看。
②他早上起床后，在厕所里就把报纸看完了。
③他早上一起床，就看报纸在厕所里。
④早上起床后，就他在厕所里把报纸看完了。

(33) ①真倒霉，我的胳膊被飞来的石头砸。
②真倒霉，我的胳膊让飞来的石头砸。
③真倒霉，我的胳膊叫砸破了。
④真倒霉，我的胳膊被砸破了。

(34) ①他去年退休今后，被妻子离婚了。
②他去年退休以后，妻子和他离婚了。
③他去年退休后来，被妻子离婚了。
④他去年退休然后，被妻子离婚了。

(35) ①她被妈妈生了一肚子气。
②妈妈因为他，生了一肚子气。
③她让妈妈生了一肚子气。
④她惹得妈妈生了一肚子气。

(36) ①冰箱里的冰激凌都被我吃光了。
②冰箱里的冰激凌都被我给吃光了。
③冰箱里的冰激凌都被吃。
④冰箱里的冰激凌都给吃光了。

(37) ①太阳都被月亮给遮时叫日全食。
②太阳被月亮全部挡住时叫日全食。
③太阳被月亮根本遮住时叫日全食。
④月亮把太阳都遮住的时叫日全食。

☐ ⑶ ①别说一天，即使再给我两天的时间，把这堆积如山的工作也干不完啊！
②别说一天，就是再给我两天的时间，这堆积如山的工作也干不完啊！
③别看一天，就是再给我两天的时间，这堆积如山的工作也干不完啊！
④据说一天，就是再给我两天的时间，这堆积如山的工作也干不完啊！

☐ ⑶ ①他无论是烈日炎炎的酷夏，还是寒风刺骨的严冬，都坚持跑步。
②他不是烈日炎炎的酷夏，而是寒风刺骨的严冬，都坚持跑步。
③他不是烈日炎炎的酷夏，就是寒风刺骨的严冬，都坚持跑步。
④他不管是烈日炎炎的酷夏，或者是寒风刺骨的严冬，都坚持跑步。

☐ ⑷ ①不但张大夫知识渊博，而且技术高超。
②张大夫不仅知识渊博，而是技术高超。
③张大夫不仅知识渊博，但是技术高超。
④张大夫不仅知识渊博，而且技术高超。

☐ ⑷ ①除非你知道答案，否则肯定一下子做不出来。
②你肯定一下子做不出来，除非你知道答案。
③除非你知道答案，才能一下子做出来。
④除了你知道答案以外，才能一下子做出来。

☐ ⑷ ①这是对我来说再好不过的机会了。
②这拿我来说是再好不过的机会了。
③对我这是又好不过的机会了。
④这对我来说是再好不过的机会了。

☐ ⑷ ①他谈了根据文学艺术的新见解。
②他谈了至于文学艺术的新见解。
③他谈了由于文学艺术的新见解。
④他谈了关于文学艺术的新见解。

☐ ⑷ ①关于公司合并的具体事宜，我们还得开一次会。
②我们关于公司合并的具体事宜，还得开一次会。
③关于合并公司，还得一次开会。
④由于公司合并的具体事宜，还得开一次会。

☐ ⑷ ①即使再急，也一口吃个胖子。
②既然又急，也一口吃不成个胖子。
③即使再急，一口也吃不成个胖子。

④尽管再急，一口也吃成个胖子。

(46) ①为了支援难民，不管自己也不富裕，他还是捐了很多款。
②为了支援难民，尽管自己也不富裕，他还是捐了很多款。
③为了支援难民，尽管自己也不富裕，他还是捐了多款。
④为了支援难民，宁可自己也不富裕，他也捐了很多款。

(47) ①我据说那次地震引起的海啸死了十几万人。
②对那次地震引起的海啸来说，死了十几万人。
③据说那次地震引起的海啸死了十几万人。
④我听说那次地震引起的海啸死了十几万人。

(48) ①连我都学会了用拼音输入汉字，你也一定能学会。
②连我都学会了用拼音入力汉字，你也一定能学会。
③连我都学会了用拼音输入汉字，也你一定能学懂。
④连我都学会了输入汉字用拼音，也你一定能学好。

(49) ①看上来，这里叫龙卷风卷得很一干二净，连一条草都没剩。
②看出来，这里让龙卷风卷得很一干二净，连一根草都没剩。
③看下来，这里被龙卷风卷一干二净，连一条草都没剩。
④看来，这里被龙卷风卷得一干二净，连一根草都没剩。

(50) ①哪怕多跑几家商店，我也不想买这个。
②宁愿多跑几家商店，我也不想买这个。
③就是多跑几家商店，我也不想买这个。
④虽说多跑几家商店，我也不想买这个。

(51) ①她虽然长得一般，甚至却充满了魅力。
②她虽然长得一般，可见却充满了魅力。
③她虽然长得一般，然后却充满了魅力。
④她虽然长得一般，但是却充满了魅力。

(52) ①他以前对我特别好，可是最近不知怎么不理我了。
②他以前对我特别好，并且最近不知这么不理我了。
③他以前对我特别好，何况最近不知那么不理我了。
④他以前对我特别好，而且最近不知多么不理我了。

(53) ①葡萄酒保存的时间一边长，一边好喝。
②葡萄酒保存的时间也好长，也好好喝。

③葡萄酒保存的时间越长越好喝。
④葡萄酒保存的时间一会儿长，一会儿好喝。

(54) ①只要我去小摊儿买东西，就那里的东西既经济又实惠。
②我宁肯去小摊儿买东西，因为那里的东西既经济又实惠。
③正因为我去小摊儿买东西，才那里的东西既经济又实惠。
④我要是去小摊儿买东西，就那里的东西既经济又实惠。

(55) ①我只要在车上眯一点儿，就有精神了。
②我只要在车上眯一会儿，就有精神了。
③我甚至在车上眯一会儿，就有精神了。
④我要不是在车上眯一会儿，就有精神了。

(56) ①你只要掩住双耳，就会感觉到。
②你只有掩住双耳，才会感觉到。
③你至于掩住双耳，就会感觉到。
④你除非掩住双耳，才会感觉到。

(57) ①不景气的时候，有的公司大批裁人，有的公司却积极招人。
②不景气的时候，还是公司大批裁人，还是公司积极招人。
③不景气的时候，也许公司大批裁人，也许公司积极招人。
④不景气的时候，或者公司大批裁人，或者公司积极招人。

(58) ①今天就算你赢了，不过我输给你了，免得不跟你计较了。
②今天就算你赢了，不过与其说我输给你了，还不如说不跟你计较了。
③今天就算你赢了，不过我输给你了，只是不跟你计较罢了。
④今天就算你赢了，不过我输给你了，何况不跟你计较了。

(59) ①不要总是对于人吹毛求疵的。
②不要总是至于人吹毛求疵的。
③不要总是关于人吹毛求疵的。
④不要总是对人吹毛求疵的。

(60) ①只要你跟我结婚，我将会给你带来幸福的。
②只要你对我结婚，我会将以你为幸福的。
③只有你和我结婚，我一定要数你最幸福了。
④只要你跟我结婚，我一定有的是你幸福了。

(61) ①为了她们俩闹矛盾了，所以见了面也不打招呼。

②因为她们俩闹矛盾了，所以见了面也不打招呼。
③因为她们俩闹矛盾了，所以见见面也不打招呼。
④虽然她们俩闹矛盾了，所以见见面也不打招呼。

(62) ①她心地善良，谁有困难，谁就帮她。
②她心地善良，谁有困难，她就帮谁。
③她心地善良，谁有困难，她就帮什么。
④她心地善良，谁有困难，就她帮谁。

(63) ①他一喝酒就信口开河，想说什么，就怎么说。
②他一喝酒就信口开河，什么想说，就没什么说的。
③他一喝酒就信口开河，想说什么，就说什么。
④他一喝酒才信口开河，什么想说，就什么说。

(64) ①我很想进这家公司，可是怎么才进不去。
②我很想进这家公司，可是怎么也进不去。
③我很想进这家公司，可是怎么进也进不去。
④我很想进这家公司，可是怎么进都进不去。

(65) ①我说了半天了，难道你还没听明白我的意思吗？
②我说了半天了，难道你还不听明白我的意思吗？
③我说了半天了，何苦你还听不明白我的意思吗？
④我说了半天了，何必你还没明白我的意思吗？

(66) ①他本来说要去上海旅行，结果在去北京。
②他本来说要去上海旅行，结果走北京了。
③他本来说要去上海旅行，结果去北京了。
④他本来说要去旅行上海，结果去北京了。

(67) ①在南方现在正是阴雨连绵的黄梅季。
②在现在南方正是阴雨连绵的黄梅季。
③南方现在就是阴雨连绵的黄梅季。
④南方现在正是阴雨连绵的黄梅季。

(68) ①他们在练气功呢吗？
②他们在练不练气功？
③他们是不是在练气功？
④他们在练气功吗？

☐ (69) ①妹妹刚才不在睡觉，在玩儿客人呢。
②妹妹刚才没在睡觉，在跟客人玩儿呢。
③刚才妹妹没睡觉，在跟客人玩儿了。
④刚才妹妹没睡得着觉，跟客人玩儿了。

☐ (70) ①他突然从背后推着我一下。
②他突然从背后推了我一下。
③他突然从背后推了推我一下。
④他突然从背后推推我一会儿。

☐ (71) ①把香醋、酱油、香油和蒜泥拌着一起，做成的调料，那味道真是好极了。
②把香醋、酱油、香油和蒜泥拌拌一起，做成的调料，那味道简直没治了。
③把香醋、酱油、香油和蒜泥拌在一起，做成的调料，那味道真是没治了。
④让香醋、酱油、香油和蒜泥拌了一起，做成的调料，那味道简直好极了。

☐ (72) ①阳台上掉下来一条被子，正好蒙在了我的头上。
②阳台上掉下来一条被子，正好在我的头上蒙了。
③阳台上掉下来一条被子，正好蒙着了我的头上。
④阳台上掉下来一条的被子，正好蒙在了我的头上。

☐ (73) ①我认识着他已经两年了。
②我已经认识两年他了。
③我已经认识他两年。
④我认识他已经两年了。

☐ (74) ①一个养猴子的人拿着橡子对猴子说，早上给你们三个，晚上给四个，猴子们听了就都生气了。他又说，那早上给你们四个，晚上给三个，猴子就都高兴了。这就是朝三暮四。
②一个养猴子的人拿在橡子对猴子说，早上给你们三个，晚上给四个，猴子们听了都生气了。他又说，那早上给四个，晚上给三个，猴子就都高兴了。这就是朝三暮四。
③一个养猴子的人拿着橡子对于猴子说，早上给你们三个，晚上给四个，猴子们听了都生气了。他又说，那早上给四个，晚上给三个，猴子就都高兴了。这就是朝三暮四。
④一个养猴子的人拿着橡子对猴子说，早上给三个你们，晚上给四个，猴子们听了都就生气了。他又说，那早上给四个，晚上给三个，猴子就都高兴了。这就是朝三暮四。

(75) ①终于来临了盼望已久的大喜日子。
②盼望已久的大喜日子终于来临了。
③盼望已久的大喜日子勉强来临了。
④希望已久的大喜日子终于来临了。

(76) ①对面跑过来了这个人。
②对面跑过来了他。
③对面跑过来了一个人。
④对面跑一个人过来了。

(77) ①那些没用的东西都放在仓库里了。
②仓库里正在放着很多没用的东西呢。
③仓库里有很多没用的东西。
④仓库里放着很多没用的东西。

(78) ①这次田径比赛没刷新纪录。
②这次田径比赛没刷新纪录了。
③这次田径比赛不刷新过纪录。
④这次田径比赛什么的纪录都没刷新。

(79) ①听说渔民，这种虾是从远海打回来。
②听说渔民，这种虾是从远海打回来了的。
③听渔民说，这种虾是离远海打回来过。
④听渔民说，这种虾是从远海打回来的。

(80) ①我是从网上找到的她。
②我是从网上找到她的。
③我是在网上找到她的。
④我是通过因特网找到她的。

(81) ①公司已经两个月没给我们发工资了。
②公司已经没给我们发工资两个月了。
③公司已经没发工资两个月给我们。
④公司已经两个月没从我们领工资了。

(82) ①这只熊猫下个月就要当妈妈了。
②一头熊猫下个月快要当妈妈了。
③一只熊猫下个月就要当了妈妈了。

④这匹熊猫下个月就要当妈妈了。

(83) ①你变了，我过去很了解你了，可是现在越来越不了解你。
②你变了，我过去很了解你，可是现在越来越不了解你了。
③你变了，我过去很了解你了，可是现在还没了解你。
④你变了，我以前很了解你了，不过现在更了解你了。

(84) ①有一段时间，我每天早上都在这儿见到她。
②有一段时间，我每个天早上都在这儿见到她了。
③有一段时间，我每天早上都能在这儿见到她了。
④有一段时间，我每天早上都在这儿见得到她了。

(85) ①我一个星期要一次练习芭蕾舞。
②我一个星期要练习芭蕾舞一次。
③我一个星期要练习一次芭蕾舞。
④我每隔一个星期要一次练习芭蕾舞。

(86) ①会议开得托泥带水的，也不知道得到几点开会。
②会议开得托泥带水的，也不知道得开到几点。
③会议开得托泥带水的，也不知道得开到几个小时。
④会议开得托泥带水的，也不知道得从几点到几点开到。

(87) ①你怎么还懒洋洋的坐着不动呢，我已经足足等了半个小时你了。
②你怎么还懒洋洋地坐着不动呢，我足足已经半个小时等你了。
③你什么还懒洋洋地坐着不动呢，我已经整整等到半个小时了。
④你怎么还懒洋洋地坐着不动呢，我已经足足等了你半个小时了。

(88) ①路上堵车，今天迟到了一会儿。
②路上堵车，今天一会儿迟到了。
③路上堵车，今天一点儿迟到了。
④路上堵车，今天迟到了有点儿。

(89) ①我们看看高尔夫球比赛吧。
②我们正在看看高尔夫球比赛。
③我们一直看看高尔夫球比赛。
④我们看见看见高尔夫球比赛。

(90) ①今天外面很冷，多穿点儿，暖和暖和地出门吧。
②今天外面很冷，多穿了点儿，暖暖和和地出门吧。

③今天外面很冷，多穿点儿，暖暖和和地出门吧。
④今天外面很冷，多穿点儿，暖和一暖和地出门吧。

(91) ①他踩着上课铃，跑教室进了。
②他踩着上课铃，跑进教室去了。
③他踩着上课铃，跑进教室来了。
④他踩着上课铃，跑进了教室。

(92) ①喂，是我呀，你怎么连我的声音都没听起来呢？
②喂，是我呀，你怎么连我的声音都没听出来呢？
③喂，是我呀，你怎么连我的声音都没听进去呢？
④喂，是我呀，你怎么连我的声音都没听下去呢？

(93) ①这孩子把鞋穿反了，快帮他正过去吧。
②这孩子把鞋穿反了，快帮他正起来吧。
③这孩子把鞋穿反了，快帮他正出来吧。
④这孩子把鞋穿反了，快帮他正过来吧。

(94) ①这部电影太恐怖了，很多观众们吓得叫起来声了。
②这部电影太恐怖了，很多观众吓得叫出声来了。
③这部电影太恐怖了，很多的观众吓得叫出声去了。
④这部电影太恐怖了，多观众吓得叫进声来了。

(95) ①一直躺在床上也很难受，你扶我坐下来说会儿话，好吗？
②一直躺在床上也很难受，你扶我坐起来说会儿话，好吗？
③一直躺在床上也很难受，你扶我坐过来说会儿话，好吗？
④一直在床上躺也很难受，你扶我坐进去说会儿话，好吗？

(96) ①我们先避避雨，等雨停起来还走吧。
②我们先避避雨，等雨停上来又走吧。
③我们先避避雨，等雨停回来再走吧。
④我们先避避雨，等雨停下来再走吧。

(97) ①我想起来了，原来是在电视上见过你啊，怪不得这么面熟。
②我想出来了，原来是在电视上见过你啊，难怪怎么面熟。
③我想起来了，原来就要在电视上见到你了，怪不得这么面熟。
④我想出来了，怪不得在电视上见过你啊，原来这么面熟。

(98) ①这双运动鞋我刷过不止一次了，可还不刷干净。

140

②这双运动鞋我刷过不止一次了,可还没刷干净。
③这双运动鞋我刷过好几次了,可还没刷清楚。
④这双运动鞋我好几次刷过了,可还刷不漂亮。

(99) ①我昨天在书店看见你了,你好像没看见我。
②我昨天在书店看你了,你好像没看我。
③我昨天在书店看过你了,你好像没看过我。
④我昨天在书店看着你了,你好像没看着我。

(100) ①我想把这封信寄在香港去。
②我想把这封信放到香港来。
③我想把这封信寄到香港来。
④我想把这封信寄到香港去。

(101) ①每次学的单词都应该好好记在才行。
②每次学的单词都应该好好记懂才行。
③每次学的单词都应该好好记住才行。
④每学的单词都愿意好好记住才行。

(102) ①这孩子会用筷子吃饭了。
②这孩子会吃饭了用筷子。
③这孩子会用了筷子吃饭。
④这孩子会了用筷子吃饭。

(103) ①拿到录取通知书的时候,我不敢简直相信这是真的。
②接到录取通知书的时候,我简直不敢相信这是真的。
③收到录取通知书的时候,我简直不能相信这是真的。
④收到录取通知书的时候,我不简直敢相信这是真的。

(104) ①别看她弱不禁风的样子,竟然应该战胜大黑熊。
②别看她弱不禁风的样子,竟然能战胜大黑熊。
③别看她弱不禁风的样子,竟然愿意战胜大黑熊。
④别看她弱不禁风的样子,能竟然战胜大黑熊。

(105) ①我已经会看懂中国的杂志了。
②我已经能看懂中国的杂志了。
③我已经看得懂中国的杂志了。
④我已经能看明白中国的杂志了。

(106) ①她腿疼得不能跑动了，只好中途退出了马拉松比赛。
②她腿疼得跑不掉了，怪不得中途退出了马拉松比赛。
③她腿疼得跑不丢了，不得不中途退出了马拉松比赛。
④她腿疼得跑不动了，不得不中途退出了马拉松比赛。

(107) ①她下决心不了跟男朋友分手。
②她下不了决心分手男朋友。
③她下不了决心跟男朋友分手。
④她没下得了决心跟男朋友分手。

(108) ①我的眼镜打碎了，看不见黑板上的字了。
②我的眼镜打碎了，不能看见黑板上的字了。
③我的眼镜打碎了，清楚地看不见黑板上的字了。
④我的眼镜打碎了，看得不见黑板上的字了。

(109) ①那颗树很危险，你千万爬不了树啊！
②那枝树很危险，你千万爬不上去树啊！
③那本树很危险，你千万爬得不了树啊！
④那棵树很危险，你千万不能爬树啊！

(110) ①电话里有杂音，我一点儿也听不懂你的声音，先挂断又重打了一次吧。
②电话里有杂音，我一点儿也听不见你的声音，先挂断再重打一次吧。
③电话里有杂音，我一点儿也不能听得见你的声音，先挂断再重打一次吧。
④电话里有杂音，我一点儿也没听懂你的声音，先挂断再重打一次吧。

(111) ①按他的身体状况来看，现在开刀不了。
②从他的身体状况来看，现在开不了刀。
③就他的身体状况来看，现在开得不了刀。
④根据他的身体状况来看，现在不能开得了刀。

(112) ①我果然会喝酒，可是这么多白酒，一下子也喝不完。
②我居然会喝酒，可是这么多白酒，一下子也喝不完。
③我要是会喝酒，可是怎么白酒多，一下子也喝不完。
④我即便会喝酒，可是这么多白酒，一下子也喝不完。

(113) ①你做的菜真好吃，我怎么吃也吃不够。
②你做的菜真好吃，我什么吃也吃不饱。
③你做的菜真好吃，我怎么吃也吃不了。

④你做的菜真好吃，我怎么吃也吃不下。

(114) ①她高高兴兴地跳舞来了。
②她高高兴兴地来跳舞了。
③她高兴得跳起舞来了。
④她高兴得跳舞起来了。

(115) ①这次考试是不难，可是合格者却少得可怜。
②这次考试难是难，可是却合格者少得可怜。
③这次考试不难是不难，可是合格者却少得不能再少了。
④这次考试难是不难，可是合格者却少得要命。

(116) ①在飞机上腿一点儿也伸不开，睡得很难受。
②在飞机上一点儿也伸腿不开，睡得很难受。
③在飞机上根本伸不开腿，睡觉不着。
④在飞机上连腿都伸不开，睡觉得很不舒服。

(117) ①问题多得超出了我的预想范围，一个人确实处理不过来了。
②问题复杂得超出了我的预想范围，一个人怎么处理得了呢？
③问题多得超出了我的预想范围，一个人怎么也处理不完了。
④问题复杂得超出了我的预想范围，一个人怎么处理得了吗？

(118) ①我急急忙忙赶到火车站的时候，已经火车开了。
②我急急忙忙赶到火车站的时候，火车已经开。
③我急急忙忙赶到火车站的时候，火车已经开了。
④我急急忙忙赶到火车站的时候，火车刚开了。

(119) ①过于累就会病倒的。
②过于劳累就会病倒的。
③过劳累就会病倒的。
④过于劳累会就病倒的。

(120) ①你想的倒是好容易，你去试试，就知道有多么不容易了。
②你想的倒是好不容易，你去试试，就知道有多么不容易了。
③你想的倒是容易，你去试试，就知道有多么不容易了。
④你想的倒容易，你去试试，就知道有这么不容易了。

(121) ①她的声音似乎铃声一样清脆。
②她的声音仿佛铃声一样清脆。

③她的声音好像铃声一样清脆。
④她的声音像铃声一样清脆。

☑ (122) ①就是开玩笑，也得有分寸，千万别过火了。
②就是开玩笑，也得有分寸，一定不能过火了。
③就是开玩笑，也得有分寸，肯定别过火了。
④就是开玩笑，也得有分寸，绝对不能过火了。

☑ (123) ①明天的宴会，没出差的人差不多都参加。
②明天的宴会，除了出差的人以外，几乎都参加。
③明天的宴会，除了出差的人以外，差点儿都参加。
④明天的宴会，在家的人基本上都参加。

☑ (124) ①他来日本还不到两年。
②他来日本快两年了。
③他来日本刚好两年。
④他来日本才两年了。

☑ (125) ①下次去北京的话，又去老舍茶馆一次了。
②下次去北京的话，还想去一次老舍茶馆。
③下次一去北京，就去老舍茶馆。
④下次去北京的话，再去一次老舍茶馆。

☑ (126) ①股票大跌的时候，有些投资家不但不着急，反而说现在是好机会。
②股票暴跌的时候，有些投资家不但不着急，然而说现在是好机会。
③股票暴跌的时候，有些投资家不是不着急，而是说现在是好机会。
④股票暴跌的时候，有些投资家虽然不着急，但是说现在是好机会。

☑ (127) ①必然的机会，改变了我的命运。
②忽然的机会，改变了我的命运。
③偶然的机会，改变了我的命运。
④果然的机会，改变了我的命运。

☑ (128) ①那天偶尔在街上碰见着他，差点儿没认出来。
②那天多亏在街上碰见着他，差点儿没认出来。
③那天特意在街上碰见了他，差点儿没认出来。
④那天偶然在街上碰见了他，差点儿没认出来。

☑ (129) ①我希望以后能往往和你们切磋球艺。

②我希望以后能经常切磋球艺和你们。
③我希望以后能经常和你们切磋切磋球艺。
④我希望以后能能经常跟你们切磋球艺。

(130) ①你不用别人帮忙的话，一个人就穿得上和服吗？
②你不可帮忙的话，一个人就能穿得上和服吗？
③你不要帮忙别人的话，一个人就穿得上和服吗？
④你别帮忙的话，一个人就穿得上和服吗？

(131) ①你真到底是学经济的，分析得条条是道。
②你真毕竟是学经济的，分析得条条是道。
③你真不愧是学经济的，分析得条条是道。
④你真究竟是学经济的，分析得条条是道。

(132) ①这道数学题的解法，我已经完全搞懂了。
②这道数学题的解法，我已经彻底弄明白了。
③这道数学题的解法，我已经简直弄懂了。
④这道数学题的解法，我才根本弄明白了。

(133) ①他的能力很强，就是脾气差不多。
②他能力很强，就是脾气怪不得。
③他的能力很强，就是脾气难怪。
④他能力很强，就是脾气差点儿。

(134) ①你去邮局的时候，顺便帮我寄封信，好吗？
②你去邮局的时候，便宜替我寄封信，好吗？
③你去邮局的时候，方便给我寄封信，好吗？
④你去邮局的时候，随便帮忙我寄封信，好吗？

(135) ①既然谁劝，都他不听，那就顺他的便吧。
②哪怕谁劝，他也不听，那就不用理他了。
③既然谁劝，他都不听，那就随他的便吧。
④尽管谁劝，都他不听，那就算了吧。

(136) ①我以为你已经从香港回来了呢，闹了半天你还没去呢。
②我认为你已经从香港回来了呢，闹了半天你还没去呢。
③我以为你已经回来香港了呢，闹了半天你还没去呢。
④我觉得你已经回来香港了呢，闹了半天你还不去呢。

☑ (137) ①她说着一次吃能两碗北京炸酱面。
②她说一次能吃两碗北京炸酱面。
③她说一次能吃北京炸酱面两碗。
④她说一次能吃了两碗北京炸酱面。

☑ (138) ①中国人到哪儿都喜欢做朋友。
②中国人走到哪儿都喜欢交往朋友。
③中国人走到哪儿都喜欢交际朋友。
④中国人到哪儿都喜欢交朋友。

☑ (139) ①但愿时间过得慢一点儿。
②愿望时间过得慢一点儿。
③心愿时间过得慢一点儿。
④祝愿时间过得慢一点儿。

☑ (140) ①既然你对吉祥寺一带这么精通,陪我转转,好吗?
②难道你对吉祥寺一带这么理解,陪我走走,好吗?
③既然你对吉祥寺一带这么熟悉,陪我转转,好吗?
④只要你对吉祥寺一带这么认识,陪我逛逛,好吗?

正しい文の選択　解答と解説

(1) 正解は❷　（2音節動詞"比试""较量"の重ね型は"比试比试""较量较量"となり、"比比试""较量一较量"は不可、離合詞の場合は異なり、例えば、"唱歌"の重ね型は"唱唱歌"となります）

听说你练过好多年少林拳，咱们比试一下吧。
Tīngshuō nǐ liànguo hǎo duō nián shàolínquán, zánmen bǐshi yíxià ba.
（聞くところによれば、あなたは何年も少林拳法を練習したそうで、腕比べをしましょう。）

(2) 正解は❶　（量詞の問題、"股"は気体や流れなどに用いられ、"热潮"は"股"で数えます。その他はP12の**「名量詞（個体、集合、不定、複合）一覧」**を参照してください）

现在中国正在掀起一股股热潮，比如，健康热、股票热等等。Xiànzài Zhōngguó zhèngzài xiānqǐ yì gǔgǔ rècháo, bǐrú, jiànkāngrè, gǔpiàorè děngděng.
（いま中国ではいろいろなブームが広がっている、例えば、健康ブームや株の売買ブームなど。）

(3) 正解は❹　（「"一"＋動詞／形容詞／動量詞」は「突然、いきなり、ぱっと」の意味、"脚"は借用量詞。ここの"一脚"は副詞用法なので、動詞の前に置きます）

他一脚把球踢进了球门。Tā yì jiǎo bǎ qiú tījìnle qiúmén.
（彼はボールをいきなりシュートした。）

(4) 正解は❹　（"一头"はここでは副詞用法、「頭からいきなり」の意味。①の"满脑子"は「頭がいっぱい」の意味。②の"一屁股"は「お尻からいきなり」の意味、"一屁股就坐在地上了（お尻からいきなり床に座った）"のような言い方があります。③の"一鼻子"は「鼻からいきなり」の意味合いを持っていますが、「頭からいきなり～ぶつかる」場合、習慣的に"一鼻子"ではなく、"一头"を用います）

他喝得醉醺醺的，摇摇晃晃一头就撞到门上了。
Tā hēde zuìxūnxūn de, yáoyaohuànghuàng yì tóu jiù zhuàngdào ménshang le.
（彼は酔っ払って、足がふらふらして頭からいきなり扉にぶつかった。）

(5) 正解は❸　（"年"と"天"は量詞の不要な名詞、"两天"は2日間という意味。④については過去の進行状態「ちょうど～していた」を表すには"正在…了"ではなく、「時間詞＋"正在…呢"」を用います）

上个月我在中国逗留了两天。Shànggeyuè wǒ zài Zhōngguó dòuliúle liǎng tiān.
(先月中国に２日滞在した。)

(6) 正解は❸ （言葉を数える量詞は"句"を用います。言語能力についていうとき"口"を用いますが、この場合"说一口漂亮的汉语（綺麗な中国語を話す）"のように表現します。"点儿"は不確定の数量を表す量詞なので、名詞を修飾するとき、さらに量詞をつけてはいけません）

不好意思，我只能说一两句汉语。
Bù hǎoyìsi, wǒ zhǐ néng shuō yì liǎng jù Hànyǔ.
(すみません、私は少ししか中国語が話せない。)

(7) 正解は❹ （"告诉"は二重目的語を取る動詞であり、その後に間接目的語、直接目的語の順によって並びます。間接目的語は"给，对"などの前置詞によって動詞の前に出すことはできませんが、直接目的語は"把"によって動詞の前に出すことができます。一方"教"は知識などを教える場合に用い、"告诉"は用件を言う、知らせる、伝える場合に用います）

快点儿把你的秘密告诉我。Kuài diǎnr bǎ nǐ de mìmì gàosu wǒ.
(はやくあなたの秘密を教えてください。)

(8) 正解は❹ （ここの"通知"の直接目的語は構文です。①は文による直接目的語の語順が間違い。②"通知"は二重目的語を取れますので、前置詞"对"によって"我"のような対象を設定することがありません。③については間接目的語を直接目的語の後に置くのは間違いです）

他通知我明天的讨论会改时间了。
Tā tōngzhī wǒ míngtiān de tǎolùnhuì gǎi shíjiān le.
(彼は明日の討論会の時間が変更したことを伝えてくれた。)

(9) 正解は❸ （"搬家"は離合詞なので、助詞"过，了"は離合詞の間に挿入します。また「〜から〜に（まで）する」は"从…動詞＋到…"を用い、"离，往，向…動詞＋到"は不適切）

我搬过两次家，从东京搬到大阪，又从大阪搬到了东京。Wǒ bānguo liǎng cì jiā, cóng Dōngjīng bāndào Dàbǎn, yòu cóng Dàbǎn bāndàole Dōngjīng.
(私は２回引っ越したことがある、東京から大阪に、また大阪から東京に引っ越した。)

(10) 正解は❷❸❹ （「どうしてこんなに」は"这么怎么"ではなく、"怎么这么"の語順となります。"吃醋"は離合詞、目的語を前置詞で動詞の前に出すこと

もできるし、離合詞の間に挟んで連体修飾語として用いることもできます）

②你看你，为什么这么没有自信呢，竟然吃起了她的醋来了。（③④は省略）
Nǐ kàn nǐ, wèi shénme zhème méiyǒu zìxìn ne, jìngrán chīqile tā de cù lai le.
（なんだ、こんなに自信がないの、彼女に焼もちをやくなんて。）

(11) 正解は❷ （"毕业"の使い方はやや複雑なので、次のいくつかの例文から覚えてください。①の"毕业大学"は言いません、"毕业"は離合詞なので、原則として後ろに目的語が取れません。③数量補語は一般に離合詞の間に挟んで用いられますが、"毕业"の場合は普通"毕了十年业""毕十年业了"とは言わず、"毕业十年了"と言います。しかし"毕了业"のように"了"は"毕业"の間に挟むことができます。また可能補語で表現する場合、"毕不了业"のようになります。④については「既に～になる」は"已经…的"ではなく、"已经…了"を用い、また"已经"は副詞なので、主語の後に置きます）

光阴似箭，一晃我已经大学毕业十年了。
Guāngyīn sì jiàn, yíhuàng wǒ yǐjing dàxué bìyè shí nián le.
（光陰矢のごとし、あっという間に大学を卒業してもう10年になる。）

(12) 正解は❶③❹ （"有"を用いた連動文の語順は「"有/没有"+目的語+動詞（句）」となり、②はそれと違反しています）

①你没有资格教训我。Nǐ méiyǒu zīgé jiàoxun wǒ.
③你有什么资格教训我。Nǐ yǒu shénme zīgé jiàoxun wǒ.
④你教训我，还不够资格。Nǐ jiàoxun wǒ, hái bú gòu zīgé.
（①③君には私を懲らしめる資格がない。④君には私を懲らしめる資格はまだない。）

(13) 正解は❶❷❸ （"查一下/查一查/查查"は「ちょっと～してみる」の意味。意図的に人に行動をさせる場合、"使"ではなく"让"などを用います）

①我想托你帮我查一下火车的时间。（②③は省略）
Wǒ xiǎng tuō nǐ bāng wǒ chá yíxià huǒchē de shíjiān.
（あなたに列車の時刻調べをお願いしたいです。）

(14) 正解は❸ （使役動詞の後ろに"了，着"は置けませんが、後ろの動詞につけることができます，"又"は副詞なので、動詞の前に置きます）

是命运又让我们重逢了。Shì mìngyùn yòu ràng wǒmen chóngféng le.
（運命が私たちをまた再会させた。）

(15) 正解は❶❷❸ （"讲…"は「～を話す」の意味，"讲给…"，"给／跟…讲"は「～に話す」の意味になります。③のような「動詞の重ね型＋"看"」は「～してみる」の意味，ここの"讲一下""讲讲看""讲讲"はいずれにも置き換えできます）

①你把这次的调查结果讲给大家听听吧。（②③は省略）
Nǐ bǎ zhècì de diàochá jiéguǒ jiǎnggěi dàjiā tīngting ba.
（今回の調査結果の説明を皆さんに聞かせてください。）

(16) 正解は❸❹ （"由于 yóuyú/ 因为"は原因、理由を表し，"为了"は目的を表します）

③因为爸爸的工作关系，他转过好几次学。（④は省略）
Yīnwèi bàba de gōngzuò guānxi, tā zhuǎnguo hǎo jǐ cì xué.
（お父さんの仕事の関係で、彼は何度も転校した。）

(17) 正解は❷ （①の"往"の後に場所詞が来るのが普通です。③の"向我／朝我"のような前置詞句は動詞（句）の前に置きます。④"我"の前の前置詞は、ここでは"跟，向"とも使えます。"招手"は離合詞なので、重ね型は"招手了招手"ではなく"招了招手"となります）

他一边向我招手，一边朝我走了过来。
Tā yìbiān xiàng wǒ zhāoshǒu, yìbiān cháo wǒ zǒule guolai.
（彼は私に向かって手を振りながら歩いてきた。）

(18) 正解は❷ （①の"从明年开始"という前置詞句は動詞句の前に置くべきです。"自从"は「（過去のある時点を起点として）～より」，"刚要"は「～しようとしたときに」，"直到…为止"は「～になるまで」）

我想从明年开始研究养花技术。
Wǒ xiǎng cóng míngnián kāishǐ yánjiū yǎng huā jìshù.
（来年から花を培養する技術を研究したい。）

(19) 正解は❶❷ （"从"は空間の起点、経由地を導く場合，"从"の後に場所詞を置き，「～の場所から」の意味を表し，"出差"は場所の意味を持っていませんので，"从"の後に置けません。"外国"のような場所の意味を持つ言葉を使ってよいです。"从"は範囲、変化、根拠を表す場合，"从"の後は場所詞でなくてよく、例えば、从小到大，从无到有。その他に④については連動文の場合、完了の"了"は後ろの動詞（句）にかかります。③の"才"は「やっと」の意味で、「すぐ」の意味を表す場合，"就"を用います）

①他出差一回来，就去度蜜月了。Tā chūchāi yì huílai, jiù qù dù mìyuè le.
（彼は出張から帰ってくると、すぐにハネムーンに行った。）

②他从外国出差回来，就去度蜜月了。
Tā cóng wàiguó chūchāi huílai, jiù qù dù mìyuè le.
（彼は出張で外国から帰ってくると、すぐにハネムーンに行った。）

(20) 正解は❶ （一般に述語が動作を表す動詞の場合、"不＋前置詞句＋動詞句"の語順となり、述語が形容詞、または状態を表す動詞の場合、"前置詞句＋不＋形容詞・動詞句"の語順となります）

他家离滑冰场不远。Tā jiā lí huábīngchǎng bù yuǎn.
（彼の家はスケート場から遠くない。）

(21) 正解は❶ （"离"は距離の隔たりや時間の隔たりを表すことができます）

离春节还有二十几天。Lí Chūnjié hái yǒu èrshíjǐ tiān.
（春節まであと20数日ある。）

(22) 正解は❹ （①の比較文の否定は一般に述語を否定するのではなく、"比"のかわりに"没有，不比，不如"を用いる文型を使います。例えば、这里的冬天不比那里冷。②の比較文では"很，太"などの「程度が高い」ことを表す副詞が使えず、"更，还"のような他者と比較する意味の含む副詞が使えます。③は"跟／和…差不多"は使えますが、"比…差不多"は使えません）

这里的冬天比北海道还要冷。Zhèli de dōngtiān bǐ Běihǎidào hái yào lěng.
（ここの冬は北海道よりも寒い。）

(23) 正解は❶❷❸ （①一般に比較文の述語は否定形が用いられませんが、"不舒服（难受），不安全（危险），不规则，不耐烦，不好用（难用），不懂事，不听话（顽固）"などの一語に近い言葉は用いられます。④"跟…一样"の文型を使わなければなりません）

①你过于性急，怎么比我还不耐烦呢？
Nǐ guòyú xìngjí, zěnme bǐ wǒ hái bú nàifán ne?
（あなたはあまりにもせっかちで、何で私よりも面倒くさそうなの？）

②你太性急了，还不如我有耐性呢？
Nǐ tài xìngjí le, hái bùrú wǒ yǒu nàixìng ne?
（あなたはせっかちすぎて、むしろ私のほうが我慢強いじゃないか。）

③你怎么这样性急，比我还急躁得多呢？
Nǐ zěnme zhèyàng xìngjí, bǐ wǒ hái jízào deduō ne?

（あなたは何でこんなにせっかちで、私よりもずっと焦っているのか。）

(24) 正解は❷ （"就…"は「〜について」、"据…"は「〜によると」、"凭…"は「〜に基づいて」、"按…"は「〜に基づいて」）

就这个问题，我们已经讨论过好几次了，可是还没得到彻底解决。Jiù zhèige wèntí, wǒmen yǐjing tǎolùnguo hǎo jǐ cì le, kěshì hái méi dédào chèdǐ jiějué.
（この問題について何度も検討したが、まだ解決しなかったのだ。）

(25) 正解は❶❷❸ （一般に副詞や助動詞は前置詞句の前に置きますが、頻度を表す"再, 又"は動詞の前にも用いられます。④の"怎么"は「どのようですか」という述語には用いられません、"怎么样"に入れ替えればよいです。「送ってくれたメール」は"给我发了伊妹儿"ではなく"给我发的伊妹儿"または"发给我的伊妹儿"となります）

①你刚刚发给我的伊妹儿都是乱码，给我再发一次，行吗？
Nǐ gānggāng fāgěi wǒ de yīmèir dōu shì luànmǎ, gěi wǒ zài fā yí cì, xíng ma?

②你刚才发给我的伊妹儿都是乱码，再给我发一次，好吗？
Nǐ gāngcái fāgěi wǒ de yīmèir dōu shì luànmǎ, zài gěi wǒ fā yí cì, hǎo ma?
（先ほど送ってもらったメールが全部文字化けだったので、もう1度送ってもらえますか。）

③你刚才给我发的伊妹儿都是乱码，能给我发个传真吗？ Nǐ gāngcái gěi wǒ fā de yīmèir dōu shì luànmǎ, néng gěi wǒ fā ge chuánzhēn ma?
（先ほど送ってもらったメールが全部文字化けだったので、ファックスを送ってもらえますか。）

(26) 正解は❷❸ （②③のような意外な結果を示す場合"把"構文が使えます、「動詞＋"在（到）"＋場所詞」は動作や行為の結果がある場所に存在すること、到達することを表します。①については「前置詞"在"＋場所＋動詞（句）」は「どこどこで何々をする」のような意図的にする意味合いを持ち、"落了"は意識的にする動作ではないので、不適切です。④については"把"構文には経験を表す助詞"过"は伴いません）

②我把手机落到办公室了。Wǒ bǎ shǒujī làdào bàngōngshì le. （③は省略）
（携帯電話をオフィスに置き忘れた。）

(27) 正解は❶❷❸ （"把"構文には裸の動詞は使えません。動詞の後に"了，着"、助詞や補語などを加えなければなりません）

①这孩子把嗓子都哭哑了。Zhè háizi bǎ sǎngzi dōu kūyǎ le. （②③は省略）

（この子は泣きすぎてのどがかすれた。）

(28) 正解は❹ （助動詞は一般に"把"の前に置き、①の"得"の位置は不適切。"把"構文の目的語は聞き手が分かるものであり、②の"一个发霉的东西"はどれを指すか不明なので、不適切。③の副詞"赶紧"は動詞の前に置くべきです。④の場合は"得赶紧把这个发霉的东西倒掉"とも言います）

得把这个发霉的东西赶紧倒掉。
Děi bǎ zhèige fāméi de dōngxi gǎnjǐn dàodiào.
（カビの生えたものをはやく捨てなければならない。）

(29) 正解は❷ （①の場合"看见"は"把"構文に使えません。③については"看富士山"はただ見るだけで、処置できず何らかの結果も出そうもないので、"把"構文は不適切。④について可能補語は"把"構文に使えません、また③④の"一片""一点儿"は数量詞用法、名詞を修飾するとき、"的"をつけないので、"一片的云"は言いません）

因为今天晴空万里，连一丝云都没有，所以看见富士山了。Yīnwèi jīntiān qíngkōng wànlǐ, lián yì sī yún dōu méiyǒu, suǒyǐ kànjiàn Fùshìshān le.
（今日は見渡す限り晴れていて、雲１つもないので、富士山が見えた。）

(30) 正解は❹ （①については、何らかの処置や変化を表す場合、"把"構文を用い、単なる状態を表す場合は不適切。②"弯弯"のような形容詞の重ねによる状態形容詞は"很"などの程度副詞は不要。③については、形容詞の重ね型は述語になる場合も名詞を修飾する場合も後ろに"的"をつける必要があります）

你头发长得弯弯的，好漂亮啊！ Nǐ tóufa zhǎngde wānwān de, hǎo piàoliang a!
（あなたは髪の毛がカールしていて、とても綺麗だよ。）

(31) 正解は❶ （"把"構文を否定する場合、"没，不"などの否定詞は一般に"把"の前に置きます。「～するな」という禁止を表す"别"は第２人称に用います）

他没把钱投在不动产上，而是买了高级别墅。
Tā méi bǎ qián tóuzài búdòngchǎnshang, ér shì mǎile gāojí biéshù.
（彼は所持金を不動産に投じなかったが、高級別荘を買ったのだ。）

(32) 正解は❷ （ある場所で行為を行う構文は②のような語順になります）

他早上起床后，在厕所里就把报纸看完了。
Tā zǎoshang qǐchuáng hòu, zài cèsuǒli jiù bǎ bàozhǐ kànwán le.
（彼は朝起きて、トイレでもう新聞を読み終わった。）

(33) 正解は❹ (受身文の述語動詞は単独で使うことは少なく、動作の結果を表す何らかの成分を加えなければなりません。例えば、結果補語"破"と助詞"了"を加えます。また"被"だけは後ろの加動者が省略できます)

真倒霉，我的胳膊被砸破了。Zhēn dǎoméi, wǒ de gēbo bèi zápò le.
(本当に運が悪い、腕を怪我した。)

(34) 正解は❷ (①については、日本語では「愛される、離婚される」は言いますが、中国語では"分手, 离婚"は受身文を使いません。①③④の"今后, 后来, 然后"は他の語の後ろにつけることができず、単独でしか用いられません)

他去年退休以后，妻子和他离婚了。Tā qùnián tuìxiū yǐhòu, qīzǐ hé tā líhūn le.
(彼は去年定年退職した後、奥さんに離婚された。)

(35) 正解は❷❸❹ ("生气"は受身文に使いません)

②妈妈因为他，生了一肚子气。(③④は省略)
Māma yīnwèi tā, shēngle yídùzi qì.
(彼のせいで、お母さんは大変怒った。)

(36) 正解は❶❷❹ (中国語では、第１人称でも受身文が使えます、④のように"给"を使って受身文を作ることもでき、"被"と同じく加動者を省略してもよいです。③受身文の動詞は単独で使わず他の成分を加える必要があります)

①冰箱里的冰激凌都被我吃光了。(②は省略)
Bīngxiānglǐ de bīngjīlíng dōu bèi wǒ chīguāng le.
(①②私は冷蔵庫にあるアイスクリームを全部食べてしまった。)

④冰箱里的冰激凌都给吃光了。Bīngxiānglǐ de bīngjīlíng dōu gěi chīguāng le.
(④冷蔵庫にあるアイスクリームは全部食べられてしまった。)

(37) 正解は❷ (受身文は動詞"遮"の後に結果が出ている成分を加える必要があり、例えば、"遮住"のようにです。"根本"は「まったく」の意味で使うとき、普通後に否定文がきます。④の"遮住的时"は"遮住的时候"または"遮住时"のように訂正すべきです)

太阳被月亮全部挡住时叫日全食。
Tàiyáng bèi yuèliang quánbù dǎngzhù shí jiào rìquánshí.
(太陽が月に全部遮られるときは、皆既日食という。)

(38) 正解は❷ (①は不可、"把"構文に可能補語は使えません。③の"别看"は「~だけれども」の意味。④の"据说"の後に文を置き、名詞だけ置くことは

不適切）

别说一天，就是再给我两天的时间，这堆积如山的工作也干不完啊！
Biéshuō yì tiān, jiùshì zài gěi wǒ liǎng tiān de shíjiān, zhè duījī rú shān de gōngzuò yě gànbuwán a!
（1日は言うまでもなく、たとえあと2日間延ばしても、この山のように積み上げられている仕事をやり終えないよ。）

(39) 正解は❶　（"无论／不管"はいかなる条件でも結論が変わらないことを表します。その後ろに疑問を表す語句や文が来て、"或者"は普通肯定文に用いるので、④は不適切です）

他无论是烈日炎炎的酷夏，还是寒风刺骨的严冬，都坚持跑步。Tā wúlùn shì lièrì yányán de kùxià, háishi hánfēng cìgǔ de yándōng, dōu jiānchí pǎobù.
（彼は日差しの強い厳しい夏にしても、寒風が骨にしみる厳しい冬にしても、ジョギングをし続ける。）

(40) 正解は❹　（"不但／不仅…而且"は「～ばかりでなく」、複文の前節と後節が同じ主語の場合、"不但／不仅"は主語の後に置き、主語が異なる場合、"不但／不仅"は文頭に置きます）

张大夫不仅知识渊博，而且技术高超。
Zhāng dàifu bùjǐn zhīshi yuānbó, érqiě jìshù gāochāo.
（張先生は博学であるばかりではなく、技術のレベルも優れている。）

(41) 正解は❶❷❸　（①の"除非…否则…"は「～という条件でない限り～の結果になる」の意味、②は「～しない限り」の意味、③の"除非…才…"は「～してこそ～する」の意味、"除非…才"と"除非…否则"は大体置き換え可能であり、複文後半の原文は肯定文を否定文に替え、否定文を肯定文に替えればよいです。④の"除了…以外"は「～のほかに」の意味）

①除非你知道答案，否则肯定一下子做不出来。（②③は省略）
Chúfēi nǐ zhīdao dá'àn, fǒuzé kěndìng yíxiàzi zuòbuchūlái.
（答えを知るなら別として、さもなれば絶対すぐに解けない。／答えを知らない限り、絶対すぐに解けない。）

(42) 正解は❹　（①の"是"は動詞であり、前置詞句は動詞句の前に置くのが普通です，"对我来说"は「私にとっては、私の立場から問題を見る」、"再好不过"は「まったく申し分ない」、②の"拿我来说"は「私について言えば、私を具体的な例にする」。③の"对我"は"对我…来说"に訂正すべきです，"又好不过"の言い方はありません）

这对我来说是再好不过的机会了。
Zhè duì wǒ láishuō shì zài hǎobuguò de jīhuì le.
（これは私にとってこの上なくよいチャンスだよ。）

(43) 正解は❹（"关于"は「～に関して」、"根据"は「～に基づいて」、"至于"は「～については」、"由于"は「～によって」）

他谈了关于文学艺术的新见解。Tā tánle guānyú wénxué yìshù de xīn jiànjiě.
（彼は文学芸術に関する新しい見解を語った。）

(44) 正解は❶（②について"关于"による前置詞句は文頭に置くべきです。③の場合"关于"の後に名詞（連語）が置けますが、動詞（句）は置けません。動量詞"一次"は動詞の後に置きます。④の"由于"は原因を表します）

关于公司合并的具体事宜，我们还得开一次会。
Guānyú gōngsī hébìng de jùtǐ shìyí, wǒmen hái děi kāi yí cì huì.
（会社合併の具体的事項については、私たちはもう1度会議を開かなければならない。）

(45) 正解は❸（"即使…也"は「たとえ～でも」、ここの"再"は「どんなに」の意味、"又"と入れ替えできません。"一口吃个胖子"は「一口で太っている人を食べてしまう」、"一口吃成个胖子"は「一口食べただけで太くなる」、"吃成"は食べた結果として太くなることを意味します）

即使再急，一口也吃不成个胖子。Jíshǐ zài jí, yìkǒu yě chībuchéng ge pàngzi.
（いくら焦っても一口食べただけで太くなることはできない。）

(46) 正解は❷（"不管"の後に不確定な言葉を伴うこと、"尽管"の後に確定な言葉を伴うことが一般的です。③の"多"は単独で名詞を修飾できないので、"很多"を用いることが多いです）

为了支援难民，尽管自己也不富裕，他还是捐了很多款。
Wèile zhīyuán nànmín, jǐnguǎn zìjǐ yě bú fùyù, tā háishi juānle hěn duō kuǎn.
（難民を支援するために自分も豊かではないけれども、たくさん寄付した。）

(47) 正解は❸❹（"据说"は主語を持つことができませんが、"听说"は主語を持つことができます）

③据说那次地震引起的海啸死了十几万人。（④は省略）
Jùshuō nàcì dìzhèn yǐnqǐ de hǎixiào sǐle shíjǐ wàn rén.
（聞くところによれば、あの地震による津波で10数万の人が亡くなったそうだ。）

(48) 正解は❶ （"连…也"は「～さえも」、"也"は副詞なので、主語の後に置きます。"入力"は日本語からの造語です）

连我都学会了用拼音输入汉字，你也一定能学会。
Lián wǒ dōu xuéhuìle yòng pīnyīn shūrù Hànzì, nǐ yě yídìng néng xuéhuì.
（私でもピンインで漢字を入力することを覚えたので、あなたも必ずできるよ。）

(49) 正解は❹ （①の"一条草"は言わず、"草"は"条"ではなく"根，棵"で数えます。④のような"卷得一干二净"は言いますが、①のような"卷得很一干二净"は言いません、"一干二净"は「たいへん綺麗だ」の意味なので、さらに"很"のような程度を表す副詞は不要。"看上来""看下来"は単独で用いません、"看来"は「見たところ」）

看来，这里被龙卷风卷得一干二净，连一根草都没剩。Kànlái, zhèli bèi lóngjuǎnfēng juǎnde yì gān èr jìng, lián yì gēn cǎo dōu méi shèng.
（見たところ、ここは竜巻に綺麗に吹き飛ばされてしまった、草1本も残っていない。）

(50) 正解は❶❷❸ （"哪怕"は「たとえ～としても」、"宁愿"は「むしろ～したい」、"就是"は「かりに～でも」、"虽说"は「～とはいえ」）

①哪怕多跑几家商店，我也不想买这个。（②③は省略）
Nǎpà duō pǎo jǐ jiā shāngdiàn, wǒ yě bù xiǎng mǎi zhèige.
（もっと何軒かの商店を走り回ったとしても、これを買いたくない。）

(51) 正解は❹ （"虽然…但是"は「～だが、しかし」、"甚至"は「さらに」など、"可见"は「～から～であることがわかる」、"然后"は「それから」）

她虽然长得一般，但是却充满了魅力。
Tā suīrán zhǎngde yìbān, dànshì què chōngmǎnle mèilì.
（彼女は綺麗じゃないけれども、魅力がある。）

(52) 正解は❶ （"可是"は「しかし」、"并且"は「しかも」、"何况"は「おまけに」など、"而且"は「しかも」）

他以前对我特别好，可是最近不知怎么不理我了。
Tā yǐqián duì wǒ tèbié hǎo, kěshì zuìjìn bùzhī zěnme bù lǐ wǒ le.
（彼は以前私にとてもやさしかったが、しかし最近なぜか分からないが、相手にしてくれなくなった。）

(53) 正解は❸ （"越…越"は「～すればするほど」、"一边…一边…"は「～しな

がら〜する」、"…也好…也好"は「〜にしても〜にしても」、"一会儿…一会儿"は「〜したり〜したり」)

葡萄酒保存的时间越长越好喝。
Pútaojiǔ bǎocún de shíjiān yuè cháng yuè hǎohē.
(ワインは保存時間が長ければ長いほど、美味しくなる。)

(54) 正解は❷ ("宁肯"は「むしろ〜」、"只要…就"は「〜さえすれば」、"正因为"は「だからこそ」、"要是"は「もし〜ならば」)

我宁肯去小摊儿买东西，因为那里的东西既经济又实惠。
Wǒ nìngkěn qù xiǎotānr mǎi dōngxi, yīnwèi nàli de dōngxi jì jīngjì yòu shíhuì.
(私はむしろ露天で買い物をするのが好きで、なぜなら露天の物は値段が手ごろで、安上がりです。)

(55) 正解は❷ (時間が短いことを表す場合、"一会儿"を用い、動作の量が少ないことを表す場合、"一点儿"を用います。"只要…就"は「〜さえすれば」、"要不是…"は「もし…ということでなかったら」)

我只要在车上眯一会儿，就有精神了。
Wǒ zhǐyào zài chēshang mī yíhuìr, jiù yǒu jīngshen le.
(車の中でちょっとまどろんだら、元気になるよ。)

(56) 正解は❶❷❹ ("只要…就"は「〜さえすれば」、"只有…才"は「〜してこそはじめて」、"至于"は「〜については」)

①你只要掩住双耳，就会感觉到。(②④は省略)
Nǐ zhǐyào yǎnzhù shuāng ěr, jiù huì gǎnjué dào.
(①２つの耳を覆うと、感じるはずだ。)
(②２つの耳を覆わないと、感じないはずだ。)
(④２つの耳を覆わない限り、感じないはずだ。)

(57) 正解は❶❸❹ ("有的…有的…"は「あるものは〜、あるものは〜」、"还是…还是…"は「〜かそれとも〜か」の形で疑問文に用います、"也许…也许…"は「〜かもしれないし、〜かもしれない」、"或者…或者…"は「〜かあるいは〜か」)

①不景气的时候，有的公司大批裁人，有的公司却积极招人。(③④は省略)
Bù jǐngqì de shíhou, yǒude gōngsī dàpī cáirén, yǒude gōngsī què jījí zhāorén.
(①不景気のとき、大量に人を削減する会社もあれば、積極的に人を募集する会社もある。)
(③不景気のとき、会社は大量に人を削減するかもしれないし、積極的に人を

募集するかもしれない。）
（④不景気のとき、会社は大量に人を削減する、もしくは積極的に人を募集する。）

(58) 正解は❷　（"与其（说）…不如（说）…"は「～よりも～のほうがよい」、"免得"は「～しないように」、"只是…罢了"は「ただ～にすぎない」、ここの"就算"は「"就（副詞）"＋"算（動詞）"」ですので、"就"は語気を強めて"算"は「～とする」の意味。接続詞の"就算"と異なります。"何况"は「ましてや」）

今天就算你赢了，不过与其说我输给你了，还不如说不跟你计较了。
Jīntiān jiù suàn nǐ yíng le, búguò yǔqí shuō wǒ shūgěi nǐ le, hái bùrú shuō bù gēn nǐ jìjiào le.
（今日はあなたの勝ちとして、でも君に負けたというよりも、むしろもう君と言い争うのをやめるというほうがよい。）

(59) 正解は❹　（"对（于）"は～に対して」、動作、行為が向かう対象を表す場合、普通"对"を用います。"至于"は「～については」、"关于"は「～について」）

不要总是对人吹毛求疵的。Bú yào zǒngshì duì rén chuī máo qiú cī de.
（いつも他人のあら捜しをするなんて、やめてください。）

(60) 正解は❶　（"给…带来…"は「～に～をもたらす」、"以…为…"は「～を～とする」、"要数…了"は「～に数えられる」、"有的是…"は「～がたくさんある」。副詞"将，一定，肯定"は助動詞"会"と合わさって"将会，一定会"のように使うこともあります、「～だろう」との意味となります、"会将，会一定"は言いません。②の"对我结婚"は"跟我结婚"または"和我结婚"に言い換えなければなりません、"对"は一方的な関係にしかない場合に用い、"跟/和"は相互的な関係がある場合に用いるからです）

只要你跟我结婚，我将会给你带来幸福的。
Zhǐyào nǐ gēn wǒ jiéhūn, wǒ jiāng huì gěi nǐ dàilái xìngfú de.
（君が私と結婚したら、君に幸せを与えるのだ。）

(61) 正解は❷　（因果関係を表す場合は"因为"を、目的を表す場合は"为了"を用います）

因为她们俩闹矛盾了，所以见了面也不打招呼。
Yīnwèi tāmen liǎ nào máodùn le, suǒyǐ jiànle miàn yě bù dǎ zhāohu.
（彼女２人はごたごたしたので、顔を合わせても挨拶をしない。）

(62) 正解は❷　（同じ疑問詞を前後で呼応させ、同じ内容を表します。④の"就

は副詞なので、主語の後に置くべきです）

她心地善良，谁有困难，她就帮谁。
Tā xīndì shànliáng, shéi yǒu kùnnan, tā jiù bāng shéi.
（彼女は心がやさしいので、いつも困った人を助ける。）

⑥ 正解は❸　（①の前後は同じ疑問詞ではないので不可。②の"没什么说的"は「特に言うことがない」の意味。④の文について意味上"什么"は"说"の目的語ですので、"说什么"のような語順が正しいです。"一…才"は"一…就"にすべきです）

他一喝酒就信口开河，想说什么，就说什么。
Tā yì hē jiǔ jiù xìn kǒu kāi hé, xiǎng shuō shénme, jiù shuō shénme.
（彼はお酒を飲むと、無責任な放言をする、言いたいことは何でも言う。）

⑥ 正解は❷❸❹　（「どうしても〜ない」を表す場合、「"怎么也"＋否定」を用います。「"怎么"＋動詞＋"也／都"＋同一動詞＋否定」は「いくらしても〜できない」。①は不適切）

②我很想进这家公司，可是怎么也进不去。（③④は省略）
Wǒ hěn xiǎng jìn zhèi jiā gōngsī, kěshì zěnme yě jìnbuqù.
（この会社に入りたいのですが、しかしどうしても入ることができない。）

⑥ 正解は❶　（"难道，岂止，何苦，何必"とも反語文に用いられますが、"难道"は「まさか〜か」、"何苦"は「わざわざ〜しなくてもいいじゃないか」、"何必"は「〜する必要があろうか」。"不听明白"は言いません、"没听明白""听不明白"に訂正しなければなりません）

我说了半天了，难道你还没听明白我的意思吗？
Wǒ shuōle bàntiān le, nándào nǐ hái méi tīngmíngbai wǒ de yìsi ma?
（私は長いこと話したが、私の言うことがまだ分かっていないのですか。）

⑥ 正解は❸　（①については方向動詞"去，回，来，出"、状態を表す動詞"知道，认识，忘，喜欢，有，是"などは進行状態を表す構文に使えません。②の"走"は「（を）出る」の意味として使う場合、目的地を意識しないので、目的地に向かっていくことを表す場合、"去"を用います。話し言葉としては"走北京"という言い方がありますが、この場合"从北京走"と置き換えでき、「北京を経由する」の意味。"旅行"は自動詞であり、目的語が取れませんので、"旅行上海"は言いません）

他本来说要去上海旅行，结果去北京了。

Tā běnlái shuō yào qù Shànghǎi lǚxíng, jiéguǒ qù Běijīng le.
(彼は最初上海へ旅行に行きたいと言ったが、結局北京に行った。)

(67) 正解は❹　(場所詞、時間詞が文頭に来て主語になる場合、"在"をつけないほうが自然です)

南方现在正是阴雨连绵的黄梅季。
Nánfāng xiànzài zhèngshì yīnyǔ liánmián de huángméijì.
(南方はいまちょうど長雨が続く梅雨の季節だ。)

(68) 正解は❶❸❹　(動作が進行中であることを反復疑問文で表す場合、"是不是"が用いられます)

①他们在练气功呢吗? Tāmen zài liàn qìgōng ne ma?（③④は省略）
(彼らは気功を練習していますか。)

(69) 正解は❷　(「〜と遊ぶ」は"跟…玩儿"と言い、"玩儿客人"は「客を弄ぶ」の意味になります。③については、日本語の「〜していた」というような過去の進行状態を表す場合、"在…了"ではなく、「時間詞＋"在…（呢)"」のようになります。動作の進行状態を表す否定文は"没在＋動詞"を用いることが多いです)

妹妹刚才没在睡觉，在跟客人玩儿呢。
Mèimei gāngcái méi zài shuìjiào, zài gēn kèren wánr ne.
(妹はさっき寝ていなかった、お客さんと遊んでいた。)

(70) 正解は❷　(①の"推一下"はすぐ完成する動作、持続状態ではありません。"推着"で持続を表す場合"一下"を伴いません。③④の"一会儿，一下"は時間量や動作量を表すものなので、一般に動詞重ね型と同時に同じ文に使いません。"推了推"と"推了一下"はほぼ同じ意味)

他突然从背后推了我一下。Tā tūrán cóng bèihòu tuīle wǒ yíxià.
(いきなり彼に後ろから押された。)

(71) 正解は❸　("着"は動作の持続状態、何かが存在することを表し、その後に物や人がくるので、"一起"という場所詞を伴うことができません、それに対して"在"は後に場所詞を伴うことができます。ここの"一起"は名詞用法、「同じ場所」の意味)

把香醋、酱油、香油和蒜泥拌在一起，做成的调料，那味道真是没治了。
Bǎ xiāngcù, jiàngyóu, xiāngyóu hé suànní bànzài yìqǐ, zuòchéng de diàoliào, nà wèidào zhēnshì méizhì le.

（香酢、醤油、ごま油と、おろしニンニクを一緒に混ぜて、作った調味料は、あの味がすごく美味しい。）

(72) 正解は❶ （②については、「前置詞"在"＋場所＋動詞（句）」は意図的にしようとする意味合いを持ち、この文の"蒙了"は意図的にする動作ではないので、この文は不適切です。動作の結果がどこかに位置づけられることを表す場合、①のように結果補語を用いるのが普通。③については、"蒙着头""蒙在头上"の言い方が正しいです、「"头"＋方位詞"上"」は場所を表す言葉。「動詞＋"着"＋もの」、「動詞＋"在"＋場所」のように覚えてください。④の"一条的被子"は"一条被子"に直さなければなりません、数量詞と名詞の間に"的"をつけないからです）

阳台上掉下来一条被子，正好蒙在了我的头上。
Yángtáishang diàoxialai yì tiáo bèizi, zhènghǎo méngzàile wǒ de tóushang.
（ベランダから布団が落ちてきたので、ちょうど頭が覆われた。）

(73) 正解は❹ （"认识"は持続性を持つ動詞なので、"着"はつきません）

我认识他已经两年了。Wǒ rènshi tā yǐjing liǎng nián le.
（私は彼と知り合ってもう２年になる。）

(74) 正解は❶ （②の「"拿在"＋もの」は間違いです。③は動作が向かう対象を表す場合"对于"ではなく、"对"を用います。④の"给三个你们"は間違い、「"给"＋間接目的語＋直接目的語」のような語順になります、"都就"は"就都（すぐみんな）"のように語順を訂正すべきです）

一个养猴子的人拿着橡子对猴子说，早上给你们三个，晚上给你们四个，猴子们听了就都生气了。他又说，那早上给你们四个，晚上给三个，猴子就都高兴了。这就是朝三暮四。Yí ge yǎng hóuzi de rén názhe xiàngzi duì hóuzi shuō, zǎoshang gěi nǐmen sān ge, wǎnshang gěi sì ge, hóuzimen tīngle jiù dōu shēngqì le. Tā yòu shuō, nà zǎoshang gěi nǐmen sì ge, wǎnshang gěi sān ge, hóuzi jiù dōu gāoxìng le. Zhè jiùshì zhāo sān mù sì.
（ある猿を飼う人がどんぐりを持って猿に、朝３個、夜４個食べさせる、と言った、猿たちはそれを聞くとみんな怒った。彼はまた、それじゃ朝４個、夜３個食べさせる、と言ったら猿たちはみんな喜んだ。それが朝三暮四です。）

(75) 正解は❷ （待ち望んだ日はすでに決まっているので、確定した事柄であれば、①のような存現文は使えません）

盼望已久的大喜日子终于来临了。Pànwàng yǐ jiǔ de dàxǐ rìzi zhōngyú láilín le.
（待ち望んでいためでたい日がついにやってきた。）

(76) 正解は❸ (存現文では確定なものは述語になれません、"这个人，他"は確定なこと、"一个人"は不確定なことを指します)

对面跑过来了一个人。Duìmiàn pǎoguolaile yí ge rén.
(向かい側から人が走ってきた。)

(77) 正解は❶❸❹ (「場所＋"有"＋もの」、または「場所＋動詞＋"着"＋もの」の形で存在を表すことができます、この場合、副詞"正在"は用いません)

①那些没用的东西都放在仓库里了。(③④は省略)
Nàxiē méi yòng de dōngxi dōu fàngzài cāngkùli le.
(①あれらの不用のものは全部倉庫に入れた。)
(③倉庫の中にたくさんの不用のものがある。)
(④倉庫の中にたくさんの不用のものが置いてある。)

(78) 正解は❶ (②については完了の否定は"没（有）"を用い、"了"が消えます。④は、"什么"で名詞を修飾するとき"的"は不要なので、"这次田径比赛什么纪录都没刷新"と言うと正しいです)

这次田径比赛没刷新纪录。Zhèicì tiánjìng bǐsài méi shuāxīn jìlù.
(今回の陸上試合は新しい記録は更新されなかった。)

(79) 正解は❹ ("听说渔民…"は「聞くところによれば、漁民は〜だそうだ」、"听渔民说，…"は「漁民の話によれば、〜だそうだ」の意味となります。①については"是…的"の肯定文は"是"を省略できますが、"的"を省略できません。②については"是…的"構文は"了"は不要。③の"离"は距離を表すものなので不適切、また文末の"过"も間違いです)

听渔民说，这种虾是从远海打回来的。
Tīng yúmín shuō, zhèi zhǒng xiā shì cóng yuǎnhǎi dǎhuilai de.
(漁民の話によれば、この種のエビは遠海から取ってきたものだそうだ。)

(80) 正解は❷❸❹ (目的語が代詞の場合は"是…的"の内に置きます)

②我是从网上找到她的。Wǒ shì cóng wǎngshang zhǎodào tā de. (③④は省略)
(私はインターネットから彼女を探し出したのだ。)

(81) 正解は❶ (「ある期間に〜していない」ことを表すには「期間を表す言葉＋"没（有）"＋動詞句＋"了"」の語順となり、文末に"了"が必要となります、②③はそれと違反します、また"给我们"のような前置詞句は動詞句の前に置きます。④の"从…领工资"は「〜から給料を受け取る」の意味、"从"の

後に場所詞を置くべきです）

公司已经两个月没给我们发工资了。
Gōngsī yǐjing liǎng ge yuè méi gěi wǒmen fā gōngzī le.
（会社はもう２ヶ月給料を支給してない。）

(82) 正解は❶ （"就要…了""快要 …了"とも、「もうすぐ〜となる」の意味になりますが、"快要"は具体的な時間を表す語とともに用いられません）

这只熊猫下个月就要当妈妈了。
Zhè zhī xióngmāo xiàgeyuè jiùyào dāng māma le.
（このパンダが来月もうお母さんになる。）

(83) 正解は❷ （状態動詞"了解"で過去のことを表す場合でも、"了"は不要、しかし状態変化を表す場合、"了"をつけます）

你变了，我过去很了解你，可是现在越来越不了解你了。
Nǐ biàn le, wǒ guòqù hěn liǎojiě nǐ, kěshì xiànzài yuè lái yuè bù liǎojiě nǐ le.
（あなたは変わったよ、以前あなたのことはよく分かっていたが、いまはますます分からなくなった。）

(84) 正解は❶ （繰り返し行われた動作の場合、過去のことでも"了"をつけません。"每个人，每张桌子"などは言いますが、"天，年"は名詞、量詞として使うので、"每个天，每个年"は言いません）

有一段时间，我每天早上都在这儿见到她。
Yǒu yí duàn shíjiān, wǒ měitiān zǎoshang dōu zài zhèr jiàndào tā.
（一時は毎日朝ここで彼女を見かけた。）

(85) 正解は❸ （時点詞は動詞の前に置き、時量詞（時量補語）は動詞の後に置くのが普通ですが、ある期間内に行われる時間量や動作量（回数）を表す場合、「期間詞＋動詞＋その期間に行われる時間量や動作量（回数）」の語順となります。また目的語が一般名詞の場合、補語は目的語の前に置きます。④の"每隔"は「〜おきに」の意味）

我一个星期要练习一次芭蕾舞。Wǒ yí ge xīngqī yào liànxí yí cì bāléiwǔ.
（私は週１回バレエを練習する。）

(86) 正解は❷ （時点を表すものは普通動詞の前に置きますが、動作の到達時点を表す場合、「動詞＋"到"＋時点詞」のように動詞の後に置きます）

会议开得拖泥带水的，也不知道得开到几点。
Huìyì kāide tuō ní dài shuǐ de, yě bù zhīdào děi kāidào jǐ diǎn.

（会議はだらだらして終わりがない、何時までに終わるか分からない。）

(87) 正解は❹ （目的語が一般名詞のとき、時量補語は目的語の前に置き、目的語が人称詞や場所詞のとき、時量補語は目的語の後に置きます、①はそれに違反しています。②の文の"半个小时"は時間量なので、動詞の前に置けません。③については、ある時点に到達することを表す場合、「動詞＋"到"＋時点詞」となり、"半个小时"は時点詞ではありません。また"已经整整／已经足足"の語順が正しいです。　他に①の"懒洋洋的"は間違いです、連体修飾語の後に"的"をつけ、連用修飾語の後に"地"をつけるからです）

你怎么还懒洋洋地坐着不动呢，我已经足足等了你半个小时了。Nǐ zěnme hái lǎnyāngyāngde zuòzhe bú dòng ne, wǒ yǐjing zúzú děngle nǐ bàn ge xiǎoshí le.
（あなたはどうして気だるそうにじっと座っているの、もうまる30分待っているよ。）

(88) 正解は❶ （「"一会儿"＋動詞」は「少ししたら（する）」、「動詞＋"一会儿"」は「少し（する）」。"一点儿"は動詞、形容詞の後に置き、"有点儿"は副詞用法で動詞、形容詞の前に置きます）

路上堵车，今天迟到了一会儿。Lùshang dǔchē, jīntiān chídàole yíhuìr.
（途中で渋滞したので、今日は少し遅刻した。）

(89) 正解は❶ （動詞重ね型は「動作量が少ない、動作時間が短い」ことを表すので、②のような動作が進行中であることを表す文には動詞重ね型は不適切です。また③のような動作の持続を表す文には動詞重ね型は不適切、"一直"は「ずっと」の意味、動作が続いていることを表します。④動詞重ね型は普通意識的な動作に用います、"看见"は意識的な動作ではありません）

我们看看高尔夫球比赛吧。Wǒmen kànkan gāo'ěrfūqiú bǐsài ba.
（少しゴルフの試合を見ましょう。）

(90) 正解は❸ （①については、形容詞重ね型は「ＡＡＢＢ」、動詞重ね型は「ＡＢＡＢ」となり、"暖和"は動詞、形容詞用法ともありますが、ここでは形容詞用法なので、「ＡＢＡＢ」は不適切。②の"多穿了点儿"は予想より少しずれていることを表しますので、不適切です。④の「ＡＢ－ＡＢ」の言い方はありません）

今天外面很冷，多穿点儿，暖暖和和地出门吧。
Jīntiān wàimiàn hěn lěng, duō chuān diǎnr, nuǎnnuǎnhuohuode chūmén ba.
（今日外は寒いから、着込んで温かくして出かけましょう。）

(91) 正解は❷❸❹ （"来，去"のつく複合方向補語の場合、場所目的語であれば、"来，去"の前に置き、"来，去"がなく、"上，下，进，出，回，过，起"がつく場合は、目的語は補語の後に置きます）

②他踩着上课铃，跑进教室去了。（③④は省略）
Tā cǎizhe shàngkè líng, pǎojin jiàoshì qu le.
（②彼は始業のベルが鳴る瞬間に教室に走って入っていった。）

(92) 正解は❷ （方向補語の抽象的な使い方の問題。"听起来"は「聞いてみると」の意味を持ち、"听出来"は「聞いて分かる」という識別や判別の意味を持っています。"听进去"は「聞き入れる、耳に入る」、"听下去"は「続けて聞いていく」という動作を継続する意味もあります）

喂，是我呀，你怎么连我的声音都没听出来呢？
Wéi, shì wǒ ya, nǐ zěnme lián wǒ de shēngyīn dōu méi tīngchulai ne?
（もしもし私よ、何で私の声すら分からないの？）

(93) 正解は❹ （"过来"は正常な状態に戻ることを表し、"过去"は正常な状態を離れることを表します。"出来"は動作が内から外へくることを表し、"起来"は動作が下から上へ向かうことや動作開始、さらに続けることを表すことができます）

这孩子把鞋穿反了，快帮他正过来吧。
Zhè háizi bǎ xié chuānfǎn le, kuài bāng tā zhèngguolai ba.
（この子は靴を反対に穿いたので、はやく直してあげてね。）

(94) 正解は❷ （"出来"は動作が内から外へ移動することを表します。声が出てくる場合は"出来"を用い、さらに"声"は持ち運べない目的語なので、"来"の前に置き、"叫出声来"になります。単なる「叫びだす」は"叫起来"を用います。"叫出声去"は言いません。"进来"は動作が外から内へ移動することを表し、"叫进声来"は言いません。また①については"很多"は既に複数の意味があるので、さらに"们"をつけないことに注意してください。そのため"很多观众们"は言わず、"很多观众"或いは"观众们"としなければなりません。③については、普通"副詞＋形容詞"で名詞を修飾する場合"的"が必要となり、例えば、"很大的广场"、しかし"很多"で名詞を修飾する場合"的"は不要となります、このまま覚えてください。④については"多"だけで名詞を修飾することはできません）

这部电影太恐怖了，很多观众吓得叫出声来了。
Zhè bù diànyǐng tài kǒngbù le, hěn duō guānzhòng xiàde jiàochu shēng lai le.

（この映画はとても恐ろしいから、多くの観客は驚いて声を出した。）

(95) 正解は❷ （"坐下来"は立つ状態から座る場合に用い、"坐起来"は横になる状態から座る状態になる場合に用います。"坐过来"は話す人に近づいてくる場合に用い、"坐进去"は外から中に入って座る場合に用います。④「ベッドに横になる」は"躺在床上"、"在床上躺着"となりますが、"在床上躺"は不可）

一直躺在床上也很难受，你扶我坐起来说会儿话，好吗？ Yìzhí tǎngzài chuángshang yě hěn nánshòu, nǐ fú wǒ zuòqilai shuō huìr huà, hǎo ma?
（ずっとベッドで横になってもつらいので、助け起こして話しましょう。）

(96) 正解は❹ （"起来"は動作の開始、持続を表し、"上来"は動作が下から上へくることを表し、"回来"は動作が元の所へ帰ってくることを表し、"雨停起来""雨停上来""雨停回来"は言いません。"下来"は動作がある状態に定着することを表し、"雨停下来"は「雨が止む」の意味。またここの"再"は「～してから」の意味、"又，还"と入れ替えできません）

我们先避避雨，等雨停下来再走吧。
Wǒmen xiān bìbiyǔ, děng yǔ tíngxialai zài zǒu ba.
（私たちはとりあえず雨宿りして、雨が止んでから行きましょう。）

(97) 正解は❶ （"想起来"は「思い出す」という記憶の回復を表すことができますが、"想出来"は「考え付く」、識別や判別、新しいことを生み出すことを表すことができます。"就要在电视上见到你了"は「もうすぐテレビで会う」の意味になります。"原来"は「なんだ（～だったのか）」、突然気付いたとき発する言葉であり、"怪不得"は「道理で」。"怎么"は「どのように」、"这么"は「このように」の意味）

我想起来了，原来是在电视上见过你啊，怪不得这么面熟。Wǒ xiǎngqilai le, yuánlái shì zài diànshìshang jiànguo nǐ a, guàibude zhème miànshú.
（思い出した、なんだテレビであなたを見たことがあったのか、道理で顔に見覚えがあると思った。）

(98) 正解は❷ （結果補語の否定は"没"を用います）

这双运动鞋我刷过不止一次了，可还没刷干净。
Zhèi shuāng yùndòngxié wǒ shuāguo bùzhǐ yí cì le, kě hái méi shuāgānjìng.
（この運動靴は何回も洗ったが、まだ綺麗に洗っていない。）

(99) 正解は❶ （"看见"は「見かける」、"看"は「見る」）

我昨天在书店看见你了，你好像没看见我。

Wǒ zuótiān zài shūdiàn kànjiàn nǐ le, nǐ hǎoxiàng méi kànjiàn wǒ.
(昨日本屋であなたを見かけたよ、あなたは気づいてくれなかったようだ。)

(100) 正解は❹ （①"在,到"とも動作の結果の到達する場所を表します、「動詞＋"在"」は移動する意味が少なく、「動詞＋"到"」は移動する意味が強いです。"寄"は「郵送する」という移動する意味を持っているので、"寄在＋場所詞"は不適切、"寄到＋場所詞"は適切です。②"放到"は一般に手で物をある場所まで移動する場合に用います。③「移動性動詞＋"到"＋場所詞＋"去,来"」は動作の移動方向を表し、"去"は話し手から離れていくこと、"来"は話し手に近づいていくことを表します）

我想把这封信寄到香港去。Wǒ xiǎng bǎ zhèi fēng xìn jìdào Xiānggǎng qù.
（この手紙を香港に送りたい。）

(101) 正解は❸ （「動詞＋"在"＋場所詞」のように用い、①はそれに違反します。「しっかり覚える」は"记住"を用います。"记懂"は言いません。"应该"は「～すべきだ」、"愿意"は「～したいと思う」の意味、④は意味上不適切、また"每"の後に量詞を置くのが普通です）

每次学的单词都应该好好记住才行。
Měicì xué de dāncí dōu yīnggāi hǎohǎo jìzhù cái xíng.
（毎回習った単語をしっかりと覚えるべきだ。）

(102) 正解は❶ （②動作の方式を表す動詞句"用筷子"は目的を表す動詞句"吃饭"の前に置くべきです。③連動文の場合、完了の"了"は後ろの動詞（句）にかかります。子供が成長するとともに初めてできた場合"会"を用います。④の助動詞"会"の後に"了"をつけてはいけません）

这孩子会用筷子吃饭了。Zhè háizi huì yòng kuàizi chīfàn le.
（この子は箸でご飯を食べられるようになった。）

(103) 正解は❷❸ （"简直不敢／不能相信"のような語順で覚えてください）

②接到录取通知书的时候，我简直不敢相信这是真的。（③は省略）
Jiēdào lùqǔ tōngzhīshū de shíhou, wǒ jiǎnzhí bù gǎn xiāngxìn zhè shì zhēnde.
（合格通知書を受け取ったとき、まったくそれは本当のことだと信じられなかった。）

(104) 正解は❷ （"竟然能"の語順が正しい）

别看她弱不禁风的样子，竟然能战胜大黑熊。
Biékàn tā ruò bù jīn fēng de yàngzi, jìngrán néng zhànshèng dà hēixióng.

(彼女は風に吹き飛ばされそうなほど弱い様子だけど、なんと大きな熊に勝てるのだ。)

(105) 正解は❷❸❹　("听，看"には"会"は使えません。内在の能力は"能"を用います)

②我已经能看懂中国的杂志了。(③④は省略)
Wǒ yǐjing néng kàndǒng Zhōngguó de zázhì le.
(私はもう中国の雑誌が読めるようになった。)

(106) 正解は❹　("不能跑动"は言いません。"跑不动"は、客観的な理由によって不可能であることを表す場合に使います。"跑不掉"は「逃げられない」の意味、"跑不丢"は「迷子になれない」)

她腿疼得跑不动了，不得不中途退出了马拉松比赛。
Tā tuǐ téngde pǎobudòng le, bùdébù zhōngtú tuìchūle mǎlāsōng bǐsài.
(彼女は足が痛くて走れなくなったので、仕方なく途中でマラソンのレースを止めるしかなかった。)

(107) 正解は❸　("下决心"は「動詞"下"＋目的語"决心"」の動詞句なので、「可能補語"下不了"＋目的語"决心"」は適切です。"分手"は離合詞なので、後ろに目的語が取れません)

她下不了决心跟男朋友分手。Tā xiàbuliǎo juéxīn gēn nánpéngyou fēnshǒu.
(彼女は、ボーイフレンドと別れる決心がつかない。)

(108) 正解は❶　(②について"見えない"は主観的にコントロールできることではないので、"不能"が使えません。③については客観的な理由で「～することができる、できない」は可能補語を用いることが多いですが、「はっきり見ることができない」のように修飾語が付く場合、"清楚地看不见"ではなく"看不见 / 看不清楚"を用います。④の場合、「見えない」は可能補語で"看得不见"ではなく"看不见"となります)

我的眼镜打碎了，看不见黑板上的字了。
Wǒ de yǎnjìng dǎsuì le, kànbujiàn hēibǎnshang de zì le.
(私の眼鏡が割れたので、黒板の字が見えなくなった。)

(109) 正解は❹　(相手を忠告、制止する場合、助動詞"不能"を用います。"树"を数える量詞は"颗，枝，本"ではなく、"棵"を用い、"颗"と"棵"は発音が同じなので、注意してください)

那棵树很危险，你千万不能爬树啊！
Nà kē shù hěn wēixiǎn, nǐ qiānwàn bù néng pá shù a!
(あの木は危ないから、絶対に登ってはいけないよ。)

(110) 正解は❷　（①については「声が聞こえない」は"听不懂"ではなく"听不见"を用います。③については"能听得见"のように助動詞"能"と可能補語の肯定形は併用できますが、"不能听得见"は言いません。④の"没听懂"は"听懂"の否定文。また"再，又"とも「再び」の意味を持っていますが、"再"はこれから動作を繰り返す場合に用い、"又…了"は過去において動作を繰り返した場合に用います）

电话里有杂音，我一点儿也听不见你的声音，先挂断再重打一次吧。
Diànhuàli yǒu záyīn, wǒ yìdiǎnr yě tīngbujiàn nǐ de shēngyīn, xiān guàduàn zài chóng dǎ yí cì ba.
(電話に雑音が入っている、あなたの声が少しも聞こえないので、一旦切ってもう１度かけ直しましょう。)

(111) 正解は❷　（"开刀"は離合詞なので、可能補語の否定文は"开不了刀"になります。④について、意味を強めるために助動詞"能"を可能補語の肯定形の前に用いることがありますが、"不能"は可能補語の肯定形の前に用いられません）

从他的身体状况来看，现在开不了刀。
Cóng tā de shēntǐ zhuàngkuàng lái kàn, xiànzài kāibuliǎo dāo.
(彼の身体状況から見れば、いま手術できない。)

(112) 正解は❹　（"果然"は「果たして」、"居然"は「意外にも」、"要是"は「もし～ならば」、"即便"は「仮に」）

我即便会喝酒，可是这么多白酒，一下子也喝不完。
Wǒ jíbiàn huì hējiǔ, kěshì zhème duō báijiǔ, yíxiàzi yě hēbuwán.
(お酒が飲めるとしても、これほどたくさんの白酒はいっぺんに飲みきれない。)

(113) 正解は❶　（動詞を修飾する場合"怎么"を用い、"什么"は主語、目的語、連体修飾語として用います。"吃不够"は「食べ飽きない」、"吃不饱"は「満腹状態にならない」、"吃不了"は「（量が多くて）食べきれない」、"吃不下"は「（満腹で）食べられない、（病気で）喉を通らない」）

你做的菜真好吃，我怎么吃也吃不够。
Nǐ zuò de cài zhēn hǎochī, wǒ zěnme chī yě chībugòu.

（あなたが作った料理は本当に美味しい、いくら食べても飽きない。）

(114) 正解は❶❷❸　（①②は「彼女は喜んで踊りに来た」の意味、これは連用修飾語のつく連動文であり、"来"は動詞用法、この場合"跳舞"の前にも後にも置けます、喜ぶ状態で踊りに来ることを述べます。③は「彼女は踊るほど喜んだ」の意味、これは程度補語の構文であり、喜ぶ様子（結果）を述べ、話し手からの評価と考えられます。④の"跳舞"は離合詞、"舞"は持ち運べない目的語なので、方向補語"起来"の間に入れなければなりません）

①她高高兴兴地跳舞来了。（②は省略）
Tā gāogāoxìngxìngde tiàowǔ lái le.

③她高兴得跳起舞来了。Tā gāoxìngde tiàoqi wǔ lai le.
（①②彼女は喜んで踊りに来た。③彼女は踊るほど喜んだ。）

(115) 正解は❶❸❹　（「確かに難しくない」は"是不难／不难是不难／难是不难"とも言いますが、"少得可怜""少得不能再少了""少得要命"は直訳すれば、それぞれ「可哀そうなくらい少ない」、「これ以上少なくなれない」、「たいへん少ない」となります。"难是难"は「確かに難しい」の意味、意味上では、②は不適切であり、また"却"は副詞、主語の後に置くべきです）

①这次考试是不难，可是合格者却少得可怜。（③④は省略）
Zhècì kǎoshì shì bù nán, kěshì hégézhě què shǎode kělián.
（今回の試験は確かに難しくないが、しかし合格者はかえって可哀そうくらい少なかった。）

(116) 正解は❶　（"伸腿不开"は不可、"腿伸不开""伸不开腿"となります。また"睡觉"は離合詞なので、可能補語の否定形は"睡不着（觉）"となり、"觉"は目的語となります。程度補語は"睡得很难受""睡得很不舒服"となり、"睡觉得很不舒服"は不可、"得"の前に「動詞＋目的語」のような離合詞の目的語は置けないからです）

在飞机上腿一点儿也伸不开，睡得很难受。
Zài fēijīshang tuǐ yìdiǎnr yě shēnbukāi, shuìde hěn nánshòu.
（飛行機の中で脚が全然伸ばせなかったので、寝ても気持ちが悪かった。）

(117) 正解は❶❷❸　（"怎么…吗"を"怎么…呢"に直さなければなりません）

①问题多得超出了我的预想范围，一个人确实处理不过来了。（②③は省略）
Wèntí duōde chāochūle wǒ de yùxiǎng fànwéi, yí ge rén quèshí chǔlǐbuguòlái le.
（問題が多くて私の予想する範囲を超えたので、1人では確かにやりきれな

い。)

(118) 正解は❸ ("已经，刚，才"のような時間を表す副詞は主語の前に置けません。「既に〜なった」は"已经…了"を用います。④の"刚开了"は"刚开走"に訂正すべきです，"刚"は「〜したばかり」の意味として使う場合、完了の"了"は不要)

我急急忙忙赶到火车站的时候，火车已经开了。
Wǒ jíjímángmáng gǎndào huǒchēzhàn de shíhou, huǒchē yǐjing kāi le.
(急いで駅に駆けつけたとき、列車はすでに発車していた。)

(119) 正解は❷ ("过"は単音節、"过于"は2音節の形容詞、動詞及び語句を修飾します)

过于劳累就会病倒的。Guòyú láolèi jiù huì bìngdǎo de.
(疲れすぎると、病気で倒れるだろう。)

(120) 正解は❶ (ここの"好容易(とても容易だ)"は"好＋容易"の用法，"好"は副詞「とても」の意味であり、一語の"好容易(やっとのことで)"ではありませんので，"好不容易(やっとのことで)"と置き換えできません。③については"去去＋動詞"のような重ね型は用いません)

你想的倒是好容易，你去试试，就知道有多么不容易了。
Nǐ xiǎngde dàoshi hǎo róngyì, nǐ qù shìshi, jiù zhīdao yǒu duōme bù róngyì le.
(あなたが考えていることは容易だけど、やってみれば、どれほど難しいことか分かるようになるよ。)

(121) 正解は❷❸❹ ("似乎"は比喩に用いることができません)

②她的声音仿佛铃声一样清脆。(③④は省略)
Tā de shēngyīn fǎngfú língshēng yíyàng qīngcuì.
(彼女の声はベルのように澄んで耳に快い。)

(122) 正解は❶❷❹ ("肯定"は「必ず」、一般に客観的判断に用い、命令や依頼を表す文には"一定"を用います。"千万，一定"は「必ず」、相手に何か要求する場合に用いられます。"绝对"は「絶対に」、"千万，一定"より語気が強いです)

①就是开玩笑，也得有分寸，千万别过火了。(②④は省略)
Jiùshì kāi wánxiào, yě děi yǒu fēncun, qiānwàn bié guòhuǒ le.
(冗談を言うにも、ほどがあるよ、絶対にやりすぎてはいけない。)

(123) 正解は❶❷❹ ("差不多／几乎／基本上"は「ほとんど」、"差点儿"は「もう少しで」)

①明天的宴会，没出差的人差不多都参加。(②④は省略)
Míngtiān de yànhuì, méi chūchāi de rén chàbuduō dōu cānjiā.
(明日の飲み会は、出張しなかった人はほぼ全員参加する。)

(124) 正解は❶❷❸ (④は"了"を取ればよいです)

①他来日本还不到两年。Tā lái Rìběn hái búdào liǎng nián.

②他来日本快两年了。Tā lái Rìběn kuài liǎng nián le.

③他来日本刚好两年。Tā lái Rìběn gānghǎo liǎng nián.
(①彼は日本に来てまだ２年経っていない。②彼は日本に来てもうすぐ２年になる。③彼は日本に来てちょうど２年になる。)

(125) 正解は❷❸❹ (繰り返し動作がこれから再び行われるとき、"再"を用い、既に起こっているとき、"又"を用い、これから行われる場合の疑問文、或いは助動詞が後ろに来る場合、"还"を用います)

②下次去北京的话，还想去一次老舍茶馆。(③④は省略)
Xiàcì qù Běijīng dehuà, hái xiǎng qù yí cì Lǎoshè cháguǎn.
(②次回北京に行くなら、もう１度老舎茶館に行きたい。③次回北京に行ったら、すぐに老舎茶館に行く。④次回北京に行くなら、もう１度老舎茶館に行く。)

(126) 正解は❶ ("不但…反而…"は「～ばかりではなく、逆に～」、"然而"は「しかし」、"不是…而是…"は「～ではなく～だ」、"虽然…但是…"は「～だが、しかし～」)

股票大跌的时候，有些投资家不但不着急，反而说现在是好机会。Gǔpiào dàdiē de shíhou, yǒuxiē tóuzījiā búdàn bù zháojí, fǎn'ér shuō xiànzài shì hǎo jīhuì.
(株が暴落するとき、焦っていないばかりでなく、逆にいまはいいチャンスだと言う投資家もいる。)

(127) 正解は❸ ("偶然的机会"は「偶然のチャンス」、他の言い方は不適切です)

偶然的机会，改变了我的命运。Ǒurán de jīhuì, gǎibiànle wǒ de mìngyùn.
(偶然のチャンスが、私の運命を変えた。)

(128) 正解は❹ ("偶然"は「偶然」の意味、思ってもみなかったことが意外に起こることを表します。"偶尔"は「たまに」の意味、頻繁ではないことを表し

173

ます。"多亏"は「幸いに」、"特意"は「わざわざ」。その他に①②の"碰见着"は"碰见了"に訂正しなければなりません、動作の完了を表す場合"了"を用います）

那天偶然在街上碰见了他，差点儿没认出来。
Nàtiān ǒurán zài jiēshang pèngjiànle tā, chàdiǎnr méi rènchulai.
（その日、偶然に街で彼に会って、もう少しで分からないところだった。）

(129) 正解は❸ （"往往"は未来のことには用いられません、"经常"は過去のことでも未来のことでも用いられます。④については、中国語の動詞は普通重ねられますが、助動詞は重ねられません）

我希望以后能经常和你们切磋切磋球艺。
Wǒ xīwàng yǐhòu néng jīngcháng hé nǐmen qiēcuōqiēcuō qiúyì.
（今後あなたたちとよく球技を切磋琢磨したいです。）

(130) 正解は❶ （"帮忙"は離合詞なので、"帮忙别人"は不可、"给他帮忙""帮他的忙"としなければなりません。"不用"は「しなくてもよい」、"别"は「〜しないように」、相手に動作を中止させることを表します）

你不用别人帮忙的话，一个人就穿得上和服吗?
Nǐ bú yòng biéren bāngmáng dehuà, yí ge rén jiù chuāndeshàng héfú ma?
（他の人に手伝ってもらわなくても、1人で着物を着ることができるの？）

(131) 正解は❸ （"不愧"は「〜に恥じない」、"真不愧"は言いますが、"真到底，真毕竟，真究竟"は言いません）

你真不愧是学经济的，分析得条条是道。
Nǐ zhēn búkuì shì xué jīngjì de, fēnxīde tiáo tiáo shì dào.
（さすが経済学科の出身だ、いちいち道理にかなっている。）

(132) 正解は❶❷ （"已经简直弄懂了""才根本弄明白了"の言い方はありません）

①这道数学题的解法，我已经完全搞懂了。（②は省略）
Zhèi dào shùxuétí de jiěfǎ, wǒ yǐjing wánquán gǎodǒng le.
（この数学問題の解き方は、もう完全に分かった。）

(133) 正解は❹ （ここの"差点儿"は副詞ではなく、「動詞"差"+"一点儿"」は「少し足りない」の意味）

他能力很强，就是脾气差点儿。Tā nénglì hěn qiáng, jiùshì píqi chà diǎnr.
（彼は能力はすぐれているが、ただ怒りやすい。）

(134) 正解は❶ （"顺便"は「ついでに」、"便宜"は「やすい」、"方便"は「便利だ」、"随便"は「気軽だ」など）

你去邮局的时候，顺便帮我寄封信，好吗？
Nǐ qù yóujú de shíhou, shùnbiàn bāng wǒ jì fēng xìn, hǎo ma?
（君が郵便局に行くとき、ついでに手紙を出してもらえますか。）

(135) 正解は❸ （副詞"都"は主語の後、述語の前に置きます）

既然谁劝，他都不听，那就随他的便吧。
Jìrán shéi quàn, tā dōu bù tīng, nà jiù suí tā de biàn ba.
（誰が説得しても彼がまったく聞かないなら、好きなようにやらせたら。）

(136) 正解は❶ （"认为"は「思う、考える」、自信のある判断に用い、"以为"は「思い込んでいる」、よく事実と合わない判断に用います。"觉得"は「〜ような気がする」）

我以为你已经从香港回来了呢，闹了半天你还没去呢。
Wǒ yǐwéi nǐ yǐjing cóng Xiānggǎng huílai le ne, nàole bàntiān nǐ hái méi qù ne.
（あなたはすでに香港から帰ってきたかと思っていたよ、結局まだ行っていないんだ。）

(137) 正解は❷ （動作の回数を表すものは動詞の前に置くこともあります。ここの文はある回数の動作が行われる間の動作の量を表します）

她说一次能吃两碗北京炸酱面。
Tā shuō yí cì néng chī liǎng wǎn Běijīng zhájiàngmiàn.
（彼女は、1回で北京ジャージャー麺を2杯食べることができると言った。）

(138) 正解は❹ （"交往，交际"は目的語が取れません、「友達を作る」は"做朋友"ではなく、"交朋友"を用います）

中国人到哪儿都喜欢交朋友。Zhōngguórén dào nǎr dōu xǐhuan jiāo péngyou.
（中国人はどこに行っても友達と付き合うのが好きだ。）

(139) 正解は❶ （"愿望，心愿"は名詞なので、目的語が取れません。"祝愿"は「願いをこめて祈る」）

但愿时间过得慢一点儿。Dànyuàn shíjiān guòde màn yìdiǎnr.
（時間がゆっくり過ぎることを願う。）

(140) 正解は❸ （"熟悉"は「よく知っている」、"精通"は「精通する」、学問、技術、外国語について言うことが多いです。"理解"は「理解する」、"认识"は

「面識がある」など)

既然你对吉祥寺一带这么熟悉，陪我转转，好吗?
Jìrán nǐ duì Jíxiángsì yídài zhème shúxī, péi wǒ zhuànzhuan, hǎo ma?
(あなたが吉祥寺一帯にこんなに詳しいからには、ぶらつきに連れてってもらえますか。)

2 意味の近い語を選択（130問）

　意味の近い語を選択する問題はこれまで熟語、成語を中心として出題されてきました。中国語の熟語や成語は文章だけではなく話すときもよく使われています。たくさんありますので、ここでは使う頻度の高い言葉を選んで練習問題を作りました。是非チャレンジしてみてください。解答P188

次の中国語の下線を付した語句の意味に最も近いものを，それぞれ①〜④の中から１つ選びなさい。

(1) 他总能猜个八九不离十，真是神了。
　①半斤八两　　②八字没一撇　　③差不多　　④差点儿

(2) 要干就得认真干，可不是摆摆样子就行了。
　①摆摆架子　　②摆摆阔气　　③换换样儿　　④装模作样

(3) 我在这方面只是个半瓶醋，怎么当得了你的老师呢？
　①略知一二　　②吃醋　　③添油加醋　　④无所不知

(4) 他不管三七二十一就把我训了一顿。
　①不言而喻　　②不问是非　　③毫不犹豫　　④不闻不问

(5) 她把心一横就和男朋友分手了。
　①把嘴一闭　　②把手一挥　　③把头一摇　　④把牙一咬

(6) 我说这个字怎么看着别扭呢，原来这儿少写了一横。
　①可疑　　②不顺利　　③不满意　　④不顺眼

(7) 她在街上破口大骂，真不像话。
　①不开心　　②没教养　　③目中无人　　④不够意思

(8) 他想用权势压人，我绝对不买他的账。
　①不跟他交朋友　②不屈服于他　③不买单　　④不领他的情

(9) 他在公司里说话根本不算数。
　①没数儿　　②无足轻重　　③算不上　　④没决定权

(10) 过去的事儿已经不值得提了。
　①不见得　　②免不了　　③不值钱　　④没有必要

(11) 这台车停得不是地方。
①地方太小　②占地方　③没有地方　④地方不对

(12) 这次能进入决赛简直是爆冷门了。
①指不受欢迎的工作　②指很少有人干的工作
③指出现没想到的结果　④指找窍门儿

(13) 她闭口不谈签约的事儿，不知道到底是怎么回事儿。
①一句不提　②一言不发　③哑口无言　④张口结舌

(14) 你可真是三句话不离本行啊！
①指银行的总行　②指自己从事的工作
③就是外行的意思　④就是内行的意思

(15) 他跟上司顶了几句嘴，差点儿没被炒鱿鱼。
①解雇　②跳槽　③换工作　④炒股票

(16) 他一喝酒，就爱出洋相。
①拿人开心　②发牢骚　③出难题　④出丑

(17) 你别来凑热闹了，我已经够发愁的了。
①看热闹　②凑巧　③凑数　④添麻烦

(18) 他不经意把飞机票弄丢了。
①不凑巧　②不精心　③不小心　④不介意

(19) 你怎么聪明一世，糊涂一时呢？
①平时很聪明，这阵儿却糊涂了　②是个糊涂虫
③越来越糊涂了　④当事者迷旁观者清

(20) 你还是慎重点儿吧，要是失败了，你可要吃不了兜着走啊！
①吃不开　②负一切责任　③吃不了就打包　④吃得消

(21) 这样的大尾巴会真令人讨厌。
①就是翘尾巴的意思　②就是没完没了的意思
③就是没头没脑的意思　④有头无尾

(22) 两只黑熊大摇大摆地向我们逼近。
①边走边摇尾巴　②气急败坏的样子
③不耐烦的样子　④很神气，满不在乎的样子

(23) 你最近动不动就出错，是不是忙糊涂了？
　　①就是动作敏捷的意思　　　　②就是动不了的意思
　　③就是经常，或者很容易发生的意思　④就是连动都不敢动的意思

(24) 今天真倒霉，一出门就摔了一跤。
　　①委屈　　　②不走运　　　③痛苦　　　④撞大运

(25) 这笔生意做成了的话，咱们对半开吧。
　　①矮半截　　②各分一半　　③一星半点　　④事倍功半

(26) 没想到爷爷的耳朵会这么尖。
　　①咬耳朵　　②耳朵这么软　　③耳旁风　　④耳朵这么灵

(27) 他只会放空炮，实际上什么也不行。
　　①马后炮　　②开空头支票　　③放高利贷　　④说大话

(28) 你为什么跟我过不去呢，我哪儿对不起你了？
　　①故意难为我　②跟我兜圈子　　③难为情　　④过意不去

(29) 你别跟他计较这点儿小事儿了，就高抬贵手吧。
　　①留一手　　②原谅他　　③捧捧场　　④帮助他

(30) 你为什么给我上眼药，我什么时候得罪你了？
　　①说我的坏话　②给我戴高帽　　③打保票　　④打抱不平

(31) 女孩儿爱赶时髦也是当然的。
　　①追求最流行的时尚　　　　②穿新衣服
　　③化妆　　　　　　　　　　④烫头发

(32) 我要给你敲个警钟，这样下去是不行的。
　　①给你提气　　②给你拉个警报　　③警告你　　④给你提神

(33) 我和同屋的留学生很合得来，常一起出去玩儿。
　　①一直保持着联系　　　　②关系很融洽
　　③很合口味　　　　　　　④常打交道

(34) 是她先红的脸，你怎么光说我呢，太偏向她了。
　　①做的鬼脸儿　②拉不下脸来　　③唱的白脸　　④翻的脸

(35) 你的想法根本实现不了，太荒唐了。
　　①骗人　　　②没有道理　　③野蛮　　　④假惺惺

(36) 乡下人比城市人好客。
　　①客气　　　　②热情　　　　③热闹　　　　④好奇

(37) 中国人常说，人要活到老学到老。
　　①姜还是老的辣　　　　　②人只要活着就要学习
　　③越活越年轻　　　　　　④老人更有见识

(38) 这么点儿吃的，还不够塞牙缝的呢，怎么可能吃饱呢？
　　①真是天衣无缝　　　　　②真是少得可怜
　　③真是喝凉水都塞牙　　　④真是小得可怜

(39) 他在我们班里可以说是鹤立鸡群啊！
　　①呆若木鸡　　②格外出众　　③不上不下　　④鸡毛蒜皮

(40) 不同意就不同意呗，找什么借口啊！
　　①托词　　　　②机会　　　　③毛病　　　　④话题

(41) 这次考得一塌糊涂，没法儿向爸妈交代了。
　　①解释　　　　②取代　　　　③交涉　　　　④商量

(42) 几个月下来，我的存款已经用得差不多了。
　　①才几个月　　②等几个月　　③再过几个月　　④几个月以前

(43) 我做梦都没想到他会这么绝情。
　　①无缘　　　　②无情　　　　③绝缘　　　　④回绝

(44) 她讲究衣着打扮。
　　①追究　　　　②关心　　　　③拘泥　　　　④重视

(45) 他们都在为女子跳水选手加油。
　　①勉励　　　　②助威　　　　③支持　　　　④支援

(46) 他是借父亲的光当上公司经理的。
　　①借父亲的钱　②靠父亲的权势　③听父亲的话　④学父亲的样子

(47) 他上课总开小差，成绩当然上不去了。
　　①开夜车　　　②上夜班　　　　③精神溜号　　　④开玩笑

(48) 他口音很重，有时候同学故意逗他。
　　①声音很大　　　　　　　②说话南腔北调的
　　③说得很清楚　　　　　　④口很重

(49) 妈妈又把演员的名字张冠李戴了，真叫人哭笑不得。
①哭也不是，笑也不是，让人感到毫无办法
②因为心里难过，所以笑得很勉强
③笑得流眼泪了
④一会儿哭，一会儿笑

(50) 他整天不干正经事，就会侃大山。
①闲聊　　　②套近乎　　　③开国际玩笑　　　④打哈哈

(51) 这台旧电脑没人用还占地方，扔了又觉得怪可惜的。
①舍不得　　　②舍得　　　③可怜　　　④后悔

(52) 他酷爱文学和书法。
①非常爱好　　　②有点儿喜欢　　　③酷　　　④非常疼爱

(53) 她苦口婆心地劝我，我只好答应了。
①金口玉言　　　②信口开河　　　③出口成章　　　④再三恳切

(54) 她们俩各说各的，说的完全是两码事儿。
①两个号码　　　②这么回事儿　　　③不是一回事儿　　　④一回事儿

(55) 你吉他弹得那么好，今天给大家露一手吧。
①显示一下　　　②饱眼福　　　③露脸　　　④露面

(56) 街上可热闹了，你出去溜达溜达吧。
①拖拖拉拉　　　②随便走走　　　③走过场　　　④随大溜

(57) 他好像饿坏了，见了吃的就狼吞虎咽地吃起来了。
①细嚼慢咽的意思　　　②吃得太快的意思
③什么都吃的意思　　　④吃得太多的意思

(58) 你可真是里里外外一把手啊！
①就是猪八戒照镜子里外不是人的意思
②指公司经理
③指公司里的骨干
④就是在家里家外都很能干的人

(59) 懒人自有懒办法，你就甭操心了。
①懒惰的人　　　②节省时间的人　　　③爱生病的人　　　④耍赖的人

(60) 这些冒牌货，怎么处理啊？
①名牌商品　　②贵重物品　　③假货　　④货真价实的商品

(61) 老板要是不给开绿灯的话，那就没门儿了。
①找不到门在哪儿　　②没主意
③没影儿　　④没戏

(62) 用这个蒸锅蒸出来的饺子，简直是没治了。
①没胃口　　②没招了　　③没说的　　④没边儿

(63) 你先忙你的吧，我这儿不忙，你哪天方便，就哪天来吧。
①急　　②干　　③紧张　　④辛苦

(64) 没准儿他也能去，我去问问他吧。
①准信儿　　②没趣儿　　③备不住　　④保准儿

(65) 我恐怕要名落孙山了，这可怎么办呢？
①落榜　　②破纪录　　③留级　　④落空

(66) 你在说什么呢，真让人感到纳闷儿。
①藏猫猫　　②无法理解　　③闷闷不乐　　④闷得透不过气来

(67) 她没干过这样的工作，恐怕一下子拿不起来吧。
①不能胜任　　②拿主意　　③拿手戏　　④拿不出手

(68) 没想到她长得这么年轻。
①这么轻率　　②显得这么年轻　　③这么年轻　　④显得这么幼稚

(69) 最近几年扭秧歌的人多起来了。
①表演东北地方戏　　②跳北方民间舞
③跳健美操　　④跳芭蕾舞

(70) 你看你，竟然把玻璃碰碎了。
①你说呢　　②怎么搞的　　③怎么办呢　　④哪儿的话

(71) 挣钱多么不容易，你可不能拿钱打水漂啊！
①浪费钱的意思　　②打小算盘的意思
③打水仗的意思　　④在河边玩儿水的意思

(72) 我每次看杂技的时候，都为那些演员捏一把汗。
①担心　　②操心　　③出一身汗　　④出满头大汗

(73) 你的回答是否有点儿牛头不对马嘴呢?
　　①对牛弹琴　　②答非所问　　③画蛇添足　　④九牛二虎之力

(74) 别泡蘑菇了，快点儿干吧。
　　①挤时间　　②故意拖延时间　　③赶时间　　④花时间

(75) 谁叫你非得这个时候去找他，不碰钉子才怪呢。
　　①碰一鼻子灰　　②吃亏　　③上当受骗　　④碰运气

(76) 别泼冷水，我们正在兴头上呢。
　　①讽刺人　　　　　　　　②救火
　　③打击别人的热情　　　　④洗冷水澡

(77) 别生我的气了，我向你赔不是就行了吧。
　　①赔款　　②认错　　③赔本　　④认帐

(78) 妈妈总是婆婆妈妈地说起来没完。
　　①犹犹豫豫　　②慢慢悠悠　　③啰啰唆唆　　④磨磨蹭蹭

(79) 我心里七上八下的，结果能怎么样一点儿底也没有。
　　①横七竖八　　②乌七八糟　　③乱七八糟　　④十拿九稳

(80) 起码得保证一天三顿饭吧，不然怎么干活儿啊?
　　①至于　　②至少　　③起始价　　④起头

(81) 谁都怕别人瞧不起自己。
　　①看不起　　②看不透　　③看不过去　　④猜不出来

(82) 一进入冬季，保暖内衣就热销起来了。
　　①时髦　　②大减价　　③没有货　　④好卖

(83) 这孩子总在外面惹祸，太让妈妈操心了。
　　①闹着玩儿　　②惹事生非　　③闹笑话　　④凑趣儿

(84) 谁要是说自己没撒过谎，那么现在就是在撒谎。
　　①说假话　　②说笑话　　③说错话　　④说闲话

(85) 他二话不说，三下五除二就把这件事处理完了。
　　①非常迅速的意思　　　　　　②办事不认真，粗心大意的意思
　　③小心翼翼，按部就班的意思　④打算盘的意思

(86) 她一玩儿扒金库就上瘾，连孩子都不管了。
①着魔　　②过瘾　　③开心　　④顾不上

(87) 每当参加宴会时，她都为穿什么衣服伤脑筋。
①费心思　　②动脑筋　　③伤身体　　④伤感情

(88) 这小伙子真是块料，将来会成大气候的。
①个人才　　②发烧友　　③大路货　　④成问题

(89) 他一点儿诚意都没有，净跟我耍花招。
①走形式　　②玩儿弄巧妙的骗人计策
③吹冷风　　④耍脾气

(90) 他一下子输掉了一大笔钱，这下可傻眼了。
①眼睛坏了　　②惊得目瞪口呆，不知如何是好
③看花眼　　④没有眼力

(91) 我现在手头紧巴巴的，什么都不敢买。
①经济上很宽裕　　②经济上比较紧张
③考试的时候很紧张　　④工作比较紧张

(92) 他神不知，鬼不觉地溜了。
①偷偷　　②乖乖　　③慢慢　　④沉住气

(93) 人生的酸甜苦辣，他都尝过了。
①独特风味　　②幸福和痛苦　　③酸溜溜　　④甜言蜜语

(94) 很多花的名字我都叫不上来。
①起来　　②出来　　③过来　　④下来

(95) 你真是书呆子一个，一点儿也不会搞人际关系。
①傻瓜一个　　②一个死读书的人
③废物一个　　④工作狂

(96) 他讲得头头是道，令人佩服啊！
①头头脑脑　　②完全没有道理　　③虎头虎脑　　④很有逻辑性

(97) 最近连星期天都得加班，简直忙得团团转。
①惊慌失措　　②颠倒黑白　　③不可开交　　④忙里偷闲

(98) 你想去外国工作的话，我绝不会拖后腿的。
①阻拦　　　②赶鸭子上架　　③毛手毛脚　　④飞毛腿

(99) 刚才接到他的电话，问我们能不能提前一点儿出发。
①比预定时间晚一点儿　　②比预定时间早一点儿
③按照预定时间　　　　　④提高一点儿速度

(100) 听说因暴雨铁路沿线发生了山崩，电车都通不了了。
①走不动　　②打不开　　③离不开　　④开不了

(101) 她的话，我怎么越听越觉得不是味儿呢。
①发霉　　　②饱口福　　③离题　　　④不是滋味儿

(102) 没想到歪打正着，竟然成功了。
①被别人打了　　　　　　②字写得歪歪扭扭的
③无意中却取得了满意的结果　　④没打中

(103) 一回到家里妈妈就问长问短的。
①刨根问底　　②长话短说　　③热情地打招呼　　④细心地打听情况

(104) 无风不起浪，我看这件事也许是真的呢。
①天有不测风云　　　②风平浪静
③山雨欲来风满楼　　④事出有因

(105) 现在整天泡在网吧的网虫越来越多了。
①网迷　　　②网眼　　　③网球迷　　④网友

(106) 你在那么多人面前说我，真让我下不来台。
①下台阶　　②脸皮厚　　③爱面子　　④丢面子

(107) 你才小气呢，一毛都不拔。
①敲竹杠　　②吝啬　　　③小心眼儿　　④孩子气

(108) 樱桃已经下来了，买点儿吃吧。
①畅销　　　②上市　　　③上台　　　④出口

(109) 哎呀，外边又下上雨了。
①下来　　　②下起　　　③下去　　　④下过

(110) 她说的每句话，都像一条条经过验证的公式一样严谨。
①滴水成冰　　②生硬　　　③周到　　　④滴水不漏

(111) 总觉得看着眼熟，原来去年在北大见过你啊！
①好像见过　　②不起眼　　③开眼界　　④看惯了

(112) 你不舒服的话，就不要硬着头皮干了。
①走极端　　②勉强　　③不服气　　④气馁

(113) 他说话也好，办事也好，都很有分寸。
①有礼貌　　②恰到好处　　③没深没浅　　④出色

(114) 你真有两下子，钢琴弹得这么好。
①了不起　　②不得已　　③不得不　　④了事

(115) 现在和过去大不一样了，好吃的东西有的是。
①多多益善　　②有什么吃什么　　③要多少有多少　　④丰富多彩

(116) 看样子，这雨一时半会儿也停不了。
①一知半解　　②短时间内　　③一个半小时　　④时时刻刻

(117) 这起诈骗案已经有眉目了吗？
①有鼻子有眼儿　　②鼻子不是鼻子，脸不是脸
③有头有脸　　④有线索

(118) 怪不得她们俩长得一模一样，原来她们是双胞胎啊！
①完全不一样　　②青一色　　③酷似　　④有点儿像

(119) 接到录取通知书后，总算一块石头落了地。
①有了着落　　②放下心来　　③一步登天　　④石沉大海

(120) 他们俩一来二去地就互相喜欢上了。
①渐渐地　　②一而再，再而三
③一见倾心　　④来龙去脉

(121) 他对我总是有一搭没一搭的，真是令人伤心。
①装得一本正经的样子　　②不理不睬
③挑字眼儿　　④鸡蛋里挑骨头

(122) 你知道"扬长避短"是什么意思吗？
①只看长处不看短处　　②发扬长处避开短处
③报喜不报忧　　④只看到利益看不到损失

(123) 你来的真不是时候，他刚出去。
　　①巧妙　　　　②不巧　　　　③不到火候　　　④微妙

(124) 这样做根本行不通，别钻牛角尖了。
　　①走冤枉路　　②捉迷藏　　　③钻空子　　　　④死认真

(125) 你不要总是这山望着那山高，这份工作不是很好吗？
　　①眼高手低　　　　　　　　　②看别人家的花香
　　③山中无老虎，猴子称大王　　④打肿脸充胖子

(126) 无关紧要的一点儿小事，睁一只眼闭一只眼就算了吧。
　　①送秋波　　　②白眼儿狼　　③假装没看见　　④没睡醒的样子

(127) 是啊，那天正赶上她也在。
　　①正好　　　　②真好　　　　③赶得上　　　　④赶不上

(128) 我们应该做两手准备，才能有备无患。
　　①两全其美
　　②对可能发生的两种情况都采取预防措施
　　③精神准备
　　④两手空空

(129) 你画儿画得真棒，这才叫真人不露相呢。
　　①干坏事的人早晚都会露馅儿　　②真正有实力的人并不显示自己
　　③世上无难事，只怕有心人　　　④路遥知马力，日久见人心

(130) 她转过头兴奋地说，我终于考上了。
　　①低下头　　　②抬起头　　　③摇着头　　　　④回过头

意味の近い語を選択　解答と解説

(1) 正解は❸　("八九不离十"は「十中八九」、"差不多"は「ほとんど」、"半斤八两 bàn jīn bā liǎng"は「どんぐりの背くらべ」、"八字没一撇 bā zì méi yì piě"は「目鼻もつかない」、"差点儿"は「もう少しで」)

他总能猜个八九不离十，真是神了。
Tā zǒng néng cāi ge bā jiǔ bù lí shí, zhēnshì shén le.
(彼はいつもだいたいのところは見当がつく、本当にすごいね。)

(2) 正解は❹　("摆样子"は「体裁をつくろう」、"装模作样 zhuāng mú zuò yàng"は「もったいぶる」、"摆架子 bǎi jiàzi"は「威張る」、"摆阔气 bǎi kuòqi"は「金持ちぶる」、"换换样儿 huànhuan yàngr"は「模様を替える」)

要干就得认真干，可不是摆摆样子就行了。
Yào gàn jiù děi rènzhēn gàn, kě bú shì bǎibai yàngzi jiù xíng le.
(やるなら真面目にやらなくてはいけない、やってるふりだけではいけないよ。)

(3) 正解は❶　("半瓶醋"は「生かじり」、"略知一二 lüè zhī yī èr"は「わずかに知る」、"吃醋 chīcù"は「やきもちをやく」、"添油加醋 tiān yóu jiā cù"は「話しに尾ひれをつける」、"无所不知 wú suǒ bù zhī"は「知らないことはない」)

我在这方面只是个半瓶醋，怎么当得了你的老师呢？
Wǒ zài zhè fāngmiàn zhǐshì ge bànpíngcù, zěnme dāngdeliǎo nǐ de lǎoshī ne?
(私はこの面ではただの生かじりだ、あなたの先生になれるはずがないだろう。)

(4) 正解は❷　("不管三七二十一"は「一切顧みず」、"不问是非"は「是非を問わず」、"不言而喻"は「言うまでもない」、"毫不犹豫"は「少しもためらわない」、"不闻不问"は「聞きもせず問いもしない」、"不管三七二十一"は"毫不犹豫"と入れ替えできる場合もありますが、文脈から判断する必要があります)

他不管三七二十一就把我训了一顿。
Tā bù guǎn sān qī èrshiyī jiù bǎ wǒ xùnle yí dùn.
(彼はことの是非曲直を問わず、やみくもに私を叱った。)

(5) 正解は❹　("横心"は「思い切って決断する」、"咬牙 yǎoyá"は「歯ぎしりする、思い切って決断する」、"闭嘴 bìzuǐ"は「口を閉じる」、"挥手 huīshǒu"は「手を振る」、"摇头 yáotóu"は「頭を左右に振る」、すべて離合詞なので、"把心一横"のように用いられます)

她把心一横就和男朋友分手了。Tā bǎ xīn yì héng jiù hé nánpéngyou fēnshǒu le.

（彼女は思い切って彼氏と別れた。）

(6) 正解は❹ （"别扭／不顺眼 bú shùnyǎn"はここでは「見て変な感じだ」、"可疑 kěyí"は「怪しい」、"不顺利"は「順調でない」、"不满意"は「不満だ」）

我说这个字怎么看着<u>别扭</u>呢，原来这儿少写了一横。
Wǒ shuō zhèige zì zěnme kànzhe bièniu ne, yuánlái zhèr shǎo xiěle yì héng.
（この字はなんだか変な感じだと思ったら、なんだここに横の線が1本足りなかったのか。）

(7) 正解は❷ （"不像话"は「でたらめだ、ひどい」、"没教养 méi jiàoyǎng"は「教養がない」、"不开心 bù kāixīn"は「楽しくない」、"目中无人 mù zhōng wú rén"は「眼中に人なし」、"不够意思 bú gòu yìsi"は「義理を欠く」など、"不像话"はいろいろな言葉と入れ替えて使えますが、文脈から判断しなくてはいけません）

她在街上破口大骂，真<u>不像话</u>。
Tā zài jiēshang pòkǒu dàmà, zhēn bú xiànghuà.
（彼女は街で下品な言葉で罵って、本当にひどい。）

(8) 正解は❷ （"不买他的账／不屈服于他 bù qūfúyú tā"は「彼に屈しない、彼の権威を認めない」、"不跟他交朋友 bù gēn tā jiāo péngyou"は「彼と付き合わない」、"不买单 bù mǎidān"は「勘定しない」、"不领他的情 bù lǐng tā de qíng"は「彼の好意に対して感謝しない」）

他想用权势压人，我绝对<u>不买他的账</u>。
Tā xiǎng yòng quánshì yā rén, wǒ juéduì bù mǎi tā de zhàng.
（彼は権勢で人を抑圧しようとするが、私は絶対に彼の圧力に屈しない。）

(9) 正解は❷ （"不算数"は「数のうちに入らない」、"无足轻重 wú zú qīng zhòng"は「どうでもよい、重視するに足りない」、"没数儿"は「正確に把握できない」、"算不上 suànbushàng"は「～とは言えない」、"没决定权 méi juédìngquán"は「決定権がない」、"他在公司里说话根本不算数"を"他在公司里根本没决定权"に入れ替えることもできます）

他在公司里说话根本<u>不算数</u>。Tā zài gōngsīli shuōhuà gēnběn bú suànshù.
（彼は会社で発言がまったく認められない。）

(10) 正解は❹ （"不值得"は「～する値打ちがない」、動詞を目的語に取ります。"没有必要"は「必要がない」、"不见得"は「～とは限らない」。"免不了"は「避けられない」。"不值钱"は「高価ではない、値打ちがない」の意味ですが、

形容詞なので、目的語が取れません）

过去的事儿已经<u>不值得</u>提了。Guòqù de shìr yǐjing bù zhíde tí le.
（過去のことはもう言う必要がない。）

(11) 正解は❹　（"不是地方／地方不对"は「場所が悪い、適切でない」、"地方太小"は「場所が狭すぎる」、"占地方 zhàn dìfang"は「場所をふさぐ」、"没有地方"は「場所がない」）

这台车停得<u>不是地方</u>。Zhè tái chē tíngde bú shì dìfang.
（この車は駐車した場所が悪い。）

(12) 正解は❸　（"爆冷门／出现没想到的结果"は「思いもよらない結果が現れる」、"指不受欢迎的工作"は「人気のない仕事を指す」、"指很少有人干的工作"は「めったにやる人のいない仕事を指す」、"指找窍门儿 qiàoménr"は「コツや知恵を絞ることを指す」）

这次能进入决赛简直是<u>爆冷门</u>了。
Zhèicì néng jìnrù juésài jiǎnzhí shì bào lěngmén le.
（今回決勝戦に進出できるなんてまったく番狂わせが起こった。）

(13) 正解は❶　（"闭口不谈"は「口をつぐんで話さない」、"一句不提 yí jù bù tí"は「一言も言わない」。"一言不发 yì yán bù fā"は「何も言わない」、後ろに目的語が取れません。"哑口无言 yǎ kǒu wú yán"は「言葉に窮する、返事ができない」、"张口结舌 zhāng kǒu jié shé"は「言葉が詰まる」）

她<u>闭口不谈</u>签约的事儿，不知道到底是怎么回事儿。
Tā bìkǒu bù tán qiānyuē de shìr, bù zhīdào dàodǐ shì zěnme huíshìr.
（彼女は決して契約のことを語ろうとしないが、いったいどういうことなのか分からない。）

(14) 正解は❷　（"本行"は「本職」、"指自己从事的工作"は「自分の従事する仕事を指す」、"指银行的总行"は「銀行の本店を指す」、"就是外行的意思"は「つまり素人の意味だ」、"就是内行的意思"は「つまり玄人の意味だ」）

你可真是三句话不离<u>本行</u>啊！Nǐ kě zhēnshì sān jù huà bù lí běnháng a!
（あなたは本当に口を開けばすぐ自分の仕事関係の話になるのだね。）

(15) 正解は❶　（"炒鱿鱼／解雇 jiěgù"は「首にする」、"跳槽 tiàocáo／换工作 huàn gōngzuò"は「職をかえる、転職する」、"炒股票 chǎo gǔpiào"は「株を売買する」）

他跟上司顶了几句嘴，差点儿没被<u>炒鱿鱼</u>。

Tā gēn shàngsī dǐngle jǐ jù zuǐ, chàdiǎnr méi bèi chǎo yóuyú.
(彼はちょっと上司に反発したので、あやうく首になるところだった。)

⑯ 正解は❹　("出洋相 / 出丑 chūchǒu"は「恥をさらす」、"拿人开心 ná rén kāixīn"は「人をからかう」、"发牢骚 fā láosao"は「愚痴を言う」、"出难题 chū nántí"は「難問を出す」)

他一喝酒，就爱出洋相。Tā yì hējiǔ, jiù ài chū yángxiàng.
(彼はお酒を飲むと、よくみっともない格好をするのよ。)

⑰ 正解は❹　("凑热闹 / 添麻烦 tiān máfan"はここでは「邪魔をする」、"看热闹 kàn rènao"は「高みの見物をする」、"凑巧 còuqiǎo"は「折よく」、"凑数 còushù"は「数を合わせる」)

你别来凑热闹了，我已经够发愁的了。
Nǐ bié lái còu rènao le, wǒ yǐjing gòu fāchóu de le.
(お前は邪魔をするなよ、もう十分悩んでいるよ。)

⑱ 正解は❸　("不经意 / 不小心"は「不注意だ」、"不凑巧"は「あいにく」、"不精心 bù jīngxīn"は「念入りではない」、"不介意 bú jièyì"は「気にしない」)

他不经意把飞机票弄丢了。Tā bùjīngyì bǎ fēijīpiào nòngdiū le.
(彼はうっかりして航空券をなくしてしまった。)

⑲ 正解は❶　("聪明一世，糊涂一时"は「聪明な人でも、ときには愚かなことをする」、"平时很聪明，这阵儿却糊涂了"は「普段賢いが、いま愚かになった」、"是个糊涂虫 hútuchóng"は「ばか者だ」、"越来越糊涂了"は「ますますばかになった」、"当事者迷旁观者清 dāng shì zhě mí páng guān zhě qīng"は「はたで見ている者のほうが当事者より物事の是非がよく分かる」)

你怎么聪明一世，糊涂一时呢？ Nǐ zěnme cōngmíng yíshì, hútu yìshí ne?
(あなたはどうして普段聡明なのに、いま愚かなことをするの？)

⑳ 正解は❷　("吃不了兜着走"は「どんな結果になっても自分が責任を取るしかない」、"负一切责任 fù yíqiè zérèn"は「すべての責任を負う」、"吃不开"は「歓迎されない」、"吃不了就打包 dǎbāo"は「食べ切れなかったら持ち帰る」、"吃得消 chīdexiāo"は「耐えられる」)

你还是慎重点儿吧，要是失败了，你可要吃不了兜着走啊！
Nǐ háishi shènzhòng diǎnr ba, yàoshi shībài le, nǐ kě yào chībuliǎo dōuzhe zǒu a!
(少し慎重になったほうがよい、失敗したらあなたは責任を取らなければならないよ。)

(21) 正解は❷ ("大尾巴"はここでは「延期を繰り返す」の意味、"就是没完没了 méi wán méi liǎo 的意思"は「つまりきりがない意味だ」、"就是翘尾巴 qiào wěiba 的意思"は「つまり思いあがる意味だ」、"就是没头没脑 méi tóu méi nǎo 的意思"は「つまり手がかりがない意味だ」、"有头无尾 yǒu tóu wú wěi"は「首尾一貫していない」)

这样的<u>大尾巴</u>会真令人讨厌。Zhèyàng de dàwěiba huì zhēn lìngrén tǎoyàn.
(こんなきりのない会議は本当に嫌だ。)

(22) 正解は❹ ("大摇大摆"は「大威張りで歩く」、"很神气 shénqi，满不在乎 mǎn bu zàihu 的样子"は「生意気、まったく平気な様子」、"边走边摇尾巴 yáo wěiba"は「歩きながら尻尾を振る」、"气急败坏 qìjí bàihuài 的样子"は「激怒する様子」、"不耐烦 bú nàifán 的样子"は「いやがる様子」)

两只黑熊<u>大摇大摆</u>地向我们逼近。
Liǎng zhī hēixióng dà yáo dà bǎi de xiàng wǒmen bījìn.
（2 匹の黒熊は大威張りで迫ってくる。）

(23) 正解は❸ ("动不动"は「〜しがちだ」、"就是经常，或者很容易发生的意思"は「よく起こる、起こりやすい意味だ」、"就是动作敏捷 dòngzuò mǐnjié 的意思"は「動作がすばしこい意味だ」、"就是动不了 dòngbuliǎo 的意思"は「動けない意味だ」、"就是连动都不敢动的意思"は「恐れて動けない意味だ」)

你最近<u>动不动</u>就出错，是不是忙糊涂了?
Nǐ zuìjìn dòngbudòng jiù chūcuò, shì bu shì máng hútu le?
（あなたは最近よくミスを出すが、忙しくて頭がおかしくなったんじゃない？）

(24) 正解は❷ ("倒霉／不走运 zǒuyùn"は「運が悪い、ついていない」、"委屈 wěiqu"は「くやしい」、"痛苦 tòngkǔ"は「苦痛」、"撞大运 zhuàng dàyùn"は「運試しをする」)

今天真<u>倒霉</u>，一出门就摔了一跤。
Jīntiān zhēn dǎoméi, yì chūmén jiù shuāile yì jiāo.
（今日は本当に運が悪い、出かけた途端に転んでしまった。）

(25) 正解は❷ ("对半开／各分一半 gè fēn yí bàn"は「半分ずつ分ける」、"矮半截 ǎi bànjié"は「一段と劣る」、"一星半点 yì xīng bàn diǎn"は「ちょっぴり」、"事倍功半 shì bèi gōng bàn"は「倍の努力をして半分の成果しかあがらない」)

这笔生意做成了的话，咱们<u>对半开</u>吧。
Zhèi bǐ shēngyi zuòchéngle dehuà, zánmen duìbàn kāi ba.

(この商売が成立したら、私たちは5分5分の割合にしましょう。)

(26) 正解は❹ ("耳朵尖/耳朵灵 líng"は「耳がはやい、耳ざとい」、"咬 yǎo 耳朵"は「耳打ちをする」、"耳朵软 ruǎn"は「人の言葉をたやすく信用する」、"耳旁风 ěrpángfēng"は「耳のそばを吹く風」)

没想到爷爷的耳朵会这么尖。Méi xiǎngdào yéye de ěrduo huì zhème jiān.
(おじいちゃんの耳がこんなによいなんて思わなかったよ。)

(27) 正解は❹ ("放空炮/说大话"は「できもしないことを言う、でっかいことを言う」、"马后炮 mǎhòupào"は「後の祭り」、"开空头支票 kāi kōngtóu zhīpiào"は「空小切手を振り出す、口先だけの約束をする」、"放高利贷 fàng gāolìdài"は「高利貸しをする」)

他只会放空炮，实际上什么也不行。
Tā zhǐ huì fàng kōngpào, shíjìshang shénme yě bùxíng.
(彼はできもしないことを言うばかり、実際何もできない。)

(28) 正解は❶ ("跟我过不去/故意难为 nánwei 我"は「私を困らせる」、"兜圈子 dōu quānzi"は「遠回しな言い方をする」、"难为情 nánwéiqíng"は「恥ずかしい」、"过意不去 guòyìbuqù"は「すまないと思う」)

你为什么跟我过不去呢，我哪儿对不起你了?
Nǐ wèi shénme gēn wǒ guòbuqù ne, wǒ nǎr duìbuqǐ nǐ le?
(なぜ困らせるのか、私はあなたにすまないことを何かしたのか。)

(29) 正解は❷ ("高抬贵手"は「お許しください」、"原谅 yuánliàng 他"は「許してあげる」、"留一手 liú yì shǒu"は「奥の手を最後まで残す」、"捧捧场 pěngpeng chǎng"は「声援する、持ち上げる」、"帮助他"は「手伝ってあげる」)

你别跟他计较这点儿小事儿了，就高抬贵手吧。
Nǐ bié gēn tā jìjiào zhèi diǎnr xiǎoshìr le, jiù gāo tái guì shǒu ba.
(こんな些いなことは気にしないで、許してやってください。)

(30) 正解は❶ ("给我上眼药/说我的坏话 huàihuà"は「私を中傷する、私の悪口を言う」、"给我戴高帽 dài gāomào"は「私をおだてる」、"打保票 dǎ bǎopiào"は「保証する」、"打抱不平 dǎ bàobùpíng"は「弱いものに味方する」)

你为什么给我上眼药，我什么时候得罪你了?
Nǐ wèi shénme gěi wǒ shàng yǎnyào, wǒ shénme shíhou dézuì nǐ le?
(あなたはなぜ私の悪口を言うの、私はいつあなたに失礼なことをしたの。)

(31) 正解は❶ ("赶时髦/追求最流行的时尚 zhuīqiú zuì liúxíng de shíshàng"は「流行を追う」、"穿新衣服"は「新しい服を着る」、"化妆 huàzhuāng"は「化粧する」、"烫头发 tàng tóufa"は「パーマをかける」)

女孩儿爱赶时髦也是当然的。Nǚháir ài gǎn shímáo yě shì dāngrán de.
(女の子が流行を追うのを好むのも当たり前のことだ。)

(32) 正解は❸ ("敲警钟"は「警鐘を鳴らす、忠告する」、"警告 jǐnggào"は「警告する」、"提气 tíqì"は「世間の評価を高める」、"拉警报 lā jǐngbào"は「警報を鳴らす」、"提神 tíshén"は「元気をつける」)

我要给你敲个警钟，这样下去是不行的。
Wǒ yào gěi nǐ qiāo ge jǐngzhōng, zhèyàng xiàqu shì bùxíng de.
(君に警鐘を鳴らさなければならない、このままにしてはいけないのだ。)

(33) 正解は❷ ("合得来"は「気が合う」、"关系融洽 guānxi róngqià"は「仲が良い」、"一直保持着联系 yìzhí bǎochízhe liánxì"は「ずっと連絡をとり合っている」、"合口味 hé kǒuwèi"は「口に合う」、"常打交道 cháng dǎ jiāodào"は「いつも行き来する」)

我和同屋的留学生很合得来，常一起出去玩儿。
Wǒ hé tóngwū de liúxuéshēng hěn hédelái, cháng yìqǐ chūqù wánr.
(私は同じ部屋の留学生と気が合うので、よく一緒に遊びに出かける。)

(34) 正解は❹ ("红脸/翻脸 fānliǎn"は「怒り出す」、"做鬼脸儿 zuò guǐliǎnr"は「あかんべえをする」、"拉不下脸来 lābuxià liǎn lái"は「相手のメンツを考える」、"唱白脸 chàng báiliǎn"は「悪玉を演じる」)

是她先红的脸，你怎么光说我呢，太偏向她了。
Shì tā xiān hóng de liǎn, nǐ zěnme guāng shuō wǒ ne, tài piānxiàng tā le.
(彼女が先に怒り出したのにどうして私のことばかりを言うの、彼女をえこひいきしすぎるよ。)

(35) 正解は❷ ("荒唐"は「でたらめだ」、"没有道理 dàoli"は「道理に合っていない」、"骗人 piànrén"は「人を騙す」、"野蛮 yěmán"は「野蛮だ」、"假惺惺 jiǎxīngxīng"は「偽り装うさま」)

你的想法根本实现不了，太荒唐了。
Nǐ de xiǎngfǎ gēnběn shíxiànbuliǎo, tài huāngtáng le.
(君の考え方はまったく実現できない、でたらめすぎる。)

(36) 正解は❷ ("好客"は「客好きだ」、"热情 rèqíng"は「親切だ」、"客气"は「遠

慮する」、"热闹"は「にぎやかだ」、"好奇 hàoqí"は「好奇心がある」)

乡下人比城市人好客。Xiāngxiàrén bǐ chéngshìrén hàokè.
(田舎の人は都会の人より客好きだ。)

(37) 正解は❷ ("活到老学到老／人只要活着就要学习"は「生きている限り勉強しつづける」、"姜还是老的辣 jiāng háishi lǎo de là"は「亀の甲」、"越活越年轻"は「ますます若くなる」、"老人更有见识 jiànshi"は「お年寄りはもっと知識や経験が豊かだ」)

中国人常说，人要活到老学到老。
Zhōngguórén cháng shuō, rén yào huódàolǎo xuédàolǎo.
(中国人はよく言うが、人は生きている限り勉強し続けなければならない。)

(38) 正解は❷ ("不够塞牙缝的"は「歯の隙間に挟むにも足りない、量が少ないこと」、"少得可怜 shǎode kělián"は「可哀そうなほど少ない」、"天衣无缝 tiān yī wú fèng"は「完璧だ」、"喝口凉水都塞牙 hē kǒu liángshuǐ dōu sāiyá"は「水を飲んでも歯に挟まる、まったくついていないことのたとえ」、"小得可怜 xiǎode kělián"は「可哀そうなほど小さい」)

这么点儿吃的，还不够塞牙缝的呢，怎么可能吃饱呢？
Zhème diǎnr chīde, hái búgòu sāi yáfèng de ne, zěnme kěnéng chībǎo ne?
(こんなわずかな食べ物では歯の隙間に挟むにも足りないよ、お腹いっぱいになるはずがないだろう。)

(39) 正解は❷ ("鹤立鸡群"は「鶏群の一鶴」、"格外出众 géwài chūzhòng"は「格別に優れる」、"呆若木鸡 dāi ruò mù jī"は「木彫りの鶏のようにじっとしている、ぽかんとする」、"不上不下 bú shàng bú xià"は「よくも悪くもない」、"鸡毛蒜皮 jīmáo suànpí"は「どうでもいいこと」)

他在我们班里可以说是鹤立鸡群啊！
Tā zài wǒmen bānli kěyǐ shuō shì hè lì jī qún a!
(彼はクラスでは飛びぬけて優秀だといえるよ。)

(40) 正解は❶ ("找借口／找托词 tuōcí"は「口実を探す」、"找机会"は「チャンスを探す」、"找毛病 máobìng"は「あら探しをする」、"找话题 huàtí"は「話題を探す」)

不同意就不同意呗，找什么借口啊！
Bù tóngyì jiù bù tóngyì bei, zhǎo shénme jièkǒu a!
(賛成しないならそれでいいけど、別に口実を探さなくたって。)

(41) 正解は❶ ("交代/解释 jiěshì"は「説明する」、"取代 qǔdài"は「取って代わる」、"交涉 jiāoshè"は「交渉する」、"商量 shāngliang"は「相談する」)

这次考得一塌糊涂，没法儿向爸妈交代了。
Zhèicì kǎode yì tā hú tu, méifǎr xiàng bàmā jiāodài le.
(今回の試験はめちゃくちゃだよ、両親に説明できないよ。)

(42) 正解は❶ ("几个月下来"は「数ヶ月経つ」、"才几个月"は「わずか数ヶ月だ」、"等几个月"は「数ヶ月待つ」、"再过几个月"は「さらに数ヶ月経って」、"几个月以前"は「数ヶ月前に」)

几个月下来，我的存款已经用得差不多了。
Jǐ ge yuè xiàlai, wǒ de cúnkuǎn yǐjing yòngde chàbuduō le.
(数ヶ月経つと、貯金はもうほとんど使ってしまった。)

(43) 正解は❷ ("绝情/无情"は「情がない、冷たい」、"无缘 wúyuán"は「縁がない」、"绝缘 juéyuán"は「絶縁する」、"回绝"は「断る」)

我做梦都没想到他会这么绝情。
Wǒ zuòmèng dōu méi xiǎngdào tā huì zhème juéqíng.
(彼がこんなに無情なんて、夢にも思わなかった。)

(44) 正解は❹ ("讲究/重视"は「凝る、重視する」、"追究 zhuījiū"は「追及する」、"关心"は「関心を持つ」、"拘泥 jūnì"は「こだわる、固執する」)

她讲究衣着打扮。Tā jiǎngjiu yīzhuó dǎbàn.
(彼女は服装、着飾りに凝る。)

(45) 正解は❷ ("加油/助威 zhùwēi"は「応援する」、"勉励 miǎnlì"は「励ます」、"支持 zhīchí"は「支持する、応援する」、"支援 zhīyuán"は「支援する」。"为…勉励/支持/支援"は言わない、「"勉励/支持/支援"＋目的語」のように用います)

他们都在为女子跳水选手加油。
Tāmen dōu zài wèi nǚzǐ tiàoshuǐ xuǎnshǒu jiāyóu.
(彼らはみんな女子飛び込み選手を応援している。)

(46) 正解は❷ ("借父亲的光"は「父親の七光りのおかげだ」、"靠父亲的权势 quánshì"は「父親の権勢を笠に着る」、"借父亲的钱"は「父親のお金を借りる」、"听父亲的话"は「父親の言うことを聞く」、"学父亲的样子"は「父親の様子を真似る」)

他是借父亲的光当上公司经理的。
Tā shì jiè fùqin de guāng dāngshàng gōngsī jīnglǐ de.
(彼は父親の七光りのおかげで、会社の社長になったのだ。)

(47) 正解は❸　("开小差／精神溜号 liūhào"は「気が散る」、"开夜车"は「徹夜する」、"上夜班"は「夜勤をする」、"开玩笑"は「冗談を言う」)

他上课总开小差，成绩当然上不去了。
Tā shàngkè zǒng kāi xiǎochāi, chéngjì dāngrán shàngbuqù le.
(彼は授業中いつも気が散ってしまうので、当然成績が上がらない。)

(48) 正解は❷　("口音很重／说话南腔北调 nán qiāng běi diào 的"は「なまりが強い」、"声音很大"は「声が大きい」、"说得很清楚"は「はっきりと話した」、"口很重"は「塩辛いものが好きだ」)

他口音很重，有时候同学故意逗他。
Tā kǒuyīn hěn zhòng, yǒu shíhou tóngxué gùyì dòu tā.
(彼はなまりが強いので、時々同級生はわざと彼をからかう。)

(49) 正解は❶　("哭笑不得／哭也不是，笑也不是，让人感到毫无办法"は「泣くに泣けず笑うに笑えず、どうしようもない」、"因为心里难过，所以笑得很勉强 miǎnqiǎng"は「悲しいので、しぶしぶ笑った」、"笑得流眼泪 yǎnlèi 了"は「涙が流れるほど笑った」、"一会儿哭，一会儿笑"は「泣いたり笑ったりする」)

妈妈又把演员的名字张冠李戴了，真叫人哭笑不得。
Māma yòu bǎ yǎnyuán de míngzi zhāng guān lǐ dài le, zhēn jiào rén kū xiào bù dé.
(お母さんはまた俳優の名前を間違えた、本当にしょうがないね。)

(50) 正解は❶　("侃大山／闲聊 xiánliáo"は「世間話をする、雑談する」、"套近乎 tào jìnhu"は「なれなれしくする」、"开国际玩笑"は「度の過ぎた冗談を言う」、"打哈哈 dǎ hāha"は「ふざける」)

他整天不干正经事，就会侃大山。
Tā zhěngtiān bú gàn zhèngjing shì, jiù huì kǎn dàshān.
(彼はいつもまともなことをしない、とりとめのない雑談をするばかりだ。)

(51) 正解は❶　("可惜／舍不得 shěbude"は「もったいない」、"舍得"は「惜しいと思わない」、"可怜 kělián"は「可哀そう」、"后悔 hòuhuǐ"は「後悔する」)

这台旧电脑没人用还占地方，扔了又觉得怪可惜的。
Zhè tái jiù diànnǎo méi rén yòng hái zhàn dìfang, rēngle yòu juéde guài kěxī de.
(この古いパソコンは使う人がいないし場所もとる、でも捨てたら逆にとてももったいないと思うのだ。)

(52) 正解は ❶ （"酷爱 / 非常爱好 àihào" は「非常に好きだ」、"有点儿喜欢" は「少し好きだ」、"酷" は「かっこいい」、"非常疼爱 téng'ài" は「とても可愛がる」）

他<u>酷爱</u>文学和书法。Tā kù'ài wénxué hé shūfǎ.
（彼は文学と書道に夢中だ。）

(53) 正解は ❹ （"苦口婆心" は「老婆心ながら忠告する」、"再三恳切 zàisān kěnqiè" は「繰り返し懇切に」、"金口玉言 jīn kǒu yù yán" は「有難いお言葉」、"信口开河 xìn kǒu kāi hé" は「無責任な放言をする」、"出口成章 chū kǒu chéng zhāng" は「言うことがそのまま優れた文章になる」）

她<u>苦口婆心</u>地劝我，我只好答应了。
Tā kǔ kǒu pó xīn de quàn wǒ, wǒ zhǐhǎo dāying le.
（彼女は懇々と私を説得していて、応じるほかないよ。）

(54) 正解は ❸ （"两码事儿 / 不是一回事儿" は「別の事」、"两个号码" は「２つの番号」、"这么回事儿" は「こういう事」、"一回事儿" は「同じ事」）

她们俩各说各的，说的完全是<u>两码事儿</u>。
Tāmen liǎ gè shuō gè de, shuō de wánquán shì liǎng mǎ shìr.
（彼女ら２人は各自自分のことを話し、話しているのはまったく違うことだ。）

(55) 正解は ❶ （"露一手" は「腕前を披露する」、"显示 xiǎnshì 一下" は「見せる」、"饱眼福 bǎo yǎnfú" は「目の保養になる」、"露脸 lòuliǎn" は「面目を施す」、"露面 lòumiàn" は「顔を出す」）

你吉他弹得那么好，今天给大家<u>露一手</u>吧。
Nǐ jítā tánde nàme hǎo, jīntiān gěi dàjiā lòu yì shǒu ba.
（君はギターを弾くのがあんなに上手だから、今日はみんなに腕前を披露してください。）

(56) 正解は ❷ （"溜达溜达" は「ぶらぶらする、散歩する」、"随便走走 suíbiàn zǒuzou" は「適当に散歩する」、"拖拖拉拉 tuōtuōlālā" は「もたもたする」、"走过场 zǒu guòchǎng" は「お茶を濁す」、"随大溜 suí dàliù" は「（事の是非にかかわらず）多数に従う」）

街上可热闹了，你出去<u>溜达溜达</u>吧。
Jiēshang kě rènao le, nǐ chūqu liūdaliūda ba.
（街はとてもにぎやかだよ、ぶらぶらしてくれば。）

(57) 正解は ❷ （"狼吞虎咽" は「大急ぎでがつがつ食べるさま」、"吃得太快" は「食べるのが速い」、"细嚼慢咽 xì jiáo màn yàn" は「よく噛みしめゆっくり飲

み込む」、"什么都吃"は「何でも食べる」、"吃得太多"は「食べる量が多い」)

他好像饿坏了，见了吃的就狼吞虎咽地吃起来了。
Tā hǎoxiàng èhuài le, jiànle chīde jiù láng tūn hǔ yàn de chīqilai le.
(彼は大変お腹がすいたみたい、食べ物が見つかったら大急ぎで食べてしまった。)

(58) 正解は❹ ("里里外外一把手 / 在家里家外都很能干的人"は「外の仕事も家の仕事もてきぱきやれる有能な人」、"猪八戒照镜子里外不是人 zhūbājiè zhào jìngzi lǐwài bú shì rén"は「猪八戒が鏡に顔を映す、そちらもこちらも人間の面相ではない。板挟みになること」、"指公司经理"は「会社の経営者を指す」、"指公司里的骨干"は「会社の中堅を指す」)

你可真是里里外外一把手啊！ Nǐ kě zhēn shì lǐliwàiwài yì bǎ shǒu a!
(あなたは本当に家事でも仕事でもなかなかのやり手だよね。)

(59) 正解は❶ ("懒人 / 懒惰 lǎnduò 的人"は「怠け者」、"节省时间的人"は「時間を節約する人」、"爱生病的人"は「病気になりやすい人」、"耍赖 shuǎlài 的人"は「理不尽なことをする人」)

懒人自有懒办法，你就甭操心了。Lǎnrén zìyǒu lǎn bànfǎ, nǐ jiù béng cāoxīn le.
(怠け者は怠け者しか考え付かない方法があるので、心配しなくてもいいよ。)

(60) 正解は❸ ("冒牌货 / 假货 jiǎhuò"は「偽物」、"名牌 míngpái 商品"は「ブランド品」、"贵重物品"は「貴重なもの」、"货真价实 huò zhēn jià shí 的商品"は「正真正銘な品物」)

这些冒牌货，怎么处理啊？ Zhèxiē màopáihuò, zěnme chǔlǐ a?
(これらの偽物はどう処分するの。)

(61) 正解は❹ ("没门儿 / 没戏 méixì"は「無理だ」、"找不到门在哪儿"は「扉がどこにあるか見つからない」、"没主意 méi zhǔyi"は「思案が浮かばない」、"没影儿 méi yǐngr"は「根拠がない」)

老板要是不给开绿灯的话，那就没门儿了。
Lǎobǎn yàoshi bù gěi kāi lǜdēng dehuà, nà jiù méi ménr le.
(ボスが許可してくれなかったら、もう無理だ。)

(62) 正解は❸ ("没治了"は「すごいもんだ」、"没说的 méishuōde"は「申し分ない」、"没胃口 méi wèikǒu"は「食欲がない」、"没招了 méizhāole"は「いい考えがない」、"没边儿 méibiānr"は「根拠がない」)

用这个蒸锅蒸出来的饺子，简直是没治了。
Yòng zhèige zhēngguō zhēngchulai de jiǎozi, jiǎnzhí shì méizhì le.
(この蒸し鍋で蒸した餃子は最高だ。)

(63) 正解は❶　("忙"は「忙しい、急ぐ、急いでやる、〜の仕度をする」の意味があり、最初の"忙"は「やる」の意味、"干"と置き換えできます、2番目の"忙"は「急ぐ」の意味、"急"と置き換えができます。"紧张 jǐnzhāng"は「緊張する、忙しい」、"辛苦"は「苦労する」)

你先忙你的吧，我这儿不忙，你哪天方便，就哪天来吧。
Nǐ xiān máng nǐ de ba, wǒ zhèr bù máng, nǐ nǎtiān fāngbiàn, jiù nǎtiān lái ba.
(あなたは先に自分のことをやって、私の方は急ぐことではないから、都合のよいときに来ればいいよ。)

(64) 正解は❸　("没准儿／备不住 bèibuzhù"は「もしかしたら〜かもしれない」、"准信儿"は「確実な消息」、"没趣儿"は「つまらない」、"保准儿"は「きっと」)

没准儿他也能去，我去问问他吧。
Méizhǔnr tā yě néng qù, wǒ qù wènwen tā ba.
(彼も行けるかもしれないので、ちょっと彼に聞いてみましょう。)

(65) 正解は❶　("名落孙山／落榜 luòbǎng"は「試験に落第する」、"破纪录 pò jìlù"は「記録を破る」、"留级 liújí"は「留年する」、"落空 luòkōng"は「目的や目標がだめになる」)

我恐怕要名落孙山了，这可怎么办呢？
Wǒ kǒngpà yào míng luò sūn shān le, zhè kě zěnme bàn ne?
(私は恐らく不合格になるだろう、どうしよう？)

(66) 正解は❷　("纳闷儿／无法理解"は「腑に落ちない」、"藏猫猫 cángmāomao"は「かくれんぼうをする」、"闷闷不乐 mèn mèn bú lè"は「機嫌が悪い」、"闷得透不过气来 mēnde tòubuguò qì lai"は「むっとして息が苦しい」)

你在说什么呢，真让人感到纳闷儿。
Nǐ zài shuō shénme ne, zhēn ràng rén gǎndào nàmènr.
(あなたは何を言っているの、本当に腑に落ちないと感じさせる。)

(67) 正解は❶　("拿不起来／不能胜任 shèngrèn"は「任に耐えない」、"拿主意 ná zhǔyi"は「対策を考え出す」、"拿手戏 náshǒuxì"は「得意な演目」、"拿不出手 nábuchū shǒu"は「人前に出すのが恥ずかしい」)

她没干过这样的工作，恐怕一下子拿不起来吧。

Tā méi gànguo zhèyàng de gōngzuò, kǒngpà yíxiàzi nábuqǐlái ba.
(彼女はこんな仕事をしたことがないので、おそらくすぐにはできないだろう。)

(68) 正解は❷ ("长得这么年轻／显得这么年轻"は「こんなに若く見える」、"这么轻率 qīngshuài"は「こんなに軽率だ」、"这么年轻"は「こんなに若い」、"显得这么幼稚 yòuzhì"は「こんなに幼稚に見える」)

没想到她长得这么年轻。Méi xiǎngdào tā zhǎngde zhème niánqīng.
(彼女がこんなに若く見えると思わなかった。)

(69) 正解は❷ ("扭秧歌／跳北方民间舞"は「北方民間舞踊を踊る」、"表演东北地方戏"は「東北地方劇を演じる」、"跳健美操 tiào jiànměicāo"は「エアロビクスをする」、"跳芭蕾舞 tiào bālěiwǔ"は「バレエを踊る」)

最近几年扭秧歌的人多起来了。Zuìjìn jǐ nián niǔ yāngge de rén duōqilai le.
(この数年ヤンコ踊りを踊る人が増えてきた。)

(70) 正解は❷ ("你看你"は「不満や非難の気持ちを表す」、"怎么搞的"は「とんだことをしたね、どうしたわけか」、"你说呢"は「君はどう思うか」、"怎么办呢"は「どうしたらよいだろうか」、"哪儿的话"は「どういたしまして」)

你看你，竟然把玻璃碰碎了。Nǐ kàn nǐ, jìngrán bǎ bōli pèngsuì le.
(なんだ、ガラスを割ってしまったなんて。)

(71) 正解は❶ ("拿钱打水漂"は「お金を無駄に使う」、"浪费 làngfèi 钱"は「お金を浪費する」、"打小算盘 xiǎosuànpan"は「損得勘定をする」、"打水仗 shuǐzhàng"は「水合戦をする」、"在河边玩儿水"は「川のふちで水遊びをする」)

挣钱多么不容易，你可不能拿钱打水漂啊！
Zhèngqián duōme bù róngyì, nǐ kě bù néng ná qián dǎ shuǐpiāo a!
(お金を稼ぐのがどんなに難しいことか、お金を無駄にしてはいけないよ。)

(72) 正解は❶ ("捏一把汗"は「（心配して）手に汗を握る」、"担心 dānxīn"は「心配する」、"操心 cāoxīn"は「苦労する」、"出一身汗 yìshēn hàn"は「全身汗をかく」、"出满头大汗 mǎntóu dàhàn"は「頭にいっぱい汗をかく」)

我每次看杂技的时候，都为那些演员捏一把汗。
Wǒ měicì kàn zájì de shíhou, dōu wèi nàxiē yǎnyuán niē yì bǎ hàn.
(私は毎回雑技を鑑賞するとき、手に汗を握るほど役者のことを心配する。)

(73) 正解は❷ ("牛头不对马嘴"は「ちぐはぐだ」、"答非所问 dá fēi suǒ wèn"は

「とんちんかんの返答をする」、"对牛弹琴 duì niú tán qín"は「馬の耳に念仏」、"画蛇添足 huà shé tiān zú"は「余計なものを付け加える」、"九牛二虎之力 jiǔ niú èr hǔ zhī lì"は「非常に大きな力」)

你的回答是否有点儿牛头不对马嘴呢？
Nǐ de huídá shìfǒu yǒudiǎnr niútóu búduì mǎzuǐ ne?
(君の答えはちょっととんちんかんだ。)

(74) 正解は❷ ("泡蘑菇"は「時間をつぶす」、"故意拖延 tuōyán 时间"は「時間稼ぎをする」、"挤时间"は「時間を割く」、"赶 gǎn 时间"は「時間に間に合わせる」、"花时间"は「時間がかかる」)

别泡蘑菇了，快点儿干吧。Bié pào mógu le, kuài diǎnr gàn ba.
(だらだらと時間をつぶさないで、はやくしましょう。)

(75) 正解は❶ ("碰钉子/碰一鼻子灰 pèng yì bízi huī"は「断られる」、"吃亏 chīkuī"は「損をする」、"上当受骗 shàngdàng shòupiàn"は「ペテンにひっかかる」、"碰运气 pèng yùnqi"は「運試しをする」)

谁叫你非得这个时候去找他，不碰钉子才怪呢。
Shéi jiào nǐ fēiděi zhèige shíhou qù zhǎo tā, bú pèng dīngzi cái guài ne.
(こんなときに彼を訪ねて、ひじ鉄を食わない方がおかしいよ。)

(76) 正解は❸ ("泼冷水"は「水を差す」、"打击 dǎjī 别人的热情"は「人のやる気を挫く」、"讽刺 fěngcì 人"は「人を皮肉る」、"救火 jiùhuǒ"は「消防する」、"洗冷水澡"は「冷水浴をする」)

别泼冷水，我们正在兴头上呢。
Bié pō lěngshuǐ, wǒmen zhèngzài xìngtóushang ne.
(水を差さないで、私たちは調子が出ている最中だよ。)

(77) 正解は❷ ("赔不是/认错"は「謝る」、"赔款 péikuǎn"は「賠償金を支払う」、"赔本"は「元金を割る」、"认帐 rènzhàng"は「自分のしたことを認める」)

别生我的气了，我向你赔不是就行了吧。
Bié shēng wǒ de qì le, wǒ xiàng nǐ péi búshi jiù xíng le ba.
(もう怒らないで、私が謝ったら、それでいいでしょう。)

(78) 正解は❸ ("婆婆妈妈/啰啰唆唆 luōluōsuōsuō"は「(言葉が)くどい」、"犹犹豫豫 yóuyóuyùyù"は「ぐずぐず迷う」、"慢慢悠悠 mànmanyōuyōu"は「悠々として」、"磨磨蹭蹭 mómocèngcèng"は「ぐずぐずする」)

妈妈总是婆婆妈妈地说起来没完。
Māma zǒngshì pópomāmāde shuōqilai méi wán.
(お母さんはいつもくどくど話が終わらないよ。)

(79) 正解は❸ ("七上八下"は「心が乱れるさま」、"乱七八糟 luàn qī bā zāo"は「（心が）乱れているさま、（荷物が）散らかっているさま」、"横七竖八 héng qī shù bā"は「ごちゃごちゃと物が乱れているさま」、"乌七八糟 wū qī bā zāo"は「めちゃくちゃなさま」、"十拿九稳 shí ná jiǔ wěn"は「十分に見込みがある」)

我心里七上八下的，结果能怎么样一点儿底也没有。
Wǒ xīnli qī shàng bā xià de, jiéguǒ néng zěnmeyàng yìdiǎnr dǐ yě méiyǒu.
(どうしようか分からないほど気持ちが乱れている、結果はどうなるかまったく自信がない。)

(80) 正解は❷ ("起码 / 至少"は「少なくとも」、"至于"は「〜については」、"起始价"は「スタート料金」、"起头"は「始める、音頭をとる」)

起码得保证一天三顿饭吧，不然怎么干活儿啊？
Qǐmǎ děi bǎozhèng yì tiān sān dùn fàn ba, bùrán zěnme gàn huór a?
(少なくとも1日3食を保証しなければならないでしょう、さもなければ、どうやって仕事をするの。)

(81) 正解は❶ ("瞧不起 / 看不起"は「見下げる」、"看不透 kànbutòu"は「見抜けない」、"看不过去"は「見ていられない」、"猜不出来"は「推測がつかない」)

谁都怕别人瞧不起自己。Shéi dōu pà biéren qiáobuqǐ zìjǐ.
(誰もが人に見下されるのが嫌だ。)

(82) 正解は❹ ("热销起来"は「売れ行きがよくなってくる」、"好卖"は「よく売れる」、"时髦 shímáo"は「モダンだ」、"大减价 jiǎnjià"は「大安売り」、"没有货"は「売り切れ」)

一进入冬季，保暖内衣就热销起来了。
Yí jìnrù dōngjì, bǎonuǎn nèiyī jiù rèxiāoqilai le.
(冬に入った途端保温服は売れ行きがよくなってきた。)

(83) 正解は❷ ("惹祸 / 惹事生非 rě shì shēng fēi"は「トラブルを引き起こす」、"闹着玩儿 / 闹笑话"は「ふざける」、"凑趣儿 còuqùr"は「興趣を添える」)

这孩子总在外面惹祸，太让妈妈操心了。
Zhè háizi zǒng zài wàimiàn rěhuò, tài ràng māma cāoxīn le.

(この子はよく外でトラブルを引き起こすので、お母さんは大変苦労した。)

(84) 正解は❶ ("撒谎/说假话 jiǎhuà"は「嘘をつく」、"说笑话"は「笑い話を言う」、"说错话"は「言い間違える」、"说闲话"は「無駄口をたたく」)

谁要是说自己没撒过谎，那么现在就是在撒谎。
Shéi yàoshi shuō zìjǐ méi sāguo huǎng, nàme xiànzài jiùshì zài sāhuǎng.
(誰かがもし自分は嘘をついたことがないと言ったら、それはいままさに嘘を言っているところだ。)

(85) 正解は❶ ("三下五除二"は「てきぱきと片付けることのたとえ」、"非常迅速 xùnsù"は「とても素早く」、"办事不认真，粗心大意"は「仕事に不真面目で、そそっかしい」、"小心翼翼 xiǎo xīn yì yì，按部就班 àn bù jiù bān"は「注意深く、一定の順序に従って進める」、"打算盘"は「そろばんをはじく」)

他二话不说，三下五除二就把这件事处理完了。
Tā èrhuà bù shuō, sān xià wǔ chú èr jiù bǎ zhè jiàn shì chǔlǐwán le.
(彼は少しも文句を言わずに、てきぱきとこの件を片付けた。)

(86) 正解は❶ ("上瘾/着魔 zháomó"は「夢中になる」、"过瘾 guòyǐn"は「十分に満足する」、"开心"は「嬉しい」、"顾不上 gùbushàng"は「余裕がない」)

她一玩儿扒金库就上瘾，连孩子都不管了。
Tā yì wánr pájīnkù jiù shàngyǐn, lián háizi dōu bù guǎn le.
(彼女はパチンコをすると夢中になる、子供の相手もしなくなってしまう。)

(87) 正解は❶ ("伤脑筋/费心思"は「頭を悩ます」、"动脑筋"は「頭を働かせる」、"伤身体"は「体を悪くする」、"伤感情"は「感情を害する」)

每当参加宴会时，她都为穿什么衣服伤脑筋。
Měidāng cānjiā yànhuì shí, tā dōu wèi chuān shénme yīfu shāng nǎojīn.
(宴会に参加するたびに、彼女はいつもどんな服を着ようかと悩む。)

(88) 正解は❶ ("是块料/是个人才"は「（優れた）人材だ」、"发烧友 fāshāoyǒu"は「マニア」、"大路货 dàlùhuò"は「大衆品」、"成问题"は「問題になる」)

这小伙子真是块料，将来会成大气候的。
Zhè xiǎohuǒzi zhēn shì kuài liào, jiānglái huì chéng dà qìhou de.
(この若者は本当に有能な人だ、将来見込みがあるだろう。)

(89) 正解は❷ ("耍花招"は「小細工を弄る、インチキをする」、"玩儿弄巧妙的骗人计策 wánrnòng qiǎomiào de piàn rén jìcè"は「インチキをする」、"走形式 zǒu xíngshì"は「格好をつける」、"吹冷风 chuī lěngfēng"は「水を差す」、"耍

脾气 shuǎ píqi"は「わがままを起こす」)

他一点儿诚意都没有，净跟我耍花招。
Tā yìdiǎnr chéngyì dōu méiyǒu, jìng gēn wǒ shuǎ huāzhāo.
(彼はまったく誠意がない、私を騙そうとたくらんでいるばかりだ。)

(90) 正解は❷　("傻眼"は「びっくりして茫然とする」、"惊得目瞪口呆 jīngde mù dèng kǒu dāi, 不知如何 rúhé 是好"は「びっくりして茫然とした、どうすればいいか分からない」、"眼睛坏了"は「目が悪くなる」、"看花眼 huāyǎn"は「目がくらむ、目がちかちかする」、"没有眼力"は「見る目がない」)

他一下子输掉了一大笔钱，这下可傻眼了。
Tā yíxiàzi shūdiàole yí dà bǐ qián, zhèxià kě shǎyǎn le.
(彼は賭け事でいきなり大金をなくしてしまったので、今度こそ茫然となった。)

(91) 正解は❷　("手头紧巴巴"は「手元にお金が足りない」、"经济上比较紧张"は「懐具合が苦しい」、"经济上很宽裕 kuānyù"は「懐具合がよい」、"考试的时候很紧张"は「試験のとき緊張する」、"工作比较紧张"は「仕事が忙しい」)

我现在手头紧巴巴的，什么都不敢买。
Wǒ xiànzài shǒutóu jǐnbābā de, shénme dōu bù gǎn mǎi.
(私はいま懐具合が悪いので、何も買えない。)

(92) 正解は❶　("神不知，鬼不觉 / 偷偷 tōutōu"は「ひそかに」、"乖乖 guāiguāi"は「おとなしい」、"慢慢"は「ゆっくりと」、"沉住气 chénzhùqì"は「慌てない」)

他神不知，鬼不觉地溜了。Tā shén bù zhī, guǐ bù jué de liū le.
(彼はこっそりと逃げてしまった。)

(93) 正解は❷　("酸甜苦辣 / 幸福和痛苦 xìngfú hé tòngkǔ"は「つらいことや楽しいこと」、"独特风味 dútè fēngwèi"は「独特な味」、"酸溜溜 suānliūliū"は「酸っぱい」、"甜言蜜语 tián yán mì yǔ"は「甘い言葉」)

人生的酸甜苦辣，他都尝过了。
Rénshēng de suān tián kǔ là, tā dōu chángguo le.
(人生のつらいことや楽しいことを、彼は全部味わった。)

(94) 正解は❷　("叫不上来 / 叫不出来"は「なんというか言えない」)

很多花的名字我都叫不上来。Hěn duō huā de míngzi wǒ dōu jiàobushànglái.
(私は多くの花の名前がなんというか言えない。)

(95) 正解は❷ ("书呆子一个／一个死读书的人"は「まったくの世間知らず」、"傻瓜 shǎguā 一个"は「間抜け」、"废物 fèiwu 一个"は「ろくでなし」、"工作狂 gōngzuòkuáng"は「仕事の虫」。「名詞＋数量詞」の語順で使うこともあります。軽視や賞賛のニュアンスを込めています）

你真是书呆子一个，一点儿也不会搞人际关系。
Nǐ zhēn shì shūdāizi yí ge, yìdiǎnr yě bú huì gǎo rénjì guānxì.
（お前は本当にまったくの世間知らず、人との交際が少しもできない。）

(96) 正解は❹ ("头头是道／很有逻辑性 luójixìng"は「いちいち道理がある、論理的だ」、"头头脑脑 tóutóunǎonǎo"は「お歴々」、"完全没有道理 dàoli"は「まったく道理がない」、"虎头虎脑 hǔ tóu hǔ nǎo"は「丈夫で元気なさま」）

他讲得头头是道，令人佩服啊！Tā jiǎngde tóu tóu shì dào, lìngrén pèifu a!
（彼は１つ１つ筋道立てて話した、本当に感服するよ。）

(97) 正解は❸ ("团团转"は「目が回る、てんてこ舞いだ」、"不可开交 bù kě kāi jiāo"は「どうしようもない」、"惊慌失措 jīnghuāng shīcuò"は「驚いて度を失う」、"颠倒黑白 diān dǎo hēi bái"は「黒白を逆転させる」、"忙里偷闲 máng lǐ tōu xián"は「忙しい中に暇を見つけ出す」）

最近连星期天都得加班，简直忙得团团转。
Zuìjìn lián xīngqītiān dōu děi jiābān, jiǎnzhí mángde tuántuánzhuàn.
（最近は日曜日も残業しなければならない、まったく忙しくててんてこ舞いだ。）

(98) 正解は❶ ("拖后腿"は「後ろから足を引っ張る」、"阻拦 zǔlán"は「止める」、"赶鸭子上架 gǎn yāzi shàng jià"は「アヒルを止まり木に追い上げる、できないことを無理にやらせるたとえ」、"毛手毛脚 máoshǒu máojiǎo"は「そそっかしいさま」、"飞毛腿 fēimáotuǐ"は「足の速い人」）

你想去外国工作的话，我绝不会拖后腿的。
Nǐ xiǎng qù wàiguó gōngzuò dehuà, wǒ jué bú huì tuō hòutuǐ de.
（あなたが外国で仕事をしたいのなら、絶対に足を引っ張りません。）

(99) 正解は❷ ("提前一点儿"は「少し繰り上げ」、"比预定时间早一点儿"は「予定より少しはやい」、"比预定 yùdìng 时间晚一点儿"は「予定より少し遅い」、"按照预定时间"は「予定通り」、"提高一点儿速度"は「少し速度をあげる」）

刚才接到他的电话，问我们能不能提前一点儿出发。
Gāngcái jiēdào tā de diànhuà, wèn wǒmen néng bu néng tíqián yìdiǎnr chūfā.

(さっき彼から電話がかかってきて、予定より少しはやく出発できるかと聞かれた。)

(100) 正解は❹ ("通不了"は「不通になる」、"开不了"は「（電車などが）発車できない」、"走不动"は「（疲れて）歩けない」、"打不开"は「開けられない」、"离不开"は「離れられない」)

听说因暴雨铁路沿线发生了山崩，电车都通不了了。
Tīngshuō yīn bàoyǔ tiělù yánxiàn fāshēngle shānbēng, diànchē dōu tōngbuliǎo le.
(豪雨で鉄道沿線に山崩れが起こったので、電車が不通になった。)

(101) 正解は❹ ("不是味儿／不是滋味儿 zīwèir"は「嫌な感じがする」、"发霉 fāméi"は「カビが生える」、"饱口福 bǎo kǒufú"は「御馳走をいっぱい食べる」、"离题 lítí"は「話が脱線する」)

她的话，我怎么越听越觉得不是味儿呢。
Tā de huà, wǒ zěnme yuè tīng yuè juéde bú shì wèir ne.
(彼女の話はどうして聞けば聞くほど嫌な気分になるんだろう。)

(102) 正解は❸ ("歪打正着"は「怪我の功名」、"无意中却取得了满意的结果"は「たまたま満足した結果を得た」、"被别人打了"は「人に殴られた」、"字写得歪歪扭扭 wāiwāiniǔniǔ 的"は「字の書き方が曲がっている」、"没打中 dǎzhòng"は「命中しなかった」)

没想到歪打正着，竟然成功了。
Méi xiǎngdào wāi dǎ zhèng zháo, jìngrán chénggōng le.
(怪我の功名で、なんと成功するとは思わなかった。)

(103) 正解は❹ ("问长问短"は「いろいろと尋ねる」、"细心地打听情况 xìxīnde dǎtīng qíngkuàng"は「細かく状況を尋ねる」、"刨根问底 páo gēn wèn dǐ"は「とことん追究する」、"长话短说 cháng huà duǎn shuō"は「長い話を短く話す」、"热情地打招呼 dǎ zhāohu"は「親切に挨拶する」)

一回到家里妈妈就问长问短的。
Yì huídào jiāli māma jiù wèn cháng wèn duǎn de.
(実家に帰るとお母さんはあれこれと聞きたがる。)

(104) 正解は❹ ("无风不起浪"は「風がなければ波は立たない、原因なくして事は起こらない」、"事出有因 shì chū yǒu yīn"は「事の起こりには原因がある」、"天有不测风云 tiān yǒu bú cè fēngyún"は「天に不測の風雲あり、禍はいつやってくるかわからない」、"风平浪静 fēng píng làng jìng"は「風もなく波も静かだ」、

"山雨欲来风满楼 shānyǔ yù lái fēng mǎn lóu" は「山雨来たらんと欲して風楼に満つ、一触即発の雰囲気」)

无风不起浪，我看这件事也许是真的呢。
Wú fēng bù qǐ làng, wǒ kàn zhèi jiàn shì yěxǔ shì zhēn de ne.
(風がなければ波は立たない（火のないところに煙は立たぬ）ので、このことは本当のことかもしれないと思う。)

(105) 正解は❶ ("网虫／网迷"は「インターネットオタク」、"网眼"は「網の目」、"网球迷"は「テニスファン」、"网友"は「ネット仲間」)

现在整天泡在网吧的网虫越来越多了。
Xiànzài zhěngtiān pàozài wǎngba de wǎngchóng yuè lái yuè duō le.
(最近は1日中ネット・カフェで時間をつぶすネットマニアがますます増えている。)

(106) 正解は❹ ("下不来台／丢面子 diū miànzi"は「顔をつぶす」、"下台阶 xià táijiē"は「窮地を逃れる」、"脸皮厚 liǎnpí hòu"は「ずうずうしい」、"爱面子 ài miànzi"は「体裁にこだわる」)

你在那么多人面前说我，真让我下不来台。
Nǐ zài nàme duō rén miànqián shuō wǒ, zhēn ràng wǒ xiàbulái tái.
(大勢の人の前で私を叱るなんて、本当にメンツがつぶされたよ。)

(107) 正解は❷ ("小气／吝啬 lìnsè"は「けちだ」、"敲竹杠 qiāo zhúgàng"は「人の弱みに付け込んでゆする」、"小心眼儿 xiǎoxīnyǎnr"は「心が狭い」、"孩子气 háiziqì"は「大人気ない」)

你才小气呢，一毛都不拔。Nǐ cái xiǎoqi ne, yì máo dōu bù bá.
(あなたこそけちだよ、一文の金も出さない。)

(108) 正解は❷ ("下来／上市 shàngshì"は「市場に出回る」、"畅销 chàngxiāo"は「よく売れる」、"上台"は「舞台に出る」、"出口"は「輸出する、出口」)

樱桃已经下来了，买点儿吃吧。Yīngtáo yǐjing xiàlai le, mǎi diǎnr chī ba.
(サクランボは既に市場に出回っている、ちょっと買って食べるよ。)

(109) 正解は❷ ("動詞＋上"は動作が開始し、あるものに到達し、まさに進行していることを表すことができます。"下上雨了／下起雨了"は「雨が降り出した」)

哎呀，外边又下上雨了。Āiyā, wàibiān yòu xiàshang yǔ le.

（あら、外はまた雨が降り出した）

(110) 正解は❹ （"严谨"は「厳密だ」、"滴水不漏 dī shuǐ bú lòu"は「一滴の水も漏れない、一分の隙間もないたとえ」、"滴水成冰 dī shuǐ chéng bīng"は「滴る水が凍る」、"生硬 shēngyìng"は「堅苦しい」、"周到 zhōudao"は「行き届いている」）

她说的每句话，都像一条条经过验证的公式一样严谨。Tā shuō de měi jù huà, dōu xiàng yì tiáotiáo jīngguò yànzhèng de gōngshì yíyàng yánjǐn.
（彼女の言った話のすべては、1つ1つ検証された法則みたいに厳密だ。）

(111) 正解は❶ （"眼熟"は「見覚えがある」、"好像见过"は「会ったことがあるようだ」、"不起眼 bù qǐyǎn"は「目立たない」、"开眼界 kāi yǎnjiè"は「視野を広くする」、"看惯了 kànguàn le"は「見慣れた」）

总觉得看着眼熟，原来去年在北大见过你啊！
Zǒng juéde kànzhe yǎnshú, yuánlái qùnián zài Běidà jiànguo nǐ a!
（見覚えがあると思ったら、なんだ去年北京大学で会ったんだ。）

(112) 正解は❷ （"硬着头皮干"は「痩せ我慢する」、"勉强 miǎnqiǎng"は「無理にする」、"走极端 zǒu jíduān"は「極端に走る」、"不服气 fúqì"は「納得しない」、"气馁 qìněi"は「弱気になる」）

你不舒服的话，就不要硬着头皮干了。
Nǐ bù shūfu dehuà, jiù bú yào yìngzhe tóupí gàn le.
（体調が悪かったら無理しなくてもいいよ。）

(113) 正解は❷ （"有分寸"は「度合いをわきまえる」、"恰到好处 qià dào hǎo chù"は「ちょうどよい程度だ」、"有礼貌 lǐmào"は「礼儀正しい」、"没深没浅 méi shēn méi qiǎn"は「度合いをわきまえない」、"出色 chūsè"は「すばらしい」）

他说话也好，办事也好，都很有分寸。
Tā shuōhuà yěhǎo, bànshì yěhǎo, dōu hěn yǒu fēncun.
（彼は話しても何かをしても、いつも行き過ぎることがない。）

(114) 正解は❶ （"有两下子 / 了不起"は「たいしたものだ」、"不得已"は「やむを得ない」、"不得不"は「～せざるを得ない」、"了事 liǎoshì"は「事をすます」）

你真有两下子，钢琴弹得这么好。
Nǐ zhēn yǒu liǎngxiàzi, gāngqín tánde zhème hǎo.
（あなたは本当にたいしたものだ、ピアノがこんなに上手なんて。）

(115) 正解は❸ （"有的是"は「たくさんある」、"要多少有多少"は「いくらでもあ

る」、"多多益善 duō duō yì shàn"は「多ければ多いほどよい」、"有什么吃什么"は「あるものを何でも食べる」、"丰富多彩 fēng fù duō cǎi"は「多彩だ」)

现在和过去大不一样了，好吃的东西有的是。
Xiànzài hé guòqù dà bù yíyàng le, hǎochī de dōngxi yǒudeshì.
(いまは昔とだいぶ違うよ、美味しいものはいくらでもある。)

(116) 正解は❷ ("一时半会儿/短时间内"は「短い期間」、"一知半解 yì zhī bàn jiě"は「生かじり」、"一个半小时"は「1時間半」、"时时刻刻"は「時々刻々」)

看样子，这雨一时半会儿也停不了。
Kàn yàngzi, zhè yǔ yìshí bànhuìr yě tíngbuliǎo.
(見る感じでは雨がちょっとの間止まなそうだよ。)

(117) 正解は❹ ("有眉目/有线索 xiànsuǒ"は「目処がつく」、"有鼻子有眼儿"は「話やうそが本物そっくりだ」、"鼻子 bízi 不是鼻子，脸 liǎn 不是脸"は「顔を引きつらせて怒る様子」、"有头有脸"は「地位がある」)

这起诈骗案已经有眉目了吗？ Zhè qǐ zhàpiàn'àn yǐjing yǒu méimu le ma?
(この詐欺の案件はもう目処がついたの？)

(118) 正解は❸ ("一模一样/酷似 kùsì"は「そっくりだ」、"完全不一样"は「まったく違う」、"清一色 qīngyísè"は「すべて同じだ」、"有点儿像"は「少し似ている」)

怪不得她们俩长得一模一样，原来她们是双胞胎啊！
Guàibude tāmen liǎ zhǎngde yì mú yí yàng, yuánlái tāmen shì shuāngbāotāi a!
(道理で彼女たち2人はそっくりなわけだ、もともと彼女たちは双子だったのか。)

(119) 正解は❷ ("一块石头落了地/放下心来"は「ほっとした」、"有了着落 yǒule zhuóluò"は「見通しがあった」、"一步登天 yí bù dēng tiān"は「いきなり出世する」、"石沉大海 shí chén dà hǎi"は「石が海に沈む、消息がないたとえ」)

接到录取通知书后，总算一块石头落了地。
Jiēdào lùqǔ tōngzhīshū hòu, zǒngsuàn yí kuài shítou luòle dì.
(合格通知書を受け取って、やっとのことで安心した。)

(120) 正解は❶ ("一来二去/渐渐地 jiànjiànde"は「だんだんと」、"一而再，再而三 yì ér zài, zài ér sān"は「再三再四」、"一见倾心 yí jiàn qīng xīn"は「一目ぼれをする」、"来龙去脉 lái lóng qù mài"は「いきさつ」)

他们俩一来二去地就互相喜欢上了。
Tāmen liǎ yì lái èr qù de jiù hùxiāng xǐhuanshang le.
(彼ら2人はそうこうするうちにお互いを好きになった。)

(121) 正解は❷ ("有一搭没一搭"は「あってもなくてもかまわない」、"不理不睬 bù lǐ bù cǎi"は「相手にしない」、"装得一本正经的样子 zhuāngde yì běn zhèng jīng de yàngzi"は「真面目腐った様子をする」、"挑字眼儿 tiāo zìyǎnr"は「言葉じりをとらえる、あら搜しをする」、"鸡蛋里挑骨头 jīdànli tiāo gǔtou"は「あら搜しをする」)

他对我总是有一搭没一搭的，真是令人伤心。
Tā duì wǒ zǒngshì yǒu yìdā méi yìdā de, zhēnshì lìngrén shāngxīn.
(彼はいつも相手にしてくれないので、本当に悲しくなる。)

(122) 正解は❷ ("扬长避短/发扬长处避开短处"は「長所を発揮し、短所を避ける」、"只看长处不看短处"は「長所だけを見て短所をそらす」、"报喜不报忧 bàoxǐ bú bàoyōu"は「喜ばしいことだけを伝え、不都合なことは伝えない」、"只看到利益看不到损失"は「利益だけは目に入るが、損失は目に入らない」)

你知道"扬长避短"是什么意思吗？
Nǐ zhīdao "yáng cháng bì duǎn" shì shénme yìsi ma?
(あなたは"扬长避短"の意味を知っているの。)

(123) 正解は❷ ("不是时候/不巧"は「タイミングが悪い」、"巧妙 qiǎomiào"は「巧みだ」、"不到火候 huǒhou"は「(学問や技能などの)水準はまだ円熟の域に達していない」、"微妙 wēimiào"は「微妙だ」)

你来的真不是时候，他刚出去。Nǐ lái de zhēn bú shì shíhou, tā gāng chūqu.
(タイミングの悪いときに来たね、彼は出かけたばかりだ。)

(124) 正解は❹ ("钻牛角尖"は「つまらないことをいつまでも追求する」、"死认真"は「すごく真面目、くそ真面目」、"走冤枉路 zǒu yuānwanglù"は「無駄足を踏む」、"捉迷藏 zhuō mícáng"は「鬼ごっこをする」、"钻空子 zuān kòngzi"は「隙に乗じる」)

这样做根本行不通，别钻牛角尖了。
Zhèyàng zuò gēnběn xíngbutōng, bié zuān niújiǎojiān le.
(このようなやり方はまったく通用しない、つまらないことに頭を悩まさないでください。)

(125) 正解は❷ ("这山望着那山高/看别人家的花香 huāxiāng"は「よその物はよ

く見える、隣の花は紅い」、"眼高手低 yǎn gāo shǒu dī"は「要求は高いが実力が伴わない」、"山中无老虎，猴子称大王 shānzhōng wú lǎohǔ, hóuzi chēng dàiwáng"は「鳥なき里のこうもり、優秀な人物がいないところでは、少しの能力でも威張れる」、"打肿脸充胖子 dǎzhǒng liǎn chōng pàngzi"は「やせ我慢をする」）

你不要总是这山望着那山高，这份工作不是很好吗？Nǐ bú yào zǒngshì zhè shān wàngzhe nà shān gāo, zhè fèn gōngzuò bú shì hěn hǎo ma?
（他人のことを羨ましがってはいけない、この仕事は結構よいじゃないか。）

(126) 正解は❸ （"睁一只眼闭一只眼"は「片目を見開き、片目をつぶる。見て見ぬふりをする」、"假装 jiǎzhuāng 没看见"は「見て見ぬふりをする」、"送秋波 sòng qiūbō"は「ウインクする」、"白眼儿狼 báiyǎnrláng"は「恩知らずの人」、"没睡醒 shuìxǐng 的样子"は「寝不足の様子」）

无关紧要的一点儿小事，睁一只眼闭一只眼就算了吧。
Wú guān jǐn yào de yìdiǎnr xiǎoshì, zhēng yì zhī yǎn bì yì zhī yǎn jiù suàn le ba.
（あまり重要でないことには目をつぶってそれでいいでしょう？）

(127) 正解は❶ （"正赶上／正好"は「ちょうど」、"真好"は「本当によい」、"赶得上 gǎndeshàng"は「間に合う」、"赶不上"は「間に合わない」）

是啊，那天正赶上她也在。Shì a, nàtiān zhèng gǎnshang tā yě zài.
（そうですね、あの日ちょうど彼女も居合わせました）

(128) 正解は❷ （"做两手准备／对可能发生的两种情况都采取预防措施 cǎiqǔ yùfáng cuòshī"は「起こり得る２つの可能性に備える」、"两全其美 liǎng quán qí měi"は「双方とも円満にまとめる」、"精神准备"は「心の準備」、"两手空空 liǎngshǒu kōngkōng"は「何も得られずに」）

我们应该做两手准备，才能有备无患。
Wǒmen yīnggāi zuò liǎngshǒu zhǔnbèi, cái néng yǒu bèi wú huàn.
（私たちは相反する２つの場合に備えて準備すべきだ、それこそ備えあれば憂いなし。）

(129) 正解は❷ （"真人不露相"は「能ある鷹は爪を隠す」、"真正有实力的人并不显示 xiǎnshì 自己"は「本当に実力のある人は決して自分を誇示しない」、"干坏事的人早晚都会露馅儿 lòuxiànr"は「悪いことをやる人は遅かれ早かればれるものだ」、"世上无难事，只怕有心人 shìshàng wú nánshì, zhǐ pà yǒuxīnrén"は「世の中には難しいことはない、ただ心がけ次第である」、"路

遥知马力，日久见人心 lù yáo zhī mǎlì, rì jiǔ jiàn rénxīn"は「長い道を乗ってみれば馬の力が分かり、久しく付き合ってみれば人の心が分かる」）

你画儿画得真棒，这才叫真人不露相呢。
Nǐ huàr huàde zhēn bàng, zhè cái jiào zhēnrén búlòuxiàng ne.
（あなたは絵を描くのが本当に素晴らしい、これこそ能ある鷹は爪を隠すというものだ。）

(130) 正解は❹ （"转过头／回过头"は「振り返る」、"低下头 dīxia tóu"は「頭を下げる」、"抬起头 táiqi tóu"は「頭を上げる」、"摇着头 yáozhe tóu"は「頭を横に振っている」）

她转过头兴奋地说，我终于考上了。
Tā zhuǎnguo tóu xīngfènde shuō, wǒ zhōngyú kǎoshang le.
（彼女は振り向いて、やっと受かったと、嬉しそうに言った。）

3 空欄補充（130問）

空欄補充問題は副詞、量詞、名詞、動詞、形容詞、前置詞、接続詞など様々な品詞が含まれ、更に可能補語、熟語もよく出題されます。解答 P224

次の中国語の空欄を埋めるのに最も適当なものを，それぞれ①〜④の中から1つ選びなさい。

(1) 星星调皮地眨巴着眼睛，（　）在对我说，等你长大了就懂了。
①显得　　　②比如　　　③简直　　　④仿佛

(2) 那家伙鬼鬼祟祟的，（　）要偷东西似的。
①似乎　　　②好像　　　③倒是　　　④几乎

(3) 等下次回国，我（　）去看望你。
①一定　　　②千万　　　③断定　　　④必要

(4) 即便是朋友，在金钱上彼此之间也应该保持（　）的距离。
①固定　　　②规定　　　③肯定　　　④一定

(5) 开车上下班的话，就（　）挤车了啊！
①不可　　　②不必　　　③未必　　　④何必

(6) 没想到这件事儿会来得这么（　）。
①忽然　　　②必然　　　③突然　　　④当然

(7) 这栋楼可真奇特，我明明是从一楼上到三楼的，可推门一看，面前（　）是条马路。
①究竟　　　②固然　　　③仍然　　　④竟然

(8) （　）不出我所料，他只是想吓唬吓唬我。
①果然　　　②必然　　　③终于　　　④居然

(9) 原来是你啊，你不跟我打招呼的话，我（　）认不出来了。
①反正　　　②勉强　　　③不然　　　④根本

(10) 我光顾赶路了，（　）没被石头绊倒了。
①差点儿　　②差多了　　③还是　　　④刚才

(11) 总的来说，我们公司的待遇还算可以，不过比大公司可（　）。
①几乎　　　②差多了　　③简直　　　④差不多

(12) 她（　）做了一桌可口的饭菜，招待我。
　①亲身　　　②亲手　　　③亲口　　　④亲嘴

(13) 我（　）跟他打过交道。
　①一向　　　②曾经　　　③历来　　　④一直

(14) 她好像伤心得要命，（　）哭个不停。
　①一向　　　②从来　　　③历来　　　④一直

(15) 你少吃点儿甜的，大概就不用（　）减肥了吧。
　①特意　　　②特殊　　　③幸亏　　　④故意

(16) （　）在屋檐下避了一会儿雨，要不然肯定变成落汤鸡了。
　①恐怕　　　②可怕　　　③可能　　　④幸亏

(17) 怪不得你今天不去打麻将了，（　）昨天把钱都输光了。
　①难道　　　②好在　　　③原来　　　④完全

(18) 你怎么只说我，（　）向着她说话呢？
　①净　　　　②根本　　　③曾经　　　④也许

(19) 别人都按时来了，（　）你姗姗来迟。
　①大概　　　②偏偏　　　③悄悄　　　④难怪

(20) 我跟她打招呼，她（　）不高兴，真奇怪。
　①相反　　　②反倒　　　③反对　　　④从而

(21) 这个问题让我仔细想想，现在（　）解释不了。
　①赶紧　　　②一下子　　③一口气　　④一个劲儿

(22) 这次比赛也（　）能进入决赛。
　①准确　　　②准时　　　③准备　　　④准

(23) 我说了半天，他全当成了耳旁风，真是（　）费口舌了。
　①白　　　　②破　　　　③花　　　　④消

(24) 猴子们刚才（　）偷吃果园的苹果了。
　①便　　　　②还　　　　③又　　　　④再

(25) 他（　）是大学生了，自己独立生活也没什么不可以的。
　①刚才　　　②才　　　　③已经　　　④就

(26) 他爬到树上玩儿,不小心折断了两(　　)树枝,被重重地摔到了地上。
①支　　　　　②条　　　　　③根　　　　　④管

(27) 妈妈上(　　)厕所就来,你在这儿等着,别乱跑啊!
①遍　　　　　②番　　　　　③趟　　　　　④回

(28) 天气越来越冷了。——是啊,俗话说,一(　　)秋雨一(　　)寒嘛。
①场　　　　　②起　　　　　③团　　　　　④串

(29) 我睁开眼睛透过窗帘看了看窗外,外面还是一(　　)漆黑。
①包　　　　　②摊　　　　　③片　　　　　④批

(30) 地上怎么扔了一大(　　)东西,都没法儿走路了,快收拾一下吧。
①笔　　　　　②堆　　　　　③出　　　　　④帮

(31) 还没等走几(　　),就说走不动了。
①腿　　　　　②足　　　　　③步　　　　　④脚

(32) 这次考试比上次多了两(　　)数学题。
①道　　　　　②门　　　　　③排　　　　　④本

(33) 你总是找出各(　　)借口故意疏远她,她能不伤心吗?
①张　　　　　②件　　　　　③套　　　　　④种

(34) 他能给公司留下这样一(　　)资料,也不枉在公司干了一场。
①节　　　　　②首　　　　　③份　　　　　④封

(35) 他一辈子就是一(　　)心思研究雕刻艺术。
①门　　　　　②份　　　　　③颗　　　　　④片

(36) 人和猴子最大的区别在于猴子是用四(　　)腿走路,人是用两(　　)腿走路。
①双　　　　　②根　　　　　③本　　　　　④条

(37) 我急得像热锅上的蚂蚁一样,可是又毫无(　　)。
①办法　　　　②方法　　　　③意思　　　　④判断

(38) 凭他的(　　)帮老板管理好这个工厂,应该是轻而易举的。
①本钱　　　　②本能　　　　③本事　　　　④本行

(39) 到底是先有鸡，还是先有蛋的问题，在这儿争执下去就会有（　　）吗？
　　①后果　　　②效果　　　③结果　　　④果实

(40) 养鸟简直成了爷爷最大的（　　）。
　　①乐趣　　　②有趣　　　③喜欢　　　④风趣

(41) （　　）对任何一个人来说，都是不偏不倚的。
　　①时期　　　②时间　　　③期间　　　④时候

(42) 每个公民都有受法律保护的（　　）。
　　①权威　　　②权力　　　③利益　　　④权利

(43) 自从大学毕业后，就再也没见过他，现在根本不知道他的（　　）。
　　①信　　　　②情报　　　③新闻　　　④消息

(44) 时间不会倒流，地球不会倒转，这是（　　）人都无法抗拒的。
　　①任何　　　②任意　　　③任性　　　④如何

(45) 她不仅把公司管理得井井有条，而且还很会（　　）家务。
　　①安置　　　②安排　　　③布置　　　④整理

(46) 他不（　　）说漏了嘴，把不该说的都说出去了。
　　①安心　　　②用心　　　③小心　　　④放心

(47) 听说桂林山水甲天下，今年的黄金周我打算（　　）桂林。
　　①旅游　　　②游览　　　③旅行　　　④拜访

(48) 他失业以后，马上就（　　）起了一个自行车修理摊儿。
　　①放　　　　②搁　　　　③堆　　　　④摆

(49) 不一会儿，服务员就把我点的菜（　　）来了。
　　①运　　　　②抬　　　　③端　　　　④拖

(50) 谁都（　　）不清楚哪些是真货，哪些是假货。
　　①做　　　　②搞　　　　③办　　　　④干

(51) 他一有时间，就（　　）儿子练习习字。
　　①援助　　　②帮忙　　　③帮手　　　④帮

(52) 我想和你永远（　　）朋友关系。
　　①保证　　　②保持　　　③保存　　　④保留

(53) （　　）东京以前，一定跟我联系一下，我想求你办件事儿。
　　①动身　　　　②去　　　　　③出发　　　　④发出

(54) 我有点儿寂寞，（　　）我聊聊天儿吧。
　　①领　　　　　②带　　　　　③找　　　　　④陪

(55) 到站了，我们（　　）好东西，别落下什么。
　　①戴　　　　　②抓住　　　　③递　　　　　④带

(56) 感谢你们对我的（　　）和照顾。
　　①担心　　　　②操心　　　　③放心　　　　④关心

(57) 家乡的变化太大了，几年没回去已经不（　　）哪儿是哪儿了。
　　①明白　　　　②懂　　　　　③知道　　　　④懂得

(58) 给孩子起什么样的名字，可以（　　）出父母的心愿。
　　①应用　　　　②响应　　　　③反映　　　　④反应

(59) 随着科学技术的发展，人们的想像力越来越（　　）了。
　　①丰盛　　　　②丰满　　　　③风度　　　　④丰富

(60) 虽然他在某种程度上作出了让步，可是并不等于（　　）了自己的想法。
　　①改成　　　　②修改　　　　③改善　　　　④改变

(61) 她听到这个消息以后，（　　）得热泪盈眶。
　　①谢谢　　　　②激动　　　　③感谢　　　　④生动

(62) 早上我恨闹钟把我从（　　）惊醒，可是晚上我还得拜托闹钟来给我打更。
　　①梦中　　　　②梦想　　　　③理想　　　　④幻想

(63) 她见我走进屋来，就（　　）把手里的东西往身后藏。
　　①急躁　　　　②忙碌　　　　③紧急　　　　④急忙

(64) 她很（　　）丈夫的心情。
　　①认识　　　　②理解　　　　③原谅　　　　④了解

(65) 前面就有一个药店，走不了几步，就（　　）了。
　　①看望　　　　②碰见　　　　③遇见　　　　④看见

(66) 公司听取了大家的意见后，尽最大可能（　　）了大家的愿望。
　　①满足　　　　②满意　　　　③自满　　　　④自豪

218

(67) 他虽然刚进公司不久，可是已经多次受到了上司的（　　）。
①批评　　②批判　　③注意　　④提醒

(68) 她不怎么讲究穿戴，平时的穿着打扮总是比较（　　）。
①随手　　②随便　　③随和　　④方便

(69) 他无论走到哪儿，和同事的关系总是很（　　）。
①融合　　②恰当　　③温柔　　④融洽

(70) 你连黄河都不知道，还自称是中国通，（　　）你说得出口。
①偏　　②亏　　③多亏　　④怪

(71) 这附近明年要（　　）一座水库。
①修改　　②修建　　③修理　　④做

(72) 你多长时间没（　　）头发了，都快能梳辫子了。
①切　　②剪　　③割　　④刮

(73) 你别（　　）我不知道，你根本骗不了我。
①认为　　②认识　　③感觉　　④以为

(74) 他办事老是马马虎虎，丢三落四的，所以（　　）了大家的谴责。
①取得　　②收到　　③受到　　④获得

(75) 看着这么多美味佳肴，却一点儿也吃不下去，我真没（　　）啊！
①口味　　②口碑　　③口福　　④口才

(76) 他好像累了，（　　）椅子背就睡着了。
①依靠　　②挨着　　③坐着　　④靠着

(77) 丈夫（　　）我快点儿选一件。
①令　　②使　　③催　　④派

(78) 她（　　）两三天就去一次网吧。
①每逢　　②每当　　③每隔　　④每到

(79) （　　）中国的传统习惯，中秋之夜全家人要聚在一起边吃月饼，边赏月。
①按照　　②遵守　　③通过　　④顺着

(80) 你怎么净（　　）别人撒气呢？
①拿　　②替　　③把　　④为

(81) （　）我的直觉，他做了对不起我的事。
①论　　　　②据说　　　　③趁　　　　④凭

(82) 你不用（　）我道歉了，那件事早就被我忘到九霄云外去了。
①与　　　　②依　　　　③向　　　　④往

(83) 这个公司是（　）几个三十来岁的年轻人办起来的。
①从　　　　②离　　　　③给　　　　④由

(84) 他的拳术已经超过了他的师傅，这正是青出（　）蓝，而胜（　）蓝嘛。
①由于　　　　②于　　　　③自从　　　　④在

(85) 我完全是（　）你的面子才答应的。
①由　　　　②朝　　　　③对　　　　④冲

(86) 因为那里比我们这里（　）太阳近，所以生活在那里的人们有点儿黑。
①从　　　　②离　　　　③向　　　　④打

(87) 他满头大汗（　）脸淌了下来。
①跟着　　　　②按着　　　　③顺着　　　　④沿着

(88) 过去这里曾经是（　）人们遗忘了的角落，现在却成了繁华的商业中心。
①对　　　　②据　　　　③被　　　　④把

(89) 这老太太厉害得要命，在家里说一不二，简直是（　）慈禧还慈禧。
①比如　　　　②一样　　　　③不如　　　　④比

(90) （　）她平时文质彬彬的，可干起活儿来却像个男孩儿。
①别说　　　　②除了　　　　③别看　　　　④不管

(91) 中国的中小学（　）做广播体操，（　）做眼保健操。
①与其…不如　　②虽然…但是　　③连…都　　④不但…而且

(92) 他整天（　）赌博，（　）喝酒，谁敢跟这样的人结婚呢？
①不是…就是　　②不是…而是　　③也好…也好　　④宁愿…也

(93) （　）我把这本小说看完了（　），再借给你吧。
①到…为止　　②等…以后　　③先…然后　　④直到…才

(94) 地震（　）人们心灵上（　）的创伤，要靠时间来治愈。
①给…以　　②给…带来　　③以…为　　④是…而不是

(95) 她匆匆（　）来，又匆匆（　）去。
①而且　　　②则　　　③而　　　④并

(96) 一天不工作就闷得慌，（　）他真是个工作迷。
①从而　　　②何况　　　③可见　　　④甚至

(97) 我（　）晚上熬夜，（　）不想早起。
①也好…也好　②宁愿…也　③与其…不如　④非得…不可

(98) （　）说这里没有以前热闹了，（　）说比以前幽静了。
①宁可…也　②要是…就　③与其…不如　④与…有关

(99) （　）时间的推移，他在我的记忆中已经淡薄了。
①随着　　　②根据　　　③加上　　　④正要

(100) 你（　）想回避困难，困难就（　）会出现在你的面前。
①有的…有的　②又…又　③边…边　④越…越

(101) 夫妻之间产生了矛盾，（　）会伤害感情，（　）会增进感情。
①也好　　　②大概　　　③可能　　　④也许

(102) （　）最近失业了，（　）情绪很低落。
①一…就　②因为…所以　③如果…就　④假如…就

(103) 我很喜欢在小摊儿买东西，（　）可以讨价还价。
①为了　　　②所以　　　③因为　　　④由于

(104) （　）你走到天涯还是海角，我都跟着你。
①除非　　　②尽管　　　③既然　　　④不管

(105) 我在公园儿附近租了一套（　）南的房间。
①对　　　②朝　　　③离　　　④往

(106) （　）脑子有毛病，（　）会做出那样的蠢事来。
①非得…不可　②除了…以外　③与其…不如　④除非…才

(107) 除非杯子掉到地上，（　）不会摔碎的。
①否则　　　②否认　　　③然而　　　④免得

(108) 一点点小事，（　）这么大惊小怪吗？
①对于　　　②关于　　　③至于　　　④不至于

(109) （　）不能参加了，也应该说一声啊！
①于是　　　　②或者　　　　③还是　　　　④即使

(110) 我们（　）住隔壁，可是基本上没什么来往。
①虽然　　　　②并且　　　　③只有　　　　④但是

(111) （　）你心如明镜，为什么还要明知故问呢？
①既　　　　　②凡是　　　　③既然　　　　④只好

(112) 这件事（　）我来说，简直是比登天还难啊！
①拿　　　　　②对　　　　　③从　　　　　④凭

(113) （　）一听到这首曲子，我就会想起丝绸之路。
①只有　　　　②只能　　　　③只要　　　　④只好

(114) 她练得很投入，（　）不知道休息。
①只有　　　　②就是　　　　③尤其　　　　④只好

(115) 这孩子连吃饭的时候都坐不住，（　）让他老老实实地坐着学习呢？
①岂止　　　　②何况　　　　③至于　　　　④难道

(116) 眼看就要迟到了，电梯却停在楼上纹丝不动，迟迟（　）下来。
①不肯　　　　②好不容易　　③不该　　　　④不敢

(117) 你非要看这场比赛的话，（　）从票贩子那儿买高价票。
①可以　　　　②打算　　　　③反而　　　　④反倒

(118) 你刚才是不是动我的电脑（　）？
①来　　　　　②着呢　　　　③的　　　　　④来着

(119) 他把挣来的外快都拿去喝酒了，没几天就都花（　）了。
①掉　　　　　②走　　　　　③跑　　　　　④丢

(120) 她一看我进来，就扶着桌子勉强地从椅子上站了（　）。
①进来　　　　②出来　　　　③下来　　　　④起来

(121) 听说最近练瑜伽和气功的人多（　）了。
①起来　　　　②上来　　　　③下去　　　　④过来

(122) 这儿（　）这么多家具啊！
①伸不开　　　②摆不开　　　③行不通　　　④挪不动

(123) 晾在外面的衣服夹得很紧，再大的风也（　　）啊！
①走不动　　　②离不开　　　③跑不掉　　　④刮不跑

(124) 今天的菜味道好像和往常不一样，可是我（　　）放的是什么调料。
①吃不惯　　　②吃不过来　　③吃不出来　　④吃不消

(125) 你拼命挣钱，却（　　）用，你图个啥啊？
①舍不得　　　②不得不　　　③忍不住　　　④巴不得

(126) 我还没（　　）收拾屋子呢，客人就来了，真不好意思。
①赶得上　　　②赶不上　　　③来不及　　　④来得及

(127) 哎呀，（　　）啦，那边着火了，快点儿救火啊！
①怪不得　　　②不得已　　　③不得了　　　④了不起

(128) 岂止是（　　），简直羞得想找个地缝儿钻进去。
①难不住　　　②靠不住　　　③摸不透　　　④难为情

(129) 这台自动售货机只能用钢镚儿，妈妈现在（　　）钱，忍一下吧。
①经不住　　　②破不开　　　③免不了　　　④分不开

(130) 我以为自己买回来了一件珍贵的古董，没想到被你说（　　）一钱不值。
①了　　　　　②得　　　　　③的　　　　　④地

空欄補充　解答と解説

(1) 正解は❹　("仿佛"は「〜のようだ」、"显得"は「〜に見える」、"比如"は「例えば」、"简直"は「まったく」)

星星调皮地眨巴着眼睛，**仿佛**在对我说，等你长大了就懂了。Xīngxing tiáopíde zhǎbazhe yǎnjing, fǎngfú zài duì wǒ shuō, děng nǐ zhǎngdàle jiù dǒng le.
(星がいたずらに目をぱちぱちしながら、君が大きくなったらすぐ分かるよ、と私に言っているみたいだ。)

(2) 正解は❷　("好像、似乎"は「まるで〜のようだ」、"好像"は"似的"と組み合わせて使うこともできます。"显得、好像"とも「〜ように見える」の意味を持っていますが、"好像"の後に動詞句、形容詞句も使えるのに対して、"显得"の後は形容詞句、もしくは状態を表す動詞句が来ることが一般的です)

那家伙鬼鬼祟祟的，**好像**要偷东西似的。
Nà jiāhuo guǐguǐsuìsuì de, hǎoxiàng yào tōu dōngxi shìde.
(あいつは陰でこそこそやっているが、何かを盗もうとしているみたいだ。)

(3) 正解は❶　("一定，千万"は「ぜひとも、絶対に」、"千万"は第1人称の代詞に用いられず、"一定"はこのような制限はありません。"断定"は「断言する」、"必要"は「必要だ」)

等下次回国，我**一定**去看望你。Děng xiàcì huíguó, wǒ yídìng qù kànwàng nǐ.
(今度帰国したら、必ずお伺いします。)

(4) 正解は❹　("一定，肯定"とも「必ず、きっと」の意味を持っていますが、"一定"は副詞用法のほかに、形容詞「一定の」の用法もあります。"固定 gùdìng"は「固定する」、"规定 guīdìng"は「規定する」)

即便是朋友，在金钱上彼此之间也应该保持**一定**的距离。
Jíbiàn shì péngyou, zài jīnqiánshang bǐcǐ zhījiān yě yīnggāi bǎochí yídìng de jùlí.
(友達であっても金銭関係では、互いに一定の距離を置くべきだ。)

(5) 正解は❷　("不必"は「〜する必要がない」。"未必"は「〜とは限らない」、一般に"不一定，不见得"と置き換えできます。"不可"は「〜することができない」、例えば、"不可全信，也不可不信"。その他に"非（得）…不可"で、「どうして〜しなければならない」の意味もあります。"何必"は「〜する必要があろうか」という必要がないことを表す反語文を作ります)

开车上下班的话，就**不必**挤车了啊！
Kāichē shàngxiàbān dehuà, jiù búbì jǐ chē le a!

(車で通勤すれば、満員電車に乗る必要はなくなるよ。)

(6) 正解は❸ ("忽然，突然"は「突然」、"突然"は形容詞用法もあります。"必然"は「必然だ」、"当然"は「当然だ」)

没想到这件事儿会来得这么**突然**。
Méi xiǎngdào zhè jiàn shìr huì láide zhème tūrán.
(このことがこんなに突然に起きるとは思わなかった。)

(7) 正解は❹ ("竟然"は「なんと」、"究竟"は「いったい」、"固然"は「無論」、"仍然"は「依然として」)

这栋楼可真奇特，我明明是从一楼上到三楼的，可推门一看，面前**竟然**是条马路。
Zhèi dòng lóu kě zhēn qítè, wǒ míngmíng shì cóng yī lóu shàngdào sān lóu de, kě tuī mén yí kàn, miànqián jìngrán shì tiáo mǎlù.
(このビルは本当に奇妙だ、私は間違いなく1階から3階まで上がったのに、扉を開けると、目の前はなんと道路だった。)

(8) 正解は❶ ("果然"は「やはり」、"必然"は「必然だ」、"终于"は「ついに」、"居然"は「意外にも」)

果然不出我所料，他只是想吓唬吓唬我。
Guǒrán bù chū wǒ suǒ liào, tā zhǐshì xiǎng xiàhuxiàhu wǒ.
(やはり私の思った通りだ、彼はただ私をびっくりさせたいだけだ。)

(9) 正解は❹ ("根本"は「まったく」、"反正"は「どうせ」、"勉强"は「無理だ」、"不然"は「さもなければ」)

原来是你啊，你不跟我打招呼的话，我**根本**认不出来了。
Yuánlái shì nǐ a, nǐ bù gēn wǒ dǎ zhāohu dehuà, wǒ gēnběn rènbuchūlái le.
(なんだ君だったのか、声をかけてくれないとまったく分からないよ。)

(10) 正解は❶ ("差点儿"は「もう少しで」、"差多了"は「だいぶ違う」、"还是"は「やはり」、"刚才"は「さっき」)

我光顾赶路了，**差点儿**没被石头绊倒了。
Wǒ guāng gù gǎnlù le, chàdiǎnr méi bèi shítou bàndǎo le.
(ひたすら道を急いだので、石につまずいて危うく転ぶところだった。)

(11) 正解は❷ ("差多了"は「だいぶ差がある」、"几乎"は「ほとんど」、"简直"は「まったく」、"差不多"は「ほとんど同じ」)

总的来说，我们公司的待遇还算可以，不过比大公司可**差多了**。Zǒng de lái shuō, wǒmen gōngsī de dàiyù hái suàn kěyǐ, búguò bǐ dà gōngsī kě chàduō le.

(総じて言えば、うちの会社の待遇はまあまあいいほうに入るが、でも大きい会社と比べたらだいぶ差がある。)

(12) 正解は ❷ ("亲手"は「自分の手で」、"亲身"は「身をもって」、"亲口"は「自分の口で」、"亲嘴"は「キスをする」)

她**亲手**做了一桌可口的饭菜，招待我。
Tā qīnshǒu zuòle yì zhuō kěkǒu de fàncài, zhāodài wǒ.
(彼女はテーブルいっぱいの美味しい料理を作ってもてなしてくれた。)

(13) 正解は ❷ ("曾经"は「かつて」、"一向，历来"は「いままでずっと」、"一直"は「ずっと」)

我**曾经**跟他打过交道。Wǒ céngjīng gēn tā dǎguo jiāodào.
(私はかつて彼と交際したことがある。)

(14) 正解は ❹ ("一直"は「ずっと」、"从来"は「これまで」)

她好像伤心得要命，**一直**哭个不停。
Tā hǎoxiàng shāngxīnde yàomìng, yìzhí kū ge bùtíng.
(彼女は悲しくてたまらないみたいで、ずっと泣きやまない。)

(15) 正解は ❶ ("特意"は「わざわざ」。"故意"は「わざと、故意に」、よく必要のないことをわざとやる場合、悪いことをする場合に使います。"特殊"は「特別だ」、"幸亏"は「幸いにも」)

你少吃点儿甜的，大概就不用**特意**减肥了吧。
Nǐ shǎo chī diǎnr tiánde, dàgài jiù bú yòng tèyì jiǎnféi le ba.
(甘いものを控えれば、わざわざダイエットしなくても済むだろう。)

(16) 正解は ❹ ("幸亏"は「幸いにも」、"恐怕"は「おそらく」、"可怕"は「恐ろしい」、"可能"は「かもしれない」)

幸亏在屋檐下避了一会儿雨，要不然肯定变成落汤鸡了。
Xìngkuī zài wūyánxià bìle yíhuìr yǔ, yàobùrán kěndìng biànchéng luòtāngjī le.
(幸い屋根の下で少し雨宿りをしたが、でなければきっと濡れ鼠になっていた。)

(17) 正解は ❸ ("原来"は「なんだ（〜だったのか）」、"难道"は「まさか〜か」、"好在"は「幸い」、"完全"は「完全に」)

怪不得你今天不去打麻将了，**原来**昨天把钱都输光了。Guàibude nǐ jīntiān bú qù dǎ májiàng le, yuánlái zuótiān bǎ qián dōu shūguāng le.

(道理で君が今日マージャンに行かないと思ったら、なんだ昨日賭けに負けてお金を全部無くしたのか。)

(18) 正解は❶ ("净"は「だけ」、"根本"は「まったく」、"曾经"は「かつて」、"也许"は「かもしれない」)

你怎么只说我，**净**向着她说话呢？
Nǐ zěnme zhǐ shuō wǒ, jìng xiàngzhe tā shuōhuà ne?
(どうして私にだけ文句を言って、彼女をひいきするのか。)

(19) 正解は❷ ("偏偏"は「〜だけ」、"大概"は「たぶん」、"悄悄"は「ひそかに」、"难怪"は「なるほど」)

别人都按时来了，**偏偏**你姗姗来迟。
Biéren dōu ànshí lái le, piānpiān nǐ shānshān lái chí.
(みんな時間通り来たのに、あなただけが遅れて来た。)

(20) 正解は❷ ("反倒"は「かえって」、道理や事実に反することを表し、"反而"とも言います。"相反"は「相反する」、"反对"は「反対する」、"从而"は「したがって」)

我跟她打招呼，她**反倒**不高兴，真奇怪。
Wǒ gēn tā dǎ zhāohu, tā fǎndào bù gāoxìng, zhēn qíguài.
(彼女に挨拶をしたら、彼女はかえって嬉しくなさそうで本当に不思議だ。)

(21) 正解は❷ ("一下子"は「すぐに」、"赶紧"は「できるだけはやく」、"一口气"は「一気に」、"一个劲儿"は「ひたすら」)

这个问题让我仔细想想，现在**一下子**解释不了。
Zhèige wèntí ràng wǒ zǐxì xiǎngxiang, xiànzài yíxiàzi jiěshìbuliǎo.
(この問題はよく考えさせてください、いまはすぐに説明できない。)

(22) 正解は❹ ("准"は「きっと」、"准确"は「正確だ」、"准时"は「時間通り」、"准备"は「準備する」)

这次比赛也**准**能进入决赛。Zhèicì bǐsài yě zhǔn néng jìnrù juésài.
(今度の試合もきっと決勝戦に行くことができるでしょう。)

(23) 正解は❶ ("白费"は「無駄に使う」、"破费"は「散財する」、"花费"は「費用」、"消费"は「消費する」)

我说了半天，他全当成了耳旁风，真是**白**费口舌了。
Wǒ shuōle bàntiān, tā quán dàngchéngle ěrpángfēng, zhēnshì bái fèi kǒushé le.

（長いこと説明したが、彼にどこ吹く風と聞き流されて、本当に言うだけ無駄だった。）

(24) 正解は❸ （動作がこれから再び行われるとき、"再"を用い、繰り返しの動作が既に起こっているとき、"又"を用い、繰り返しの動作がこれから行われる場合の疑問文、或いは助動詞が後ろに来る場合、"还"を用いることが普通です。"便"は「すでに」）

猴子们刚才**又**偷吃果园的苹果了。
Hóuzimen gāngcái yòu tōuchī guǒyuán de píngguǒ le.
（サルたちはさっきまた果樹園の林檎を盗み食った。）

(25) 正解は❸ （"已经"は「すでに」、"刚才"は「先ほど」、"才"は「～したばかり」の意味として使う場合、一般に"了"は不要。"就"は強調する場合にも使えますので、例えば、"他就是大学生"は「彼こそ大学生だ」の意味になりますが、この場合"了"は伴いません）

他**已经**是大学生了，自己独立生活也没什么不可以的。
Tā yǐjing shì dàxuéshēng le, zìjǐ dúlì shēnghuó yě méi shénme bù kěyǐ de.
（彼はもう大学生になったので、自分で独立して生活しても特に問題ない。）

(26) 正解は❸ （木の枝を数える場合"根，枝"を用い、"笔"などを数える場合"支"を用い、"河，裤子，鱼"などを数える場合"条"を用い、"笔，牙膏"のような細い円筒形の物を数える場合"管"を用います）

他爬到树上玩儿，不小心折断了两**根**树枝，被重重地摔到了地上。
Tā pádào shùshang wánr, bù xiǎoxīn zhéduànle liǎng gēn shùzhī, bèi zhòngzhòng de shuāidàole dìshang.
（彼は木に登って遊び、不注意で木の枝を2本折ったので、しっかりと地面に落とされた。）

(27) 正解は❸ （動作の往復の回数を言う場合"趟"を用い、"遍"は最初から終わりまでの全過程の回数を表し、"番"はひと通り説明する場合に用います、"回"は動作の回数を表します）

妈妈上**趟**厕所就来，你在这儿等着，别乱跑啊！
Māma shàng tàng cèsuǒ jiù lái, nǐ zài zhèr děngzhe, bié luàn pǎo a!
（お母さんはトイレに行ってきてすぐに戻るから、ここで待って勝手に動かないでね。）

(28) 正解は❶ （"场"は雨の降る回数に用い、"起"は事件、事故の回数に用い、

"团"はひと塊になった物を数える場合に用い、"串"はつながっている物を数える場合に用います）

天气越来越冷了。——是啊，俗话说，一**场**秋雨一**场**寒嘛。Tiānqì yuè lái yuè lěng le. —— Shì a, súhuà shuō, yì cháng qiūyǔ yì cháng hán ma.
（天気がますます寒くなってきた。——そうですね、よく言われるように、秋は一雨過ぎるごとに寒くなるでしょう。）

⑵⁹ 正解は❸ （"片"は面積や範囲の広い物などに、"包"は包んだ物に、"摊"は広がった液状の物に、"批"はひとまとまりの物に用います）

我睁开眼睛透过窗帘看了看窗外，外面还是一**片**漆黑。Wǒ zhēngkāi yǎnjing tòuguò chuānglián kànlekàn chuāngwài, wàimiàn háishi yí piàn qīhēi.
（私は目を開けてカーテンを通して外を見てみたが、外はまだ一面真っ暗だ。）

⑶⁰ 正解は❷ （"堆"は積んである物や群れに、"笔"はひとまとまりの金銭（口）に、"出"は芝居などに、"帮"は人の群れに用います）

地上怎么扔了一大**堆**东西，都没法儿走路了，快收拾一下吧。Dìshàng zěnme rēngle yí dà duī dōngxi, dōu méifǎr zǒulù le, kuài shōushi yíxià ba.
（どうして床に荷物が山積みに散らかっているの、通れないじゃない、はやく片付けましょう。）

⑶¹ 正解は❸ （"步"は「一歩の距離」、"腿"は「もも」、"足"は「足」、"脚"は「足首から下の部分」）

还没等走几**步**，就说走不动了。Hái méi děng zǒu jǐ bù, jiù shuō zǒubudòng le.
（まだ何歩も歩いてないのに、もう疲れて歩けないと言った。）

⑶² 正解は❶ （"道"は問題などに、"门"は学科、技術などに、"排"は列に並んでいる人や物に、"本"は書籍などに用います）

这次考试比上次多了两**道**数学题。
Zhècì kǎoshì bǐ shàngcì duōle liǎng dào shùxué tí.
（今回の試験は前回より数学問題が２問多かった。）

⑶³ 正解は❹ （"种"は種類に、"张"は平面のある物に、"件"は衣服、事柄などに、"套"はセットの物に用います）

你总是找出各**种**借口故意疏远她，她能不伤心吗?
Nǐ zǒngshì zhǎochū gè zhǒng jièkǒu gùyì shūyuǎn tā, tā néng bù shāngxīn ma?
（君はいつもいろいろな口実を作っては、彼女を遠ざけて、彼女が悲しくないわけはないでしょう？）

(34) 正解は❸ ("份"は資料、新聞などのようなセットになった物に、"节"は幾つかの区切りに分けられる物に、"首"は詩や歌などに、"封"は手紙に用います)

他能给公司留下这样一**份**资料，也不枉在公司干了一场。Tā néng gěi gōngsī liúxià zhèyàng yí fèn zīliào, yě bùwǎng zài gōngsī gànle yì cháng.
(彼は会社にこのような資料を残すことができ、会社に勤めた甲斐があった。)

(35) 正解は❶ (習慣的には"一门心思（一心不乱に）"、"一份心意（気持ち）"、"颗心（１つの心）"、"一片心意（気持ち）"のように使います)

他一辈子就是一**门**心思研究雕刻艺术。
Tā yíbèizi jiùshì yì mén xīnsi yánjiū diāokè yìshù.
(彼は一生ただ一心に彫刻芸術を研究するだけだ。)

(36) 正解は❹ ("条"は足など細長い物に、"双"はペアで使う物に、"根"は髪の毛、糸、箸などのような細長い物に、"本"は書籍に用います)

人和猴子最大的区别在于猴子是用四**条**腿走路，人是用两**条**腿走路。
Rén hé hóuzi zuì dà de qūbié zàiyú hóuzi shì yòng sì tiáo tuǐ zǒulù, rén shì yòng liǎng tiáo tuǐ zǒulù.
(人と猿の最大の違いは、猿は４本足で歩き、人は２本足で歩くことにある。)

(37) 正解は❶ ("办法，方法"とも「方法」の意味ですが、よく使う連語は覚える必要があります。例えば、"想办法，没办法"、"工作方法，学习方法"など。"意思"は「意味」、"判断"は「判断する」)

我急得像热锅上的蚂蚁一样，可是又毫无**办法**。
Wǒ jíde xiàng règuōshang de mǎyǐ yíyàng, kěshì yòu háowú bànfǎ.
(私は熱い鍋の上の蟻のように焦っているが、しかしながらまったく方法がない。)

(38) 正解は❸ ("本事"はよく人の持つ能力を表し、"本钱"は「元金」、"本能"は「本能」、"本行"は「本職」)

凭他的**本事**帮老板管理好这个工厂，应该是轻而易举的。Píng tā de běnshì bāng lǎobǎn guǎnlǐhǎo zhèige gōngchǎn, yīnggāi shì qīng ér yì jǔ de.
(彼の力なら、社長を手伝ってこの工場をうまく経営するのは、たやすくできるはずだ。)

(39) 正解は❸ ("结果"は「結果」、"后果"は普通「（悪い）結果」を言います、"效果"は「効き目」、"果实"は「果実」)

到底是先有鸡，还是先有蛋的问题，在这儿争执下去就会有**结果**吗？

Dàodǐ shì xiān yǒu jī, háishi xiān yǒu dàn de wèntí, zài zhèr zhēngzhíxiàqu jiù huì yǒu jiéguǒ ma?
(いったい鶏が先か、それとも卵が先かという問題は、ここで論争し続けても結果が出せるのだろうか。)

(40) 正解は❶ ("乐趣"は「楽しみ」、"有趣"は「面白い」、"喜欢"は「好きだ」、"风趣"は「ユーモア」)

养鸟简直成了爷爷最大的**乐趣**。Yǎng niǎo jiǎnzhí chéngle yéye zuì dà de lèqù.
(鳥を飼うのはまったくおじいちゃんの1番の楽しみになった。)

(41) 正解は❷ ("时间"は「時間」、時点と時間量を表すことができます。"时候"は主に時点の意味で多用されます。"时期"は「時期」、"期间"は「期間」)

时间对任何一个人来说，都是不偏不倚的。
Shíjiān duì rènhé yí ge rén láishuō, dōu shì bù piān bù yǐ de.
(時間は誰にとっても、公平なものだ。)

(42) 正解は❹ ("权利"は「権利」、"权威"は「権威」、"权力"は「権力」、"利益"は「利益」)

每个公民都有受法律保护的**权利**。
Měige gōngmín dōu yǒu shòu fǎlǜ bǎohù de quánlì.
(公民の誰もが法律に保護される権利がある。)

(43) 正解は❹ ("消息"は「音信」、"信"は「手紙」、"情报"は「情報」、"新闻"は「ニュース」)

自从大学毕业后，就再也没见过他，现在根本不知道他的**消息**。Zìcóng dàxué bìyè hòu, jiù zài yě méi jiànguo tā, xiànzài gēnběn bù zhīdào tā de xiāoxi.
(大学を卒業してからもうずっと彼に会ったことがないので、いまは彼の消息をまったく知らない。)

(44) 正解は❶ ("任何"は「どのような」、"任意"は「任意の」、"任性"は「わがままだ」、"如何"は「どのように」)

时间不会倒流，地球不会倒转，这是**任何**人都无法抗拒的。Shíjiān bú huì dàoliú, dìqiú bú huì dàozhuàn, zhè shì rènhé rén dōu wúfǎ kàngjù de.
(時間は逆戻りできない、地球は逆回転できない、それは誰にも阻めないことだ。)

(45) 正解は❷ ("安排"は「切り盛りする」など、"安置"は「(適当な場所に) 置く」、"布置"は「(部屋などを) 装飾する」、"整理"は「整理する」)

她不仅把公司管理得井井有条，而且还很会**安排**家务。
Tā bùjǐn bǎ gōngsī guǎnlǐde jǐng jǐng yǒu tiáo, érqiě hái hěn huì ānpái jiāwù.
(彼女は会社をきちんと管理しているばかりではなく、家事の切り盛りも上手だ。)

(46) 正解は ❸ （"小心"は「注意する」、"安心"は「落ち着く」、"用心"は「心をこめる」、"放心"は「安心する」）

他不**小心**说漏了嘴，把不该说的都说出去了。
Tā bù xiǎoxīn shuōlòule zuǐ, bǎ bù gāi shuō de dōu shuōchuqu le.
(彼は不注意で口を滑らせ、言うべきでないことを言ってしまった。)

(47) 正解は ❷ （"游览"は「観光する」、他動詞で目的語が取れます。"旅游、旅行"は目的語を取ることができません。"拜访"は「ご訪問する」、人を訪ねることを表します）

听说桂林山水甲天下，今年的黄金周我打算**游览**桂林。Tīngshuō Guìlín shānshuǐ jiǎ tiānxià, jīnnián de huángjīnzhōu wǒ dǎsuan yóulǎn Guìlín.
(桂林の風光は天下一だそうだ、今年のゴールデンウィークは、桂林を旅するつもりだ。)

(48) 正解は ❹ （"摆"は「並べる」、"摆摊儿"は「屋台を並べる」、"放，搁"は「置く」、"堆"は「積み上げる」）

他失业以后，马上就**摆**起了一个自行车修理摊儿。
Tā shīyè yǐhòu, mǎshàng jiù bǎiqile yí ge zìxíngchē xiūlǐtānr.
(彼は失業後、すぐ自転車の修理露店を出した。)

(49) 正解は ❸ （"端"は「(手で水平に)持つ」、"运"は「運送する」、"拖"は「引きずる」、"抬"は「(2人以上で物を)担ぐ」）

不一会儿，服务员就把我点的菜**端**来了。
Bù yíhuìr, fúwùyuán jiù bǎ wǒ diǎn de cài duānlai le.
(間もなく店員は私が頼んだ料理を持ってきた。)

(50) 正解は ❷ （"做，搞，办，干"とも「する」の意味を持っていますが、連語を覚えると役立ちます、例えば、"搞不清楚，搞对象，搞美术"、"做饭，做买卖，做作业"など。"办手续，办事，办护照"、"干活，干家务"など。詳しい説明はP103を参照してください）

谁都**搞**不清楚哪些是真货，哪些是假货。
Shéi dōu gǎobuqīngchu nǎxiē shì zhēnhuò, nǎxiē shì jiǎhuò.
(どれらが本物か偽物か、誰もはっきりさせられない。)

(51) 正解は❹ ("帮"は「手伝う」、"援助"は「援助する」、"帮忙"は「手伝う」、離合詞なので、目的語は後ろに置けません。"帮手"は「手伝う人」)

他一有时间，就**帮**儿子练习习字。Tā yì yǒu shíjiān, jiù bāng érzi liànxí xízì.
(彼は時間があれば、すぐ息子の習字練習を手伝う。)

(52) 正解は❷ ("保持"は「保持する」、"保证"は「保証する」、"保存"は「保存する」、"保留"は「保留する」)

我想和你永远**保持**朋友关系。Wǒ xiǎng hé nǐ yǒngyuǎn bǎochí péngyou guānxi.
(私はあなたと永遠に友達でいたい。)

(53) 正解は❷ ("去"は「行く」、目的語は後ろに置けます。"动身，出发"は「出発する」、ある場所を離れることを表し、目的地を表す目的語が取れません。"发出"は「発する」)

去东京以前，一定跟我联系一下，我想求你办件事儿。
Qù Dōngjīng yǐqián, yídìng gēn wǒ liánxì yíxià, wǒ xiǎng qiú nǐ bàn jiàn shìr.
(東京に行く前にぜひ連絡してください、お願いしたいことがあるから。)

(54) 正解は❹ ("陪"は「お供する」、"领"は「案内する」、"带"は「連れていく」、"找"は「探す」、詳しい説明はP107を参照してください)

我有点儿寂寞，**陪**我聊聊天儿吧。Wǒ yǒudiǎnr jìmò, péi wǒ liáoliao tiānr ba.
(少しさびしいので、話し相手になってください。)

(55) 正解は❹ ("带"は「持つ」、"戴"は「かける」、"抓住"は「しっかりとつかむ」、"抓住好"は言わず、"递"は「手渡す」)

到站了，我们**带**好东西，别落下什么。
Dào zhàn le, wǒmen dàihǎo dōngxi, bié làxia shénme.
(駅に着いた、荷物を持って忘れ物をしないように。)

(56) 正解は❹ ("关心"は「思いやる」、"担心"は「心配する」、"操心"は「心を煩わす」、"放心"は「安心する」)

感谢你们对我的**关心**和照顾。Gǎnxiè nǐmen duì wǒ de guānxīn hé zhàogù.
(みなさんのお気づかい、ごひいきに感謝致します。)

(57) 正解は❸ ("知道"は「知っている」、"明白"は「(意味を)理解する」、"懂，懂得"は「(道理を)理解する」)

家乡的变化太大了，几年没回去已经不**知道**哪儿是哪儿了。

Jiāxiāng de biànhuà tài dà le, jǐ nián méi huíqu yǐjing bù zhīdào nǎr shì nǎr le.
(故郷の変化は激しく、何年か帰らないと、もうどこがどこだか分からなくなった。)

(58) 正解は❸ ("反映"は「反映する」、"应用"は「応用する」、"响应"は「賛同する」、"反应"は「反応する」)

给孩子起什么样的名字，可以**反映**出父母的心愿。
Gěi háizi qǐ shénmeyàng de míngzi, kěyǐ fǎnyìngchu fùmǔ de xīnyuàn.
(子供にどういう名前をつけるかは、両親の願いを反映できる。)

(59) 正解は❹ ("丰富"は「（物、知識などが）豊富だ」、"丰盛"は「（物が）盛りだくさんだ」、よく食べ物に用い、"丰满"は「豊満だ」、"风度"は「風格」)

随着科学技术的发展，人们的想像力越来越**丰富**了。
Suízhe kēxué jìshù de fāzhǎn, rénmen de xiǎngxiànglì yuè lái yuè fēngfù le.
(科学技術の発展に伴って、人々の想像力はますます豊かになってきた。)

(60) 正解は❹ ("改变"は「（～を）変える」、"改成"は「～にする」、"修改"は「改正する」、"改善"は「改善する」)

虽然他在某种程度上作出了让步，可是并不等于**改变**了自己的想法。
Suīrán tā zài mǒu zhǒng chéngdù shàng zuòchūle ràngbù, kěshì bìng bù děngyú gǎibiànle zìjǐ de xiǎngfǎ.
(彼はある程度確かに譲歩をしたが、自分の考えを変えたわけではない。)

(61) 正解は❷ ("激动"は「興奮する」、"谢谢，感谢"は「感謝する」、"生动"は「生き生きとしている」)

她听到这个消息以后，**激动**得热泪盈眶。
Tā tīngdào zhèige xiāoxi yǐhòu, jīdòngde rèlèi yíngkuàng.
(彼女はこの知らせを聞いた後、興奮のあまり目に涙があふれてきた。)

(62) 正解は❶ ("梦中"は「夢の中」、"梦想"は「妄想する」、"理想"は「理想的だ」、"幻想"は「空想する」)

早上我恨闹钟把我从**梦中**惊醒，可是晚上我还得拜托闹钟来给我打更。
Zǎoshang wǒ hèn nàozhōng bǎ wǒ cóng mèngzhōng jīngxǐng, kěshì wǎnshang wǒ hái děi bàituō nàozhōng lái gěi wǒ dǎgēng.
(朝は目覚まし時計が私を夢の中から目を覚まさせることが恨めしいが、しかし夜にはまた時間を知らせるように目覚まし時計に頼まなくてはいけない。)

(63) 正解は❹ ("急忙"は「慌ただしい、急いで」、"急躁"は「苛立つ」、"忙碌"

は「忙しい」、"紧急"は「状況が差し迫っている」)

她见我走进屋来，就**急忙**把手里的东西往身后藏。
Tā jiàn wǒ zǒujin wū lai, jiù jímáng bǎ shǒuli de dōngxi wǎng shēnhòu cáng.
(彼女は私が部屋に入ってくるのを見て、すぐに慌てて手に持っているものを体の後ろに隠した。)

(64) 正解は❷ （"理解"は「（考えや気持ちをよく）理解する」、"认识"は「面識がある」、"原谅"は「許す」、"了解"は「（状況、習慣などを）知る」）

她很**理解**丈夫的心情。Tā hěn lǐjiě zhàngfu de xīnqíng.
(彼女は夫の気持ちをよく理解している。)

(65) 正解は❹ （"看见"は「見える」、"看望"は「見舞う、訪問する」、"碰见，遇见"は「ばったりと会う」）

前面就有一个药店，走不了几步，就**看见**了。
Qiánmiàn jiù yǒu yí ge yàodiàn, zǒubuliǎo jǐ bù, jiù kànjiàn le.
(この先に薬屋があり、少し歩けばすぐ見えてくる。)

(66) 正解は❶ （"满足"は「（要望に）応じる」、"满意"は「気に入る」、"自满"は「自己満足する」、"自豪"は「誇りに思う」）

公司听取了大家的意见后，尽最大可能**满足**了大家的愿望。Gōngsī tīngqǔle dàjiā de yìjiàn hòu, jìn zuìdà kěnéng mǎnzúle dàjiā de yuànwàng.
(会社はみんなから意見を聞いた後、できるかぎりみんなの要望に応えた。)

(67) 正解は❶ （"批评"は「叱る、叱責する」、"批判"は「論駁する」、P118を参照。"注意"は「気をつける」、"提醒"は「ヒントを与える」、"受到注意""受到提醒"は言いません）

他虽然刚进公司不久，可是已经多次受到了上司的**批评**。
Tā suīrán gāng jìn gōngsī bùjiǔ, kěshì yǐjing duōcì shòudàole shàngsī de pīpíng.
(彼は会社に入って間もないが、既に何度も上司に叱られた。)

(68) 正解は❷ （"随便"は「（細かいことには）拘らない」、"随手"は「ついでに」、"随和"は「人付き合いがよい」、"方便"は「便利だ」）

她不怎么讲究穿戴，平时的穿着打扮总是比较**随便**。Tā bù zěnme jiǎngjiu chuāndài, píngshí de chuānzhuó dǎban zǒngshì bǐjiào suíbiàn.
(彼女はあまり身なりに気を配らない、普段は服装にいつも拘らない。)

(69) 正解は❹ （"融洽"は「仲良くやる」、"融合"は「融合する」、"恰当"は「適

切である」、"温柔"は「やさしい」)

他无论走到哪儿，和同事的关系总是很**融洽**。
Tā wúlùn zǒudào nǎr, hé tóngshì de guānxi zǒngshì hěn róngqià.
(彼はどこに行っても、同僚との関係がいつもうまくいっている。)

(70) 正解は ❷ ("亏"は「よくもまあ～」、"偏"は「あいにく」、"多亏"は「幸いに」、"怪"は「非常に」)

你连黄河都不知道，还自称是中国通，**亏**你说得出口。Nǐ lián Huánghé dōu bù zhīdào, hái zìchēng shì Zhōngguótōng, kuī nǐ shuōdechūkǒu.
(黄河さえも知らないのに、自分で中国通だと言っているが、よくも言えるものだ。)

(71) 正解は ❷ ("修建"は「建設する」、"修改"は「改正する」、"修理"は「修理する」、"做"は「作る」、「ダムを作る」は"做水库"ではなく"修建水库"と言います)

这附近明年要**修建**一座水库。Zhè fùjìn míngnián yào xiūjiàn yí zuò shuǐkù.
(この近くに来年ダムを建設する予定です。)

(72) 正解は ❷ ("剪"は「(はさみで) 切る」、"切"は「(包丁などで) 切る」、"割"は「(全体の一部を切り取る)」、"刮"は「そる」、"刮胡子 guā húzi"(ひげをそる) は言いますが、"刮头发"は言いません)

你多长时间没**剪**头发了，都快能梳辫子了。
Nǐ duōcháng shíjiān méi jiǎn tóufa le, dōu kuài néng shū biànzi le.
(どれくらい散髪しなかったの、もうそろそろおさげが結えるようになるよ。)

(73) 正解は ❹ ("以为"は「思い込んでいる」、よく間違っている判断に用い、"认为"は「思う」、自信のある判断に用いることが多いです。"认识"は「知っている」、"感觉"は「感じる」)

你别**以为**我不知道，你根本骗不了我。
Nǐ bié yǐwéi wǒ bù zhīdào, nǐ gēnběn piànbuliǎo wǒ.
(私が知らないと思わないで、あなたはまったく私を騙すことはできない。)

(74) 正解は ❸ ("受到"は「受ける」、褒める意味でも貶す意味でも用いられます。"取得，获得"は「獲得する」、"收到"は「受け取る」)

他办事老是马马虎虎，丢三落四的，所以**受到**了大家的谴责。
Tā bànshì lǎoshì mǎmǎhūhū, diū sān là sì de, suǒyǐ shòudàole dàjiā de qiǎnzé.
(彼のやることはいつもいいかげんで、あれやこれやを忘れるので、みんなに

叱られた。)

(75) 正解は❸ ("口福"は「ご馳走にありつく運」、"口味"は「(食べ物などに対する)好み」、"口碑"は「言い伝え」、"口才"は「弁舌の才」)

看着这么多美味佳肴，却一点儿也吃不下去，我真没**口福**啊！Kànzhe zhème duō měiwèi jiāyáo, què yìdiǎnr yě chībuxiàqù, wǒ zhēn méi kǒufú a!
(こんなたくさんの美味しい料理を見て、全然喉を通らないなんて、私は本当にご馳走にありつく運がない。)

(76) 正解は❹ ("靠着"は「もたれる」、"靠着椅子背"、"靠在椅子背上"とも言います。"依靠"は「頼る」、"挨着"は「〜のそばにある」、"坐着"は「座っている」)

他好像累了，**靠着**椅子背就睡着了。
Tā hǎoxiàng lèi le, kàozhe yǐzibèi jiù shuìzháo le.
(彼は疲れたみたい、椅子にもたれて寝てしまった。)

(77) 正解は❸ ("催"は「催促する」、"令，使"は「〜させる」、状態や感情を変化させるとき用います。"派"は「派遣する」)

丈夫**催**我快点儿选一件。Zhàngfu cuī wǒ kuài diǎnr xuǎn yí jiàn.
(はやく1着選ぶよう夫に催促された。)

(78) 正解は❸ ("每隔"は「〜おきに」、後ろに時間量を表す言葉が来ます、"每逢""每当""每到"は「〜になると」)

她**每隔**两三天就去一次网吧。Tā měi gé liǎng sān tiān jiù qù yí cì wǎngbā.
(彼女は2、3日おきにネットカフェに行く。)

(79) 正解は❶ ("按照"は「〜に基づいて」、"遵守"は「守る」、"通过"は「〜を通じて」、"顺着"は「〜に沿って」)

按照中国的传统习惯，中秋之夜全家人要聚在一起边吃月饼，边赏月。
Ànzhào Zhōngguó de chuántǒng xíguàn, zhōngqiū zhī yè quánjiārén yào jùzài yìqǐ biān chī yuèbǐng, biān shǎngyuè.
(中国の伝統的な習慣では、中秋の夜に家族全員集まって月餅を食べながら月見をする。)

(80) 正解は❶ ("拿"は「〜を」、"拿人开心(人をからかう)，拿人撒气"のようなよく使う決まり文句をそのまま覚えてください。"替"は「〜に代わって」、"把"は「〜を」、"为"は「〜のために」)

你怎么净**拿**别人撒气呢？ Nǐ zěnme jìng ná biéren sāqì ne?
（君はどうして人に八つ当りしてばかりなの？）

(81) 正解は❹ （"凭"は「〜によって」、"论"は「〜についていえば」、"据说"は「〜だそうだ」、"趁"は「〜のうちに」）

凭我的直觉，他做了对不起我的事。
Píng wǒ de zhíjué, tā zuòle duìbuqǐ wǒ de shì.
（私の直感では、彼は私に済まないことをした。）

(82) 正解は❸ （"向"は「〜（主に人）に、〜（主に方向、場所）に向かって」、"与"は「〜と」、"依"は「〜によれば」、"往"は「〜（方向）に向かって」）

你不用**向**我道歉了，那件事早就被我忘到九霄云外去了。Nǐ bú yòng xiàng wǒ dàoqiàn le, nà jiàn shì zǎojiù bèi wǒ wàngdào jiǔ xiāo yún wài qù le.
（謝らなくてもいいよ、あのことはとうにすっかり忘れてしまった。）

(83) 正解は❹ （"由"は「〜（人）によって〜（する）」。"从"は「〜から」、起点を表すことができます。"离"は「〜から」、空間の隔たりを表すことができます。"给"は「〜に」、受け手の対象などを表すことができます）

这个公司是**由**几个三十来岁的年轻人办起来的。
Zhèige gōngsī shì yóu jǐ ge sānshí lái suì de niánqīngrén bànqilai de.
（この会社は数人の30歳前後の若者によって始められたのだ。）

(84) 正解は❷ （"于"は「〜より」、動作の起点を導いたり比較を表したりすることができます。"由于"は「〜によって」、"自从"は「（過去のある時点を起点として）〜から」、"在"は「〜で」）

他的拳术已经超过了他的师傅，这正是青出**于**蓝，而胜**于**蓝嘛。Tā de quánshù yǐjing chāoguòle tā de shīfu, zhè zhèng shì qīng chūyú lán, ér shèngyú lán ma.
（彼の拳法はすでに師匠以上になっている、それこそ青は藍より出でて藍よりも青しということだ。）

(85) 正解は❹ （"冲"はここでは「〜に免じて」、特別に考えてやるという意味、"由"は「〜によって」、"朝"は「（〜の方向に）向かって」、"对"は「〜に対して」）

我完全是**冲**你的面子才答应的。
Wǒ wánquán shì chòng nǐ de miànzi cái dāying de.
（私はまったくあなたのメンツを立てて、応じたのだ。）

(86) 正解は❷ （"离"は「〜から」、空間の隔たりを表すことができます。"从"は

「～から」、起点を表すことができます。"向"は「～（主に人）に、～（主に方向、場所）に向かって」。"打"は「～から」、起点、経由地を表します）

因为那里比我们这里离太阳近，所以生活在那里的人们有点儿黑。Yīnwèi nàli bǐ wǒmen zhèli lí tàiyáng jìn, suǒyǐ shēnghuózài nàli de rénmen yǒudiǎnr hēi.
（あそこは私たちのところより太陽に近いので、そこで生活している人々は少し黒い。）

(87) 正解は❸ （"顺着"は「～を伝わって、～に沿って」、その物自体に沿って移り動くことを表します。"沿着"は「～に沿って」、経由する道筋を表します。"跟着"は「～について」、"按着"は「～によって」）

他满头大汗顺着脸淌了下来。Tā mǎntóu dàhàn shùnzhe liǎn tǎngle xialai.
（彼は頭にいっぱい汗をかいて、顔を伝わって流れてきた。）

(88) 正解は❸ （"被"は「～に～（される）」、"对"は「～に対して」、"据"は「～に基づいて」、"把"は「～を～（する）」）

过去这里曾经是被人们遗忘了的角落，现在却成了繁华的商业中心。
Guòqù zhèli céngjīng shì bèi rénmen yíwàngle de jiǎoluò, xiànzài què chéngle fánhuá de shāngyè zhōngxīn.
（昔ここは人々に忘れ去られた場所だったが、いまは逆に繁華な商業中心地になっている。）

(89) 正解は❹ （"比"は「～より」、ここは誇張の言い方で、"慈禧"がきついのはよく知られています、これ以上きついということ。"比如"は「例えば」、"一样"は「同じだ」、"不如"は「～に及ばない」）

这老太太厉害得要命，在家里说一不二，简直是比慈禧还慈禧。
Zhè lǎotàitai lìhaide yàomìng, zài jiālǐ shuō yī bú èr, jiǎnzhí shì bǐ Cíxǐ hái Cíxǐ.
（このおばあちゃんはすごくつよい、家で何でも自分の言う通りにして、まったく西太后よりもつよい。）

(90) 正解は❸ （"别看"は「～だけれども」、"别说"は「～はもちろんのこと」、"除了"は「～を除いて」、"不管"は「～にかかわらず、～であろうとなかろうと」）

别看她平时文质彬彬的，可干起活儿来却像个男孩儿。
Biékàn tā píngshí wén zhì bīn bīn de, kě gànqǐ huór lai què xiàng ge nánháir.
（彼女は普段淑やかですが、仕事をすると男の子みたいだ。）

(91) 正解は❹ （"不但…而且"は「～だけでなく、しかも」、"与其…不如…"は

「～よりも～のほうがよい」、"虽然…但是"は「～だが、しかし」、"连…都"は「～さえも」)

中国的中小学**不但**做广播体操，**而且**做眼保健操。
Zhōngguó de zhōngxiǎoxué búdàn zuò guǎngbō tǐcāo, érqiě zuò yǎnbǎojiàncāo.
(中国の小学校、中学校、高校ではラジオ体操をするだけではなく、目の保健体操もする。)

(92) 正解は❶ ("不是…就是…"は「～でなければ～だ」、"不是…而是…"は「～ではなく～だ」、"…也好…也好"は「～にしても～にしても」、"宁愿…也"は「むしろ～しても、いっそ」)

他整天**不是**赌博，**就是**喝酒，谁敢跟这样的人结婚呢？
Tā zhěngtiān bú shì dǔbó, jiù shì hējiǔ, shéi gǎn gēn zhèyàng de rén jiéhūn ne?
(彼はいつも賭博でなければ、お酒を飲むのだ、誰がこのような人と結婚するだろうか。)

(93) 正解は❷ ("等…以后"は「～してから」、"到…为止"は「～までとする」、"先…然后"は「まず～して、それから」、"直到…才"は「～になってから（やっと）」)

等我把这本小说看完了**以后**，再借给你吧。
Děng wǒ bǎ zhèi běn xiǎoshuō kànwánle yǐhòu, zài jiègěi nǐ ba.
(私がこの小説を読み終わってから、またあなたに貸してあげましょう。)

(94) 正解は❷ ("给…带来…"は「～に～をもたらす」、"给…以…"は「～に～を与える」、"以…为…"は「～を～とする」、"是…而不是…"は「～であり、～ではない」)

地震**给**人们心灵上**带来**的创伤，要靠时间来治愈。
Dìzhèn gěi rénmen xīnlíngshang dàilái de chuāngshāng, yào kào shíjiān lái zhìyù.
(地震が人々の心に与えた傷は時間が経つにつれて治るだろう。)

(95) 正解は❸ ("而"はいろいろな意味を持っていますが、ここでは状態を表す成分を動詞に接続する役割を果たします。"而且"は「しかも」、"则"は事柄の対比関係や因果関係などを表すことができます。"并"は「決して」のような副詞用法、及び「その上」のような接続詞用法があります)

她匆匆**而**来，又匆匆**而**去。Tā cōngcōng ér lái, yòu cōngcōng ér qù.
(彼女は慌ただしく来て、また慌ただしく行った。)

(96) 正解は❸ ("可见"は「～から～であることが分かる」、"从而"は「したがっ

て」、"何况"は「ましてや」、"甚至"は「さらには」など)

一天不工作就闷得慌，**可见**他真是个工作迷。
Yì tiān bù gōngzuò jiù mènde huāng, kějiàn tā zhēn shì ge gōngzuòmí.
(1日仕事をしないと退屈でたまらない、彼は本当に仕事の虫であることが分かるよね。)

(97) 正解は❷ ("宁愿…也"は「むしろ～しても」、"…也好…也好"は「～であろうと～であろうと」、"与其…不如…"は「～よりも～のほうがよい」、"非得…不可"は「どうしても～しなければならない」)

我**宁愿**晚上熬夜，**也**不想早起。
Wǒ nìngyuàn wǎnshang áoyè, yě bù xiǎng zǎoqǐ.
(むしろ夜更かしをしてでも、早起きをしたくない。)

(98) 正解は❸ ("与其…不如…"は「～よりも～のほうがよい」、"宁可…也"は「むしろ～しても」、"要是…就"は「もし～ならば」、"与…有关"は「～と関係ある」)

与其说这里没有以前热闹了，**不如**说比以前幽静了。
Yǔqí shuō zhèli méiyǒu yǐqián rènao le, bùrú shuō bǐ yǐqián yōujìng le.
(ここは昔ほど賑やかでなくなったと言うよりも、昔より静寂になったと言うほうがよい。)

(99) 正解は❶ ("随着"は「～につれて」、"根据"は「～に基づいて」、"加上"は「その上」、"正要"は「ちょうど～しようとする」)

随着时间的推移，他在我的记忆中已经淡薄了。
Suízhe shíjiān de tuīyí, tā zài wǒ de jìyì zhōng yǐjing dànbó le.
(時間が経つにつれて、彼は私の記憶の中からもう薄らいでいった。)

(100) 正解は❹ ("越…越…"は「～すればするほど～」、"有的…有的…"は「あるものは～、あるものは～」、"又…又…"は「～でもあり～でもあり」、"边…边…"は「～しながら～する」)

你**越**想回避困难，困难就**越**会出现在你的面前。
Nǐ yuè xiǎng huíbì kùnnan, kùnnan jiù yuè huì chūxiàn zài nǐ de miànqián.
(困難から逃げようとすればするほど、困難はあなたの前に現れるだろう。)

(101) 正解は❹ ("也许…也许…"は「～かもしれないし、～かもしれない」、"…也好…也好"は「～であろうと～であろうと」、"大概…大概…"は言わない、"(也)可能…也可能…"は「～かもしれないし、～かもしれない」)

夫妻之间产生了矛盾，**也许**会伤害感情，**也许**会增进感情。Fūqī zhījiān chǎnshēngle máodùn, yěxǔ huì shānghài gǎnqíng, yěxǔ huì zēngjìn gǎnqíng.
(夫婦の間には不一致が起こると、感情を傷つけ合うかもしれないし、感情を深めるかもしれない。)

(102) 正解は❷ （"因为…所以"は「～なので、だから」、"一…就"は「～するとすぐ」、"如果…就／假如…就"は「もし～ならば」）

因为最近失业了，**所以**情绪很低落。
Yīnwèi zuìjìn shīyè le, suǒyǐ qíngxù hěn dīluò.
(最近失業したので、気持ちが落ち込んでいる。)

(103) 正解は❸ （"因为／由于"は「～なので」、"因为"は複文の文頭にも後半にも置けますが、"由于"は一般に複文の文頭に置きます。"为了"は「～のために」、"所以"は「だから」）

我很喜欢在小摊儿买东西，**因为**可以讨价还价。
Wǒ hěn xǐhuan zài xiǎotānr mǎi dōngxi, yīnwèi kěyǐ tǎo jià huán jià.
(屋台での買い物が好き、値段の駆け引きができるから。)

(104) 正解は❹ （"不管"は「～であっても」、"尽管"は「～だけれども」、"不管"の後に不確定の語句を伴い、"尽管"の後に確定の語句を伴うのが普通です。"除非"は「～しない限り」、"既然"は「～である以上」）

不管你走到天涯还是海角，我都跟着你。
Bùguǎn nǐ zǒudào tiānyá háishi hǎijiǎo, wǒ dōu gēnzhe nǐ.
(あなたが天の果てに行くにしても地の果てに行くにしても、私は着いていく。)

(105) 正解は❷ （"朝"は「面する、向う」、ある方向に向いているだけで移動しない場合に用いられます。"对"は「～に対して」、"离"は「～から」、"往"は「～の方へ」）

我在公园儿附近租了一套**朝**南的房间。
Wǒ zài gōngyuánr fùjìn zūle yí tào cháo nán de fángjiān.
(私は公園の近くに南向きの部屋を借りた。)

(106) 正解は❹ （"除非…才…"は「～で（し）ない限り～しない」、"非得…不可"は「どうしても～しなければならない」、"除了…以外"は「～のほかに」、"与其…不如…"は「～よりも～のほうがよい」）

除非脑子有毛病，**才**会做出那样的蠢事来。

Chúfēi nǎozi yǒu máobing, cái huì zuòchu nàyàng de chǔnshì lai.
（頭がおかしくない限り、そんなばかなことは絶対にしないよ。）

(107) 正解は❶ （"除非"は"否则／不然／要不然／要不"と呼応して、「～という条件でない限り～の結果になる（する）」の意味になります。"否认"は「否認する」、"然而"は「しかしながら」、"免得"は「～しないように」）

除非杯子掉到地上，否则不会摔碎的。
Chúfēi bēizi diàodào dìshang, fǒuzé bú huì shuāisuì de.
（コップは床に落ちない限り、割れない。）

(108) 正解は❸ （"至于"はここでは反語に用います、「～のようなことになるだろうか」の意味、"对于"は「～について」、"关于"は「～について、～に関して」、"不至于"は「～するようなことはない」）

一点点小事，至于这么大惊小怪吗？
Yìdiǎndiǎn xiǎoshì, zhìyú zhème dà jīng xiǎo guài ma?
（些細なことで、こんなに大げさに騒ぐことがあるのだろうか。）

(109) 正解は❹ （"即使"は「たとえ～でも」、"于是"は「そこで」、"或者，还是"は「それとも」、一般に"或者"は叙述文に、"还是"は選択疑問文に用います）

即使不能参加了，也应该说一声啊！
Jíshǐ bù néng cānjiā le, yě yīnggāi shuō yì shēng a!
（たとえ出席できなくなっても一言いうべきだよ。）

(110) 正解は❶ （"虽然"は「～だけれども」、"并且"は「かつ」、"只有"は「～するほかない」など、"但是"は「しかし」）

我们虽然住隔壁，可是基本上没什么来往。
Wǒmen suīrán zhù gébì, kěshì jīběnshang méi shénme láiwang.
（私たちは隣に住んでいるけど、ほとんど交流がない。）

(111) 正解は❸ （"既然"は「～であるからには」、"既"は"又，也"と呼応して用い、「～でもあれば～でもある」の意味。"凡是"は「すべて」、"只好"は「～するしかない」、"心如明镜"は「心が鏡のように澄んでいる」）

既然你心如明镜，为什么还要明知故问呢？
Jìrán nǐ xīn rú míngjìng, wèi shénme hái yào míng zhī gù wèn ne?
（あなたははっきり知っているのに、なぜ知っていながらわざと聞くの？）

(112) 正解は❷ （"对"は「～にとっては」、ある人の立場から問題を見る場合に用

い、"拿"は「～について言えば」、具体的な例を通して、事物や状況を説明する場合に用います。"从"は「～から」、"凭"は「～によって」）

这件事**对**我来说，简直是比登天还难啊！
Zhèi jiàn shì duì wǒ láishuō, jiǎnzhí shì bǐ dēngtiān hái nán a!
（このことは私にとって、まったく天に登るよりも難しいよ。）

(113) 正解は❸ （"只要"は「～さえすれば～」、必要な条件を示し、この条件があれば十分であることを表します。"只有"は「～してこそはじめて～」、唯一の条件を示し、こうでなければならないことを表します。"只能，只好"は「～するほかない」）

只要一听到这首曲子，我就会想起丝绸之路。
Zhǐyào yì tīngdào zhè shǒu qǔzi, wǒ jiù huì xiǎngqǐ sīchóu zhī lù.
（この曲を聞きさえすれば、すぐシルクロードを思い出せる。）

(114) 正解は❷ （"就是/只是"は「ただ～だけだ」。"只有"は「～してこそはじめて」、"尤其"は「とくに」、"只好"は「～するほかない」）

她练得很投入，**就是**不知道休息。
Tā liànde hěn tóurù, jiùshì bù zhīdào xiūxi.
（彼女は夢中に練習し、ただ休みを知らないだけだ。）

(115) 正解は❷ （"何况"は「ましてや」、"岂止"は「ただ～だけだろうか」、"至于"は「～については」、"难道"は「まさか～か」）

这孩子连吃饭的时候都坐不住，**何况**让他老老实实地坐着学习呢？
Zhè háizi lián chīfàn de shíhou dōu zuòbuzhù, hékuàng ràng tā lǎolǎoshíshíde zuòzhe xuéxí ne?
（この子は食事するときもじっと座れないのに、ましてやおとなしく座らせて勉強させるなんて、できるものじゃない。）

(116) 正解は❶ （"不肯"は「～しようとしない」、"好不容易"は「やっとのことで」、"不该"は「～すべきでない」、"不敢"は「～する勇気がない」）

眼看就要迟到了，电梯却停在楼上纹丝不动，迟迟**不肯**下来。Yǎnkàn jiùyào chídào le, diàntī què tíngzài lóushàng wén sī bú dòng, chíchí bùkěn xiàlai.
（もうすぐ遅刻しそうなのに、エレベーターは階上に止まって全然動かず、ぐずぐずして降りようとしない。）

(117) 正解は❶ （"可以"は「～できる」、"打算"は「～するつもりだ」、"反而，反倒"は「かえって」）

你非要看这场比赛的话，**可以**从票贩子那儿买高价票。
Nǐ fēiyào kàn zhèi chǎng bǐsài dehuà, kěyǐ cóng piàofànzi nàr mǎi gāojiàpiào.
（あなたがどうしても今回の試合を見たいなら、ダフ屋から高いチケットを買うことができる。）

(118) 正解は❹（"来着"は文末に用い、「～であった」、過去に起きたことを回想する気持ちを表します。"着呢"はよく形容詞の後に置き、程度が高いことを表し、やや誇張する意味があります）

你刚才是不是动我的电脑**来着**？
Nǐ gāngcái shì bu shì dòng wǒ de diànnǎo láizhe?
（君はさっき私のパソコンをいじったでしょう？）

(119) 正解は❶（"掉"は「～てしまう」、排除、離脱、消失を表します。"走"は「離れる、去る」、"跑"は「離れる、去る」、"丢"は「失くす」）

他把挣来的外快都拿去喝酒了，没几天就都花**掉**了。
Tā bǎ zhènglai de wàikuài dōu náqu hējiǔ le, méi jǐ tiān jiù dōu huādiào le.
（彼は内職での収入を全部飲み代に使い、何日も経たないうちにもう使い終わった。）

(120) 正解は❹（"起来"は動作が下から上へ垂直に上がることを表します。"进来"は動作が外から内へ入ってくることを表します。"出来"は動作が内から外へ出てくることを表します。"下来"は動作が上から下へ出てくることを表します）

她一看我进来，就扶着桌子勉强地从椅子上站了**起来**。
Tā yí kàn wǒ jìnlai, jiù fúzhe zhuōzi miǎnqiǎngde cóng yǐzishang zhànleqilai.
（彼女が部屋に入ってきた私を見ると、すぐに机に手をついて、無理に椅子から立ち上がった。）

(121) 正解は❶（"起来"はここでは「～し始める」という動作や状態が始まり続くことを表し、"上来"は動作が低いところから高いところへ上がってくることを表します。"下去"は高いところから低いところへ下りていくことを表し、"过来"はやってくることを表します。その他は P66 を参照してください）

听说最近练瑜伽和气功的人多**起来**了。
Tīngshuō zuìjìn liàn yújiā hé qìgōng de rén duōqilai le.
（最近ヨガや気功をやる人が多くなってきたと聞いた。）

(122) 正解は❷（"摆不开"は「空間が狭く並べきれない」、"伸不开"は「伸ばせない」、"行不通"は「通用しない」、"挪不动"は「重くて動かせない」）

245

这儿**摆不开**这么多家具啊！Zhèr bǎibukāi zhème duō jiājù a!
（ここはこんなに多くの家具を並べきれない。）

(123) 正解は❹（"刮不跑"は「風に吹き飛ばせない」、"走不动"は「疲れや身体の調子が悪いなどで歩けない」、"离不开"は「離れない」、"跑不掉"は「逃げられない」）

晾在外面的衣服夹得很紧，再大的风也**刮不跑**啊！
Liàngzài wàimiàn de yīfu jiāde hěn jǐn, zài dà de fēng yě guābupǎo a!
（外に干した服はしっかり挟んでいるので、いくら強い風でも吹き飛ばされないはずだよ。）

(124) 正解は❸（"吃不出来"は「どんなものか食べても分からない」、"吃不惯"は「食べ慣れない」、"吃不过来"は「種類が多すぎてすべての種類を食べることができない」、"吃不消"は「耐えられない」）

今天的菜味道好像和往常不一样，可是我**吃不出来**放的是什么调料。
Jīntiān de cài wèidào hǎoxiàng hé wǎngcháng bù yíyàng, kěshì wǒ chībuchūlái fàng de shì shénme tiáoliào.
（今日の料理は味はいつもと違うようで、でも何の調味料を入れたか、食べても分からない。）

(125) 正解は❶（"舍不得"は「惜しがる」、"不得不"は「〜せざるを得ない」、"忍不住"は「こらえられない」、"巴不得"は「したくてたまらない」、"啥"は「なに」）

你拼命挣钱，却**舍不得**用，你图个啥啊？
Nǐ pīnmìng zhèngqián, què shěbude yòng, nǐ tú ge shá a?
（あなたは一生懸命にお金を稼ぐのに、なかなか使わないなら、何のために稼ぐのか。）

(126) 正解は❹（"来得及，赶得上"とも「間に合う」の意味、"赶不上，来不及"とも「間に合わない」の意味ですが、"来不（得）及吃，来不（得）及吃早饭"のように、"来不（得）及"は動詞、動詞文を目的語に取れます。一方"赶不（得）上吃早饭，赶不（得）上早饭"のように、"赶不（得）上"は動詞文、名詞を目的語に取れます。また"来得及，赶得上"は「間に合う」の意味を持つほかに、"来得及"は「〜する余裕がある」、"赶得上"は「追いつく、かなう」などの意味もあります）

我还没**来得及**收拾屋子呢，客人就来了，真不好意思。
Wǒ hái méi láidejí shōushi wūzi ne, kèren jiù lái le, zhēn bù hǎoyìsi.

（まだ部屋を片付ける余裕がないのに、お客さんがもう来てしまった、本当に恥ずかしい。）

(127) 正解は ❸ （"不得了"は「大変だ」、"怪不得"は「道理で」、"不得已"は「やむを得ない」、"了不起"は「すばらしい」）

哎呀，**不得了**啦，那边着火了，快点儿救火啊！
Āiyā, bùdéliǎo la, nàbiān zháohuǒ le, kuài diǎnr jiùhuǒ a!
（あら、大変だ、あっちは火事になった、はやく消火して。）

(128) 正解は ❹ （"难为情"は「恥ずかしい」、"难不住"は「困らせることができない」、"靠不住"は「信用できない」、"摸不透"は「はっきりとつかめない」）

岂止是**难为情**，简直羞得想找个地缝儿钻进去。
Qǐzhǐ shì nánwéiqíng, jiǎnzhí xiūde xiǎng zhǎo ge dìfèngr zuānjinqu.
（ただ恥ずかしいだけだろうか、まったく穴があったら入りたいくらい恥ずかしい。）

(129) 正解は ❷ （"破不开"は「くずすことができない」、"经不住"は「耐えられない」、"免不了"は「避けられない」、"分不开"は「分けられない」）

这台自动售货机只能用钢镚儿，妈妈现在**破不开**钱，忍一下吧。Zhè tái zìdòng shòuhuòjī zhǐnéng yòng gāngbèngr, māma xiànzài pòbukāi qián, rěn yíxià ba.
（この自動販売機はコインしか使えない、お母さんはいまお金をくずすことができないので、ちょっと我慢してね。）

(130) 正解は ❷ （"得"は補語を導く、"了"は動作の完了などを表します、"的"は連体修飾語を作り、"地"は連用修飾語を作ります）

我以为自己买回来了一件珍贵的古董，没想到被你说**得**一钱不值。
Wǒ yǐwéi zìjǐ mǎihuilaile yí jiàn zhēnguì de gǔdǒng, méi xiǎngdào bèi nǐ shuōde yì qián bù zhí.
（貴重な骨董品を買ってきたと思っていたのに、あなたに一文の価値もないと言われるとは思わなかった。）

4 作文（150問）

日本語から中国語に訳す作文問題は文法力、及び慣用句、語彙力を問われますので、普段から多くの練習問題を解き、努力を積み重ねて力をつけましょう。これらの練習問題を1度だけではなく繰り返し解くことが大事です。解答 P257

次の日本語を中国語に訳しなさい。（標点符号も忘れないように。）

☐ (1) 窓側の航空券を1枚ください。

☐ (2) いまからプリント（補充教材）を配りますので、1人1部ずつ取ってから次の人に回してください。

☐ (3) 100元のお預かりで、38元のお釣りです、ご確認ください（数えてください）。

☐ (4) 緊張しないで、私の出した質問にゆっくりとお答えください。

☐ (5) お母さん、私に怒らないで、（やっぱり）お父さんに怒ってね。

☐ (6) 彼らはそれぞれ自分の是を論じて、2人とも少しも譲歩しない。

☐ (7) あなたの結婚式に喜んで出席したいと思う。

☐ (8) いったいチャイナドレスを1着買うほうがよいか、それともあつらえるほうがよいか、まだ決めていない。

☐ (9) どうすればいいか分からないほど焦ってしまった。

☐ (10) 私は明日午前中空港に行って友達を見送り、午後はさらに妹を埠頭まで送る。

☐ (11) 少し待ってください、私がエレベーターで上に行って荷物を部屋まで届けに行きましょう。

☐ (12) 私には大げさに自慢話をするのが好きな友達がいて、私はよくお酒を飲みながら彼の自慢話を聞くんだよ。

☐ (13) 出かけようとしたとき、ちょうど私を訪ねてお客さんが来た、（遅れて）本当にすみません、長いことお待たせしました。

☐ (14) 毎年新年になる前にお母さんがいつも私にガラスを拭くように言う、私もいつもガラスを綺麗に拭いてあげる。

- ☑ (15) パソコン、携帯電話などの現代通信手段の出現によって世界はますます小さくなってしまった。
- ☑ (16) 私は泳げるけど数10メートルしか泳げない。
- ☑ (17) 彼はエンジニアであり、商売をすることができない、この前もう少しで元金を割るところだったみたい。
- ☑ (18) あなたはよく食べるばかりではなく、美味しいものを上手に選んで食べているね。
- ☑ (19) ことわざに曰く「鉄は熱いうちに打て」、あなたはこの件をはやく処理するべきだ。
- ☑ (20) 私はただ試したかっただけで、本気でやるつもりではなかった。
- ☑ (21) 心配しないで、彼はあなたを騙すようなことはしない。
- ☑ (22) 明日の宴会に出席するかどうかはあなたの自由です、いずれにせよ私は出席しなければならない。
- ☑ (23) 彼がどうしてもうちの会社と提携したいと言ったが、これはなかなか得難いよいことではないか。
- ☑ (24) 私は残業したくないが、明日残業しなければならない、しかも5時間連続残業することになる。
- ☑ (25) 私は来年もう大学を卒業する、卒業後、まず会社に入って何年か仕事をしてから自分で会社をはじめるつもりだ。
- ☑ (26) 私は腕がよくなったので、もうキーボードをたたくことができるようになった。
- ☑ (27) ちょっとお願いしたいことがあるのですが、北京から帰るとき、私に中国の月餅を買って来てもらえませんか。
- ☑ (28) 彼女は娘の学費で悩んでいる。
- ☑ (29) 学校の正門はもう閉まっているで、通用門から入りましょう。
- ☑ (30) 先生は学生の遅刻の原因について分析した。
- ☑ (31) 地図から見てブラジルはここからはるかに遠い。

(32) 12ページの下から数えて3行目に2箇所印刷ミスがある。

(33) 私はもう長く彼と付き合いをしなかった。

(34) 私はこれまで彼と付き合いがなかった。

(35) 彼女は私に手を振りながら、私のほうに歩いて来た。

(36) 本当にすごく後悔している、彼女に教えなかったほうがよかったのに、でもいま言っても間に合わないよ。

(37) 中日訳と比べれば、やはり日中訳のほうが比較的にやさしいと思う。

(38) 君は私よりずっとはやく読んでいた。

(39) 1日2食にするほうが3食にするよりいいと言う人もいる。

(40) このパンはあのパンと同じように美味しい。

(41) クラスで彼が1番年下だ、私より何歳も年下だよ。

(42) 残ったおかずを鍋で温めましょう。

(43) さすがは重量挙げチャンピオンだ、こんな重い荷物を軽々とあんな高い台の上まで上げられるなんて。

(44) 私はその本を彼女に貸しました。

(45) 私は彼女から本を1冊借りた。

(46) 図書館に行くなら私の代わりにあの話題の本を借りてきてもらえないか。

(47) 私もコップの酒を全部飲み干した。

(48) 私はコップの酒も全部飲み干した。

(49) あなたはやはり病気を治してから出勤してね。

(50) この小説を脚本に書き換えたいと思っている。

(51) 彼は飲酒運転をしたので、罰金を取られた。

(52) 玄関に置いてあった自転車は誰に乗っていかれてしまったか分からない。

(53) 昨夜は子供に起こされなかったが、逆に地震に驚いて目が覚めた。

(54) 今回幾つもの科目がみんな出来が悪かったので、はやくこっそり逃げようと思ったら先生に呼び止められた。

(55) 彼の話に深く感動したが、しかし自分の言いたいことが一言も言い出せない。

(56) 私は手を包丁で切ってしまって血がたくさん出た。（受身文を使う）

(57) 消費者に指摘された製品の品質問題に関しては既に解決した。

(58) ここのフートンはずっと前から取り壊され、いま地下鉄駅を建設しているところだ。

(59) このタイプの車がよく売れているのは、ガソリンを節約できるし、安いからだ。

(60) これらの物は人に贈るものもあれば、自分で使うものもある。

(61) あなたが私たちの会員にならない限り、割引できない。

(62) 彼女に一目会いたいなら、北海道に行くほかない。

(63) 毎日続けてエアロビクスをしさえすれば、ダイエットをすることができると信じている。

(64) ゴミを減らし、環境を守るために一部の地域は既にゴミ回収を有料にしはじめた。

(65) 明日いくら寒くても外で風景をデッサンしなければならない。

(66) テレビであろうとラジオであろうと、みんなフィギュアスケートの試合を生中継で伝えた。

(67) 春節期間の運輸では、座席指定券どころか、立ち席券も入手できない。

(68) 私が慰めれば慰めるほど彼女が悲しくなるので、やはりあなたがなだめてみてください。

(69) この荒地は穀物が作れないばかりではなく、草さえも生えない。

(70) この子はころころしてますます可愛くなった。

(71) いまは小さい会社だけではなく、大きい会社も大幅に人を減らしているので、仕事をなかなか見つけられない。

(72) 幸いにも昨夜２つの目覚まし時計をかけていた、でなければ、こんなにはやく絶対目が覚めない。

(73) 最後はまた抽選で決めることになるので、たとえはやく申し込んでも買えるとは限らない。

(74) 彼は跳んだり跳ねたりして、走って部屋に入った。

(75) 四川大地震のとき、パンダすら倒壊した家屋につぶされて死んだそうだ。

(76) あなたのほかはみんな私のことを"老板"と呼んでいる。

(77) 私があやうく彼を突き倒すところだったというよりも、むしろもう少しで彼に突き倒されるところだったと言うほうがよい。

(78) 私はよく夢で彼女に会う。

(79) 彼はもう謝ったのだから、もはやこれ以上追及しないでください。

(80) 行きたいなら、特に何も迷うことはないだろう。

(81) 稼いだお金を全部使っても貯金したくないと、彼女が言った。

(82) 私の食べたいものなら、彼女はなんでも作ってくれる。

(83) 私はどうしてぜんぜん気づかなかったのだろうか？ --- 以前から君に注意を与えたではないか。

(84) それは言うまでもないよ、当然勝った人が賞品をもらうよ。（同じ疑問詞を使うこと）

(85) 携帯電話の普及につれて公衆電話はもうあまり使わなくなった。

(86) 外は台風が吹いているのに、どうしていま帰るの？

(87) 外は台風が吹いているのに、どうやっていま帰るの？

(88) 私は眼鏡をかけてもはっきり見えないのに、かけないならなおさらだ。

(89) あなたは聞き間違えたのだろう、私は彼女は運動靴を履いているところだと言ったのではなく、運動靴を履いていると言ったのだ。

- (90) 喉が痛くて話せないので、"このたびはまた大変ご迷惑をおかけして申し訳ありませんでした"と紙に書きました。
- (91) 珈琲でも飲みに行きませんか、珈琲を飲みながら彼を待てばそんなに時間の経つのが遅いと感じなくなるよ。
- (92) さっき部屋に飛んで入ってきたのは蝶でなければ、トンボだ。
- (93) あなたはまだ北京で北京ダックを食べたことがないでしょ、今回は必ず最も人気のあるダックの店に連れて行くよ。
- (94) うっかりして乗り越した、急いで戻るしかない。
- (95) 彼から長いこと電話がかかってこないので、何か変更があるのではと心配している。
- (96) 彼はアメリカに留学に行ってもうそろそろ5年になるのに、まだ帰国する気がないようだ。
- (97) 私は5年前結婚したのだが、昨日になるまで彼の両親に会えなかった。
- (98) 昨夜彼が送ってくれたEメールを読んだら、すぐ彼に返事をした。
- (99) 酔っぱらわないでね、お酒に酔ったらどうやって家に帰るの?
- (100) お母さんは1時間も彼に聞いていたが、いくら聞いても聞き出せない、一言も言おうとしない。
- (101) 彼は商売をして大金持ちになって、いくら使っても使えきれないほどお金があるみたいだ。
- (102) 私は故郷を離れてもう10年になる、きっとだいぶ変わっただろう。
- (103) このスーパーは毎日何時から営業しますか。何時まで営業しますか。毎日どれくらい営業しますか。
- (104) 彼は1回だけで6つの観光スポットを見物した。
- (105) 彼女はこの知らせを聞くと、すぐにワ〜と泣き出した。
- (106) このことは、口にするのはたやすいが、やってみると決してそんなにたやすくない。

(107) 君は明日衣服を取りに来てもよい、君は明日衣服を持って来てもよい、この２つの文は意味が違う。

(108) 彼は先生がいないうちにすばやく教室を走り去った。

(109) 今日は一日中雨だった、やっと止んだ。

(110) この指輪はおばあちゃんが残したものだ。

(111) 彼女は、今年必ずいい大学に受かって、はやく社会に出なければならないと言った。

(112) いま何時間か眠れたらどんなにいいだろう。

(113) 中国語の発音はあまり勉強しやすくないとはいえ、私は必ず続けていって中国語をマスターしなければならない。

(114) いまは旅行はシーズンオフなので、ほとんどのホテルは満室ではなく、ホテルの手配は難しくない。

(115) 私はもう話し終わったので、次はあなたがちょっと話す番です。

(116) この文章は曖昧すぎて、長いこと読んでも、いったい何を言いたいのかまだ分からない。

(117) この会社でずっと定年退職するまで勤めるにしろ途中で転職するにしろ、これは君の自由だ。

(118) どうやら彼は髪を切ったばかりのようだ、ちょっと感じが変わった。

(119) 私のノートパソコンは弟にいじられて壊されたかもしれないし、もともと故障があったかもしれない。

(120) 最近電車でパソコンを使う人をよく見かけるが、逆に電車で漫画を見る人をめったに見かけない。

(121) よその土地からここに来たばかりの人にとっては、ここのすべてが新鮮だ。

(122) 今日はどうしてもあなたが運転しなければならないので、絶対お酒を飲んではいけないよ。

(123) ここは富士山から遠いので、天気がよいときでなければ富士山が見えな

い。

(124) もしここで北方で食べられない大きなカニが食べられるならいいのに。

(125) 私はいまお金がなくて高級品が買えないの、品物がなくて入手できないのではないよ。

(126) 君はまだ私が誰だか分かる？——ああ、なんだ君だったのか。

(127) 彼は熱を出して話す力もないのに、歩くのはなおさらのことだ。

(128) 天気予報によると「今日は曇りのち晴れ」だそうだが、なんと激しい雨が降ってきた。予報が少しも当たらない。

(129) 私たちは今年にぎやかに春節を過ごしましょう。

(130) 今年の春節はにぎやかに過ごした。

(131) この屋台の品は値段があまり適当ではない、このセーターについて言えば、まったく珍しいくらい高い。

(132) 私はドライブに行きたくないというわけではなく、先生の許可がないかぎりドライブにいけないのだ。

(133) 彼らは授業中騒ぎを起こしたので、結局また先生に教室から追い出された。

(134) 私は話し始めたばかりなのに彼はもう聞いていない、聞かないならそれでいい、ちょうど私も話す気がしなくなった。

(135) 私はこれだけの財産しか持っていないのに、全部泥棒に盗まれていってしまった。

(136) はやくも２千年前に中国は既に製紙術を発明していた。

(137) 私は昨日夜中の２時にやっと寝て今朝の４時にもう起きた。

(138) ちょっとご飯を作るよ、食べてから出よう。
——すぐに出なければならないので、ご飯は準備しなくていい。

(139) 君は子供みたい、どうしても成熟しないね。

- (140) 彼女は、あなたはきっといい俳優になると言ってくれた、しかも是非俳優になるように勧めてくれた。
- (141) 私の知っていることは全部君に教えたよ、まさか君はまだ満足していないの？
- (142) 彼はなんと一気に20階の展望台まで上った。
- (143) 彼はたくさんお金を使い、たくさん薬を飲み、その上毎日散歩をして、病気がやっと治った。
- (144) この件はあなたは何もしなくてもいい、私に任せて。
- (145) 荷物は荷物預かり所に預けられる、何かあったらフロントまで従業員を尋ねて。
- (146) この件は急いではいけない、たとえ少し時間がかかっても大丈夫ですが、いいかげんにしてはいけない。
- (147) はやく手術をしないと、治療が手遅れになるだろうと、医者が言った。
- (148) 牛乳を控え目にするとコレステロールが下げられると聞いてから、牛乳の代わりに豆乳にした。
- (149) やはりもう1度確認してください、会社に損失をもたらさないように。
- (150) 何の理由があって給料を支払ってくれないのだ、何の理由で私を解雇するのだ。

作文 解答例と解説

(1) 窓側の航空券を1枚ください。
请给我一张靠窗户的机票。Qǐng gěi wǒ yì zhāng kào chuānghu de jīpiào.
(「窓側」は"靠窗户"、「通路側」は"靠过道"。「航空券」は"机票／飞机票"。買い物をする場合に使う「~をください」は"给我…"でよいです)

(2) いまからプリント（补充教材）を配りますので、1人1部ずつ取ってから次の人に回してください。
现在开始发补充教材，请每人拿一份，然后传给下一个人。Xiànzài kāishǐ fā bǔchōng jiàocái, qǐng měirén ná yí fèn, ránhòu chuángěi xià yí ge rén.
(「いまから」は"现在开始／下面开始"。「1人1部ずつとって」は"每（个）人拿一份／一（个）人拿一份"。「次の人に回す」は"传给下一个人／递给下一个人"でよいです)

(3) 100元のお預かりで、38元のお釣りです、ご確認ください（数えてください）。
我收了您一百块（钱），找您三十八块（钱），请点（钱）一下。
Wǒ shōule nín yìbǎi kuài(qián), zhǎo nín sānshíbā kuài(qián), qǐng diǎn(qián) yíxià.
("收，找"は二重目的語が取れる動詞なので、「動詞＋間接目的語（誰々に）＋直接目的語（何々を）」のような語順となります。「お金を預かる」は"收钱"、「お釣りを出す」は"找钱"、「お金を数える」は"点钱"となります)

(4) 緊張しないで、私の出した質問にゆっくりとお答えください。
请你不要紧张，慢慢地回答我提出的问题。
Qǐng nǐ bú yào jǐnzhāng, mànmànde huídá wǒ tíchū de wèntí.
("回答"は二重目的語の取れる動詞、"回答我我提出的问题"はくどいので、普通間接目的語の"我"を省略します)

(5) お母さん、私に怒らないで、（やっぱり）お父さんに怒ってね。
妈妈，你别跟我生气啊，还是生生爸爸的气吧。
Māma, nǐ bié gēn wǒ shēngqì a, háishi shēngsheng bàba de qì ba.
("生气"は離合詞なので、重ね型は"生气生气"ではなく、"生生气"となり、「ちょっと怒る」という軽い意味。また"生气"の後に目的語が取れませんので、"跟…生气／生…的气"のように言います)

(6) 彼らはそれぞれ自分の是を論じて、2人とも少しも譲歩しない。
他们各讲各的理，两个人都毫不让步。
Tāmen gè jiǎng gè de lǐ, liǎng ge rén dōu háobù ràngbù.

（"讲理（事の是非を論ずる）"は「動詞＋目的語」形式の離合詞なので、離して用いられます。「各自が（それぞれ）自分の」は「"各"＋動詞＋"各"」、「少しも～しない」は"毫不…"）

(7) あなたの結婚式に喜んで出席したいと思う。
我很愿意参加你的结婚典礼。Wǒ hěn yuànyi cānjiā nǐ de jiéhūn diǎnlǐ.
（「～したいと思う」は"愿意"で表せます）

(8) いったいチャイナドレスを1着買うほうがよいか、それともあつらえるほうがよいか、まだ決めていない。
我还没有想好到底是买一件旗袍好呢，还是定做一件好呢。Wǒ hái méiyǒu xiǎnghǎo dàodǐ shì mǎi yí jiàn qípáo hǎo ne, háishi dìngzuò yí jiàn hǎo ne.
（「それとも」を表す場合には"或者，还是"がありますが、一般に"或者"は叙述文に、"还是"は選択疑問文に用います。「あつらえる」は"定做／订做"、「まだ決めていない」は"还没想好／还没定"）

(9) どうすればいいか分からないほど焦ってしまった。
我急得不知道该怎么办才好。Wǒ jíde bù zhīdào gāi zěnme bàn cái hǎo.
（「どうすればいいか分からない」は"不知道（该）怎么办（才）好"で表現でき、よく使う言い方なので、このまま覚えてください。「～ほど（する）」はよく程度補語（「動詞／形容詞＋"得"＋補語」）を用い表現します、ぜひ慣れましょう）

(10) 私は明日午前中空港に行って友達を見送り、午後はさらに妹を埠頭まで送る。
我明天上午要到机场送朋友，下午还要送妹妹到码头。Wǒ míngtiān shàngwǔ yào dào jīchǎng sòng péngyou, xiàwǔ hái yào sòng mèimei dào mǎtóu.
（"到机场送朋友"は「空港で友達を見送る（友達と別々に空港に行ってもよい）」、"送妹妹到码头"は「妹を埠頭まで送る（埠頭まで妹と一緒）」の意味）

(11) 少し待ってください、私がエレベーターで上に行って荷物を部屋まで届けに行きましょう。
请等一下，我坐电梯上去把东西送到你的房间吧。
Qǐng děng yíxià, wǒ zuò diàntī shàngqu bǎ dōngxi sòngdào nǐ de fángjiān ba.
（「エレベーターに乗る」は"坐电梯"、"送"は「送る、見送る、プレゼントする、届ける」などの意味があります。中国語は人称代詞を省略することもよくありますが、日本語ほどではないです。例えば、この文の「部屋まで届けに行く」は"送到房间"より、"送到你的房间"のほうが確実です）

(12) 私には大げさに自慢話をするのが好きな友達がいて、私はよくお酒を飲みながら彼の自慢話を聞くんだよ。
我有个朋友爱吹牛，我常常边喝酒边听他吹牛。
Wǒ yǒu ge péngyou ài chuīniú, wǒ chángcháng biān hējiǔ biān tīng tā chuīniú.
("我有个朋友爱吹牛"は"有"をもつ兼語文であり、「主語＋"有"＋"有"の目的語であると同時に後ろの動詞句の主語＋動詞句」の語順となります。「大げさに自慢話をする」は"吹牛"、「〜しながら〜する」は"（一）边…（一）边"）

(13) 出かけようとしたとき、ちょうど私を訪ねてお客さんが来た、（遅れて）本当にすみません、長いことお待たせしました。
我刚要出门的时候，正好有位客人来找我，真不好意思，让你等了半天。
Wǒ gāng yào chūmén de shíhou, zhènghǎo yǒu wèi kèren lái zhǎo wǒ, zhēn bù hǎoyìsi, ràng nǐ děngle bàntiān.
(「出かけようとしたとき」は"刚要出门（的时候）/刚想出门（的时候）"。「〜私を訪ねてきたお客さんがいる」は兼語文"…有位客人来找我"でよいです。"半天"は「長いこと」と「半日」の意味がありますが、ここは前者です）

(14) 毎年新年になる前にお母さんがいつも私にガラスを拭くように言う、私もいつもガラスを綺麗に拭いてあげる。
每年新年以前，妈妈都叫我擦玻璃，我也总是把玻璃擦得干干净净的。
Měinián xīnnián yǐqián, māma dōu jiào wǒ cā bōli, wǒ yě zǒngshì bǎ bōli cāde gāngānjìngjìng de.
(この文の前半は使役文、「AがBに〜するように言う（AがBに〜させる）」は"A叫/让B…"で表せます、後半は"把"構文、さらに述語は程度補語を使いましょう)

(15) パソコン、携帯電話などの現代通信手段の出現によって世界はますます小さくなってしまった。
由于电脑、手机等现代通讯工具的出现，使世界变得越来越小了。
Yóuyú diànnǎo, shǒujī děng xiàndài tōngxùn gōngjù de chūxiàn, shǐ shìjiè biànde yuè lái yuè xiǎo le.
(「〜によって」は"由于"。「AをBに変化させる」は"使/让A变成B"、「AをBほど変化させる」は"使A变得B"）

(16) 私は泳げるけど数10メートルしか泳げない。
我虽然会游泳，可是只能游几十米。
Wǒ suīrán huì yóuyǒng, kěshì zhǐnéng yóu jǐ shí mǐ.
(「〜だが、しかし〜」は"虽然…，但是/可是/不过…"。助動詞"会"と"能"の使い分けに注意しましょう)

(17) 彼はエンジニアであり、商売をすることができない、この前もう少しで元金を割るところだったみたい。
他是个工程师，不会做买卖，上次好像差点儿（没）把本儿都赔进去了。
Tā shì ge gōngchéngshī, bú huì zuò mǎimai, shàngcì hǎoxiàng chàdiǎnr (méi) bǎ běnr dōu péijinqu le.
（「商売をする」は"做买卖/做生意"。「元金を割る」は"赔本儿"と言いますが、離合詞なので、動詞と目的語を離しても使えます、例えば"把本儿都赔进去了/把本儿都赔了"。「もう少しで」は"差点儿"、詳しい説明は P92 を参照）

(18) あなたはよく食べるばかりではなく、美味しいものを上手に選んで食べているね。
你既能吃，又会吃啊！ Nǐ jì néng chī, yòu huì chī a!
（食べる量が多いことを言うときは"能吃"、美味しいものを上手に選んで食べることを言うときは"会吃"。「〜ばかりではなく〜だ」は"既…又…"または"不仅/不但…而且…"で表せます）

(19) ことわざに曰く「鉄は熱いうちに打て」、あなたはこの件をはやく処理するべきだ。
俗话说，趁热打铁，你应该尽快处理这件事。
Súhuà shuō, chèn rè dǎ tiě, nǐ yīnggāi jǐnkuài chǔlǐ zhèi jiàn shì.
（「鉄は熱いうちに打て」は中国語で"趁热打铁"と言います）

(20) 私はただ試したかっただけで、本気でやるつもりではなかった。
我只是想试试（罢了），并没真想干。
Wǒ zhǐshì xiǎng shìshi (bàle), bìng méi zhēn xiǎng gàn.
（「ただ〜だけだ」は"只是"、よく"罢了/而已"を呼応で用います。「本気にやりたい」は"真想干"）

(21) 心配しないで、彼はあなたを騙すようなことはしない。
你放心吧，他不至于骗你的。 Nǐ fàngxīn ba, tā búzhìyú piàn nǐ de.
（「〜するようなことはない」は"不至于…"、または"不会"でもよいです）

(22) 明日の宴会に出席するかどうかはあなたの自由です、いずれにせよ私は出席しなければならない。
出不出席明天的宴会随你的便，反正我得出席。
Chū bu chūxí míngtiān de yànhuì suí nǐ de biàn, fǎnzheng wǒ děi chūxí.
（「出席するかどうか」は"出席不出席/出不出席"、「あなたの自由だ」は

"是你的自由／随你的便"、「いずれにせよ」は"反正"でよいです）

(23) 彼がどうしてもうちの会社と提携したいと言ったが、これはなかなか得難いよいことではないか。
他说无论如何也要跟我们公司合作，这不是非常难得的好事儿吗？
Tā shuō wúlùn rúhé yě yào gēn wǒmen gōngsī hézuò, zhè bú shì fēicháng nándé de hǎoshìr ma?
（「どうしても～」は"无论如何也…"。付き合ったり話し合ったりする対象を表す場合、よく"跟（～と）"を用います。"不是…吗？"で反語文が作れます）

(24) 私は残業したくないが、明日残業しなければならない、しかも5時間連続残業することになる。
尽管我不想加班，可是明天也得加班，而且要连续加五个小时（的）班。
Jǐnguǎn wǒ bù xiǎng jiābān, kěshì míngtiān yě děi jiābān, érqiě yào liánxù jiā wǔ ge xiǎoshí (de) bān.
（「～だけれども」は"尽管…"または"虽然…"）

(25) 私は来年もう大学を卒業する、卒業後、まず会社に入って何年か仕事をしてから自分で会社をはじめるつもりだ。
我明年就要大学毕业了，毕业以后，打算先进公司干几年，然后再自己办公司。
Wǒ míngnián jiùyào dàxué bìyè le, bìyè yǐhòu, dǎsuan xiān jìn gōngsī gàn jǐ nián, ránhòu zài zìjǐ bàn gōngsī.
（「もうすぐ～する」のような近未来構文は「"就要"＋動詞＋"了"」の語順となります。「まず～して、それから～」は"先…，然后（再）…"。「会社をはじめる」は"做公司"ではなく"办公司／开公司／成立公司"を用います）

(26) 私は腕がよくなったので、もうキーボードをたたくことができるようになった。
我的胳膊好了，已经能敲键盘了。
Wǒ de gēbo hǎo le, yǐjing néng qiāo jiànpán le.
（能力が回復することを表す場合"能"を用います。「キーボードをたたく」は"敲键盘"）

(27) ちょっとお願いしたいことがあるのですが、北京から帰るとき、私に中国の月餅を買って来てもらえませんか。
我想求你点儿事儿，从北京回来时，能不能给我买点儿中国的月饼？
Wǒ xiǎng qiú nǐ diǎnr shìr, cóng Běijīng huílai shí, néng bu néng gěi wǒ mǎi diǎnr Zhōngguó de yuèbǐng?
（「ちょっとお願いしたいのですが」は"我想求你／我想托你"。「ちょっとお

願いしたいことがあるのですが」は"我想求你点儿事儿／我想托你点儿事儿"。「北京から帰るとき」は"从北京回来时／从北京回来的时候"でよいです。「〜してもらえませんか」のような丁寧な依頼を言う場合は"能不能"

(28) 彼女は娘の学費で悩んでいる。
她在为女儿的学费发愁呢。Tā zài wèi nǚ'ér de xuéfèi fāchóu ne.
（原因を表す場合"为"を使ってよいです）

(29) 学校の正門はもう閉まっているので、通用門から入りましょう。
学校的正门已经关上了，我们从侧门进去吧。
Xuéxiào de zhèngmén yǐjing guānshang le, wǒmen cóng cèmén jìnqu ba.
（"从"は経由する場所を表すこともできます）

(30) 先生は学生の遅刻の原因について分析した。
老师对学生上课迟到的原因做了分析。
Lǎoshī duì xuésheng shàngkè chídào de yuányīn zuòle fēnxī.
（「〜（事柄）について」は"对"）

(31) 地図から見てブラジルはここからはるかに遠い。
从地图上看，巴西离这里很远，很远。
Cóng dìtúshang kàn, Bāxī lí zhèli hěn yuǎn, hěn yuǎn.
（「〜から見て」は"从…看"、空間の隔たりを表す場合"离"。"很远"を繰り返し使えば、遠さをいっそう強調します）

(32) 12ページの下から数えて3行目に2箇所印刷ミスがある。
第十二页从下面数第三行有两处印刷错误。
Dì shí'èr yè cóng xiàmiàn shǔ dì sān háng yǒu liǎng chù yìnshuā cuòwù.
（「下から数えて3行目」は"从下面数第三行／倒数第三行"。「2箇所印刷ミスがある」は"有两处印刷错误／有两个地方印错了／印错了两个地方"）

(33) 私はもう長く彼と付き合いをしなかった。
我已经很长时间没（有）跟他来往了。
Wǒ yǐjing hěn cháng shíjiān méi(yǒu) gēn tā láiwang le.
（ここの"来往"は動作を表す動詞であり、普通「"没"＋前置詞句＋動詞句」の語順となります）

(34) 私はこれまで彼と付き合いがなかった。
我跟他从来没（有）来往。Wǒ gēn tā cónglái méi(yǒu) láiwang.
（ここの"来往"は状態を表す動詞であり、普通「前置詞句＋"没"＋動詞句」

の語順となります）

(35) 彼女は私に手を振りながら、私のほうに歩いて来た。
她一边向我招手，一边往我这边走过来了。
Tā yìbiān xiàng wǒ zhāoshǒu, yìbiān wǎng wǒ zhèi biān zǒuguolai le.
（"向"は移動方向や対象を表すことができます。"往"は動作の移動する方向を表し、後ろに場所を表す言葉が来ます、例えば、"往我这边"は言いますが、"往我"は言いません、"我这边"は「私のところ」という場所詞だから可能です）

(36) 本当にすごく後悔している、彼女に教えなかったほうがよかったのに、でもいま言っても間に合わないよ。
真后悔死了，不如不告诉她了，可是现在说也已经来不及了。
Zhēn hòuhuǐ sǐ le, bùrú bú gàosu tā le, kěshì xiànzài shuō yě yǐjing láibují le.
（「すごく後悔する」は"后悔死了／后悔极了／后悔得要命"。「～したほうがよい」は"不如"）

(37) 中日訳と比べれば、やはり日中訳のほうが比較的にやさしいと思う。
和中译日相比，我还是觉得日译中比较容易。
Hé Zhōng yì Rì xiāngbǐ, wǒ háishi juéde Rì yì Zhōng bǐjiào róngyì.

把日语翻译成汉语和把汉语翻译成日语，比较起来／相比之下，我还是觉得把日语翻译成汉语比较容易。
Bǎ Rìyǔ fānyìchéng Hànyǔ hé bǎ Hànyǔ fānyìchéng Rìyǔ, bǐjiàoqilai/ xiāngbǐ zhīxià, wǒ háishi juéde bǎ Rìyǔ fānyìchéng Hànyǔ bǐjiào róngyì.

（「～と比べれば」は"和…相比／和…比起来／比起…来"いろいろな言い方があります）

(38) 君は私よりずっとはやく読んでいた。
你比我看得快多了。／你看得比我快多了。
Nǐ bǐ wǒ kànde kuài duōle./Nǐ kànde bǐ wǒ kuài duōle.
（「AはBよりずっと～」は「A比B…得多／多了」、程度補語がつき、しかも目的語がない場合、「比B」は動詞の前でも補語の前でも置けることが多いです）

(39) 1日2食にするほうが3食にするよりいいと言う人もいる。
有的人说，一天吃两顿饭（要）比吃三顿饭好。
Yǒude rén shuō, yì tiān chī liǎng dùn fàn (yào) bǐ chī sān dùn fàn hǎo.
有的人说，一天吃三顿饭不如 bùrú/ 没有吃两顿饭（好）。
（「AはBより～」は「A（要）比B…」で表せます。「AはBに及ばない」は「A不如／没有B（…）」は、A、Bは名詞、動詞（句）でもよいです）

(40) このパンはあのパンと同じように美味しい。
这个面包和那个面包一样好吃。
Zhèige miànbāo hé nàge miànbāo yíyàng hǎochī.
(「AはBと同じ～」は「A和／跟B＋一样＋(形容詞)」)

(41) クラスで彼が１番年下だ、私より何歳も年下だよ。
我们班里要数他最小了，比我（要）小好几岁呢。
Wǒmen bānli yào shǔ tā zuìxiǎo le, bǐ wǒ (yào) xiǎo hǎo jǐ suì ne.
(「(他と比べて)～が１番だ」は"(要)数…(了)")

(42) 残ったおかずを鍋で温めましょう。
把剩的菜在锅里热一下吧。Bǎ shèng de cài zài guōli rè yíxià ba.
("把"構文、前置詞句が一般に動詞の前に来ます)

(43) さすがは重量挙げチャンピオンだ、こんな重い荷物を軽々とあんな高い台の上まで上げられるなんて。
真不愧是举重冠军啊，竟然能把这么重的东西很轻松地举到那么高的台子上去。
Zhēn búkuì shì jǔzhòng guànjūn a, jìngrán néng bǎ zhème zhòng de dōngxi hěn qīngsōngde jǔdào nàme gāo de táizishang qù.
(「さすがは～だ」は"不愧是…／到底是…"で表せます、強調する場合に"真不愧是…"は言いますが、"真到底是…"は言いません。
後節はやや複雑な"把"構文であり、助動詞は一般に"把"の前に置きます。"地"を伴う連用修飾語は動詞の前でも"把"の前でも用いられます。例えば、"能把…很轻松地举到…"は"能很轻松地把…举到…"と言ってもよいです)

(44) 私はその本を彼女に貸しました。
我把那本书借给她了。Wǒ bǎ nà běn shū jiègěi tā le.
(解説は次の問題を参照してください)

(45) 私は彼女から本を１冊借りた。
我跟她借了一本书。Wǒ gēn tā jièle yì běn shū.
("借"は「借りる」「貸す」両方の意味を持っています、「～から借りる」は"跟／管／向…借"のような構文を用いることが多いです、「～に貸す」は"借给…／把…借给…"のような構文を用いることが多いです)

(46) 図書館に行くなら私の代わりにあの話題の本を借りてきてもらえないか。
你去图书馆的话，给我把那本热门书借回来，好吗?
Nǐ qù túshūguǎn dehuà, gěi wǒ bǎ nà běn rèménshū jièhuilai, hǎo ma?
(「～に代わって(～のために)借りる」は"给／替…借"で表現できます)

(47) 私もコップの酒を全部飲み干した。
我也把杯子里的酒都喝光了。Wǒ yě bǎ bēizili de jiǔ dōu hēguāng le.
("也"の位置に注意。解説は次の問題を参照してください)

(48) 私はコップの酒も全部飲み干した。
我把杯子里的酒也都喝光了。Wǒ bǎ bēizili de jiǔ yě dōu hēguāng le.
("把"構文においては、副詞"也"は動詞の前にも"把"の前にも用いられますが、置かれる位置によって意味が変わります)

(49) あなたはやはり病気を治してから出勤してね。
你还是把病养好了，再上班吧。Nǐ háishi bǎ bìng yǎnghǎo le, zài shàngbān ba.
("养病"は「療養する」の意味、離合詞なので、離してもよいです)

(50) この小説を脚本に書き換えたいと思っている。
我想把这本小说改写成剧本。Wǒ xiǎng bǎ zhèi běn xiǎoshuō gǎixiěchéng jùběn.
(動詞"想"は"把"の前に置きます)

(51) 彼は飲酒運転をしたので、罰金を取られた。
他酒后开车，被罚款了。Tā jiǔ hòu kāichē, bèi fákuǎn le.
("被"は加動者を省略できます)

(52) 玄関に置いてあった自転車は誰に乗っていかれてしまったか分からない。
放在门前的自行车不知道被谁（给）骑走了。
Fàngzài ménqián de zìxíngchē bù zhīdào bèi shéi (gěi) qízǒu le.
门前放着的自行车不知道被谁（给）骑走了。
Ménqián fàngzhe de zìxíngchē bù zhīdào bèi shéi (gěi) qízǒu le.
(受身文は「受動者＋"被"＋加動者＋動詞（句）」の語順となり、この文の"被"を"让／叫"に入れ替えてもよいです)

(53) 昨夜は子供に起こされなかったが、逆に地震に驚いて目が覚めた。
昨晚我没被孩子吵醒，却被地震惊醒了。
Zuówǎn wǒ méi bèi háizi chǎoxǐng, què bèi dìzhèn jīngxǐng le.
(受身文の否定詞は"被"の前に置きます)

(54) 今回幾つもの科目がみんな出来が悪かったので、はやくこっそり逃げようと思ったら先生に呼び止められた。
这次好几门课都没考好，我想赶快溜走，可是却被老师叫住了。Zhèicì hǎo jǐ mén kè dōu méi kǎohǎo, wǒ xiǎng gǎnkuài liūzǒu, kěshì què bèi lǎoshī jiàozhù le.
(「幾つもの科目」は"好几门课"、ここの「出来が悪かった」は"没考好／考

得不好"、「こっそり逃げる」は"溜走"、「～に呼び止められた」は"被…叫住了 / 被…喊住了"でよいです)

(55) 彼の話に深く感動したが、しかし自分の言いたいことが一言も言い出せない。
我被他的话深深地感动了，可我自己想说的话，却一句也说不出来。
Wǒ bèi tā de huà shēnshēnde gǎndòng le, kě wǒ zìjǐ xiǎng shuō de huà, què yí jù yě shuōbuchūlái.
(「言いたいこと」は"想说的话"、「一言も～しない」は"一句也…不"、「言い出せない」は可能補語の否定形"说不出来"で表せます)

(56) 私は手を包丁で切ってしまって血がたくさん出た。(受身文を使う)
我的手被菜刀切破了，出了很多血。
Wǒ de shǒu bèi càidāo qiēpò le, chūle hěn duō xiě.
(この文の加動者は動作を起こさない無生物であり、日本語の場合は受身文で表現しませんが、中国語では受身文で表現します)

(57) 消費者に指摘された製品の品質問題に関しては既に解決した。
关于消费者指出的产品质量问题已经解决了。
Guānyú xiāofèizhě zhǐchū de chǎnpǐn zhìliàng wèntí yǐjing jiějué le.
(これは受身構造を用いない意味上の受身文であり、"被解决了"という受身の形をとらなくても、主語("问题")が無生物なので、能動態と誤解される恐れがないためです。「～に関して」は"关于…")

(58) ここのフートンはずっと前から取り壊され、いま地下鉄駅を建設しているところだ。
这里的胡同早就拆掉了，现在正在修建地铁站。
Zhèli de hútòng zǎojiù chāidiào le, xiànzài zhèngzài xiūjiàn dìtiězhàn.
(これも受身構造を用いない意味上の受身文であり、主語は"胡同")

(59) このタイプの車がよく売れているのは、ガソリンを節約できるし、安いからだ。
这种车之所以卖得不错，是因为它又省油，又便宜。
Zhèi zhǒng chē zhī suǒyǐ màide búcuò, shì yīnwèi tā yòu shěng yóu, yòu piányi.
(「このタイプの車はよく売れている」は"这种车卖得不错"と言い、日本語と違って受身表現ではない例です。「～なのは～だからだ」は"之所以…，是因为…"を用いてよいです)

(60) これらの物は人に贈るものもあれば、自分で使うものもある。
这些东西，有的是送人的，有的是自己用的。
Zhèxiē dōngxi, yǒude shì sòng rén de, yǒude shì zìjǐ yòng de.

(「～ものもあれば、～ものもある」は"有的…，有的…")

(61) あなたが私たちの会員にならない限り、割引できない。
除非您成为我们的会员，才能给您优惠。
Chúfēi nín chéngwéi wǒmen de huìyuán, cái néng gěi nín yōuhuì.
(「～しない限り～しない」は"除非…才…")

(62) 彼女に一目会いたいなら、北海道に行くほかない。
要想见她一面（的话），除非去北海道。
Yào xiǎng jiàn tā yímiàn (dehuà), chúfēi qù Běihǎidào.
(「彼女に一目会う」は"见她一面"、「～したいなら～するほかない」は"要想…除非…"で表せます)

(63) 毎日続けてエアロビクスをしさえすれば、ダイエットをすることができると信じている。
我相信只要每天坚持做健美操，就能瘦下来（减肥）。
Wǒ xiāngxìn zhǐyào měitiān jiānchí zuò jiànměicāo, jiù néng shòuxialai (jiǎnféi).
(「～しさえすれば」は"只要…就"で表現できます)

(64) ゴミを減らし、環境を守るために一部の地域は既にゴミ回収を有料にしはじめた。
为了减少垃圾、保护环境，有些地方已经开始对垃圾回收采取了收费措施。
Wèile jiǎnshǎo lājī, bǎohù huánjìng, yǒuxiē dìfang yǐjing kāishǐ duì lājī huíshōu cǎiqǔle shōufèi cuòshī.
(「～のために」は"为了"、「措置をとる」は"采取措施"、ここの"采取了收费措施"は"实行了收费制度"または"收费了"と言い換えられます。「有料」は"收费"と言い、例えば、"收费厕所（有料トイレ）")

(65) 明日いくら寒くても外で風景をデッサンしなければならない。
不管明天多冷，都得在外边画风景的素描。
Bùguǎn míngtiān duō lěng, dōu děi zài wàibiān huà fēngjǐng de sùmiáo.
(「～にもかかわらず」は"不管／无论／不论…"を用います)

(66) テレビであろうとラジオであろうと、みんなフィギュアスケートの試合を生中継で伝えた。
不管是电视台，还是广播电台，都对今天的花样滑冰比赛进行了实况转播。
Bùguǎn shì diànshìtái, háishi guǎngbō diàntái, dōu duì jīntiān de huāyàng huábīng bǐsài jìnxíngle shíkuàng zhuǎnbō.

不管是电视，还是广播，都实况转播了今天的花样滑冰比赛。Bùguǎn shì diànshì, háishi guǎngbō, dōu shíkuàng zhuǎnbōle jīntiān de huāyàng huábīng bǐsài.

(‟实况转播"は‟现场直播"と言い換えてもよいです。「～であろうと～であろうと」は‟不管/无论/不论（是）…还是…"で表せます)

(67) 春節期間の運輸では、座席指定券どころか、立ち席券も入手できない。

春运期间，别说对号票了，就是站票都买不着。
Chūnyùn qījiān, biéshuō duìhàopiào le, jiùshì zhànpiào dōu mǎibuzháo.

春运期间，别说买对号票了，连站票都买不着。
Chūnyùn qījiān, biéshuō mǎi duìhàopiào le, lián zhànpiào dōu mǎibuzháo.

(「どころか」は‟别说"、「座席指定券」は‟对号票"、「立ち席券」は‟站票"。「入手できない」は‟买不着/买不到")

(68) 私が慰めれば慰めるほど彼女が悲しくなるので、やはりあなたがなだめてみてください。

我越安慰她，她越伤心，还是你去劝劝吧。
Wǒ yuè ānwèi tā, tā yuè shāngxīn, háishi nǐ qù quànquan ba.

(「～すればするほど～」は‟越…越…"で表せますが、前節と後節の主語が異なる場合、後節の‟越"は主語の後に置きます)

(69) この荒地は穀物が作れないばかりではなく、草さえも生えない。

这片荒地不但不长粮食，甚至连草都不长。
Zhè piàn huāngdì búdàn bù zhǎng liángshi, shènzhì lián cǎo dōu bù zhǎng.

(「～ばかりでなく～さえ」は‟不但…甚至…")

(70) この子はころころしてますます可愛くなった。

这孩子胖乎乎的，越长越可爱了。
Zhè háizi pànghūhū de, yuè zhǎng yuè kě'ài le.

(ここの「ますます」は‟越长越/越来越"でよいです)

(71) いまは小さい会社だけではなく、大きい会社も大幅に人を減らしているので、仕事をなかなか見つけられない。

现在不光是小公司，（连）大公司也在大批裁人，所以很难找到工作。
Xiànzài bù guāng shì xiǎo gōngsī, (lián) dà gōngsī yě zài dàpī cáirén, suǒyǐ hěn nán zhǎodào gōngzuò.

(「～だけでなく」は‟不光（是）/不但（是）/不只（是）…"などで表せます。「見つけづらい」は‟很难找到/不容易找到/不好找"としてよいです)

(72) 幸いにも昨夜2つの目覚まし時計をかけていた、でなければ、こんなにはやく絶対目が覚めない。

幸亏昨晚上了两个闹钟，不然的话，这么早肯定醒不了。Xìngkuī zuówǎn shàngle liǎng ge nàozhōng, bùrán dehuà, zhème zǎo kěndìng xǐngbuliǎo.

(「幸いにも」は"多亏 / 幸亏 / 好在"、「目覚まし時計をかける」は"上闹钟"、「目が覚めない」は"睡不醒 / 醒不了")

(73) 最後はまた抽選で決めることになるので、たとえはやく申し込んでも買えるとは限らない。

因为最后还要抽签决定，所以即使早申请也不一定能买到。Yīnwèi zuìhòu hái yào chōuqiān juédìng, suǒyǐ jíshǐ zǎo shēnqǐng yě bù yídìng néng mǎi dào.

因为最后还要抽签才能决定，所以即使早申请也不一定能买到。

(「たとえ～でも」は"即使 / 即便 / 就是 / 就算 / 哪怕…也"、「～とは限らない」は"不一定 / 未必 / 不见得"を用います)

(74) 彼は跳んだり跳ねたりして、走って部屋に入った。

他连蹦带跳地跑进了屋。Tā lián bèng dài tiào de pǎojinle wū.

(「～したり～したり」は"连…带…")

(75) 四川大地震のとき、パンダすら倒壊した家屋につぶされて死んだそうだ。

听说，四川大地震时，连熊猫都被倒塌的房屋砸死了。
Tīngshuō, Sìchuān dà dìzhèn shí, lián xióngmāo dōu bèi dǎotā de fángwū zásǐ le.

(「～だそうだ」は"听说"を用いてよいです。"连…都"は「～さえも」、"砸死"は「つぶされて死ぬ」の意味)

(76) あなたのほかはみんな私のことを"老板"と呼んでいる。

除了你以外，别人都管我叫"老板"。
Chúle nǐ yǐwài, biéren dōu guǎn wǒ jiào "lǎobǎn".

(「～のほか」は"除了…(以外)"、「～を～と呼ぶ」は"管…叫…"でよいです)

(77) 私があやうく彼を突き倒すところだったというよりも、むしろもう少しで彼に突き倒されるところだったと言うほうがよい。

与其说我差点儿把他撞倒了，还不如说我差点儿被他撞倒了。Yǔqí shuō wǒ chàdiǎnr bǎ tā zhuàngdǎo le, hái bùrú shuō wǒ chàdiǎnr bèi tā zhuàngdǎo le.

(「～より、むしろ～」は"与其…不如…"で表現できます。「突き倒す」は"撞倒"。「あやうく、もう少しで」は"差点儿"でよいです)

(78) 私はよく夢で彼女に会う。

我常常在梦里梦见她。Wǒ chángcháng zài mènglǐ mèngjiàn tā.

(「夢で彼女に会う」は"在梦里梦见她 / 在梦里见到她")

(79) 彼はもう謝ったのだから、もはやこれ以上追及しないでください。

既然他已经认错了，就不要再追究（下去）了。

Jìrán tā yǐjing rèncuò le, jiù bú yào zài zhuījiū (xiaqu) le.
(「～した以上」は"既然"、「これ以上…しないで」は"不要再…了／别再…了"で表現できます。「謝る」は"认错／道歉"）

(80) 行きたいなら、特に何も迷うことはないだろう。
要是想去的话，就没什么可犹豫的。
Yàoshi xiǎng qù dehuà, jiù méi shénme kě yóuyù de.
(「もし～なら」は"要是"、「特に何も～ことはない」は"没什么可…的"で表現できます)

(81) 稼いだお金を全部使っても貯金したくないと、彼女が言った。
她说，宁可挣多少就花多少，也不想攒钱。
Tā shuō, nìngkě zhèng duōshao jiù huā duōshao, yě bù xiǎng zǎnqián.
(この文の"多少"という疑問詞を前後で呼応させ、同じことを表します。「～しても～しない」は"宁可／宁肯／宁愿…也不…"で表現できます)

(82) 私の食べたいものなら、彼女はなんでも作ってくれる。
我想吃什么，她就给我做什么。
Wǒ xiǎng chī shénme, tā jiù gěi wǒ zuò shénme.
(疑問詞"什么"を前後で呼応させ、同じ食べ物を指します)

(83) 私はどうしてぜんぜん気づかなかったのだろうか？——以前から君に注意を与えたではないか。
我怎么一点儿都没注意到呢？——我不是早就提醒过你吗？
Wǒ zěnme yìdiǎnr dōu méi zhùyìdào ne? —— Wǒ bú shì zǎojiù tíxǐngguo nǐ ma?
(「～ではないか」のような反語文は"不是…吗"で表現できます)

(84) それは言うまでもないよ、当然勝った人が賞品をもらうよ。(同じ疑問詞を使うこと)
这还用说吗？当然（是）谁赢了，奖品就给谁啊！
Zhè hái yòng shuō ma? Dāngrán (shì) shéi yíng le, jiǎngpǐn jiù gěi shéi a!
(疑問詞"谁"を前後で呼応させ、同じ人を指します)

(85) 携帯電話の普及につれて公衆電話はもうあまり使わなくなった。
随着手机的普及，公用电话已经不怎么用了。
Suízhe shǒujī de pǔjí, gōngyòng diànhuà yǐjing bù zěnme yòng le.
(「～につれて」は"随着…"、「あまり～ない」は"不怎么／不太"で表現できます)

(86) 外は台風が吹いているのに、どうしていま帰るの？
外边正刮着台风，你怎么现在走呢？

Wàibiān zhèng guāzhe táifēng, nǐ zěnme xiànzài zǒu ne?
（解説は次を参照してください）

(87) 外は台風が吹いているのに、どうやっていま帰るの？
外边正刮着台风，现在怎么走呢？
Wàibiān zhèng guāzhe táifēng, xiànzài zěnme zǒu ne?
（"怎么"の直後に動詞が来るとき、動作の方式、手段を問う意味になります。"怎么"と動詞の間に何かが割り込んでいるとき、原因、理由を表す意味になります）

(88) 私は眼鏡をかけてもはっきり見えないのに、かけないならなおさらだ。
我戴眼镜都看不清楚，何况不戴眼镜呢！
Wǒ dài yǎnjìng dōu kànbuqīngchu, hékuàng bú dài yǎnjìng ne!
（「～はなおさらのことだ」は"何况…"、「眼鏡をかける」は"戴眼镜"、「帽子をかぶる」は"戴帽子"）

(89) あなたは聞き間違えたのだろう、私は彼女は運動靴を履いているところだと言ったのではなく、運動靴を履いていると言ったのだ。
你听错了吧，我不是说她在穿运动鞋，而是说她穿着运动鞋。Nǐ tīngcuò le ba, wǒ bú shì shuō tā zài chuān yùndòngxié, ér shì shuō tā chuānzhe yùndòngxié.
（「聞き間違い」は"听错"、「運動靴を履いているところだ」は"（正）在穿运动鞋"、「運動靴を履いている」は"穿着运动鞋"と言います。「～ではなくて～だ」は"不是…而是…"で表せます）

(90) 喉が痛くて話せないので、"このたびはまた大変ご迷惑をおかけして申し訳ありませんでした"と紙に書きました。
因为我嗓子疼得说不出话来，所以就把"这次又给您添麻烦了，非常抱歉"写在纸上了。
Yīnwèi wǒ sǎngzi téngde shuōbuchū huà lái, suǒyǐ jiù bǎ "Zhècì yòu gěi nín tiān máfan le, fēicháng bàoqiàn" xiězài zhǐshàng le.
（「喉が痛くて話せない」は程度補語の"疼得说不出话来"で表せます。「～ご迷惑をおかけして」は"给…添麻烦"で表現できます。"非常抱歉"は"很抱歉／非常对不起"などに言い換えられます）

(91) 珈琲でも飲みに行きませんか、珈琲を飲みながら彼を待てばそんなに時間の経つのが遅いと感じなくなるよ。
我们去喝点儿咖啡什么的吧，喝着咖啡等他就不怎么觉得时间过得慢了。
Wǒmen qù hē diǎnr kāfēi shénmede ba, hēzhe kāfēi děng tā jiù bù zěnme juéde shíjiān guòde màn le.

(「～しながら～する」のような２つの動作が同時に進行することを表すには「動詞＋"着"＋動詞」、もしくは"一边…一边…"で表せます。この文の"喝着咖啡等他"は"一边喝咖啡一边等他"としてもよいです)

(92) さっき部屋に飛んで入ってきたのは蝶でなければ、トンボだ。
刚才屋里不是飞进来了一只蝴蝶，就是飞进来了一只蜻蜓。
Gāngcái wūli bú shì fēijinlaile yì zhī húdié, jiù shì fēijinlaile yì zhī qīngtíng.
刚才飞进屋里来的不是一只蝴蝶，就是一只蜻蜓。
Gāngcái fēijin wūli lai de bú shì yì zhī húdié, jiù shì yì zhī qīngtíng.
(「～でなければ～だ」は"不是…就是／便是"で表せます。"屋里飞进来了一只蝴蝶"は出現を表す存現文)

(93) あなたはまだ北京で北京ダックを食べたことがないでしょ、今回は必ず最も人気のあるダックの店に連れて行くよ。
你还没在北京吃过北京烤鸭吧，这次我一定带你去最有人气的烤鸭店。
Nǐ hái méi zài Běijīng chīguo Běijīng kǎoyā ba, zhèicì wǒ yídìng dài nǐ qù zuì yǒu rénqì de kǎoyādiàn.
(「～したことがある」は「動詞＋"过"」、「人気がある」は"有人气"で表せます)

(94) うっかりして乗り越した、急いで戻るしかない。
我没注意坐过站了，只好急急忙忙地返回去了。
Wǒ méi zhùyì zuòguò zhàn le, zhǐhǎo jíjímángmángde fǎnhuiqu le.
(「うっかり」は"没注意／没留神"でよいです。"过"は動詞の後に置き、限度を超えることが表せます、「乗り越した」は"坐过站了"。「～するほかない」は"只好…")

(95) 彼から長いこと電話がかかってこないので、何か変更があるのではと心配している。
（因为）他好长时间没来电话了，（所以）我怕有什么变化。(Yīnwèi) tā hǎo cháng shíjiān méi lái diànhuà le, (suǒyǐ) wǒ pà yǒu shénme biànhuà.
(していない状態が期間詞の通りに続いていることを表すには「期間詞＋"没(有)"…"了"」でよいです。ここの"好长时间"は不確定な期間詞)

(96) 彼はアメリカに留学に行ってもうそろそろ５年になるのに、まだ帰国する気がないようだ。
他去美国留学都快五年了，可是好像还没有回国的意思。Tā qù Měiguó liúxué dōu kuài wǔ nián le, kěshì hǎoxiàng hái méi yǒu huíguó de yìsi.
(「もうそろそろ～になる」は"都快…了"で表せます。「帰国する気がない」は"没有回国的意思／不想回国"で表現できます)

(97) 私は 5 年前結婚したのだが、昨日になるまで彼の両親に会えなかった。
我是五年前结的婚，可是直到昨天才见到他的父母。
Wǒ shì wǔ nián qián jié de hūn, kěshì zhídào zuótiān cái jiàndào tā de fùmǔ.
（前節は"是…的"の構文です。「～になるまで～しなかった、～になってやっと～した」は"直到…才"で表せます）

(98) 昨夜彼が送ってくれた E メールを読んだら、すぐ彼に返事をした。
昨天晚上看了他发给我的伊妹儿，马上就给他回信了。
Zuótiān wǎnshang kànle tā fāgěi wǒ de yīmèir, mǎshàng jiù gěi tā huíxìn le.
（「～した後に～した」のような動作が続けて完了したことを表すには「動詞＋"了"＋(目的語)～，……"了"」で表現できます）

(99) 酔っぱらわないでね、お酒に酔ったらどうやって家に帰るの？
你别喝醉了，喝醉了，怎么回家？ Nǐ bié hēzuì le, hēzuì le, zěnme huíjiā?
（前半の"别…了"は「～しないで」、禁止や制止を表します、動詞（句）はその中に置き、後半の"了"は仮定を表します）

(100) お母さんは 1 時間も彼に聞いていたが、いくら聞いても聞き出せない、一言も言おうとしない。
妈妈问了他一个小时，可是怎么问也问不出来，他一句话也不肯说。Māma wènle tā yí ge xiǎoshí, kěshì zěnme wèn yě wènbuchūlái, tā yí jù huà yě bùkěn shuō.
（目的語が人称代詞の場合、「動詞＋目的語＋時量補語」の語順となります。「いくらしても～できない」は"怎么＋動詞＋也／都＋同一動詞＋可能補語の否定"。「～しようとしない」は"不肯"）

(101) 彼は商売をして大金持ちになって、いくら使っても使えきれないほどお金があるみたいだ。
他好像做买卖发了大财，钱多得怎么花都花不完似的。
Tā hǎoxiàng zuò mǎimai fāle dà cái, qián duōde zěnme huā dōu huābuwán shìde.
（「いくらしても～できない」は"怎么＋動詞＋也／都＋同一動詞＋可能補語の否定"）

(102) 私は故郷を離れてもう 10 年になる、きっとだいぶ変わっただろう。
我离开家乡已经十年了，变化一定很大吧。
Wǒ líkāi jiāxiāng yǐjing shí nián le, biànhuà yídìng hěn dà ba.
（目的語が場所詞のとき、「動詞＋目的語＋時量補語」の語順となります。「きっとだいぶ変わった」は"变化一定很大／一定有了很大的变化吧"でよいです）

(103) このスーパーは毎日何時から営業しますか。何時まで営業しますか。毎日ど

れくらい営業しますか。

这个超市每天几点开始营业？营业到几点？每天营业多长时间？
Zhèige chāoshì měitiān jǐ diǎn kāishǐ yíngyè? Yíngyèdào jǐ diǎn? Měitiān yíngyè duō cháng shíjiān?

（普通時点を表すものは動詞の前に置きますが、動詞の後に置くこともあり、この場合は動作の到達時点を表します。）

(104) 彼は１回だけで６つの観光スポットを見物した。

他一次就看了六个观光景点。
Tā yí cì jiù kànle liù ge guānguāng jǐngdiǎn.

（一般に動量詞は動詞の後に置きますが、ある回数の動作が行われる間の動作の量、回数を表す場合、動量詞は動詞の前に置きます）

(105) 彼女はこの知らせを聞くと、すぐにワ～と泣き出した。

她一听到这个消息，就大哭起来了。
Tā yì tīngdào zhèige xiāoxi, jiù dà kūqilai le.

（「～するとすぐに」は"一…就"、「泣き出した」は"哭起来了"）

(106) このことは、口にするのはたやすいが、やってみると決してそんなにたやすくない。

这件事说起来很容易，做起来可就没那么容易了。
Zhèi jiàn shì shuōqilai hěn róngyì, zuòqilai kě jiù méi nàme róngyì le.

（「～してみると」は「動詞＋"起来"」、この文の"容易"は"简单"と言ってもよいです）

(107) 君は明日衣服を取りに来てもよい、君は明日衣服を持って来てもよい、この２つの文は意味が違う。

你明天可以来拿衣服，你明天可以把衣服拿来，这两句话的意思不一样。
Nǐ míngtiān kěyǐ lái ná yīfu, nǐ míngtiān kěyǐ bǎ yīfu nálai, zhè liǎng jù huà de yìsi bù yíyàng.

（「衣服を（ここへ）取りに来る」は"来（这儿）拿衣服"、これは連動文。「衣服を持ってくる」は"把衣服拿来"、ここの"来"は方向補語）

(108) 彼は先生がいないうちにすばやく教室を走り去った。

他趁老师不在，飞快地跑出教室去了。
Tā chèn lǎoshī bú zài, fēikuàide pǎochu jiàoshì qu le.

（「～のうちに」は"趁…"、「すばやく、飛ぶようにはやい」は"飞快"。「教室を走り去った」は"跑出教室去了"の語順となります、場所や持ち運べない目的語は、方向補語"来，去"の前に置くのが普通です）

(109) 今日は一日中雨だった、やっと止んだ。
今天下了一天雨，终于停下来了。Jīntiān xiàle yì tiān yǔ, zhōngyú tíngxialai le.
（方向補語の抽象的な使い方の問題ですが、ここの"…下来"は動作がある状態に定着することを表します）

(110) この指輪はおばあちゃんが残したものだ。
这个戒指是奶奶留下来的。Zhèige jièzhi shì nǎinai liúxialai de.
（方向補語の抽象的な使い方の問題ですが、ここの"…下来"は以前から現在まで継続することを表します）

(111) 彼女は、今年必ずいい大学に受かって、はやく社会に出なければならないと言った。
她说，我今年一定要考上好大学，早日走上社会。
Tā shuō, wǒ jīnnián yídìng yào kǎoshang hǎo dàxué, zǎorì zǒushang shèhuì.
（方向補語の抽象的な使い方の問題ですが、"考上"の"上"は高い水準、目標への到達を表します、"走上"の"上"は動作の開始と継続を表します）

(112) いま何時間か眠れたらどんなにいいだろう。
现在要是能睡上几个小时，该（有）多好啊！
Xiànzài yàoshi néng shuìshang jǐ ge xiǎoshí, gāi (yǒu) duō hǎo a!
（方向補語の抽象的な使い方の問題ですが、ここの"上"は一定の数量に達することを表します。「どんなに…だろう」は"该（有）多…啊"）

(113) 中国語の発音はあまり勉強しやすくないとはいえ、私は必ず続けていって中国語をマスターしなければならない。
虽说汉语的发音不太好学，可是我一定要坚持下去，把汉语学好。
Suīshuō Hànyǔ de fāyīn bútài hǎo xué, kěshì wǒ yídìng yào jiānchíxiaqu, bǎ Hànyǔ xuéhǎo.
（「～とはいえ」は"虽说…"。「マスターする」は"学好"、「勉強しやすい」は"好学"となり、語順に注意してください。「続けていく」は"坚持下去"で表現できます、ここの"…下去"動作や状態が続くことなどを表します、方向補語の抽象的な使い方です）

(114) いまは旅行はシーズンオフなので、ほとんどのホテルは満室ではなく、ホテルの手配は難しくない。
因为现在是旅游淡季，大部分旅馆都没住满，所以住宿不难安排。
Yīnwèi xiànzài shì lǚyóu dànjì, dàbùfen lǚguǎn dōu méi zhùmǎn, suǒyǐ zhùsù bù nán ānpái.
（「旅行シーズン」は"旅游旺季"、「旅行シーズンオフ」は"旅游淡季"と言

います。「ほとんど」は"大部分/大多数"でよいです）

(115) 私はもう話し終わったので、次はあなたがちょっと話す番です。
我已经说完了，下面该请你说两句了。
Wǒ yǐjing shuōwán le, xiàmiàn gāi qǐng nǐ shuō liǎng jù le.
（「〜番になる」は"该…了"）

(116) この文章は曖昧すぎて、長いこと読んでも、いったい何を言いたいのかまだ分からない。
这篇文章写得太含糊了，我看了半天也没看懂到底想说什么。
Zhè piān wénzhāng xiěde tài hánhu le, wǒ kànle bàntiān yě méi kàndǒng dàodǐ xiǎng shuō shénme.
（「曖昧」は"含糊"を用いてよいです。「長いこと読んでもまだ分からない」は"看了半天也没看懂/看了半天还没看懂/看了半天也没看明白"で表せます。"看懂/看明白"のような結果補語の表現にも慣れてください）

(117) この会社でずっと定年退職するまで勤めるにしろ途中で転職するにしろ、これは君の自由だ。
在这个公司一直干到退休也好，中间换公司也好，这是你的自由。
Zài zhèige gōngsī yìzhí gàndào tuìxiū yěhǎo, zhōngjiān huàn gōngsī yěhǎo, zhè shì nǐ de zìyóu.
（「〜にしても〜にしても」は"…也好/也罢…也好/也罢"で表せます。「〜までする」は"干到"のような「動詞+結果補語」で表せます）

(118) どうやら彼は髪を切ったばかりのようだ、ちょっと感じが変わった。
他好像刚理完发，有点儿变样儿了。
Tā hǎoxiàng gāng lǐwán fà, yǒudiǎnr biànyàngr le.
（「〜したばかり」は「"刚"+動詞」、「どうやら〜のようだ」は"好像"を用います）

(119) 私のノートパソコンは弟にいじられて壊されたかもしれないし、もともと故障があったかもしれない。
我的笔记本电脑也许是被弟弟（给）弄坏了，也许是原来就有毛病。
Wǒ de bǐjìběn diànnǎo yěxǔ shì bèi dìdi (gěi) nònghuài le, yěxǔ shì yuánlái jiù yǒu máobing.
（"给"は"把"構文や受身文で動詞の前に置いてもよいし、なくてもよいです。「いじられて壊された」は"弄坏了"、「故障がある」は"有毛病"。「〜かもしれないし、〜かもしれない」は"也许…也许…"）

(120) 最近電車でパソコンを使う人をよく見かけるが、逆に電車で漫画を見る人を

めったに見かけない。

最近经常看见有人在电车上用电脑，可是却很少看见在电车上看漫画的人。
Zuìjìn jīngcháng kànjiàn yǒu rén zài diànchēshang yòng diànnǎo, kěshì què hěn shǎo kànjiàn zài diànchēshang kàn mànhuà de rén.

（「見かける」は"看见／看到"。「めったに見かけない」は"很少看见"でよいです。"有人"は「誰かが〜」の意味）

(121) よその土地からここに来たばかりの人にとっては、ここのすべてが新鮮だ。
对刚来（这儿）的外地人来说，这儿的一切都很新鲜。
Duì gāng lái (zhèr) de wàidìrén láishuō, zhèr de yíqiè dōu hěn xīnxiān.

（「〜にとっては」は"对（于）…来说"）

(122) 今日はどうしてもあなたが運転しなければならないので、絶対お酒を飲んではいけないよ。
今天非得你开车不可，千万不能喝酒啊！
Jīntiān fēiděi nǐ kāichē bùkě, qiānwàn bù néng hējiǔ a!

（相手を忠告、制止する場合、助動詞"不能"を用います。「どうしても〜しなければならない」は"非（得）…不可"で表せます）

(123) ここは富士山から遠いので、天気がよいときでなければ富士山が見えない。
因为这儿离富士山很远，所以只有天气好的时候，才看得到富士山。
Yīnwèi zhèr lí Fùshìshān hěn yuǎn, suǒyǐ zhǐyǒu tiānqì hǎo de shíhou, cái kàndedào Fùshìshān.

（「〜でなければ〜できない」という欠かせない条件を表すには"只有…（才）…"。この文の「見える」は"看得到／看得见／能看到／能看见"でよいです）

(124) もしここで北方で食べられない大きなカニが食べられるならいいのに。
要是能在这儿吃到在北方吃不到的大螃蟹，就好了！
Yàoshi néng zài zhèr chīdào zài běifāng chībudào de dà pángxiè, jiù hǎo le!

（自分でコントロールできない客観的な事柄による不可能を表す場合はよく可能補語を用います，"在北方吃不到"は北方には物がないので、食べられないというニュアンスです）

(125) 私はいまお金がなくて高級品が買えないの、品物がなくて入手できないのではないよ。
我现在是买不起高档商品，而不是买不到高档商品。 Wǒ xiànzài shì mǎibuqǐ gāodàng shāngpǐn, ér bú shì mǎibudào gāodàng shāngpǐn.

（「お金がないので買えない」は"买不起"、「品物がないので買えない」は"买不到"。「〜であり、〜ではない」は"是…，（而）不是…"）

(126) 君はまだ私が誰だか分かる？
——ああ、なんだ君だったのか。
你还认得出来我是谁吗？ ——啊，原来是你啊！
Nǐ hái rèndechūlái wǒ shì shéi ma? ——À, yuánlái shì nǐ a!
(「（見て）誰だか分かる」は可能補語で表現すれば、"认得出来"、反対言葉は"认不出来"。「なんだ〜だったのか」は"原来…"）

(127) 彼は熱を出して話す力もないのに、歩くのはなおさらのことだ。
他发烧发得连说话的力气都没有了，何况走路呢。
Tā fāshāo fāde lián shuōhuà de lìqi dōu méiyǒu le, hékuàng zǒulù ne.
(前節は程度補語の文型であり、"得"の後の補語"连说话的力气都没有了"はやや長いですが、よく使う言い方なので、覚えてください。「〜はなおさらのことだ」は"何况…"）

(128) 天気予報によると「今日は曇りのち晴れ」だそうだが、なんと激しい雨が降ってきた。予報が少しも当たらない。
据天气预报说，今天多云转晴，可竟然下起了暴雨，预报得一点儿也不准。
Jù tiānqì yùbào shuō, jīntiān duōyún zhuǎn qíng, kě jìngrán xiàqile bàoyǔ, yùbàode yìdiǎnr yě bù zhǔn.
(天気予報の専用言葉はいろいろあります、「曇りのち晴れ」」は"多云转晴""阴转晴"と言い、「当たらない」は"不准"で表せます）

(129) 私たちは今年にぎやかに春節を過ごしましょう。
我们今年热热闹闹地过春节吧。
Wǒmen jīnnián rèrenāonāode guò Chūnjié ba.
(「にぎやかに〜過ごす」は"热热闹闹地过…"で表せます、「（意図的に）ある状態で〜する」はよく"地"の構文を用います）

(130) 今年の春節はにぎやかに過ごした。
我们今年春节过得很热闹。Wǒmen jīnnián Chūnjié guòde hěn rènao.
(「過ごしかたがにぎやかだった」は"过得很热闹"で表せます。「〜したのがどうだったか、どんな様子に〜した」はよく"得"の程度補語の構文を用い、その結果を描写します）

(131) この屋台の品は値段があまり適当ではない、このセーターについて言えば、まったく珍しいくらい高い。
这个小摊儿的东西价格不太合适，拿这件毛衣来说吧，简直贵得出奇。
Zhèige xiǎotānr de dōngxi jiàgé bútài héshì, ná zhèi jiàn máoyī láishuō ba, jiǎnzhí guìde chūqí.

278

(「〜について言えば」は"拿…来说"で表現できます)

(132) 私はドライブに行きたくないというわけではなく、先生の許可がないかぎりドライブにいけないのだ。
我并不是不想去兜风，而是没有大夫的许可（的话），就不能去兜风。
Wǒ bìng bú shì bù xiǎng qù dōufēng, ér shì méiyǒu dàifu de xǔkě (dehuà), jiù bù néng qù dōufēng.
(「(決して)〜というわけではなく」は"并不是"で表せます)

(133) 彼らは授業中騒ぎを起こしたので、結局また先生に教室から追い出された。
他们几个在课堂上捣乱，结果又被老师赶出了教室。
Tāmen jǐ ge zài kètángshang dǎoluàn, jiéguǒ yòu bèi lǎoshī gǎnchūle jiàoshì.
(繰り返し動作がこれから再び行われるとき、"再"を用い、既に起こったとき、"又"を用い、これから行われる場合の疑問文、或いは助動詞が後ろに来る場合、"还"を用いることが多いです。「授業中」は"在课堂上／上课的时候"、「騒ぎを起こす」は"捣乱")

(134) 私は話し始めたばかりなのに彼はもう聞いていない、聞かないならそれでいい、ちょうど私も話す気がしなくなった。
我刚说个开头他就听不进去了，不听就不听吧，正好我还懒得说呢。
Wǒ gāng shuō ge kāitóu tā jiù tīngbujìnqù le, bù tīng jiù bù tīng ba, zhènghǎo wǒ hái lǎnde shuō ne.
(「私の話は始まったばかり」は"我刚说个开头／我的话刚开头"、「聞いても耳に入らない」は"听不进去"。「AならAでも（よい）」は"A就A"、この言い方もよく使います、ここでは「聞かないならそれでいい」は"不听就不听"でよいです。「話したくない（話す気がしない）」は"不想说／懒得说"で表現できます)

(135) 私はこれだけの財産しか持っていないのに、全部泥棒に盗まれていってしまった。
我就这么一点儿财产，都被小偷偷走了。
Wǒ jiù zhème yìdiǎnr cáichǎn, dōu bèi xiǎotōu tōuzǒu le.
(「〜だけ」は"就／只"、「全部」は"都／全部"、「盗まれていってしまった」は"被偷走／被偷跑"で表せます)

(136) はやくも２千年前に中国は既に製紙術を発明していた。
早在两千年前，中国就发明了造纸技术。
Zǎo zài liǎngqiān nián qián, Zhōngguó jiù fāmíngle zàozhǐ jìshù.
(「すでに」は"就／已经")

(137) 私は昨日夜中の2時にやっと寝て今朝の4時にもう起きた。
我昨晚两点才睡，今天早上四点就起来了。
Wǒ zuówǎn liǎng diǎn cái shuì, jīntiān zǎoshang sì diǎn jiù qǐlai le.
("才"は「やっと」、時間的にタイミングがおそいこと、"就"は「すでに」、時間的にタイミングがはやいことを表します)

(138) ちょっとご飯を作るよ、食べてから出よう。——すぐに出なければならないので、ご飯は準備しなくていい。
我给你做点儿饭，(等)吃了饭以后再走吧。——我马上就得走，不用准备饭了。
Wǒ gěi nǐ zuò diǎnr fàn, (děng) chīle fàn yǐhòu zài zǒu ba. ——Wǒ mǎshàng jiù děi zǒu, bú yòng zhǔnbèi fàn le.
(「～してから」は"等…以后／…以后"で表せます。「～しなければならない」は"得"、「～する必要がない」は"不用"）

(139) 君は子供みたい、どうしても成熟しないね。
你像个小孩儿一样，怎么也长不大呢。
Nǐ xiàng ge xiǎoháir yíyàng, zěnme yě zhǎngbudà ne.
(「どうしても～ない」は"怎么也"+"否定"でよいです)

(140) 彼女は、あなたはきっといい俳優になると言ってくれた、しかも是非俳優になるように勧めてくれた。
她对我说，你肯定能当好演员，而且还劝我一定去当演员。Tā duì wǒ shuō, nǐ kěndìng néng dānghǎo yǎnyuán, érqiě hái quàn wǒ yídìng qù dāng yǎnyuán.
(「必ず、きっと」は"肯定""一定"とも使えますが、相手に命令、依頼、誘いをする場合"一定"を用います。この文前節の"肯定"は"一定"と言い換えられます、後節の"一定"は"肯定"と言い換えられません)

(141) 私の知っていることは全部君に教えたよ、まさか君はまだ満足していないの？
我已经把我知道的全部告诉你了，难道你还不满足吗？
Wǒ yǐjing bǎ wǒ zhīdao de quánbù gàosu nǐ le, nándào nǐ hái bù mǎnzú ma?
(「まさか～か」は"难道…吗"）

(142) 彼はなんと一気に20階の展望台まで上った。
他一口气竟爬到了二十层的瞭望台。
Tā yì kǒu qì jìng pádàole èrshí céng de liàowàngtái.
(「一気に」は"一口气"、「なんと、意外にも」は"竟／竟然"）

(143) 彼はたくさんお金を使い、たくさん薬を飲み、その上毎日散歩をして、病気がやっと治った。

他花了很多钱，吃了很多药，再加上每天都散步，病才好。Tā huāle hěn duō qián, chīle hěn duō yào, zàijiāshang měitiān dōu sànbù, bìng cái hǎo.
（「お金を使う」は"花钱"、「その上」は"再加上"、"多，少"は名詞を修飾する場合"很"が必要となります）

(144) この件はあなたは何もしなくてもいい、私に任せて。
这件事儿你就不用管了，由我来安排吧。
Zhèi jiàn shìr nǐ jiù bú yòng guǎn le, yóu wǒ lái ānpái ba.
（「～が～（する）」は"由"、「私が手配する」は"由我来安排/由我安排/我来安排"などが使えます。ここの「何もしなくてもいい」は「処理する、扱う、手配する、苦労するなどの必要がない」の意味なので、"不用管了/不用操心了/不用安排了/不用处理了"などが用いられます）

(145) 荷物は荷物預かり所に預けられる、何かあったらフロントまで従業員を尋ねて。
你可以把行李存到寄存处，有事的话，到服务台找服务员。
Nǐ kěyǐ bǎ xíngli cúndào jìcúnchù, yǒu shì dehuà, dào fúwùtái zhǎo fúwùyuán.
（「従業員を尋ねる」は"找服务员"でよいです）

(146) この件は急いではいけない、たとえ少し時間がかかっても大丈夫ですが、いいかげんにしてはいけない。
这事儿急不得，你哪怕慢点儿干也没关系，可是不能马虎。
Zhè shìr jíbude, nǐ nǎpà màn diǎnr gàn yě méi guānxi, kěshì bù néng mǎhu.
（「急いではいけない」は"急不得"で表せます。「動詞+"不得"」は「～してはいけない」。「たとえ～としても」は"哪怕（是）…也"）

(147) はやく手術をしないと、治療が手遅れになるだろうと、医者が言った。
大夫说，如果不快点儿做手术的话，就会耽误治疗的。
Dàifu shuō, rúguǒ búkuài diǎnr zuò shǒushù dehuà, jiù huì dānwu zhìliáo de.
（「手術をする」は"做手术/动手术/开刀"、「治療が手遅れになる」は"耽误治疗"）

(148) 牛乳を控え目にするとコレステロールが下げられると聞いてから、牛乳の代わりに豆乳にした。
自从听说少喝牛奶可以降低胆固醇以后，我就用豆浆来代替牛奶了。
Zìcóng tīngshuō shǎo hē niúnǎi kěyǐ jiàngdī dǎngùchún yǐhòu, wǒ jiù yòng dòujiāng lái dàitì niúnǎi le.
（「（過去のある時点を起点として）～から」は"自从"。「～に代わって～する」は"用…来代替…"）

(149) やはりもう1度確認してください、会社に損失をもたらさないように。

你还是再确认一下吧，免得给公司带来损失。
Nǐ háishi zài quèrèn yíxià ba, miǎnde gěi gōngsī dàilái sǔnshī.

(「～に～をもたらす」は"给…带来…"、「～しないように」は"免得 / 省得 / 以免…")

(150) 何の理由があって給料を支払ってくれないのだ、何の理由で私を解雇するのだ。

凭什么不给我发工资，凭什么解雇我?
Píng shénme bù gěi wǒ fā gōngzī, píng shénme jiěgù wǒ?

(「～に基づいて、～を根拠に」は"凭 / 根据")

STEP 3
長文読解問題を克服しよう！

これまで毎回長文読解問題が2題出題され、合わせて40点を占めています。文字数は約500〜900字程度で、設問は1番目の長文は10問、2番目の長文は6問ありました。基本的には空欄を埋め文章の内容と一致するかどうかの選択問題、及び文章の内容に合うかどうかの選択問題、さらに漢字の発音を確認するための問題があります。より高い点数を取るためには普段から多くの文章に接し、様々な品詞の単語、補語、慣用句、熟語などを把握する必要があります。本書では8題の長文を用意し、各長文についてはそれぞれ16問の設問を設けました。
長文読解問題を克服しましょう！

長文読解問題

長文（1）

解答 P307

次の文章を読み、(1)～(16)の問いの答えとして最も適当なものを、それぞれ①～④の中から1つ選びなさい。

《初始设定》

　　我有个朋友，他们夫妇都是搞电脑的。在这个年代，可以说是很(1) shímáo 的工作，也是很让人羡慕的行业。也许是因为整天接触电脑的原因，不知不觉中好像早已 (2) 了严重的"职业病"。在外边整天说电脑说惯了，回到家里也是三句话不离本行。

　　因为她丈夫平时工作很忙，又经常出差，所以家务活儿自然就落到了她的 (3) 上。她除了工作以外，还要照顾孩子，干家务，忙得(4)够呛。丈夫在家的时候，也就 (5) 要跟他发发牢骚，诉诉苦了。有一天，她看到垃圾已经堆得满满的，都快要从垃圾桶里掉出来了，就(6)气不打一处来， (7) 丈夫大发脾气，说，咱家简直就像旅馆一样，我是旅馆的服务员，你是贵宾。要不咱家的垃圾都快要堆成山了，你怎么都看不见啊！她 (8) 说 (8) 生气，眼看就要"爆炸"了。她丈夫却心平气和地开玩笑说，这是因为咱家的初始设定是这样的，所以这个系统就一直这样 (9) 地运行着啊！

　　她听了以后，哭笑不得地说，现在软件系统一代代更新，(10)惟独我们家的初始设定一直没有更新，已经远远落后于时代了。赶紧把这个初始设定重新格式化一下吧，这个系统得 (11) 更新了。可是丈夫却(12)不紧不慢地说，不急不急，咱家的系统设定不是挺好的吗？没有必要重新设定啊！这样争执了一会儿，她的气已经消了。她不知不觉地又恢复了她"旅馆服务员"的工作，开始打扫起卫生来了。他们家又 (13) 原来的初始设定运行起来了。

　　前几天见到她的时候，我故意逗她说，你们家的初始设定准备什么时候更新啊？她笑着回答说，大概要 (14) 丈夫退休以后吧。

☑　(1)　ピンインで表示されている語句(1)を漢字に改めなさい。
　　　　①时髦　　　　②时装　　　　③世贸　　　　④流行

☑　(2)　空欄(2)を埋めるのに適当なものは、次のどれか。
　　　　①传染　　　　②中毒　　　　③患上　　　　④发生

☑　(3)　空欄(3)を埋めるのに適当なものは、次のどれか。
　　　　①腰　　　　　②肩　　　　　③手　　　　　④头

(4) 与划线部分(4)的意思相符的是以下哪一项？
①不在话下　②不自量力　③不着边际　④不亦乐乎

(5) 空欄(5)を埋めるのに適当なものは、次のどれか。
①不得不　②免不了　③免得　④勉强

(6) 划线部分(6)的"气不打一处来"是什么意思？
①看什么都不顺眼，看什么都生气的样子。
②其实并没有生气，假装生气的样子。
③有气无力的样子。
④不服气的样子。

(7) 空欄(7)を埋めるのに適当でないものは、次のどれか。
①朝着　②对着　③趁着　④冲着

(8) 空欄(8)を埋めるのに適当なものは、次のどれか。
①越…越　②又…又　③连…带　④一会儿…一会儿

(9) 空欄(9)を埋めるのに適当なものは、次のどれか。
①坚决　②忠实　③温柔　④温顺

(10) 下線部(10)の正しいピンイン表記は、次のどれか。
① wéidú　② yóudú　③ wéitú　④ wèidú

(11) 空欄(11)を埋めるのに適当なものは、次のどれか。
①彻底　②根本　③到底　④竟然

(12) 与划线部分(12)的意思相符的是以下哪一项？
①不冷不热　②不软不硬　③不声不响　④不慌不忙

(13) 空欄(13)を埋めるのに適当なものは、次のどれか。
①按照　②按理　③通过　④遵守

(14) 空欄(14)を埋めるのに適当なものは、次のどれか。
①轮到　②每到　③等到　④得到

(15) 与本文内容相符的是以下哪一项？
①我的朋友和她的丈夫都从事计算机工作。
②我朋友的丈夫是搞计算机的，她是旅馆的服务员。
③我朋友家的电脑坏了，所以她让丈夫重新初始化。
④我朋友的丈夫快要退休了。

(16) 与本文内容不相符的是以下哪一项？
①我朋友的丈夫很会开玩笑。
②我的朋友即便在家里也喜欢用计算机术语。
③我的朋友天天拿她丈夫出气。
④我的朋友埋怨丈夫时，她丈夫却好像毫无怨言。

長文（2）

次の文章を読み、(1)～(16)の問いの答えとして最も適当なものを、それぞれ①～④の中から１つ選びなさい。

《千山》

千山，又称千朵莲花山。位于东北南部的鞍山市郊外，是东北地区的旅游景点之一，也是著名的佛教胜地。千山 (1) 有(2)参天的百年古树、嶙峋陡峭的悬崖、雄伟险峻的奇峰， (1) 有古色幽静的寺庙。而且还可以听到从古刹传来的钟声，此外千山脚下还有温泉疗养设施。这使得到千山的旅游者、朝拜者以及到千山休闲、疗养的人 (3) 。

千山一年四季景色各异，五月的千山一 (4) 新绿，在挺拔的松柏的陪衬下，形成了绝妙的深浅绿色相间的景观，使得众多的旅游者(5)流连忘返。秋天是黄金季节，漫山遍野都是丰硕的果实。千山盛产南果梨，味道香甜可口。如果你 (6) 品尝一下南果梨的话，一定会让你大饱口福。每年春天到秋天是旅游旺季。特别是十几年前，(7) 一座七十米左右高的山峰自然形成的天然大佛被发现以来，又给古老的千山增添了一份神秘 (8) ，蜂拥而来的海内外游客都想亲眼看看，亲自拜拜这尊神圣的大佛。

传说远在唐朝千山就留下了佛教徒的踪迹。历史上来到千山修行的佛教徒、道教徒(9)接踵不断。他们先后修建了许多寺庙，还有栈道、拜佛台等等，为佛教、道教的发展作出了贡献。 (10) 千山知名度的不断扩大，慕名而至的学者、名流们也越来越多。他们面对苍松翠柏、奇峰古刹，吟诗作画。那奇峰衬托古刹，古刹为奇峰添彩的情景，在他们的笔下(11)栩栩如生，显得格外幽雅，令人陶醉。千山 (12) 能有今天，这一切的一切不仅要感谢大自然对她的(13)恩惠，赐予了她无数诱人的景观，也要感谢古往今来的佛教徒、道教徒和学者们。是他们为千山留下了一 (14) 古刹，一篇篇动人的诗句和一幅幅美丽的画卷， (15) 使得今日的千山充满了无穷的魅力。

☑ (1) 空欄(1)を埋めるのに適当なものは、次のどれか。
　　①既…又　　　②边…边　　　③有的…有的　　　④即使…也

☑ (2) 下線部(2)の正しいピンイン表記は、次のどれか。
　　① shēntiān　　② cēntiān　　③ sāntiān　　④ cāntiān

☑ (3) 空欄(3)を埋めるのに適当なものは、次のどれか。
　　①后来居上　　②络绎不绝　　③来龙去脉　　④走马看花

(4) 空欄(4)を埋めるのに適当なものは、次のどれか。
①块　　　　②团　　　　③片　　　　④门

(5) 划线部分(5)"流连忘返"是什么意思？
①就是玩儿得着了迷，忘了回去的意思。
②就是玩儿得太累了，走不动了的意思。
③就是玩儿够了，想早点儿回去的意思。
④就是玩儿的时间太短了，看不过来的意思。

(6) 空欄(6)を埋めるのに適当なものは、次のどれか。
①幸会　　　②幸免　　　③运气　　　④有幸

(7) 空欄(7)を埋めるのに適当なものは、次のどれか。
①从　　　　②为　　　　③于　　　　④由

(8) 空欄(8)を埋めるのに適当なものは、次のどれか。
①彩色　　　②颜色　　　③色彩　　　④物色

(9) 划线部分(9)"接踵不断"在这里用来形容什么？
①用来形容车很多。
②用来形容大家寸步难行。
③用来形容人多地方小。
④用来形容人很多，接连不断。

(10) 空欄(10)を埋めるのに適当なものは、次のどれか。
①跟着　　　②随着　　　③按着　　　④随便

(11) 下線部(11)の正しいピンイン表記は、次のどれか。
① xǔxǔ　　② yǔyǔ　　③ yúyú　　④ xúxú

(12) 空欄(12)を埋めるのに適当なものは、次のどれか。
①正因为　　②之所以　　③从而　　　④除非

(13) 可以和划线部分(13)"恩惠"替换使用的是以下哪一项？
①偏爱　　　②尊敬　　　③爱护　　　④关心

(14) 空欄(14)を埋めるのに適当なものは、次のどれか。
①家家　　　②幢幢　　　③所所　　　④座座

(15) 空欄(15)を埋めるのに適当なものは、次のどれか。
　　①还　　　　②才　　　　③就　　　　④再

(16) 与本文内容相符的是以下哪一项？
　　①自古以来人们就接踵不断地去朝拜天然大佛。
　　②天然大佛并非十几年前才问世，只不过是一直没被发现而已。
　　③到千山疗养的人多于朝拜者。
　　④千山的古刹和自然景色都是大自然赐予她的。

長文（3）

次の文章を読み、(1)〜(16)の問いの答えとして最も適当なものを、それぞれ①〜④の中から1つ選びなさい。

《生鸡蛋》

记得小时候 (1) 吃过一次生鸡蛋，不过那是当药吃的。因为我 (2) 了，邻居家的老奶奶告诉妈妈，吃生鸡蛋可以止泻，并把吃法讲给妈妈听了。妈妈听了她的话以后，把生鸡蛋打碎，然后放到杯子里，并加了些凉开水稀释了一下，强迫我喝下去。我只好听从妈妈的盼咐，试着喝了一口。这一口咽下去，只觉得反胃， (3) 没吐出来。哀求妈妈别让我喝了，可是妈妈坚决不答应，并说，你要是不喝，就去医院吧。一听要去医院，禁不住令我(4)毛骨悚然。因为那时候，小孩儿去医院看病，经常要打针。在孩子的脑袋里，去医院简直就等于去打针。而且有些大人还常常用"不听话就给你打针"这样的字眼儿来 (5) 孩子。所以孩子们最怕打针，连淘气的男孩子，一听说要打针，也会变得乖乖的。

我也不例外，一听说要去医院，就吓得连连说，不要去医院，我喝，我喝。说完就(6)捏着鼻子，皱着眉头，喝了下去。 (7) 肚子好了没有，到底是不是吃生鸡蛋治好的，我早已忘得一干二净。唯一没有从我的记忆中消失的却是生鸡蛋实在不可享用。从那天起，我就下决心，这辈子再也不拉肚子了，再也不吃生鸡蛋了。

来日本以后，没想到竟然 (8) 和生鸡蛋打上交道了。一天走到半路上突然肚子饿得发慌，我就走进了一家小餐馆。因为外边很冷，想吃点儿 (9) 的东西，所以就要了一碗面条。店员见我只有一个人，就让我坐在靠厨房的座位上了。正好在厨师的对面，我兴致勃勃地看着他给我做面条。 (10) ，就做好了。他把面条给我(11)盛到大碗里，在我正准备接过来的时候，他却拿起了一个生鸡蛋，什么都没说，就啪的一声把蛋壳打成了两瓣，眼看着生鸡蛋唰地掉进了碗里。我的心一下子 (12) ，心想这香喷喷的面条里放进了这么个生鸡蛋，这可如何是好呢？我简直看傻眼了。眼前立刻浮现出小时候捏着鼻子喝生鸡蛋汤的情景。因为当时我还不能用日语解释"我不吃生鸡蛋"，急得指着生鸡蛋，啊，啊，啊…连叫了几声。厨师立刻明白了，他很客气地给我(13)回了一下锅。把鸡蛋煮熟了以后，又 (14) 到了我的面前，我这才松了口气，放心地吃了下去。

一想起来这件事，就觉得很好笑。可是不知从什么时候开始，我已经彻底 (15) 了不吃生鸡蛋的习惯。不仅如此，甚至吃面条的时候，如果不放一个生鸡蛋的话，总好像缺点儿什么似的。

✎ (1) 空欄(1)を埋めるのに適当なものは、次のどれか。
　　①曾经　　②常常　　③从来　　④一直

- (2) 空欄(2)を埋めるのに適当でないものは、次のどれか。
  ①闹肚子　　②泻肚　　③痢疾　　④坏肚子

- (3) 空欄(3)を埋めるのに適当なものは、次のどれか。
  ①差劲儿　　②差不多　　③差远了　　④差点儿

- (4) 与划线部分(4)的意思最相近的是以下哪一项？
  ①毛遂自荐　　②火烧眉毛　　③心惊胆战　　④鸡蛋里挑骨头

- (5) 空欄(5)を埋めるのに適当なものは、次のどれか。
  ①惊人　　②吓人　　③恐怕　　④吓唬

- (6) 划线部分(6)"捏着鼻子，皱着眉头，喝了下去"是为什么？
  ①因为我怕流鼻涕，所以捏着鼻子喝。
  ②因为我怕呛着，所以捏着鼻子喝。
  ③因为味道不好，所以我想憋住气，一口气喝完。
  ④因为我肚子疼，所以皱着眉头喝。

- (7) 空欄(7)を埋めるのに適当なものは、次のどれか。
  ①至于　　②不至于　　③甚至　　④对于

- (8) 空欄(8)を埋めるのに適当なものは、次のどれか。
  ①再　　②又　　③就　　④才

- (9) 空欄(9)を埋めるのに適当なものは、次のどれか。
  ①暖和　　②热乎　　③软和　　④温暖

- (10) 空欄(10)を埋めるのに適当でないものは、次のどれか。
  ①不一会儿　　②一会儿工夫　　③眼看着　　④刹那间

- (11) 下線部(11)の正しいピンイン表記は、次のどれか。
  ① chéng　　② shèng　　③ zhèng　　④ chén

- (12) 空欄(12)を埋めるのに適当なものは、次のどれか。
  ①矮了半截　　②不是滋味儿　　③凉了半截　　④受到了伤害

- (13) 与划线部分(13)的意思相符的是以下哪一项？
    - ①又重新做了一碗面条。
    - ②把做好的面条再用微波炉加热一下。
    - ③把做好的面条盛到碗里放了一会儿。
    - ④把做好的面条放到锅里又加热了一下。

- (14) 空欄(14)を埋めるのに適当なものは、次のどれか。
    - ①端 ②搬 ③运 ④拖

- (15) 空欄(15)を埋めるのに適当なものは、次のどれか。
    - ①修改 ②更改 ③改变 ④变化

- (16) 与本文内容相符的是以下哪一项？
    - ①我喝生鸡蛋汤是为了不惹妈妈生气。
    - ②因为我不想吃生鸡蛋，所以厨师又把生鸡蛋给我做熟了。
    - ③我一喝生鸡蛋汤，就把肚子治好了。
    - ④连淘气的男孩儿都怕生病，因为一生病就得喝生鸡蛋汤。

長文（4）

次の文章を読み、(1)～(16)の問いの答えとして最も適当なものを、それぞれ①～④の中から1つ選びなさい。

《母亲》

　　我的母亲已的的确确是位老人了。不过，(1) 实际年龄 (1)，她的精神年龄却显得格外年轻。我这样说，一点儿也不过分。

　　过去，每次和她通电话时，总是还没等说几句，她就慌慌张张地把电话给挂了。 (2) 几乎都是我打给她，我知道母亲是为了给我节省一点儿电话费。

　　随着电脑的普及，会用电脑的人与日俱增，不过，这主要都是些年轻人。 (3) 母亲老眼昏花，可是她不甘落后。听说电脑能干各种各样的事，她想要是学会用电脑那(4)本事可就大了，大概很多问题都可以方便地解决了吧？于是，她就用平时省吃俭用节省下来的钱，买了一台精巧的笔记本电脑。周围的邻居跟她开玩笑说，你都这么大岁数了，怎么还像年轻人一样，赶时髦呢？母亲 (5) 说，岁数大了有啥关系啊，我们可不能被年轻人给(6)落下啊！人要活到老，学到老嘛！

　　从那以后，她就 (7) 了电脑。早上吃完饭，就坐在电脑前，开始专心地研究起来。开始的时候，只用两个食指(8)小心翼翼地按键，那动作轻得已经不能再轻了，好像电脑长满了神经，生怕把它触疼了似的。过了一段时间，她突然打来了报喜的电话，她兴奋地告诉我，她已经能看因特网了。我心想要看因特网，这不是太简单了吗？不过，见她那么高兴，也真是难得啊！我拼命地 (9) 母亲说，你真了不起。接着，我问她，你今天看到什么了？她说，看到网上新闻了，还看到各个国家的金牌数了。

　　又过了几天，她又打来了电话，这次问了我很多问题。比如，怎么设定电子邮件啦、Skype啦等等。并说，设定好了的话，好跟你聊天儿啊，用Skype就可以大大节省电话费了啊！并把我的电邮地址也要去了。

　　我大吃一惊，我的母亲真要(10)返老还童了。心想如果帮她设定上了，她整天来和我聊天儿，我还怎么工作啊！可是我又不想(11)打击她的积极性，只好在电话里教给她设定方法。可是她好像听得(12)糊里糊涂似的，总提出一些毫无关系的问题。大概是她累了，对我说，今天就到这儿吧，我自己再试试。说完就把电话挂了。

　　又过了些天，她又兴冲冲地打来了电话，说，你快点儿(13)上网，看看我在不在线，是绿的还是灰的？我赶忙打开电脑， (14) 在我的Skype上出现了新成员，正是我的母亲。没想到母亲为了能经常听到我的声音，竟然学会了用电脑聊天儿。

☑　(1)　空欄(1)を埋めるのに適当でないものは、次のどれか。
　　　　①和…相比　　②和…比起来　　③比上…来　　④比起…来

293

- (2) 空欄(2)を埋めるのに適当なものは、次のどれか。
  ①尽管　　②既然　　③不管　　④与其

- (3) 空欄(3)を埋めるのに適当なものは、次のどれか。
  ①除非　　②然而　　③只好　　④别看

- (4) 与划线部分(4)的意思相符的是以下哪一项？
  ①水平　　②能耐　　③才能　　④知识

- (5) 空欄(5)を埋めるのに適当なものは、次のどれか。
  ①反抗　　②反省　　③反论　　④反驳

- (6) 下線部(6)の正しいピンイン表記は、次のどれか。
  ① luòxià　　② làoxià　　③ làxià　　④ lāxià

- (7) 空欄(7)を埋めるのに適当なものは、次のどれか。
  ①入迷　　②着迷　　③上瘾　　④迷上

- (8) 与划线部分(8)的意思相符的是以下哪一项？
  ①形容动作小心，不敢疏忽。
  ②形容因害怕，而微微发抖。
  ③形容胆子太小，做事前怕狼后怕虎的。
  ④形容没有气量。

- (9) 空欄(9)を埋めるのに適当なものは、次のどれか。
  ①夸张　　②表扬　　③表达　　④吹捧

- (10) 下線部(10)の正しいピンイン表記は、次のどれか。
  ① fǎn lǎo huán tóng　　② hǎn láo hái tóng
  ③ hǎn lǎo hái dōng　　④ fán lǎo huàn tóng

- (11) 划线部分(11)"打击她的积极性"的意思是以下哪一项？
  ①她下不来台了。②给她穿小鞋。③给她泼凉水。④跟她闹别扭。

- (12) 与划线部分(12)"糊里糊涂"可以替换使用的是以下哪一项？
  ①囫囵吞枣　　②似懂非懂　　③虎头蛇尾　　④半途而废

- (13) 与划线部分(13)的意思相符的是以下哪一项？
  ①网上　　②上机　　③泡吧　　④关机

(14) 空欄(14)を埋めるのに適当なものは、次のどれか。
①当然　　　　②然后　　　　③果然　　　　④原来

(15) 与本文内容相符的是以下哪一项？
①母亲虽说年纪大了，可是她不服老。
②母亲跟邻居吵架了。
③母亲买的电脑长满了神经。
④每次打电话时，母亲都跟我聊个够。

(16) 与本文内容不相符的是以下哪一项？
①母亲不仅买了电脑，还学会了设定伊妹儿等。
②母亲平时省吃俭用，可是买电脑却一点儿也不吝啬。
③母亲平时可舍得花钱了，和年轻人一样赶时髦。
④母亲嫌电话费贵，所以想用电脑跟我说话。

長文（5）

次の文章を読み、⑴〜⒃の問いの答えとして最も適当なものを、それぞれ①〜④の中から１つ選びなさい。

《蝈蝈儿》

小时候，我很喜欢养蝈蝈儿，一听见蝈蝈儿那铿锵有力的叫声，那 ⑴ 高兴劲儿就⑵甭提了。自从家里多了两只蝈蝈儿，用妈妈的话来说，就是我的魂儿已经被蝈蝈儿给勾走了。每天一放学就甩开两条飞毛腿，争分夺秒地跑回家。即便这样还嫌不够快， ⑶ 插上双翅飞回家。

⑷一回到家里，就围着蝈蝈儿团团转。蝈蝈儿狼吞虎咽地吃东西的样子也好，在笼子里乖乖地养神的样子也好，怎么看怎么喜欢，一步也不舍得离开，生怕少看见点儿什么精彩的镜头似的。总之蝈蝈儿的每一个动作都会给我带来无限的快乐。不仅如此，我还学着妈妈照顾我的样子，按时给它们送吃的、喝的，可以说是照顾得⑸无微不至。听说蝈蝈儿喜欢吃蝉，我就拼命地去抓蝉。听说蝈蝈儿喜欢吃黄瓜、水果，我就趁妈妈不在家的时候，偷偷地把水果拿去喂蝈蝈儿。看见它们吃得饱饱的样子，我简直是甜在心里，喜在脸上。

可是，妈妈却 ⑹ 反对我养蝈蝈儿。理由很简单，就是因为蝈蝈儿太不懂事，一点儿也不知道体贴人。总是一大早就把妈妈从睡梦中吵醒，所以妈妈早就打算把它们处理掉了。有一天，妈妈趁我不在家时，竟然把它们一只不剩地放跑了。

那天我回到家里，和往常一样， ⑺ 地跑去看蝈蝈儿。奇怪啊，笼门是开着的，蝈蝈儿已经无影无踪了。我冲着妈妈大喊起来，妈妈，我的蝈蝈儿呢？妈妈很冷静地说，它们整天被圈在这小小的笼子里，太可怜了，我们应该让它们自由自在地生活在大自然里，正好今天天气不错，妈妈就打开了笼门，让它们自由了。

听了妈妈的话，我放声大哭起来。边哭边说，还给我蝈蝈儿，这是我和小朋友费了好大的劲儿才从山上抓回来的啊！这时爸爸听到我的哭声，走到我的身边， ⑻ 地哄着我说，别哭鼻子了，过几天爸爸给你抓几只世界上叫得最响、最动听的蝈蝈儿来。在家里，虽然妈妈不喜欢蝈蝈儿，不过爸爸倒是我的支持者。尽管他也常常被蝈蝈儿吵得睡不好觉，可是爸爸⑼毕竟是个男人，他能理解男孩儿喜爱虫鸣鸟啼的心情。

爸爸果然⑽说话算数，没过多久，有一天跑步回来时，给了我一个意外的惊喜。只见他手里拿着树叶，里面却包着蝈蝈儿。而且我还意外地发现，爸爸抓来的蝈蝈儿比我抓回来的精神头足。我抓回来的蝈蝈儿，不仅⑾打蔫儿，而且一个个简直像打了败仗的伤兵，⑿浑身伤痕累累，不是缺了胳膊，就是少了腿。伤势比较重的，往往是回到家里就已经 ⒀ 了，伤势较轻的一般也要休养多日，才能恢复健康。可

是爸爸抓来的 ⑭ 是看不到身上有半点儿伤痕，而且个个都是活蹦乱跳的。这回我可长了见识，原来爸爸不仅喜欢养蝈蝈儿，还是个抓蝈蝈儿的能手啊！

　　妈妈知道了我和爸爸都是蝈蝈儿的忠实"粉丝"，⑮ 我们毫无办法，最后只好默认了。这几只蝈蝈儿很幸运，在我和爸爸的精心照料下，度过了幸福的一生。

(1) 空欄⑴を埋めるのに適当なものは、次のどれか。
　①份　　　②把　　　③股　　　④片

(2) 下線部⑵の正しいピンイン表記は、次のどれか。
　① béng　② bié　③ péng　④ búyòng

(3) 空欄⑶を埋めるのに適当なものは、次のどれか。
　①怪不得　②舍不得　③不得不　④恨不得

(4) 划线部分⑷"一回到家里，就围着蝈蝈儿团团转"是为什么？
　①因为妈妈让我好好儿地照顾蝈蝈儿，所以我忙得团团转。
　②因为我想看到蝈蝈儿的每一个动作，所以围着蝈蝈儿团团转。
　③因为蝈蝈儿吃东西狼吞虎咽的，所以我急得围着蝈蝈儿团团转。
　④因为我一放学就去给蝈蝈儿抓蝉吃，所以忙得团团转。

(5) 与划线部分⑸的意思相符的是以下哪一项？
　①微乎其微　②细心周到　③无可救药　④谨小慎微

(6) 空欄⑹を埋めるのに適当なものは、次のどれか。
　①极力　　②积极　　③极了　　④厉害

(7) 空欄⑺を埋めるのに適当なものは、次のどれか。
　①三番五次　②五十步笑百步　③三天两头儿　④三步并作两步

(8) 空欄⑻を埋めるのに適当なものは、次のどれか。
　①热情　　②同情　　③严厉　　④激动

(9) 与划线部分⑼的意思相符的是以下哪一项？
　①结局　　②多亏　　③终究　　④当然

(10) 与划线部分⑽的意思不一样的是以下哪一项？
　①守信用　②遵守诺言　③没有违约　④数一数二

297

(11) 划线部分(11)"打蔫儿"在这里是什么意思?
①没有水分,干巴巴的意思。
②没有气力,没有精神的意思。
③哭哭啼啼的意思。
④受到打击灰心丧气的意思。

(12) 与划线部分(12)的意思相符的是以下哪一项?
①伤筋动骨 ②遍体伤痕 ③救死扶伤 ④两败俱伤

(13) 空欄(13)を埋めるのに適当なものは、次のどれか。
①奄奄一息 ②缓过气来 ③起死回生 ④松口气

(14) 空欄(14)を埋めるのに適当なものは、次のどれか。
①何苦 ②岂止 ③何必 ④至于

(15) 空欄(15)を埋めるのに適当なものは、次のどれか。
①被 ②于 ③拿 ④以

(16) 与本文内容相符的是以下哪一项?
①妈妈不喜欢看蝈蝈儿吃东西的样子,所以把蝈蝈儿给放了。
②妈妈总让我给蝈蝈儿吃黄瓜。
③我抓蝈蝈儿的手艺比爸爸差远了。
④爸爸好不容易给我抓来的蝈蝈儿都被妈妈给放了。

長文（6）

次の文章を読み、(1)～(16)の問いの答えとして最も適当なものを、それぞれ①～④の中から1つ選びなさい。

《量词杂谈》

　　只要是稍微学过一点儿汉语的人，大概都会发现汉语里使用的量词特别多。有些和日语的一样，或者比较相近，像"个、杯、台、部"等等，(1)日本人来说，记起来很容易，好像从没听到过有人叫苦。还有一些量词在日语里找不到对应的词汇，再加上比较抽象，往往会使大家感到(2)新鲜(2)不可思议。比如，在"有一股臭气"这句话里，大概很多人一开始都没想到"股"竟然是气体的量词吧？汉语里怎么(3)气体(3)要加上量词啊？每当遇到这个词的时候，这几乎已经成了大家共同的疑问。在"好几门外语"这句话里，"门"竟然还有量词的用法，这大概也是个意外的收获吧？

　　汉语的量词包括名量词、动量词、借用量词。可能在外国人看来，有些量词是多余的，可是汉语的量词(4)可以起到将名词分类的作用，(4)还可以通过使用量词，使得在描述事物时显得更加丰富多彩。文人、诗人为了写出更生动的文章或者诗歌来，他们还会创意性地使用量词。过去，量词一般都不能省略，可是现在也有故意把量词省略(5)的倾向。比如，把"一个女人"说成"一女人"。虽然年纪大的人并不愿意接受这种说法，可是年轻人却好像并没有什么抵抗，很乐意用这样的新鲜词，(6)还成了很时髦的说法。不过有些地方是绝对不能省略的。比如，如果把"他给了我一把刀"，说成"他给了我一刀"的话，就会闹出天大的误会来。前者的意思是"他送给了我一把刀"，后者的意思是"我被他(7)捅了一刀"。由此可见，这里的量词"把"是(8)何等重要啊！

　　有些习惯用法、固定搭配没有更多的道理可讲，只好(9)死记硬背。比如，说"一条狗"可以，如果说"一条猫"的话，就会让人(10)。不过，汉语里的量词我认为总的来说，(11)还是很有逻辑性的。有些西方人，对汉语的"一条裤子"的说法，总要(12)理论理论。他们认为"裤子"的量词应该是"双"，而不应该是"条"。原因是裤子的下半部是(13)两部分组成的。可是中国人却不这样认为。裤子虽然下部要分成两部分，可是这两部分实际上是连在一起的，不能单独使用。所以中国人对"一条裤子"的说法，都觉得很自然，从来没听谁提出过(14)。这和鞋是不一样的，鞋确实是两只独立的。比如说，鞋可以一只一只拿来，裤子绝对不可以一条腿一条腿拿来。记得小时候有一次，可能是玩儿得走了神儿，脚上穿着的两只鞋，不知道什么时候丢了一只。因为是新鞋，妈妈(15)不舍得把剩下的那只扔掉，所以就给我配了一只。到底是怎么配的，我就记不得了。裤子的话，就不可能存在这样的问题了。如此看来，"一条裤子"的说法还是很有道理的吧？

另外汉语里的量词不仅仅是作为量词来用，在很多情况下只是为了加强语气。像"唱个歌吧"这句话并不是只唱一个歌儿的意思，而是这样说会给人以轻松的感觉。像"书呆子一个"，故意把数量词放在名词的后边，就显得很夸张了。

(1) 空欄(1)を埋めるのに適当なものは、次のどれか。
　　①拿　　　②按　　　③对　　　④才

(2) 空欄(2)を埋めるのに適当なものは、次のどれか。
　　①越…越　②边…边　③既…又　④也许…也许

(3) 空欄(3)を埋めるのに適当なものは、次のどれか。
　　①连…都　②连…带　③不但…而且　④除了…以外

(4) 空欄(4)を埋めるのに適当なものは、次のどれか。
　　①要是…就　　　　②一会儿…一会儿
　　③非得…不可　　　④一方面…另一方面

(5) 空欄(5)を埋めるのに適当なものは、次のどれか。
　　①掉　　　②丢　　　③完　　　④到

(6) 空欄(6)を埋めるのに適当なものは、次のどれか。
　　①过几天　②一会儿　③一时间　④暂时

(7) 下線部(7)の正しいピンイン表記は、次のどれか。
　　① yǒng　② tǒng　③ dǒng　④ tóng

(8) 与划线部分(8)的意思相符的是以下哪一项？
　　①何必　　②任何　　③这么　　④多么

(9) 与划线部分(9)的意思相符的是以下哪一项？
　　①不理解意思，只是生硬地记住。
　　②太性急，一次就想把学的东西全部记住。
　　③要记的东西太多，记了这个，忘了那个。
　　④就是生搬硬套的意思。

(10) 空欄(10)を埋めるのに適当なものは、次のどれか。
　　①似笑非笑　②谈笑风生　③愁眉不展　④啼笑皆非

(11) 与划线部分(11)的意思相符的是以下哪一项?
①还是很符合自然规律的。　　②还是很遵守法律的。
③还是很合乎道理的。　　　　④还是很懂规矩的。

(12) 与划线部分(12)的意思相符的是以下哪一项?
①发发脾气。　②研究研究。　③争论一番。　④比试比试。

(13) 空欄(13)を埋めるのに適当なものは、次のどれか。
①从　　　　　②由　　　　　③趁　　　　　④按

(14) 空欄(14)を埋めるのに適当なものは、次のどれか。
①抗议　　　　②反对　　　　③怨言　　　　④异议

(15) 与划线部分(15)的意思相符的是以下哪一项?
①巴不得　　　②不由得　　　③舍不得　　　④不见得

(16) 与本文内容不相符的是以下哪一项?
①汉语的量词在日语里基本上没有相应的词汇。
②有些文人借助于量词来增强文章的表现力。
③作者认为"一条裤子"的说法蛮有道理。
④年轻人比较愿意接受新鲜事物。

長文（7）

次の文章を読み、(1)〜(16)の問いの答えとして最も適当なものを、それぞれ①〜④の中から１つ選びなさい。

《舟山》

　　舟山是一个由1300多 (1) 岛(2)屿组成的群岛，被称为"千岛之城"， (3) 有人居住的岛屿有100个左右。舟山位于杭州湾外的东海海面上，那里气候温和、风景宜人、海产丰盛，是旅游和 (4) 海鲜的理想之地。居住人口最多、面积最大的是本岛，也叫舟山岛。那里是舟山群岛的政治、经济、文化中心。 (5) 本岛 (5) ，中国的四大佛教圣地之一的普陀山更有着独特的魅力，还有小说中的神秘之岛桃花岛、 (6) 金沙著名的朱家尖等等，都吸引着众多的海内外游客。历史上有很多名人都在舟山留下过足迹。听说唐朝的(7)鉴真和尚在东渡日本 (8) ，也曾经在舟山停留过。

　　舟山岛屿众多，四面皆海。千百年来，舟山人为了生活以舟为桥 (9) 于各个岛屿之间。通往大陆的交通更是不便，也是影响舟山经济发展的一个主要原因。舟山人深深尝到了没有桥梁的不便和痛苦，桥连岛，岛通陆，早已成了世世代代舟山人的 (10) 。可是(11)要建造大规模的桥梁谈何容易，在漫长的岁月里，舟山人面对汪洋大海，却 (12) 。改革开放以来，随着经济的发展，舟山人下 (13) 一定要把这一梦想变成现实。从九十年代起，舟山人开始了 (14) 的大陆连岛工程。这项工程共修建五座海峡大桥，起于舟山本岛，途中飞跨四座岛屿，最终把舟山与大陆连接起来，使舟山从孤岛变成了一个与大陆相连的"半岛"。从此，舟山人告别了以舟为桥的生活，(15)面对大海望洋兴叹的日子也一去不复返了。

☐ (1) 空欄(1)を埋めるのに適当なものは、次のどれか。
　　①坐　　②块　　③座　　④所

☐ (2) 下線部(2)の正しいピンイン表記は、次のどれか。
　　① yǒu　　② yǎo　　③ yǔ　　④ yǒng

☐ (3) 空欄(3)を埋めるのに適当なものは、次のどれか。
　　①其实　　②其他　　③其次　　④其中

☐ (4) 空欄(4)を埋めるのに適当なものは、次のどれか。
　　①品尝　　②欣赏　　③体验　　④经验

☐ (5) 空欄(5)を埋めるのに適当なものは、次のどれか。
　　①与其…不如　　②除了…以外　　③虽然…但是　　④只有…才

(6) 空欄(6)を埋めるのに適当なものは、次のどれか。
　　①从　　　　　②按　　　　　③凭　　　　　④以

(7) 下線部(7)の正しいピンイン表記は、次のどれか。
　　① Gānjīn　　② Jiānjīn　　③ Jiànzhēn　　④ Jiànzhèng

(8) 空欄(8)を埋めるのに適当なものは、次のどれか。
　　①以后　　　　②时　　　　　③有时候　　　④里

(9) 空欄(9)を埋めるのに適当でないものは、次のどれか。
　　①来往　　　　②穿行　　　　③通过　　　　④往返

(10) 空欄(10)を埋めるのに適当なものは、次のどれか。
　　①梦想　　　　②理想　　　　③做梦　　　　④空想

(11) 与划线部分(11)的意思相符的是以下哪一项？
　　①要修建大规模的桥梁并不像说的那么简单。
　　②要修建大规模的桥梁是绝对不可能的。
　　③大家只是说说而已，并不是真想建造大规模的桥梁。
　　④要修建大规模的桥梁并不难。

(12) 空欄(12)を埋めるのに適当なものは、次のどれか。
　　①望梅止渴　　②束手无策　　③缩手缩脚　　④束手待毙

(13) 空欄(13)を埋めるのに適当なものは、次のどれか。
　　①决定　　　　②信心　　　　③决心　　　　④断决

(14) 空欄(14)を埋めるのに適当なものは、次のどれか。
　　①天涯海角　　②天下无敌　　③举棋不定　　④举世罕见

(15) 与划线部分(15)的意思相符的是以下哪一项？
　　①面对大海望眼欲穿。
　　②因为海面上没有桥，所以人们只能望洋兴叹。
　　③舟山人想彻底改变以舟为桥的生活。
　　④彻底告别了望着大海无能为力的日子。

☐ ⒃ 与本文内容相符的是以下哪一项?
①舟山只有本岛能住人。
②听说有名人都去过舟山。
③桃花岛已经被写到小说里了。
④这项连岛工程就是把舟山所有的岛屿都用桥连起来。

長文（8）

次の文章を読み、(1)～(16)の問いの答えとして最も適当なものを、それぞれ①～④の中から1つ選びなさい。

《童年的记忆》

　　小时候我不知道爸爸是干什么的。在我的记忆中，他是坐⬚(1)⬚屋子里一边抽烟，一边写字的。长大以后才听人说过，你爸爸的文章写得真好。他好像总是很忙，总有那么多⬚(2)⬚写也写不完的字。星期天也常常去办公室写字。

　　一个星期天，妈妈和奶奶把我扔在家里，就⬚(3)⬚地出门了。因为我家离爸爸上班的地方很近，爸爸就带着我去了他写字的地方。⬚(4)⬚进屋，他⬚(4)⬚把摆在桌子上的一个好像是用石头做的(5)狮子放到了我的面前，意思是让我跟石头狮子玩儿。并说，不许说话、不能乱动，⬚(6)⬚影响我工作的话，⬚(6)⬚送你回家。说完他就埋头写起字来了。让一个四、五岁的孩子静静地坐在那里看大人写字，简直是(7)活受罪。因为我小时候胆子很小，不敢一个人在家呆着，所以这时候生怕惹爸爸生气，把我送回家。我不敢出声，又不敢乱动，只好(8)乖乖地坐在他指定的椅子上，⬚(9)⬚看着摆在面前的那个石头狮子。开始我对那个没有生气的石头狮子并没有兴趣，因为实在太(10)寂寞了，就用两只手用力地晃了晃。这一晃石头狮子嘴里含着的珠子也跟着动了起来，我⬚(11)⬚就来了兴趣。我拼命地把它晃来晃去，想把珠子从它的嘴里拿⬚(12)⬚。可是(13)眼看就要掉出来了，却被一颗小小的牙齿死死地卡住了，石头狮子好像在嘲笑我。我不甘心失败，就拼命地抠啊，抠啊，早把寂寞忘到九霄云外去了。

　　也不知道抠了多长时间，爸爸好像已经把该写的字都写完了似的，走到我跟前，说，该回家了。我垂头丧气，又无可奈何地看了看这个故意跟我(14)作对的家伙，(15)很不情愿地跟着爸爸回家了。

(1) 空欄(1)を埋めるのに適当なものは、次のどれか。
　①着　　　　②了　　　　③在　　　　④过

(2) 空欄(2)を埋めるのに適当なものは、次のどれか。
　①什么　　　②这么　　　③多么　　　④怎么

(3) 空欄(3)を埋めるのに適当でないものは、次のどれか。
　①匆匆忙忙　②急急忙忙　③忙忙碌碌　④急匆匆

(4) 空欄(4)を埋めるのに適当なものは、次のどれか。
　①越…越　　②只要…就　③一…就　　④即使…也

(5) 下線部(5)の正しいピンイン表記は、次のどれか。
① shīzi　　②shìzi　　③xīzi　　④sīzi

(6) 空欄(6)を埋めるのに適当なものは、次のどれか。
①要是…就　②哪怕…也　③只有…才　④既然…就

(7) 与划线部分(7)的意思相符的是以下哪一项？
①糟糕　　②灾难　　③困难　　④瞎折腾

(8) 与划线部分(8)的意思相符的是以下哪一项？
①认认真真地　②可怜巴巴地　③结结实实地　④老老实实地

(9) 空欄(9)を埋めるのに適当なものは、次のどれか。
①偷偷地　②堂堂正正地　③慎重地　④默默地

(10) 与划线部分(10)的意思相符的是以下哪一项？
①寂静　　②幽默　　③无聊　　④沉默

(11) 空欄(11)を埋めるのに適当でないものは、次のどれか。
①顿时　　②一会儿　③一下子　④马上

(12) 空欄(12)を埋めるのに適当なものは、次のどれか。
①出来　　②起来　　③上来　　④进来

(13) 与划线部分(13)的意思相近的是以下哪一项？
①看着看着就掉出来了。　　②已经掉出来了。
③好像要掉出来了。　　　　④早就掉出来了。

(14) 与划线部分(14)的意思相符的是以下哪一项？
①发牢骚　②过不去　③闹着玩儿　④合不来

(15) 划线部分(15)"很不情愿地跟着爸爸回家了"是为什么？
①因为我太喜欢石头狮子了。　　②因为我被石头狮子嘲笑了，很生气。
③因为我想看爸爸写字。　　　　④因为我还想继续抠珠子。

(16) 与本文内容相符的是以下哪一项？
①我终于把珠子抠出来了。
②因为一次偶然的机会我去了爸爸写字的地方。
③爸爸让我抠石头狮子嘴里的珠子。
④一到星期天，我就跟爸爸去办公室。

長文読解問題　解答と解説

長文（1）

日本語訳　《初期設定》

　私は夫婦ともIT業界の仕事に携わる友達がいる。この時代においては、流行の仕事と言える、また人々が羨ましがる業界でもある。もしかしたらいつもパソコンを使うせいかもしれないが、知らず知らずに、はやくからすでにひどい"職業病"にかかったようだ。外ではいつもパソコンの話をして癖になったので、家に帰っても口を開けばすぐに自分の仕事の話になる。

　彼女の旦那さんは普段仕事が忙しく、よく出張もするので、家事は自然と彼女の担当になっていた。彼女は仕事のほか、子供の世話や家事などで、忙しくてしょうがなかった。旦那さんが家にいるとき、彼に不満を言ったり苦労を訴えたりすることは避けられないことだった。ある日彼女はゴミがいっぱいでもうゴミ箱から溢れそうになっている様子を見て、とても腹が立ち、旦那さんに向かって癇癪を起こした。「うちはまったくホテルみたい、私はホテルの従業員で、あなたは貴賓。でなければ、家のゴミがもう山のようになっても、あなたには見えもしないのよ」と言った。彼女は言えば言うほど怒りがひどくなってもうすぐ"爆発"しそうだった。しかし彼女の旦那さんは落ち着いて、「それは我が家の初期設定がこうだったから、このシステムはずっとこのように忠実に動いているんだよ」、と穏やかに冗談を言った。

　彼女はそれを聞くと、泣いていいのか笑っていいのか分からない様子で言った、「現在ソフトウェアシステムはどんどん更新されているのに、唯一我が家の初期設定だけずっと更新されず、もうとうに時代遅れ。はやくこの初期設定をフォーマットしましょう、このシステムは徹底的に更新しないと」。しかし旦那さんは落ち着いてゆっくりと言った、「急がない、急がない、我が家のシステム設定はなかなかいいじゃないか、改めて設定する必要はないよ」。そうこうしてしばらく言い争ううちに、彼女はもう気持ちが納まってしまった。彼女は知らず知らずに、また"ホテル従業員"の仕事に復帰し、掃除を始めた。彼らの家はまた元の初期設定に基づいて動き出した。

　この間彼女に会ったとき、お宅の初期設定はいつ更新する予定ですかと私が彼女をからかって聞いた。「たぶん主人が定年退職してからになるだろう」と彼女が笑って答えた。

> ピンイン

　　Wǒ yǒu ge péngyou, tāmen fūfù dōu shì gǎo diànnǎo de. Zài zhèige niándài, kěyǐ shuō shì hěn shímáo de gōngzuò, yě shì hěn ràng rén xiànmù de hángyè. Yěxǔ shì yīnwèi zhěngtiān jiēchù diànnǎo de yuányīn, bù zhī bù jué zhōng hǎoxiàng zǎoyǐ huànshangle yánzhòng de "zhíyè bìng". Zài wàibiān zhěngtiān shuō diànnǎo shuōguàn le, huídào jiāli yě shì sān jù huà bù lí běnháng.

　　Yīnwèi tā zhàngfu píngshí gōngzuò hěn máng, yòu jīngcháng chūchāi, suǒyǐ jiāwùhuór zìrán jiù luòdàole tā de jiānshang. Tā chúle gōngzuò yǐwài, hái yào zhàogù háizi, gàn jiāwù, mángde gòuqiàng. Zhàngfu zài jiā de shíhou, yě jiù miǎnbuliǎo yào gēn tā fāfa láosao, sùsu kǔ le. Yǒu yì tiān, tā kàndào lājī yǐjing duīde mǎnmǎn de, dōu kuàiyào cóng lājītǒngli diàochulai le, jiù qì bù dǎ yí chù lái, chòngzhe (cháozhe, duìzhe) zhàngfu dà fā píqi, shuō, zánjiā jiǎnzhí jiù xiàng lǚguǎn yíyàng, wǒ shì lǚguǎn de fúwùyuán, nǐ shì guìbīn. Yàobù zánjiā de lājī dōu kuàiyào duīchéng shān le, nǐ zěnme dōu kànbujiàn a! Tā yuè shuō yuè shēngqì, yǎnkàn jiùyào "bàozhà" le. Tā zhàngfu què xīn píng qì hé de kāi wánxiào shuō, zhè shì yīnwèi zájiā de chūshǐ shèdìng shì zhèyàng de, suǒyǐ zhèige xìtǒng jiù yìzhí zhèyàng zhōngshíde yùnxíngzhe a!

　　Tā tīngle yǐhòu, kū xiào bù dé de shuō, xiànzài ruǎnjiàn xìtǒng yí dàidài gēngxīn, wéidú wǒmen jiā de chūshǐ shèdìng yìzhí méiyǒu gēngxīn, yǐjing yuǎnyuǎn luòhòu yú shídài le. Gǎnjǐn bǎ zhèige chūshǐ shèdìng chóngxīn géshìhuà yíxià ba, zhèige xìtǒng děi chèdǐ gēngxīn le. Kěshì zhàngfu què bù jǐn bú màn de shuō, bù jí bù jí, zájiā de xìtǒng shèdìng bú shì tǐng hǎo de ma? Méiyǒu bìyào chóngxīn shèdìng a! Zhèyàng zhēngzhíle yíhuìr, tā de qì yǐjing xiāo le. Tā bù zhī bù jué de yòu huīfùle tā "lǚguǎn fúwùyuán" de gōngzuò, kāishǐ dǎsǎoqi wèishēng lai le. Tāmen jiā yòu ànzhào yuánlái de chūshǐ shèdìng yùnxíngqilai le.

　　Qiánjǐtiān jiàndào tā de shíhou, wǒ gùyì dòu tā shuō, nǐmen jiā de chūshǐ shèdìng zhǔnbèi shénme shíhou gēngxīn a? Tā xiàozhe huídá shuō, dàgài yào děngdào zhàngfu tuìxiū yǐhòu ba.

> 解答・解説

(1) 正解は❶ （"时髦"は「流行している」、"时装 shízhuāng"は「最新流行の服装」、"世贸 Shìmào"は「世界貿易機関、WTO」、"流行 liúxíng"は「流行する」）

(2) 正解は❸ （"患上 huànshang"は「患う」、"传染 chuánrǎn"は「伝染する」、"中毒 zhòngdú"は「中毒する」、"发生 fāshēng"は「発生する」）

(3) 正解は❷ ("肩 jiān"は「肩」、"腰 yāo"は「腰」、"手 shǒu"は「手」、"头 tóu"は「頭」。日本語の「肩に掛かる」は"落在…的肩上"となります)

(4) 正解は❹ ("够呛 gòuqiàng"は「ひどい」、"不亦乐乎 bú yì lè hū"は「甚だしい、ひどい」、"不在话下 bú zài huà xià"は「言うまでもない」、"不自量力 bú zì liàng lì"は「身のほど知らず」、"不着边际 bù zhuó biānjì"は「現実離れしている」)

(5) 正解は❷ ("免不了 miǎnbuliǎo"は「避けられない」、"不得不 bùdébù"は「〜せざるを得ない」、"免得 miǎnde"は「〜しないように」、"勉强 miǎnqiǎng"は「無理だ」)

(6) 正解は❶ ("气不打一处来 qì bù dǎ yí chù lái"は「とても怒っている」、"看什么都不顺眼，看什么都生气的样子。Kàn shénme dōu bú shùnyǎn, kàn shénme dōu shēngqì de yàngzi."は「何を見ても気に入らない、何を見ても機嫌が悪い様子だ」、"其实并没有生气，假装生气的样子。Qíshí bìng méiyǒu shēngqì, jiǎzhuāng shēngqì de yàngzi."は「実際に怒ったわけではないが、怒ったふりをする」、"有气无力的样子。Yǒu qì wú lì de yàngzi."は「元気がない様子だ」、"不服气的样子。Bù fúqì de yàngzi."は「負けず嫌いだ」)

(7) 正解は❸ ("趁着 chènzhe"は「〜のうちに」、"朝着 cháozhe，对着 duìzhe，冲着 chòngzhe"とも「〜に向かって」の意味があります)

(8) 正解は❶ ("越…越…"は「〜すればするほど〜」、"又…又…"は「〜でもあり〜でもあり」、"连…带…"は「〜したり〜したり」、"一会儿…一会儿…"は「〜したり〜したり」)

(9) 正解は❷ ("忠实 zhōngshí"は「忠実だ」、"坚决 jiānjué"は「断固としている」、"温柔 wēnróu"は「やさしい」、"温顺 wēnshùn"は「温順だ」)

(10) 正解は❶ ("wéidú 惟独"は「ただ」)

(11) 正解は❶ ("彻底 chèdǐ"は「徹底的に」、"根本 gēnběn"は「まったく」、"到底 dàodǐ"は「いったい」、"竟然 jìngrán"は「なんと」)

(12) 正解は❹ ("不紧不慢 bù jǐn bú màn"は「速くもなければ遅くもない」、"不慌不忙 bù huāng bù máng"は「慌てず急がず」、"不冷不热 bù lěng bú rè"は「寒くも暑くもない、態度が煮え切らない」、"不软不硬 bù ruǎn bú yìng"は「柔らかくもなければ硬くもない」、"不声不响 bù shēng bù xiǎng"は「声を立て

ずに」)

(13) 正解は **①** ("按照 ànzhào"は「〜によって」、"按理 ànlǐ"は「道理上」、"通过 tōngguò"は「〜を通じて」、"遵守 zūnshǒu"は「守る」)

(14) 正解は **③** ("等到 děngdào"は「〜になったら」、"轮到 lúndào"は「〜の番になる」、"每到 měidào"は「〜になるたびに」、"得到 dédào"は「手に入れる」)

(15) 正解は **①** ("我的朋友和他的丈夫都从事计算机工作。Wǒ de péngyou hé tā de zhàngfu dōu cóngshì jìsuànjī gōngzuò."は「私の友達と彼女の旦那さんともパソコンの仕事に従事している」、"我朋友的丈夫是搞计算机的，她是旅馆的服务员。Wǒ péngyou de zhàngfu shì gǎo jìsuànjī de, tā shì lǚguǎn de fúwùyuán."は「友達の旦那さんはパソコンの仕事をしているが、彼女はホテルの従業員です」、"我朋友家的电脑坏了，所以她让丈夫重新初始化。Wǒ péngyou jiā de diànnǎo huài le, suǒyǐ tā ràng zhàngfu chóngxīn chūshǐhuà."は「友達の家のパソコンが壊れたので、彼女は旦那さんに初期化してもらった」、"我朋友的丈夫快要退休了。Wǒ péngyou de zhàngfu kuàiyào tuìxiū le."は「友達の旦那さんはもうすぐ定年退職する」)

(16) 正解は **③** ("我的朋友天天拿她丈夫出气。Wǒ de péngyou tiāntiān ná tā zhàngfu chūqì."は「私の友達は毎日彼女の旦那さんに八つ当りする」、"我朋友的丈夫很会开玩笑。Wǒ péngyou de zhàngfu hěn huì kāi wánxiào."は「友達の旦那さんは冗談を言うのが上手だ」、"我的朋友即便在家里也喜欢用计算机术语。Wǒ de péngyou jíbiàn zài jiāli yě xǐhuan yòng jìsuànjī shùyǔ."は「私の友達は家にいてもパソコン用語を好んで使う」、"我朋友埋怨丈夫时，她丈夫却好像毫无怨言。Wǒ de péngyou mányuàn zhàngfu shí, tā zhàngfu què hǎoxiàng háowú yuànyán."は「私の友達が旦那さんに不満を言うとき、彼女の旦那さんは逆に一言の不満もないみたいだ」)

長文（2）

日本語訳 《千山》

　千山は、千の蓮の花の山とも呼ばれている。東北地方南部の鞍山市の郊外にあり、東北地方の観光スポットの１つであり、有名な仏教観光地でもある。千山には空高くそびえ立つ樹齢百年の古木、岩が重なり合う険しい断崖、雄大な奇峰もあるし、古めかしい静かな寺院もある。しかも古刹からの鐘の音が聞こえ、その他に千山のふもとには温泉療養施設もある。そのため千山に行く旅行者、参拝

者、及び千山で余暇を楽しむ人、療養する人が跡を絶えない。

　千山の1年は四季によって景色が異なる。5月の千山は一面の新緑で、まっすぐに伸びる松や柏に引き立てられ、濃淡の異なる緑が互い違いになる絶妙な景色をなすので、大勢の観光客は遊びにふけって帰るのを忘れてしまう。秋はゴールデン・シーズンであり、豊かな実りが山にも野にも満ちている。千山は南果梨どころで、美味しくて誰の口にも合う。もし幸運に南果梨を味わうことができるなら、きっといっぱい食べてしまい大満足することになるだろう。毎年春と秋は旅行シーズンだ。特に10数年前に、70メートルくらいの高さの山から自然に出来た天然の大仏が発見されて以来、さらに古い千山は神秘感を増し、海内外から殺到した観光客はみんな自分の目で神聖な大仏を拝見し、拝みたがることになった。

　いまから遠い昔の唐の時代から、千山は仏教徒の足跡を残したと伝わる。歴史上、千山へ修業に来た仏教徒、道教徒は引きも切らず後を絶たなかったそうだ。彼らは多くの寺や廟、さらに桟道、礼拝台などを相次いで建て、仏教、道教の発展のために貢献した。千山の知名度が絶えず広がるに伴って、名を慕ってやって来た学者や名士もますます増えていった。彼らは青々と茂る松や柏、奇峰と古刹に向かって詩を吟じたり絵を描いたりした。奇峰が古刹を際立たせて、古刹が奇峰に光彩を添える情景は、彼らの筆の下で生き生きとして、とりわけ優雅そうであり、人を陶酔させた。千山が今日のようになったのは、すべては大自然からの恩恵によるもので、大自然が千山に数々の人を魅了する景観を与えたことに感謝すべきだけではなく、古くから今日までの仏教徒、道教徒、学者たちに感謝しなければならないのだ。まさに彼らが千山に1つ1つの古刹、感動的な詩と、美しい絵画を残したからこそ今日の千山には無窮な魅力が満ち溢れている。

ピンイン

　　　Qiānshān, yòu chēng qiān duǒ liánhuāshān. Wèiyú Dōngběi nánbù de Ānshānshì jiāowài, shì Dōngběi dìqū de lǚyóu jǐngdiǎn zhī yī, yě shì zhùmíng de Fójiào shèngdì. Qiānshān jì yǒu cāntiān de bǎinián gǔshù, línxún dǒuqiào de xuányá, xióngwěi xiǎnjùn de qífēng, yòu yǒu gǔsè yōujìng de sìmiào. Érqiě hái kěyǐ tīngdào cóng gǔchà chuánlái de zhōngshēng, cǐwài Qiānshān jiǎoxià hái yǒu wēnquán liáoyǎng shèshī. Zhè shǐde dào Qiānshān de lǚyóuzhě, cháobàizhě yǐjí dào Qiānshān xiūxián, liáoyǎng de rén luò yì bù jué.

　　　Qiānshān yìnián sìjì jǐngsè gè yì, wǔyuè de Qiānshān yí piàn xīnlǜ, zài tǐngbá de sōngbǎi de péichèn xià, xíngchéngle juémiào de shēnqiǎn lǜsè xiāngjiān de jǐngguān, shǐde zhòngduō de lǚyóuzhě liúlián wàng fǎn. Qiūtiān shì huángjīn jìjié, màn shān biàn yě dōu shì fēngshuò de guǒshí. Qiānshān shèngchǎn nánguǒlí, wèidào xiāngtián kěkǒu. Rúguǒ nǐ yǒuxìng pǐncháng yíxià nánguǒlí dehuà, yídìng huì ràng nǐ dà bǎo kǒufú. Měinián chūntiān dào qiūtiān shì lǚyóu wàngjì. Tèbié shì shíjǐ niánqián, yóu yí zuò qīshí mǐ zuǒyòu gāo de shānfēng zìrán xíngchéng de tiānrán dà fó bèi fāxiàn yǐlái, yòu gěi gǔlǎo de Qiānshān zēngtiānle yí fèn shénmì sècǎi, fēng yōng ér lái de hǎinèiwài yóukè dōu xiǎng qīnyǎn kànkan, qīnzì bàibai zhè zūn shénshèng de dà fó.

Chuánshuō yuǎn zài Tángcháo Qiānshān jiù liúxiàle Fójiàotú de zōngjì. Lìshǐshang láidào Qiānshān xiūxíng de Fójiàotú、Dàojiàotú jiēzhǒng búduàn. Tāmen xiānhòu xiūjiànle xǔduō sìmiào, hái yǒu zhàndào、bàifótái děngděng, wèi Fójiào、Dàojiào de fāzhǎn zuòchūle gòngxiàn. Suízhe Qiānshān zhīmíngdù de búduàn kuòdà, mùmíng ér zhì de xuézhě、míngliúmen yě yuè lái yuè duō. Tāmen miàn duì cāngsōng cuìbǎi、qífēng gǔchà、yínshī zuòhuà. Nà qífēng chèntuō gǔchà, gǔchà wèi qífēng tiāncǎi de qíngjǐng, zài tāmen de bǐ xià xǔ xǔ rú shēng, xiǎnde géwài yōuyǎ, lìngrén táozuì. Qiānshān zhī suǒyǐ néng yǒu jīntiān, zhè yíqiè de yíqiè bùjǐn yào gǎnxiè dàzìrán duì tā de ēnhuì, cìyǔle tā wúshù yòurén de jǐngguān, yě yào gǎnxiè gǔ wǎng jīn lái de Fójiàotú、Dàojiàotú hé xuézhěmen. Shì tāmen wèi Qiānshān liúxiàle yí zuòzuò gǔchà, yì piānpiān dòngrén de shījù hé yì fúfú měilì de huàjuǎn, cái shǐde jīnrì de Qiānshān chōngmǎnle wúqióng de mèilì.

> 解答・解説

(1) 正解は❶ ("既…又…"は「～でもあり～でもあり」、"边…边…"は「～しながら～する」、"有的…有的…"は「あるものは～、あるものは～」、"即使…也"は「たとえ～でも」)

(2) 正解は❹ ("cāntiān 参天"は「高くそびえる」)

(3) 正解は❷ ("络绎不绝 luò yì bù jué"は「往来が絶え間なく続くさま」、"后来居上 hòu lái jū shàng"は「遅れたものが、先のものを追い越す」、"来龙去脉 lái lóng qù mài"は「いきさつ」、"走马看花 zǒu mǎ kàn huā"は「大ざっぱに見る」)

(4) 正解は❸ ("片 piàn"は平たく薄いもの、面積や範囲の広いものを数える量詞、"块 kuài"はかたまりのものを数える量詞、"团 tuán"は丸まったものを数える、"门 mén"は科学、技術を数える量詞)

(5) 正解は❶ ("流连忘返 liúlián wàng fǎn"は「遊びにふけって帰るのを忘れる」、"就是玩儿得着了迷，忘了回去的意思。Jiùshì wánrde zháole mí, wàngle huíqu de yìsi."は「つまり夢中になるほど遊んでいて帰るのを忘れる意味だ」、"就

是玩儿得太累了，走不动了的意思。Jiùshì wánrde tài lèi le, zǒubudòng le de yìsi."は「つまり遊び疲れすぎて歩けなくなった意味だ」、"就是玩儿够了，想早点儿回去的意思。Jiùshì wánrgòu le, xiǎng zǎo diǎnr huíqu de yìsi."は「つまりもう十分遊んだので、はやく帰りたい意味だ」、"就是玩儿的时间太短了，看不过来的意思。Jiùshì wánr de shíjiān tài duǎn le, kànbuguòlái de yìsi."は「つまり遊ぶ時間が短すぎて見きれない意味だ」）

(6) 正解は❹ （"有幸 yǒuxìng"は「幸運に」、"幸会 xìnghuì"は「得難い出会い」、"幸免 xìngmiǎn"は「幸い免れる」、"运气 yùnqi"は「運」）

(7) 正解は❹ （"由"は「～から」、原因、来源、事物を構成する成分、起点などを表すことができますが、起点を表す場合は"从"と置き換えできます。"从"は「～から」、"为"は「～のために」、"于"は「～に、～で」）

(8) 正解は❸ （"色彩 sècǎi"は「味わい」、"彩色 cǎisè"は「カラー」、"颜色 yánsè"は「色」、"物色 wùsè"は「適当なものを探す」）

(9) 正解は❹ （"接踵不断 jiēzhǒng búduàn"はここでは「（人が）次から次へと続く」、"用来形容人很多，接连不断。Yònglái xíngróng rén hěn duō, jiēlián búduàn."は「人が多くて、次から次へと続くことを形容するために用いる」、"用来形容车很多。Yònglái xíngróng chē hěn duō."は「車が多いことを形容するために用いる」、"用来形容大家寸步难行。Yònglái xíngróng dàjiā cùn bù nán xíng."は「少しも動きがとれないことを形容するために用いる」、"用来形容人多地方小。Yònglái xíngróng rén duō dìfang xiǎo."は「人が多い、場所が狭いことを形容するために用いる」）

(10) 正解は❷ （"随着"は「～につれて」、"跟着"は「続いて」、"按着"は「～によって」、"随便"は「勝手だ」）

(11) 正解は❶ （"xǔxǔ 栩栩"は「生き生きとしている」）

(12) 正解は❷ （"之所以…"は「～なのは」、"正因为…"は「～だから」、"之所以…，是因为…"は「～なのは～だからだ」の意味を表します。"从而"は「したがって」、"除非"は"才"と呼応して「～してこそ～する」）

(13) 正解は❶ （"偏爱 piān'ài"は「えこひいきする」、"恩惠 ēnhuì"は「恩恵」、"尊敬 zūnjìng"は「尊敬する」、"爱护 àihù"は「大切にする」、"关心 guānxīn"は「気に掛ける」）

⑭ 正解は❹ ("一座座（古刹）yí zuòzuò (gǔchà)"は「1つ1つの古刹」、"一家家（饭店）yì jiājiā (fàndiàn)"は「1軒1軒の店」、"一幢幢（房子）yí zhuàng zhuàng (fángzi)"は「1棟1棟の建物」、"一所所（学校）yì suǒsuǒ (xuéxiào)"は「1つ1つの学校」のように使います）

⑮ 正解は❷ ("オ"はここでは「〜からこそ」、"还"は「また」、"就"は「もう、すぐ」など、"再"は「再び」など）

⑯ 正解は❷ ("天然大佛并非十几年前才问世，只不过是一直没被发现而已。Tiānrán dàfó bìng fēi shíjǐ niánqián cái wènshì, zhǐbuguò shì yìzhí méi bèi fāxiàn éryǐ."は「天然大仏は10数年前からようやく世に生まれたわけではなく、ただずっと発見されなかっただけだ」、"自古以来人们就接踵不断地去朝拜天然大佛。Zìgǔ yǐlái rénmen jiù jiēzhǒng búduànde qù cháobài tiānrán dàfó."は「昔から人々は次から次へと天然大仏を参拝しに行く」、"到千山疗养的人多于朝拜者。Dào Qiānshān liáoyǎng de rén duōyú cháobàizhě."は「千山へ療養に行く人は参拝者より多い」、"千山的古刹和自然景色都是大自然赐予她的。Qiānshān de gǔchà hé zìrán jǐngsè dōu shì dàzìrán cìyǔ tā de."は「千山の古刹と自然景色はみんな大自然からもらったのだ」）

長文（3）

日本語訳　《生卵》

　小さいときに1度、生卵を食べたことがあると覚えている。でもそれは薬として食べたのだ。私が下痢になったため、隣のおばあさんが生卵で下痢を治せると母に教えて、しかも食べ方も説明して聞かせた。母は彼女の話を聞いた後、生卵を割って、コップに入れてさらに湯冷ましを加え薄めて私に強制的に飲ませた。私は仕方なく母の命令に従って試しに一口飲んでみた。この一口を飲み込んだときは、ただ吐き気を感じて、もう少しで吐き出すところだった。もうこれ以上飲みたくないと母にお願いしたが、母は決して納得せず、おまけに飲まなかったら病院に行こうと言った。病院に行くと聞いたとたん、恐ろしくて思わず鳥肌が立った。あの頃は子供が病院に診察を受けに行くと、よく注射されたからだ。子供の考えでは病院に行くのはまるで注射を受けに行くのと同じだった。しかも、大人はよく「言うことを聞かないと注射するよ」と言って、子供を脅かしていた。だから子供たちは注射が1番怖かった、いたずらな男の子すら、注射すると言われれば大人しくなった。

　私も例外ではなく、病院に行くと聞くと怖くて、「病院に行きたくない」、「飲む」、

「飲む」としきりに言った。言い終わると指で鼻を挟み眉間にしわを寄せて飲んだ。お腹がよくなったかどうか、いったい生卵で治ったのかどうかについては、もうすっかり忘れてしまった。唯一私の記憶から消えていないのは、生卵は本当に受け入れられないものだということだ。その日から今生もう2度と下痢をしない、生卵は食べないと決心した。

　日本に来てから、なんとまた生卵と付き合うことになると思わなかった。ある日、途中まで行ったところで突然お腹が空いてたまらなかったので、ある小さい店に入った。外は寒く温かいものを食べたくてラーメンを頼んだ。店員は私が1人だと知り、カウンター席に案内してくれた。ちょうど料理人と向かい合って、彼がラーメンを作ってくれるのを楽しみに見ていた。少しもしないうちにもう出来た。彼はラーメンをどんぶりに盛ってくれて、私が受け取ろうとすると、彼は生卵を手にとって何も言わず、ぱっと殻を2つに割り、見る間に生卵がするっとどんぶりに落ちた。私は急にがっかりしてしまった、いいにおいがするラーメンにこんな生卵を入れて、どうすればよいのだろうかと思った。私はこの風景にあまりにもびっくりしてぽかんとしていた。小さいとき指で鼻を摘んで生卵を飲んだことが目の前に浮かび上がった。そのとき私はまだ日本語で「私は生卵を食べない」と説明できなかったので、焦って指で生卵を指しながら、あーあーあーとしきりに大声で言った。料理人にはすぐ分かり、ていねいに鍋に戻し温め、卵をゆであげた後、また私の前に運んでくれて、私はこれでやっとほっとして安心して食べた。

　このことを思い出すと、とてもおかしくなる。しかしいつからか分からないが、生卵を食べない習慣はすでに徹底的に変わった。そればかりでなく、ラーメンを食べるとき、生卵を入れないと、なんとなく物足りない気すらするのだ。

ピンイン

　　　Jìde xiǎo shíhou céngjīng chīguo yí cì shēngjīdàn, búguò nà shì dàng yào chī de. Yīnwèi wǒ nào dùzi (xièdù, huài dùzi) le, línjūjiā de lǎonǎinai gàosu māma, chī shēngjīdàn kěyǐ zhǐxiè, bìng bǎ chīfǎ jiǎnggěi māma tīng le. Māma tīngle tā de huà yǐhòu, bǎ shēngjīdàn dǎsuì, ránhòu fàngdào bēizili, bìng jiāle xiē liángkāishuǐ xīshìle yíxià, qiǎngpò wǒ hēxiaqu. Wǒ zhǐhǎo tīngcóng māma de fēnfu, shìzhe hēle yì kǒu. Zhè yì kǒu yànxiaqu, zhǐ juéde fǎnwèi, chàdiǎnr méi tùchulai. Āiqiú māma bié ràng wǒ hē le, kěshì māma jiānjué bù dāying, bìng shuō, nǐ yàoshi bù hē, jiù qù yīyuàn ba. Yì tīng yào qù yīyuàn, jīnbuzhù lìng wǒ máo gǔ sǒng rán. Yīnwèi nàshíhou, xiǎoháir qù yīyuàn kànbìng, jīngcháng yào dǎzhēn. Zài háizi de nǎodaili, qù yīyuàn jiǎnzhí jiù děngyú qù dǎzhēn. Érqiě yǒuxiē dàren hái chángcháng yòng "Bù tīnghuà jiù gěi nǐ dǎzhēn" zhèyàng de zìyǎnr lái xiàhu háizi. Suǒyǐ háizimen zuì pà dǎzhēn, lián táoqì de nánháizi, yì tīngshuō yào dǎzhēn, yě huì biànde guāiguāi de.

Wǒ yě bú lìwài, yì tīngshuō yào qù yīyuàn, jiù xiàde liánlián shuō, bú yào qù yīyuàn, wǒ hē, wǒ hē. Shuōwán jiù niēzhe bízi, zhòuzhe méitóu, hēlexiaqu. Zhìyú dùzi hǎole méiyǒu, dàodǐ shì bu shì chī shēngjīdàn zhìhǎo de, wǒ zǎoyǐ wàngde yì gān èr jìng le. Wéiyī méiyǒu cóng wǒ de jìyì zhōng xiāoshī de què shì shēngjīdàn shízài bùkě xiǎngyòng. Cóng nàtiān qǐ, wǒ jiù xià juéxīn, zhèibèizi zàiyě bù lā dùzi le, zàiyě bù chī shēngjīdàn le.

Lái Rìběn yǐhòu, méi xiǎngdào jìngrán yòu hé shēngjīdàn dǎshàng jiāodào le. Yì tiān zǒudào bànlùshang tūrán dùzi ède fāhuāng, wǒ jiù zǒujinle yì jiā xiǎo cānguǎn. Yīnwèi wàibiān hěn lěng, xiǎng chī diǎnr rèhu de dōngxi, suǒyǐ jiù yàole yì wǎn miàntiáo. Diànyuán jiàn wǒ zhǐ yǒu yí ge rén, jiù ràng wǒ zuòzài kào chúfáng de zuòwèishang le. Zhènghǎo zài chúshī de duìmiàn, wǒ xìng zhì bó bó de kànzhe tā gěi wǒ zuò miàntiáo. Bùyíhuìr (yíhuìr gōngfu, yǎnkànzhe), jiù zuòhǎo le. Tā bǎ miàntiáo gěi wǒ chéngdào dàwǎnli, zài wǒ zhèng zhǔnbèi jiēguolai de shíhou, tā què náqile yí ge shēngjīdàn, shénme dōu méi shuō, jiù pā de yì shēng bǎ dànké dǎchéngle liǎng bàn, yǎnkànzhe shēngjīdàn shuā de diàojin le wǎnli. Wǒ de xīn yíxiàzi liángle bànjié, xīn xiǎng zhè xiāngpēnpēn de miàntiáoli fàngjinle zhème ge shēngjīdàn, zhè kě rúhé shì hǎo ne? Wǒ jiǎnzhí kàn shǎyǎn le. Yǎnqián líkè fúxiànchu xiǎo shíhou niēzhe bízi hē shēngjīdàntāng de qíngjǐng. Yīnwèi dāngshí wǒ hái bù néng yòng Rìyǔ jiěshì "Wǒ bù chī shēngjīdàn", jíde zhǐzhe shēngjīdàn, à, à, à⋯ lián jiàole jǐ shēng. Chúshī líkè míngbai le, tā hěn kèqide gěi wǒ huíle yíxià guō. Bǎ jīdàn zhǔshúle yǐhòu, yòu duāndàole wǒ de miànqián, wǒ zhè cái sōngle kǒu qì, fàngxīnde chīle xiaqu.

Yì xiǎngqilai zhèi jiàn shì, jiù juéde hěn hǎoxiào. Kěshì bùzhī cóng shénme shíhou kāishǐ, wǒ yǐjing chèdǐ gǎibiànle bù chī shēngjīdàn de xíguàn. Bùjǐn rúcǐ, shènzhì chī miàntiáo de shíhou, rúguǒ bú fàng yí ge shēngjīdàn dehuà, zǒng hǎoxiàng quē diǎnr shénme shìde.

解答・解説

(1) 正解は ❶ （"曾经"は「かつて」、"常常"は「しょっちゅう」、"从来"「これまで」、"一直"は「ずっと」）

(2) 正解は ❸ （"痢疾 lìji"は「赤痢」、名詞用法。"闹肚子 nào dùzi, 泻肚 xièdù, 坏肚子 huài dùzi"は「腹をこわす」）

(3) 正解は ❹ （"差点儿"は「もう少しで」、"差劲儿 chàjìnr"は「（人柄や品質が）

悪い」、"**差不多**"は「ほとんど」、"**差远了**"は「かなりの差がある」)

(4) 正解は❸ ("**毛骨悚然** máo gǔ sǒng rán"は「恐ろしくて身の毛がよだつ」、"**心惊胆战** xīn jīng dǎn zhàn"は「びくびくする」、"**毛遂自荐** máo suí zì jiàn"は「自薦する」、"**火烧眉毛** huǒ shāo méimao"は「焦眉の急」、"**鸡蛋里挑骨头** jīdànli tiāo gǔtou"は「卵の中から骨を探し出そうとする、あら捜しをする」)

(5) 正解は❹ ("**吓唬** xiàhu"は「脅かす」、"**惊人** jīngrén"は「めざましい」、"**吓人**"は「恐ろしい」、"**恐怕**"は「おそらく」)

(6) 正解は❸ ("**捏着** niēzhe 鼻子，**皱着**眉头 zhòuzhe méitóu，喝了下去"は「指で鼻を挟み眉間にしわを寄せて飲んだ」、"**因为味道不好，所以我想憋住气，一口气喝完。**Yīnwèi wèidao bù hǎo, suǒyǐ wǒ xiǎng biēzhù qì, yìkǒuqì hēwán."は「味がよくないので、息をこらえて一気に飲み尽くしたい」、"**因为我怕流鼻涕** liú bítì，**所以捏着鼻子喝。**"は「鼻水が出るのを心配するので、指で鼻を挟んで飲む」、"**因为我怕呛着** qiāngzhe，**所以捏着鼻子喝。**"は「むせるのを心配するので、指で鼻を挟んで飲む」、"**因为我肚子疼，所以皱着眉头喝。**"は「お腹が痛いので、眉間にしわを寄せて飲む」)

(7) 正解は❶ ("**至于**"は「～については」、"**不至于**"は「～には至らない」、"**甚至** shènzhì"は「～すら」、"**对于**"は「～に対して」)

(8) 正解は❷ ("**又**"は「また（した）」、"**再**"は「また（する）」、"**就**"は「すぐ、もう」、"**才**"は「やっと」)

(9) 正解は❷ ("**热乎** rèhu"は「（食べ物などが）温かい」、"**暖和** nuǎnhuo"は「（天気、部屋、着るものが）暖かい」、"**软和** ruǎnhuo"は「柔らかい」、"**温暖** wēnnuǎn"は「（天気が）暖かい」)

(10) 正解は❹ ("**刹那间** chànàjiān"は「瞬間」、"**不一会儿，一会儿工夫** gōngfu"は「間もなく」、"**眼看着** yǎnkànzhe"は「見る間に、すぐに」)

(11) 正解は❶ ("chéng **盛**"は「盛る」)

(12) 正解は❸ ("**凉了半截** liángle bànjié"は「がっかりする」、"**矮了半截** ǎile bànjié"は「一段と劣る」、"**不是滋味儿** zīwèir"は「いやな感じがする」、"**受到了伤害** shānghài"は「傷つけられた」)

(13) 正解は❹ ("**回了一下锅** guō"は「鍋に戻し温めた」、"**把做好的面条放到锅里又加热了一下。**Bǎ zuòhǎo de miàntiáo fàngdào guōli yòu jiārèle yíxià."は「出

来上がった麺を鍋に戻してまた加熱した」、"又重新 chóngxīn 做了一碗面条."は「また新たに麺を 1 杯作った」、"把做好的面条再用微波炉 wēibōlú 加热一下."は「出来上がった麺をさらに電子レンジで加熱した」、"把做好的面条盛到碗里放了一会儿."は「出来上がった麺を碗に盛ってしばらく置いた」）

⒁ 正解は❶　("端 duān" は「（手で水平に）持つ」、"搬 bān" は「重い荷物を運ぶ」として用いることが多い、"运 yùn" は「運送する」、"拖 tuō" は「引きずる」）

⒂ 正解は❸　("改变" は「変える」、目的語が取れます。"修改" は「改正する」。"更改" は「（日時、計画、路線などを）変更する」、"习惯" という目的語が取れません。"变化" は「変わる」、目的語が取れません）

⒃ 正解は❷　("因为我不想吃生鸡蛋，所以厨师又把生鸡蛋给我做熟了。Yīnwèi wǒ bù xiǎng chī shēngjīdàn, suǒyǐ chúshī yòu bǎ shēngjīdàn gěi wǒ zuòshú le." は「生卵を食べたくないので、料理人は私にもう 1 度生卵をよく煮た」、"我喝生鸡蛋汤是为了不惹 rě 妈妈生气." は「生卵スープを飲んだのは母を怒らせないからだ」、"我一喝生鸡蛋汤，就把肚子治好了." は「生卵スープを飲むと、すぐにお腹が治った」、"连淘气 táoqì 的男孩儿都怕生病，因为一生病就得喝生鸡蛋汤." は「いたずらな男の子すら病気になるのを嫌がる、なぜなら病気になると生卵スープを飲まないといけないからだ」）

長文（4）

日本語訳　《母》

　私の母はもう確実に年をとった。でも実際年齢と比べれば、彼女の精神年齢はかえってことのほか若々しいようだ。私がこう言うのは少しも言い過ぎではない。

　以前は、毎回彼女に電話をするとき、いつもあまり話をしないうちに慌てて電話を切られた。ほとんど私から彼女にかけるけれども、母が私の電話代を節約するためにしているのだと分かる。

　パソコンの普及に伴ってパソコンを使える人も日増しに増えたが、でもそれは主に若い人だ。母は年齢で目が衰えてしまったけれども、しかし負けず嫌いだ。パソコンでいろいろなことができると聞いて、彼女はパソコンが使えるようになれば、能力があがり、多くの問題が楽に解決できるだろうと思っていた。そこで彼女は普段家計を切り詰めて節約してできたお金で、精巧なノートパソコンを買った。近所の人は彼女に、あなたはもうこんな年になったのに、まだ若い人のように流行を追うなんて、と冗談を言った。年をとっても関係ない、若い人に後れをとってはいけない、人は生きる限り勉強し続けなければならない、と母は反論した。

それから彼女はパソコンに夢中になった。朝ご飯を食べ終わるとすぐにパソコンの前に座って、一心不乱に研究し始める。最初は２本の指だけを使って注意深くキーボードを叩き、動作はこれ以上軽くできないほど軽かった、まるでパソコンに神経がいっぱい通っていて、痛くないかと心配しているようだ。しばらく経ち、母から突然いい知らせを伝える電話がかかって来て、もうインターネットを見ることができる、と嬉しそうに教えてくれた。私はインターネットを見るなんてあまりにも簡単ではないかと思っていた。しかし彼女があんなに嬉しそうになるのもめったにないことだ。私は、本当にすごいよ、と一生懸命に誉めてあげた。続けて、今日は何を見たの？と母に聞いた。彼女は、ネットニュースと、さらに各国の金メダル数を見たよ、と言った。

　また数日が経ち、母からまた電話がかかって来て、今回はいろいろな質問をされた。例えば、どのように電子メールを設定するかとか、Skypeを設定するかとかなどなど。また、設定ができたらあなたとおしゃべりがしやすくなる、Skypeを使うと電話代を大幅に節約できる、と言った。そして私のメールアドレスをもらっていった。

　私はびっくり仰天だった、母は本当に若返りそうだ。心の中では、もし母を手伝って設定したら、いつも私とおしゃべりに来る、仕事をどうしようと思っていた。しかし母の意欲に水を差したくないので、電話で設定する方法を教えてあげるしかなかった。しかし母は分かったような分からないような様子で、たびたびまったく関係のない質問をされた。たぶん母が疲れたのだろう、今日はここまでにしましょう、また自分で試してみる、と私に言った。言い終わると電話を切った。

　また何日か過ぎて、母はまた興奮した様子で電話をかけてきて、はやくネットに接続して、私がオンラインになっているかどうか、緑になっているか、それとも灰色になっているかを見て、と言った。私は急いでパソコンを開いて案の定、私のSkypeに新しいメンバーが現れた、それこそ私の母だ。まったく、母が私の声をいつも聞くために、なんとパソコンでおしゃべりをすることもできるようになるとは思わなかった。

> ピンイン

　Wǒ de mǔqin yǐ dídíquèquè shì wèi lǎorén le. Búguò, hé shíjì niánlíng xiāngbǐ (hé shíjì niánlíng bǐqilai, bǐqi shíjì niánlíng lai), tā de jīngshén niánlíng què xiǎnde géwài niánqīng. Wǒ zhèyàng shuō, yìdiǎnr yě bú guòfèn.

　Guòqù, měicì hé tā tōng diànhuà shí, zǒngshì hái méi děng shuō jǐ jù, tā jiù huānghuāngzhāngzhāngde bǎ diànhuà gěi guà le. Jǐnguǎn jīhū dōu shì wǒ dǎgěi tā, wǒ zhīdao mǔqin shì wèile gěi wǒ jiéshěng yìdiǎnr diànhuàfèi.

Suízhe diànnǎo de pǔjí, huì yòng diànnǎo de rén yǔ rì jù zēng, búguò, zhè zhǔyào dōu shì xiē niánqīngrén. Biékàn mǔqin lǎoyǎn hūnhuā, kěshì tā bùgān luòhòu. Tīngshuō diànnǎo néng gàn gèzhǒng gèyàng de shì, tā xiǎng yàoshi xuéhuì yòng diànnǎo nà běnshi kě jiù dà le, dàgài hěn duō wèntí dōu kěyǐ fāngbiànde jiějué le ba? Yúshì, tā jiù yòng píngshí shěng chī jiǎn yòng jiéshěngxialai de qián, mǎile yì tái jīngqiǎo de bǐjìběn diànnǎo. Zhōuwéi de línjū gēn tā kāi wánxiào shuō, nǐ dōu zhème dà suìshu le, zěnme hái xiàng niánqīngrén yíyàng, gǎn shímáo ne? Mǔqin fǎnbó shuō, suìshu dàle yǒu shá guānxi a, wǒmen kě bù néng bèi niánqīngrén gěi làxià a! Rén yào huódào lǎo, xuédào lǎo ma!

Cóng nà yǐhòu, tā jiù míshangle diànnǎo. Zǎoshang chīwán fàn, jiù zuòzài diànnǎo qián, kāishǐ zhuānxīnde yánjiūqilai. Kāishǐ de shíhou, zhǐ yòng liǎng ge shízhǐ xiǎo xīn yì yì de àn jiàn, nà dòngzuò qīngde yǐjing bù néng zài qīng le, hǎoxiàng diànnǎo zhǎngmǎnle shénjīng, shēngpà bǎ tā chùténgle shìde. Guòle yí duàn shíjiān, tā tūrán dǎlaile bàoxǐ de diànhuà, tā xīngfènde gàosu wǒ, tā yǐjing néng kàn yīntèwǎng le. Wǒ xīnxiǎng yào kàn yīntèwǎng, zhè bú shì tài jiǎndān le ma? Búguò, jiàn tā nàme gāoxìng, yě zhēnshì nándé a! Wǒ pīnmìngde biǎoyáng mǔqin shuō, nǐ zhēn liǎobuqǐ. Jiēzhe, wǒ wèn tā, nǐ jīntiān kàndào shénme le? Tā shuō, kàndào wǎngshang xīnwén le, hái kàndào gègè guójiā de jīnpáishù le.

Yòu guòle jǐ tiān, tā yòu dǎlaile diànhuà, zhècì wènle wǒ hěn duō wèntí. Bǐrú, zěnme shèdìng diànzǐ yóujiàn la、Skype la děngděng. Bìng shuō, shèdìng hǎole dehuà, hǎo gēn nǐ liáotiānr a, yòng Skype jiù kěyǐ dàdà jiéshěng diànhuàfèi le a! Bìng bǎ wǒ de diànyóu dìzhǐ yě yào qù le.

Wǒ dà chī yì jīng, wǒ de mǔqin zhēn yào fǎn lǎo huán tóng le. Xīnxiǎng rúguǒ bāng tā shèdìngshang le, tā zhěngtiān lái hé wǒ liáotiānr, wǒ hái zěnme gōngzuò a! Kěshì wǒ yòu bù xiǎng dǎjī tā de jījíxìng, zhǐhǎo zài diànhuàli jiàogěi tā shèdìng fāngfǎ. Kěshì tā hǎoxiàng tīngde húlihútu shìde, zǒng tíchū yìxiē háowú guānxi de wèntí. Dàgài shì tā lèi le, duì wǒ shuō, jīntiān jiù dào zhèr ba, wǒ zìjǐ zài shìshi. Shuōwán jiù bǎ diànhuà guà le.

Yòu guòle xiē tiān, tā yòu xìngchōngchōngde dǎlaile diànhuà, shuō, nǐ kuài diǎnr shàngwǎng, kànkan wǒ zài bu zài xiàn, shì lǜde háishi huīde? Wǒ gǎnmáng dǎkāi diànnǎo, guǒrán zài wǒ de Skype shang chūxiànle xīnchéngyuán, zhèng shì wǒ de mǔqin. Méi xiǎngdào mǔqin wèile néng jīngcháng tīngdào wǒ de shēngyīn, jìngrán xuéhuìle yòng diànnǎo liáotiānr.

> 解答・解説

(1) 正解は❸ （"和…相比/和…比起来/比起…来"は「～と比べれば」、"比上…来"の言い方はありません）

(2) 正解は❶ （"尽管"は「～だけれども」、"既然"は「～である以上」、"不管"は「～であっても」、"与其"は「むしろ」）

(3) 正解は❹ （"别看"は「～だけれども」、"除非"は"才"と呼応して「～してこそ～する」、"然而"は「しかしながら」、"只好"は「～するほかない」）

(4) 正解は❷ （"本事 běnshi/ 能耐 néngnai"は「腕前、才能」、"水平 shuǐpíng"は「レベル」、"才能"は「才能」、"知识"は「知識」。"本事大/能耐大"は言いますが、"水平大，才能大，知识大"は言わなく、"水平高，有水平，有才能，有知识，知识丰富"は言います）

(5) 正解は❹ （"反驳 fǎnbó"は「反論する」、"反抗 fǎnkàng"は「反抗する」、"反省 fǎnxǐng"は「反省する」、"反论"は日本語の造語）

(6) 正解は❸ （"làxià 落下"は「取り残される」）

(7) 正解は❹ （"迷上/入迷/着迷 zháomí"は「夢中になる」の意味、"入迷"と"着迷"は離合詞なので、後ろに目的語が取れません、"对电脑入迷了/着迷了"のように言えます。"上瘾 shàngyǐn"は「癖になってやめられない」）

(8) 正解は❶ （"小心翼翼 xiǎo xīn yì yì"は「注意深いさま」、"形容动作小心，不敢疏忽。Xíngróng dòngzuò xiǎoxīn, bù gǎn shūhu."は「注意深く作業して手ぬかりができないことを形容する」、"形容因害怕，而微微发抖。Xíngróng yīn hàipà, ér wēiwēi fādǒu."は「怖いので、少し震えることを形容する」、"形容胆子太小，做事前怕狼后怕虎的。Xíngróng dǎnzi tài xiǎo, zuòshì qián pà láng hòu pà hǔ de."は「肝が小さく、何かをするとびくびくしてためらうことを形容する」、"形容没有气量。Xíngróng méiyǒu qìliàng."は「度量がないことを形容する」）

(9) 正解は❷ （"表扬 biǎoyáng"は「ほめる」、"夸张 kuāzhāng"は「誇張する」、"表达 biǎodá"は「表現する」、"吹捧 chuīpěng"は「おだてあげる」）

(10) 正解は❶ （"fǎn lǎo huán tóng 返老还童"は「若返る」）

(11) 正解は❸ （"打击她的积极性。Dǎjī tā de jījíxìng."は「彼女の意欲に水を差す」、"给她泼凉水。Gěi tā pō liángshuǐ."は「彼女の意欲に水を差す」、"她下

不来台了。Tā xiàbulái tái le."は「彼女は引っ込みがつかなくなった」、"给她穿小鞋。Gěi tā chuān xiǎoxié."は「彼女を困らせる」、"跟她闹别扭。Gēn tā nào bièniu."は「彼女と衝突する」）

⑿ 正解は❷ （"糊里糊涂 húlihútū"は「訳が分からない」、"似懂非懂 sì dǒng fēi dǒng"は「分かったような分からないような」、"囫囵吞枣 hú lún tūn zǎo"は「事物をよく分析せず鵜呑みにする」、"虎头蛇尾 hǔ tóu shé wěi"は「始めは盛んで終わりは振るわないこと」、"半途而废 bàn tú ér fèi"は「中途半端」）

⒀ 正解は❷ （"上网 shàngwǎng"は「インターネットに接続する」、"上机 shàngjī"は「パソコンを操作する」、"网上"は「ネット上」、"泡吧 pàobā"は「バーあるいはネットカフェなどで時間をつぶす」、"关机"は「パソコンの電源を切る」）

⒁ 正解は❸ （"果然"は「案の定」、"当然"は「当然」、"然后"は「それから」、"原来"は「なんだ（〜だったのか）」）

⒂ 正解は❶ （"母亲虽说年纪大了，可是她不服老。Mǔqin suīshuō niánjì dà le, kěshì tā bù fúlǎo."は「母は年をとったけれども、年に負けない」、"母亲跟邻居吵架了。Mǔqin gēn línjū chǎojià le."は「母は隣人と喧嘩した」、"母亲买的电脑长满了神经。Mǔqin mǎi de diànnǎo zhǎngmǎnle shénjīng."は「母が買ったパソコンは神経がいっぱい生えた」、"每次打电话时，母亲都跟我聊个够 liáo ge gòu."は「いつも電話するときに母は私に思う存分にしゃべる」）

⒃ 正解は❸ （"母亲平时可舍得花钱了，和年轻人一样赶时髦。Mǔqin píngshí kě shède huāqián le, hé niánqīngrén yíyàng gǎn shímáo."は「母は普段とてもお金を惜しまない、若者と同じように流行を追う」、"母亲不仅买了电脑，还学会了设定伊妹儿等。Mǔqin bùjǐn mǎile diànnǎo, hái xuéhuìle shèdìng yīmèir děng."は「母はパソコンを買ったばかりではなく、メールの設定などもできた」、"母亲平时省吃俭用，可是买电脑却一点儿也不吝啬。Mǔqin píngshí shěng chī jiǎn yòng, kěshì mǎi diànnǎo què yìdiǎnr yě bú lìnsè."は「母は普段節約するが、パソコンを買うのに少しもけちしない」、"母亲嫌电话费贵，所以想用电脑跟我说话。Mǔqin xián diànhuàfèi guì, suǒyǐ xiǎng yòng diànnǎo gēn wǒ shuōhuà."は「母は電話代が高いのを嫌がったので、パソコンで私と話したがる」）

長文（5）

日本語訳　《キリギリス》

　小さいとき、キリギリスを飼うのが好きだった、キリギリスの力強い鳴き声を聞くと、これ以上ないくらい嬉しかった。2匹のキリギリスが家に来てから母に言わせれば、私の魂はもうキリギリスに引き抜かれていた。毎日学校がひけると、2本の速い足を大きく開いて、1分1秒を争って走って家に帰った。それにしてもまだ速さが足りないと思って満足できなかった、翼をつけて家に飛んで帰りたかったのだ。

　家に帰ると、すぐにキリギリスの周りをぐるぐるして離れなかった。キリギリスが大急ぎで食べる様子も、かごに大人しくくつろいでいる様子も、見ればみるほど好きで、一歩も離れたくなかった、何か素晴らしいシーンを見逃すのではと心配した。つまりキリギリスのどのしぐさも、私に限りない楽しみをもたらすことができた。そればかりではなく、母が私を世話する様子をまねて、時間通りにキリギリスに食べ物、飲み物を持っていき、行き届いた世話をしていたと言える。キリギリスはセミを食べるのが好きだと聞くと、すぐに一生懸命セミを取りに行った。キリギリスはキュウリや果物を食べるのが好きだと聞くと、母がいないうちにこっそりと果物を持っていってキリギリスに食べさせた。キリギリスがお腹いっぱいになった様子を見ると、心が幸せで、顔が喜びの表情でいっぱいだった。

　しかし母は私がキリギリスを飼うのに大変に反対だった。理由は簡単で、つまりキリギリスはあまりにも物分りが悪く、少しも思いやりがないからだ。うるさくていつも朝はやく母を眠りの中から起こしてしまったので、母は以前からすでにキリギリスを処分するつもりでいた。ある日、母は私が家にいないうちになんと1匹も残さずキリギリスを放した。

　その日、私は家に着くと、いつものように三歩の距離を二歩で歩くほど急いで走ってキリギリスを見に行った。おかしいなあ、かごの扉が開いていてキリギリスはすでに影も形もなかった。お母さん、僕のキリギリスはどこにいったの、と私はお母さんに大声で叫んだ。母は落ち着いて、キリギリスはいつもこの小さな小さなかごに閉じ込められて、とても可哀そう。自由自在に大自然で生活させるべきだよ、ちょうど今日はいい天気なので、お母さんはかごの扉をあけて自由にさせたんだよ、と言った。

　母の話を聞いて、私は大声で泣き出した。キリギリスを返して、それは友達とすごく苦労してやっと山から捕まえたキリギリスだよ、と泣きながら言った。このとき父が私の泣き声を聞いてそばに来た、もう泣かないで、そのうちお父さんが何匹か世界一声が大きくて綺麗なキリギリスを捕まえてあげる、と同情してあ

やしながら言った。家では母はキリギリスが嫌いだけど、父はかえって私の支持者だった。彼もよくキリギリスの鳴き声で眠れなかったが、彼はなんといっても男だ、男の子が鳴く鳥や虫が好きな気持ちを理解できるのだ。

　父は案の定言ったことを守り、少し経たないうちに、ある日ジョギングから帰ってきたとき、意外な喜びをくれた。彼は手に木の葉を持って、その中にはキリギリスが包まれていた。更に私は意外な発見をした、父の捕まえたキリギリスは私の捕まえたのより元気だ。私が捕まえてきたキリギリスは元気がないばかりではなく、しかも1匹1匹戦いに負けた傷を負った戦士みたいで、体中傷だらけ、腕がなかったのでなければ、足が足りない。重傷のキリギリスは家に着いたらもう死にかけているものが多く、傷が割に軽いキリギリスでも普通数日も休養する必要があって、それでやっと元気になる。しかし父が捕まえてきたキリギリスは身体に少しの傷も見つからないどころか、みんな活発なさまだったのだ。そのとき私はとても見識が広がっていた。なんだ父はキリギリスを飼うのが好きなだけではなく、さらにキリギリスを捕まえる達人だったのか。

　母は、私と父ともキリギリスの"ファン"だとわかっていて、私たちをどうもできないので、最後は黙認するしかなかった。この何匹かのキリギリスはとても幸運で、私と父が心をこめて面倒をみることによって幸せな生涯を過ごした。

> ### ピンイン

　Xiǎo shíhou, wǒ hěn xǐhuan yǎng guōguor, yì tīngjiàn guōguor nà kēngqiāng yǒulì de jiàoshēng, nà gǔ gāoxìng jìnr jiù béng tí le. Zìcóng jiāli duōle liǎng zhī guōguor, yòng māma de huà lái shuō, jiù shì wǒ de húnr yǐjing bèi guōguor gěi gōuzǒu le. Měitiān yí fàngxué jiù shuǎikāi liǎng tiáo fēimáotuǐ, zhēng fēn duó miǎo de pǎohuí jiā. Jíbiàn zhèyàng hái xián búgòu kuài, hènbude chāshang shuāng chì fēihuí jiā.

　Yì huídào jiāli, jiù wéizhe guōguor tuántuánzhuàn. Guōguor láng tūn hǔ yàn de chī dōngxi de yàngzi yěhǎo, zài lóngzili guāiguāide yǎngshén de yàngzi yěhǎo, zěnme kàn zěnme xǐhuan, yí bù yě bù shěde líkāi, shēngpà shǎo kànjiàn diǎnr shénme jīngcǎi de jìngtóu shìde. Zǒngzhī guōguor de měi yí ge dòngzuò dōu huì gěi wǒ dàilái wúxiàn de kuàilè. Bùjǐn rúcǐ, wǒ hái xuézhe māma zhàogù wǒ de yàngzi, ànshí gěi tāmen sòng chīde、hēde, kěyǐ shuō shì zhàogùde wú wēi bú zhì le. Tīngshuō guōguor xǐhuan chī chán, wǒ jiù pīnmìngde qù zhuā chán. Tīngshuō guōguor xǐhuan chī huángguā、shuǐguǒ, wǒ jiù chèn māma bú zài jiā de shíhou, tōutōude bǎ shuǐguǒ náqu wèi guōguor. Kànjiàn tāmen chīde bǎobǎo de yàngzi, wǒ jiǎnzhí shì tiánzài xīnli, xǐzài liǎnshang.

Kěshì, māma què jílì fǎnduì wǒ yǎng guōguor. Lǐyóu hěn jiǎndān, jiù shì yīnwèi guōguor tài bù dǒngshì, yìdiǎnr yě bù zhīdào tǐtiē rén. Zǒngshì yídàzǎo jiù bǎ māma cóng shuìmèng zhōng chǎoxǐng, suǒyǐ māma zǎojiù dǎsuan bǎ tāmen chǔlǐdiào le. Yǒuyìtiān, māma chèn wǒ bú zài jiā shí, jìngrán bǎ tāmen yì zhī bú shèng de fàngpǎo le.

Nàtiān wǒ huídào jiāli, hé wǎngcháng yíyàng, sān bù bìng zuò liǎng bù de pǎoqu kàn guōguor. Qíguài a, lóngmén shì kāizhe de, guōguor yǐjing wú yǐng wú zōng le. Wǒ chòngzhe māma dà hǎnqilai, māma, wǒ de guōguor ne? Māma hěn lěngjìngde shuō, tāmen zhěngtiān bèi juānzài zhè xiǎoxiǎo de lóngzili, tài kělián le, wǒmen yīnggāi ràng tāmen zì yóu zì zài de shēnghuózài dàzìránli, zhènghǎo jīntiān tiānqì búcuò, māma jiù dǎkāile lóngmén, ràng tāmen zìyóu le.

Tīngle māma de huà, wǒ fàngshēng dà kūqilai. Biān kū biān shuō, huángěi wǒ guōguor, zhè shì wǒ hé xiǎopéngyou fèile hǎo dà de jìnr cái cóng shānshang zhuāhuilai de a! Zhè shí bàba tīngdào wǒ de kūshēng, zǒudào wǒ de shēnbiān, tóngqíngde hǒngzhe wǒ shuō, bié kū bízi le, guò jǐ tiān bàba gěi nǐ zhuā jǐ zhī shìjièshang jiàode zuì xiǎng、zuì dòngtīng de guōguor lai. Zài jiāli, suīrán māma bù xǐhuan guōguor, búguò bàba dàoshì wǒ de zhīchízhě. Jǐnguǎn tā yě chángcháng bèi guōguor chǎode shuìbuhǎo jiào, kěshì bàba bìjìng shì ge nánren, tā néng lǐjiě nánháir xǐ'ài chóng míng niǎo tí de xīnqíng.

Bàba guǒrán shuōhuà suànshù, méi guò duō jiǔ, yǒu yìtiān pǎobù huílai shí, gěile wǒ yí ge yìwài de jīngxǐ. Zhǐ jiàn tā shǒuli názhe shùyè, lǐmiàn què bāozhe guōguor. Érqiě wǒ hái yìwàide fāxiàn, bàba zhuālai de guōguor bǐ wǒ zhuāhuilai de jīngshentóu zú. Wǒ zhuāhuilai de guōguor, bùjǐn dǎniān, érqiě yí gègè jiǎnzhí xiàng dǎle bàizhàng de shāngbīng, húnshēn shānghén lěilěi, bú shì quēle gēbo, jiù shì shǎole tuǐ. Shāngshì bǐjiào zhòng de, wǎngwǎng shì huídào jiāli yǐjing yǎn yǎn yì xī le, shāngshì jiào qīng de yìbān yě yào xiūyǎng duō rì, cái néng huīfù jiànkāng. Kěshì bàba zhuālai de qízhǐ shì kànbudào shēnshang yǒu bàndiǎnr shānghén, érqiě gègè dōu shì huó bèng luàn tiào de. Zhè huí wǒ kě zhǎngle jiànshi, yuánlái bàba bùjǐn xǐhuan yǎng guōguor, hái shì ge zhuā guōguor de néngshǒu a!

Māma zhīdaole wǒ hé bàba dōu shì guōguor de zhōngshí "fěnsī", ná wǒmen háowú bànfǎ, zuìhòu zhǐhǎo mòrèn le. Zhè jǐ zhī guōguor hěn xìngyùn, zài wǒ hé bàba de jīngxīn zhàoliào xià, dùguòle xìngfú de yìshēng.

解答・解説

(1) 正解は ❸ ("股" は気体などを数える量詞、"一股劲儿 yì gǔ jìnr" は言います。

"份"はセットになった物を数える量詞、"把"は握りのある物を数える量詞、"片"は面積や範囲の広い物や薄い物を数える量詞）

(2) 正解は❶ （"béng 甭"は「〜する必要がない」）

(3) 正解は❹ （"恨不得 hènbude"は「したくてたまらない」、"怪不得 guàibude"は「道理で」、"舍不得 shěbude"は「別れを惜しむ、惜しがる」、"不得不 bùdébù"は「〜せざるを得ない」）

(4) 正解は❷ （"一回到家里，就围着蝈蝈儿团团转。Yì huídào jiāli, jiù wéizhe guōguor tuántuánzhuàn."は「家に帰ると、すぐにキリギリスの周りをぐるぐるして離れない」、"因为我想看到蝈蝈儿的每一个动作，所以围着蝈蝈儿团团转。Yīnwèi wǒ xiǎng kàndào guōguor de měi yí ge dòngzuò, suǒyǐ wéizhe guōguor tuántuánzhuàn."は「キリギリスのすべての動きを見たいので、キリギリスの周りをぐるぐるして離れないからだ」、"因为妈妈让我好好儿地照顾蝈蝈儿，所以我忙得团团转。Yīnwèi māma ràng wǒ hǎohāorde zhàogù guōguor, suǒyǐ wǒ mángde tuántuánzhuàn."は「キリギリスをよく世話するようにと母に言われたので、忙しくてんてこ舞いをするからだ」、"因为蝈蝈儿吃东西狼吞虎咽的，所以我急得围着蝈蝈儿团团转。Yīnwèi guōguor chī dōngxi láng tūn hǔ yàn de, suǒyǐ wǒ jíde wéizhe guōguor tuántuánzhuàn."は「キリギリスが物を食べるときに大急ぎなので、焦ってばかりいるからだ」、"因为我一放学就去给蝈蝈儿抓蝉吃，所以忙得团团转。Yīnwèi wǒ yí fàngxué jiù qù gěi guōguor zhuā chán chī, suǒyǐ mángde tuántuánzhuàn."は「放課するとすぐにキリギリスにセミを取りに行くので、忙しくてんてこ舞いをするからだ」）

(5) 正解は❷ （"无微不至 wú wēi bú zhì/ 细心周到 xìxīn zhōudào"は「細かなところまで行き届いている」、"微乎其微 wēi hū qí wēi"は「きわめてわずかである」、"无可救药 wú kě jiù yào"は「救いようがない」、"谨小慎微 jǐn xiǎo shèn wēi"は「過度に慎重にする」）

(6) 正解は❶ （"极力 jílì"は「極力」、"积极 jījí"は「積極的に」、"极了 jíle"は「（動詞・形容詞の後に置き）極めて」、"厉害 lìhai"は「ひどい」の意味、一般に述語として用います）

(7) 正解は❹ （"三步并作两步 sān bù bìng zuò liǎng bù."は「急いで歩く」、"三番五次 sān fān wǔ cì"は「再三再四」、"五十步笑百步 wǔshí bù xiào bǎi bù"は「五十歩百歩」、"三天两头儿 sāntiān liǎngtóur"は「頻繁に」）

(8) 正解は❷ ("同情 tóngqíng"は「同情する」、"热情 rèqíng"は「親切である」、"严厉 yánlì"は「厳しい」、"激动 jīdòng"は「興奮する」)

(9) 正解は❸ ("毕竟"と"终究"は「やはり」の意味を持っています、"结局"は「結果」、"多亏"は「幸いに」、"当然"は「当然だ」)

(10) 正解は❹ ("说话算数 shuōhuà suànshù" "守信用 shǒu xìn yòng" "遵守诺言 zūnshǒu nuòyán" "没有违约 méiyǒu wéiyuē" とも「言ったことは守る、約束を守る」、"数一数二 shǔ yī shǔ èr"は「一二を争う」)

(11) 正解は❷ ("打蔫儿 dǎniānr"は「(植物が)しおれる、(生き物は)元気がない」、ここでは後者の意味であり、"没有气力，没有精神的意思。Méiyǒu qìlì, méiyǒu jīngshen de yìsi."は「力も元気もない意味だ」、"没有水分，干巴巴的意思。Méiyǒu shuǐfèn, gānbābā de yìsi."は「水分がなく乾ききった意味だ」、"哭哭啼啼的意思。Kūkutítí de yìsi."は「ひっきりなしに泣く意味だ」、"受到打击灰心丧气的意思。Shòudào dǎjī huīxīn sàngqì de yìsi."は「ショックを受けて失望落胆する意味だ」)

(12) 正解は❷ ("浑身伤痕累累 húnshēn shānghén lěilěi"と"遍体伤痕 biàntǐ shānghén"は「体中傷だらけだ」、"伤筋动骨 shāng jīn dòng gǔ"は「筋骨を傷める」、"救死扶伤 jiù sǐ fú shāng"は「死にかかっている者を救助し、負傷者を世話する」、"两败俱伤 liǎng bài jù shāng"は「双方とも損傷を受ける」)

(13) 正解は❶ ("奄奄一息 yǎn yǎn yì xī"は「息が絶え絶えなさま」、"缓过气来 huǎnguo qì lai"は「息を吹き返す」、"起死回生 qǐ sǐ huí shēng"は「起死回生」、"松口气 sōng kǒu qì"は「息がつける」)

(14) 正解は❷ ("岂止 qǐzhǐ"は「〜ばかりでなく」、"何苦 hékǔ"と"何必 hébì"は「〜する必要はないではないか」、"至于 zhìyú"は「〜については」)

(15) 正解は❸ ("拿"は「〜を、〜に対して」、後ろに来る動詞は"没办法，开心"など少数に限ります、"被"は「〜に（〜される）」、"于"は「〜に」、"以"は「〜で」)

(16) 正解は❸ ("我抓蝈蝈儿的手艺比爸爸差远了。Wǒ zhuā guōguor de shǒuyì bǐ bàba chàyuǎn le."は「私がキリギリスを捕まえる腕前は遥かに父に及ばない」、"妈妈不喜欢看蝈蝈儿吃东西的样子，所以把蝈蝈儿给放了。Māma bù xǐhuan kàn guōguor chīdōngxi de yàngzi, suǒyǐ bǎ guōguor gěi fàng le."は「母はキリギリスの物を食べる様子を見たくないので、逃してやった」、"妈妈总让我给

蝈蝈儿吃黄瓜。Māma zǒng ràng wǒ gěi guōguor chī huángguā."」は「キリギリスにきゅうりを食べさせるよう、いつも母に言われる」、"爸爸好不容易给我抓来的蝈蝈儿都被妈妈给放了。Bàba hǎoburóngyì gěi wǒ zhuālái de guōguor dōu bèi māma gěi fàng le."」は「父がせっかく捕まえてくれたキリギリスは皆母に放された」）

長文（6）

日本語訳 《量詞について》

　中国語を少し勉強したことのある人であれば、たぶん中国語は使う量詞がとても多いと気付くだろう。一部の量詞は日本語と同じ、或いは比較的近い、例えば、"個、杯、台、部"等等、日本人にとって覚えるのは容易であり、難しいと言う声はいままで聞いたことがない。あと一部の量詞は日本語に相応する量詞が見つからず、さらに比較的抽象的であり、往々にして人々に新鮮感をもたらし、また不可思議に思われる。例えば、"有一股臭气（臭い匂いがする）"という言葉の中では、たぶん多くの人は最初"股"がなんと気体の量詞だと思わないだろう。中国語はどうして気体にまで量詞をつけなければならないのか。この言葉が現れるたびにこれはほとんど皆の共通の疑問になっている。"好几门外语（幾つもの外国語）"という言葉の中では、"门"には量詞用法もあるなんて、それも意外な収穫になるだろうか。

　中国語の量詞は名量詞、動量詞、借量詞を含めている。外国人の目から見れば、一部の量詞は余計だと思うかもしれないが、しかし中国語の量詞は一方では名詞を分類する役割を果たすほかに、もう一方では量詞を使うことによって事物を記述するときに、より豊富多彩な表現ができるようになる。文人、詩人はより生き生きとした文章や詩を作るために、さらに創意的に量詞を使うだろう。いままで、量詞は一般的に省略できないものだったが、しかし今日わざと量詞を省略する傾向もある。例えば、"一个女人（1人の女）"を"一女人（1人の女）"に言い換えるのだ。年配の人はこの言い方を受け入れようとしないが、しかし却って若者は特に抵抗がなさそうで、こういった新鮮な言葉を喜んで使うようになり、一時的に流行語になった。でも絶対に省略できないところもある。例えば、もしも"他给了我一把刀（彼は1つのナイフをくれた）"を"他给了我一刀（彼はナイフで私を突き刺した）"に言い換えると、とんでもない誤解を生じてしまう。前者の意味は"他送给了我一把刀（彼は私に1つのナイフをくれた）"、後者の意味は"我被他捅了一刀（私は彼に突き刺された）"なのだ。それによって、ここの量詞"把"はいかに重要であるかと分かるだろう。

一部習慣的な用法や決まった組み合せは特に理屈があるわけではないので、意味を考えず丸暗記するしかない。例えば、"一条狗（1匹の犬）"は言うが、もし"一条猫（1匹の猫）"と言ったら、みんなは泣くに泣けず笑うに笑えないことになる。でも中国語の量詞は総じて言えば、理屈に合うと思う。一部の西欧人は中国語の"一条裤子（1着のズボン）"の言い方については、よく討論しないと気がすまないのだ。彼らは"裤子（ズボン）"の量詞は"双"のはずで、"条"であるはずがないと思っている。理由はズボンの下は2つの部分からなっているからだ。しかし中国人は逆にそう思わない。ズボンは下のほうが2つからなっているが、この2つの部分は実際つながっているものなので、単独で使うことができないのだ。そのため、中国人は"一条裤子（1着のズボン）"の言い方については自然な表現だと思っている、いままで誰かが反対意見を唱えたと聞いたことはない。これは靴と違う、靴は確かに2つが独立したものだ。例えば、靴は1つ1つ取ることができ、ズボンは絶対別々に取ることができない。まだ覚えているが、小さいときの出来事である、たぶん遊びに夢中になって他のことを忘れてしまったせいか、足に履いていた1足の靴は知らないうちに1つを失くしてしまった。新しい靴なので、お母さんはもったいないと思って残った片方の靴を捨てなかった、それで片方だけの靴を取り合わせてくれた。いったいどのように揃わせたか、もう忘れた。ズボンであれば、このようなことはないはずだ。こう考えてみると、"一条裤子（1着のズボン）"の言い方はやはり理屈に合うだろう。
　その他に中国語の量詞は量詞としてただで使うだけではなく、多くの場合はただ語気を強めるために使う。"唱个歌吧（歌を歌いましょう）"のような語句はただ1曲だけ歌うという意味ではなく、このように言うと人に楽な気分を与えることになるのだ。"书呆子一个（本の虫）"はわざわざ数量詞を名詞の後に置き、とても大げさに言うような印象を与える。

ピンイン

　Zhǐyào shì shāowēi xuéguo yìdiǎnr Hànyǔ de rén, dàgài dōu huì fāxiàn Hànyǔli shǐyòng de liàngcí tèbié duō. Yǒuxiē hé Rìyǔ de yíyàng, huòzhě bǐjiào xiāngjìn, xiàng "ge、běi、tái、bù" děngděng, duì Rìběnrén láishuō, jìqilai hěn róngyì, hǎoxiàng cóng méi tīngdàoguo yǒu rén jiàoku. Hái yǒu yìxiē liàngcí zài Rìyǔli zhǎobudào duìyìng de cíhuì, zàijiāshang bǐjiào chōuxiàng, wǎngwǎng huì shǐ dàjiā gǎndào jì xīnxiān yòu bù kě sī yì. Bǐrú, zài "Yǒu yì gǔ chòuqì" zhè jù huàli, dàgài hěn duō rén yìkāishǐ dōu méi xiǎngdào "gǔ" jìngrán shì qìtǐ de liàngcí ba? Hànyǔli zěnme lián qìtǐ dōu yào jiāshàng liàngcí a? Měidāng yùdào zhèige cí de shíhou, zhè jīhū yǐjing chéngle dàjiā gòngtóng de yíwèn. Zài "Hǎo jǐ mén wàiyǔ" zhè jù huàli, "mén" jìngrán hái yǒu liàngcí de yòngfǎ, zhè dàgài yě shì ge yìwài de shōuhuò ba?

Hànyǔ de liàngcí bāokuò míngliàngcí、dòngliàngcí、jièyòng liàngcí. Kěnéng zài wàiguórén kànlái, yǒuxiē liàngcí shì duōyú de, kěshì Hànyǔ de liàngcí yìfāngmiàn kěyǐ qǐdào jiāng míngcí fēnlèi de zuòyòng, lìng yìfāngmiàn hái kěyǐ tōngguò shǐyòng liàngcí, shǐde zài miáoshù shìwù shí xiǎnde gèngjiā fēng fù duō cǎi. Wénrén、shīrén wèile xiěchu gèng shēngdòng de wénzhāng huòzhě shīgē lai, tāmen hái huì chuàngyìxìngde shǐyòng liàngcí. Guòqù, liàngcí yìbān dōu bù néng shěnglüè, kěshì xiànzài yě yǒu gùyì bǎ liàngcí shěnglüèdiào de qīngxiàng. Bǐrú, bǎ "yí ge nǚrén" shuōchéng "yì nǚrén". Suīrán niánjì dà de rén bìng bú yuànyi jiēshòu zhèi zhǒng shuōfǎ, kěshì niánqīngrén què hǎoxiàng bìng méiyǒu shénme dǐkàng, hěn lèyì yòng zhèyàng de xīnxiān cí, yìshíjiān hái chéngle hěn shímáo de shuōfǎ. Búguò yǒuxiē dìfang shì juéduì bù néng shěnglüè de. Bǐrú, rúguǒ bǎ "Tā gěile wǒ yì bǎ dāo", shuōchéng "Tā gěile wǒ yì dāo" dehuà, jiù huì nàochu tiāndà de wùhuì lai. Qiánzhě de yìsi shì "Tā sònggěile wǒ yì bǎ dāo", hòuzhě de yìsi shì "Wǒ bèi tā tǒngle yì dāo". Yóucǐ kějiàn, zhèli de liàngcí "bǎ" shì héděng zhòngyào a!

Yǒuxiē xíguàn yòngfǎ、gùdìng dāpèi méiyǒu gèng duō de dàoli kě jiǎng, zhǐhǎo sǐjì yìngbèi. Bǐrú, shuō "yì tiáo gǒu" kěyǐ, rúguǒ shuō "yì tiáo māo" dehuà, jiù huì ràng rén tí xiào jiē fēi. Búguò, Hànyǔli de liàngcí wǒ rènwéi zǒng de lái shuō, háishi hěn yǒu luójixìng de. Yǒuxiē xīfāngrén, duì Hànyǔ de "yì tiáo kùzi" de shuōfǎ, zǒngyào lǐlùnlǐlùn. Tāmen rènwéi "kùzi" de liàngcí yīnggāi shì "shuāng", ér bù yīnggāi shì "tiáo". Yuányīn shì kùzi de xiàbànbù shì yóu liǎng bùfen zǔchéng de. Kěshì Zhōngguórén què bú zhèyàng rènwéi. Kùzi suīrán xiàbù yào fēnchéng liǎng bùfen, kěshì zhè liǎng bùfen shíjìshang shì liánzài yìqǐ de, bù néng dāndú shǐyòng. Suǒyǐ Zhōngguórén duì "yì tiáo kùzi" de shuōfǎ, dōu juéde hěn zìran, cónglái méi tīng shéi tíchuguo yìyì. Zhè hé xié shì bù yíyàng de, xié quèshí shì liǎng zhī dúlì de. Bǐrú shuō, xié kěyǐ yì zhī yì zhī nálai, kùzi juéduì bù kěyǐ yì tiáo tuǐ yì tiáo tuǐ nálai. Jìde xiǎo shíhou yǒu yí cì, kěnéng shì wánrde zǒule shénr, jiǎoshang chuānzhe de liǎng zhī xié, bù zhīdào shénme shíhou diūle yì zhī. Yīnwèi shì xīnxié, māma bù shěde bǎ shèngxià de nà zhī rēngdiào, suǒyǐ jiù gěi wǒ pèile yì zhī. Dàodǐ shì zěnme pèi de, wǒ jiù jìbude le. Kùzi dehuà, jiú bù kěnéng cúnzài zhèyàng de wèntí le. Rúcǐ kànlái, "yì tiáo kùzi" de shuōfǎ háishi hěn yǒu dàoli de ba?

Lìngwài Hànyǔli de liàngcí bùjǐnjǐn shì zuòwéi liàngcí lái yòng, zài hěn duō qíngkuàng xià zhǐshì wèile jiāqiáng yǔqì. Xiàng "Chàng ge gē ba" zhè jù huà bìng bú shì zhǐ chàng yí ge gēr de yìsi, ér shì zhèyàng shuō huì gěi rén yì qīngsōng de gǎnjué. Xiàng "shūdāizi yí ge", gùyì bǎ shùliàngcí fàngzài míngcí de hòubiān, jiù xiǎnde hěn kuāzhāng le.

> **解答・解説**

(1) 正解は❸ （"对…来说"は「～にとっては」、ある人の立場から問題を見ることを表します。"拿…来说"は「～について言えば」、1つの具体的な例を通して、事物や状況を説明する場合に用います。"按…来说"は「～に基づいて言えば」、"才…来说"の言い方はありません）

(2) 正解は❸ （"既…又…"は「～でもあり～でもあり」、"越…越…"は「～すればするほど～」、"边…边…"は「～しながら～する」、"也许…也许…"は「～かもしれないし、～かもしれない」）

(3) 正解は❶ （"连…都…"は「～さえも～」、"连…带…"は「～したり～したり」、"不但…而且"は「～だけでなく、しかも」、"除了…以外"は「～のほかに」）

(4) 正解は❹ （"一方面…另一方面…"は「一方では～他方では～」、"要是…就"は「もし～ならば」、"一会儿…一会儿…"は「～したり～したり」、"非得…不可"は「どうしても～しなければならない」）

(5) 正解は❶ （"掉 diào"は「～てしまう」、"丢 diū"は「なくす」、"完"は「～し終わる」、"到"は「～まで」）

(6) 正解は❸ （"一时间"は「一時」、"过几天"は「数日経って」、"一会儿"は「まもなく」、"暂时 zànshí"は「暫時」）

(7) 正解は❷ （"tǒng 捅"は「突き刺す」）

(8) 正解は❹ （"何等""多么"は「どんな」、"何必"は「～する必要がないではないか」、"任何"は「いかなる」、"这么"は「こんなに」）

(9) 正解は❶ （"死记硬背 sǐ jì yìng bèi"は「棒暗記する」、"不理解意思，只是生硬地记住。Bù lǐjiě yìsi, zhǐshì shēngyìngde jìzhù."は「意味を理解せず、堅苦しく暗記するだけだ」、"人性急，一次就想把学的东西全部记住。Tài xìngjí, yí cì jiù xiǎng bǎ xué de dōngxi quánbù jìzhù."は「せっかちで、1回だけで習ったことを全部覚えようとする」、"要记的东西太多，记了这个，忘了那个。Yào jì de dōngxi tài duō, jìle zhèige, wàngle nèige."は「覚えようとするものが多すぎて、これを覚えたらあれは忘れる」、"就是生搬硬套的意思。Jiùshì shēng bān yìng tào de yìsi."は「つまり無理に適用する意味だ」）

(10) 正解は❹ ("啼笑皆非 tí xiào jiē fēi"は「泣くに泣けず笑うに笑えない」、"似笑非笑 sì xiào fēi xiào"は「笑っているような笑っていないような」、"谈笑风生 tán xiào fēng shēng"は「和やかに談笑するさま」、"愁眉不展 chóuméi bù zhǎn"は「心配そうな顔をする」)

(11) 正解は❸ ("还是很有逻辑性的。Háishi hěn yǒu luójixìng de."は「やはり論理的だ」、"还是很合乎道理的。Háishi hěn héhū dàolǐ de."は「やはり理屈に合うのだ」、"还是很符合自然规律的。Háishi hěn fúhé zìrán guīlǜ de."は「やはり自然法則と合致するのだ」、"还是很遵守法律的。Háishi hěn zūnshǒu fǎlǜ de."は「やはり法律を順守するのだ」、"还是很懂规矩的。Háishi hěn dǒng guīju de."は「やはり行儀がよいのだ」)

(12) 正解は❸ ("理论理论 lǐlùnlǐlùn"は「是非を争う」、"争论一番 zhēnglùn yì fān"は「しっかりと議論する」、"发发脾气 fāfa píqi"は「怒ったりする」、"研究研究 yánjiūyánjiū"は「検討してみる」、"比试比试 bǐshibǐshi"は「比べてみる」)

(13) 正解は❷ ("由"は「～から（構成される）」、"从"は「～から」、空間や時間の起点を表します。"趁"は「～のうちに」、"按"は「～に基づいて」)

(14) 正解は❹ ("异议 yìyì"は「反対意見」、"抗议 kàngyì"は「抗議する」、"反对 fǎnduì"は「反対する」、"怨言 yuànyán"は「恨み言」)

(15) 正解は❸ ("不舍得""舍不得 shěbude"は「捨てることを惜しむ」、"巴不得 bābude"は「切望する」、"不由得 bùyóude"は「思わず」、"不见得 bújiànde"は「～とは限らない」)

(16) 正解は❶ ("汉语的量词在日语里基本上没有相应的词汇。Hànyǔ de liàngcí zài Rìyǔli jīběnshang méiyǒu xiāngyìng de cíhuì."は「中国語の量詞は基本的に日本語に相応する言葉がない」、"有些文人借助于量词来增强文章的表现力。Yǒuxiē wénrén jièzhùyú liàngcí lái zēngqiáng wénzhāng de biǎoxiànlì."は「量詞を借りて文書の表現力を向上させる文人もいる」、"作者认为"一条裤子"的说法蛮有道理。Zuòzhě rènwéi "yì tiáo kùzi" de shuōfǎ mán yǒu dàoli."は「著者は"一条裤子（1本のズボン）"の言い方はとても理屈に合うと思う」、"年轻人比较愿意接受新鲜事物。Niánqīngrén bǐjiào yuànyi jiēshòu xīnxiān shìwù."は「若者は比較的に新しい事物を受け入れやすい」)

長文（7）

日本語訳　《舟山》

　舟山は1300あまりの島嶼からなっている群島であり、「千島の城」と呼ばれて、その中で人が住んでいる島嶼は100くらいある。舟山は杭州湾の外の東海海上にあり、そこは気候が温和で、景色が綺麗、海産物が豊富で、旅行と海鮮を楽しめる理想的場所だ。住民の最も多い、面積の最も広いのは本島で、舟山島ともいう。そこは舟山群島の政治、経済、文化の中心地だ。本島のほかに、中国の四つの有名な仏教聖地の1つである普陀山はもっと独特な魅力を持っている、さらに小説中の神秘の島－桃花島、及び金砂で有名になった朱家尖などなどは、どれも多くの海内外の観光客をひきつけている。歴史上多くの有名人は舟山に足跡を残した。唐朝の鑑真和尚は日本に旅するときも舟山に滞在したことがあったそうだ。

　舟山には島嶼が多く、周りは海に囲まれている。長い年月、舟山の人々は生活のために船を橋として島の間を通り抜けていた。大陸への交通はさらに不便であり、それも舟山の経済発展に影響を及ぼした主な原因だったのだ。舟山の人は橋のない不便と苦しみを深く味わった、橋で島をつなげ、島を大陸とつなげることは、はやくからすでに代々の舟山の人々の夢となった。しかし大規模の橋を作ろうとするのは口で言うほど容易ではないので、長い年月舟山の人々は果てしない海の前になすすべがなかった。改革開放以来、経済が発展するにつれて、舟山の人々は必ず夢を現実に変えなければならないと決心した。90年代から舟山人は世界中でも珍しい大陸と島をつなぐプロジェクトを始めた。このプロジェクトは、全部で5つの海峡橋を建設し、舟山本島から始まり、途中4つの島嶼を通って最終的に舟山を大陸につなげて、舟山を離島から大陸につながる"半島"に変化させたのだ。それから舟山人は船を橋とする生活に別れを告げ、果てしのない海を見てため息する日々にもう2度と戻らなくなった。

ピンイン

　　Zhōushān shì yí ge yóu yìqiān sānbǎi duō zuò dǎoyǔ zǔchéng de qúndǎo, bèi chēngwéi "qiān dǎo zhī chéng", qízhōng yǒu rén jūzhù de dǎoyǔ yǒu yìbǎi ge zuǒyòu. Zhōushān wèiyú Hángzhōuwānwài de Dōnghǎi hǎimiànshang, nàli qìhòu wēnhé、fēngjǐng yírén、hǎichǎn fēngshèng, shì lǚyóu hé pǐncháng hǎixiān de lǐxiǎng zhī dì. Jūzhù rénkǒu zuì duō、miànjī zuì dà de shì běndǎo, yě jiào Zhōushāndǎo. Nàli shì Zhōushān qúndǎo de zhèngzhì、jīngjì、wénhuà zhōngxīn. Chúle běndǎo yǐwài, Zhōngguó de sì dà Fójiào shèngdì zhī yī de Pǔtuóshān gèng yǒuzhe dútè de mèilì, hái yǒu xiǎoshuōzhōng de shénmì zhī dǎo Táohuādǎo、yǐ jīnshā zhùmíng de Zhūjiājiān děngděng, dōu xīyǐnzhe zhòngduō de hǎinèiwài yóukè. Lìshǐshang yǒu hěn duō míngrén dōu zài Zhōushān liúxiàguo zújì. Tīngshuō Tángcháo de Jiànzhēn héshang zài dōngdù Rìběn shí, yě céngjīng zài Zhōushān tíngliúguo.

Zhōushān dǎoyǔ zhòngduō, sì miàn jiē hǎi. Qiānbǎiniánlái, Zhōushānrén wèile shēnghuó yǐ zhōu wéi qiáo láiwǎng (chuānxíng, wǎngfǎn) yú gègè dǎoyǔ zhī jiān. Tōngwǎng dàlù de jiāotōng gèngshì búbiàn, yě shì yǐngxiǎng Zhōushān jīngjì fāzhǎn de yí ge zhǔyào yuányīn. Zhōushānrén shēnshēn chángdàole méiyǒu qiáoliáng de búbiàn hé tòngkǔ, qiáo lián dǎo, dǎo tōng lù, zǎoyǐ chéngle shìshìdàidài Zhōushānrén de mèngxiǎng. Kěshì yào jiànzào dà guīmó de qiáoliáng tán hé róngyì, zài màncháng de suìyuèli, Zhōushānrén miànduì wāngyáng dàhǎi, què shù shǒu wú cè. Gǎigé kāifàng yǐlái, suízhe jīngjì de fāzhǎn, Zhōushānrén xià juéxīn yídìng yào bǎ zhè yí mèngxiǎng biànchéng xiànshí. Cóng jiǔshí niándài qǐ, Zhōushānrén kāishǐle jǔ shì hǎn jiàn de dàlù lián dǎo gōngchéng. Zhè xiàng gōngchéng gòng xiūjiàn wǔ zuò hǎixiá dàqiáo, qǐyú Zhōushān běndǎo, túzhōng fēikuà sìzuò dǎoyǔ, zuìzhōng bǎ Zhōushān yǔ dàlù liánjiēqilai, shǐ Zhōushān cóng gūdǎo biànchéngle yí ge yǔ dàlù xiānglián de "bàndǎo". Cóngcǐ, Zhōushānrén gàobiéle yǐ zhōu wéi qiáo de shēnghuó, miànduì dàhǎi wàng yáng xīng tàn de rìzǐ yě yí qù bú fù fǎn le.

解答・解説

(1) 正解は ❸ （"座"は山、都市、橋、島などを数える量詞、"坐"は「座る」、"块"は糖、橡皮などを数える量詞、"所"は建物を数える量詞）

(2) 正解は ❸ （"yǔ 屿"は「小さな島」）

(3) 正解は ❹ （"其中 qízhōng"は「その中」、"其实 qíshí"は「実は」、"其他 qítā"は「その他の」、"其次 qícì"は「その次」）

(4) 正解は ❶ （"品尝 pǐncháng"は「味わう」、"欣赏 xīnshǎng"は「鑑賞する」、"体験"は「体験する」、"经验 jīngyàn"は「経験」）

(5) 正解は ❷ （"除了…以外"は「～のほかに」、"与其…不如…"は「～よりも～のほうがよい」、"虽然…但是…"は「～だが、しかし～」、"只有…才…"は「～してこそはじめて～」）

(6) 正解は ❹ （"以"は「～で、～をもって」、"从"は「～から」、"按"は「～に基づき」、"凭"は「～によって」）

(7) 正解は❸ ("Jiànzhēn 鉴真"は「鑑真和尚」)

(8) 正解は❷ ("在…时"は「～のとき」、"以后"は「～以後」、"有时候"は「ときには」、"在…里"は「～の中」)

(9) 正解は❸ ("通过于"は言わない、"来往于 láiwǎng yú""往返于 wǎngfǎn yú"は「～を往復する」、"穿行于 chuānxíng yú"は「～を通り抜ける」)

(10) 正解は❶ ("梦想 mèngxiǎng"は「渇望」、"理想 lǐxiǎng"は「理想」、"做梦 zuòmèng"は「夢を見る」、"空想 kōngxiǎng"は「空想」)

(11) 正解は❶ ("要修建大规模的桥梁并不像说的那么简单。Yào xiūjiàn dà guīmó de qiáoliáng bìng bú xiàng shuō de nàme jiǎndān."は「大規模の橋を作ろうとするのは口で言うほど容易ではない」、"要修建大规模的桥梁是绝对不可能的。Yào xiūjiàn dà guīmó de qiáoliáng shì juéduì bù kěnéng de."は「大規模の橋を作ろうとするのは絶対不可能だ」、"大家只是说说而已，并不是真想建造大规模的桥梁。Dàjiā zhǐshì shuōshuo éryǐ, bìng bú shì zhēn xiǎng jiànzào dà guīmó de qiáoliáng."は「みんなただ言うだけにすぎない、本当に大規模の橋を作ろうとするわけではない」、"要修建大规模的桥梁并不难。Yào xiūjiàn dà guīmó de qiáoliáng bìng bù nán."は「大規模の橋を作ろうとするのは決して難しくない」)

(12) 正解は❷ ("束手无策 shù shǒu wú cè"は「なすすべを知らない」、"望梅止渴 wàng méi zhǐ kě"は「梅を望んで渇きをいやす、空想で自分を慰めるたとえ」、"缩手缩脚 suō shǒu suō jiǎo"は「引っ込み思案だ」、"束手待毙 shù shǒu dài bì"は「手をつかねて死を待つ、失敗することをじっと待つたとえ」)

(13) 正解は❸ ("决心"は「決心、決心する」、"下决心 xià juéxīn"は「決心を固める」、"决定 juédìng"は「決定する」、"信心 xìnxīn"は「自信」、"断决 duàn jué"は「絶ち切る」)

(14) 正解は❹ ("举世罕见 jǔshì hǎnjiàn"は「世界中でも珍しい」、"天涯海角 tiān yá hǎi jiǎo"は「天地の果て」、"天下无敌 tiānxià wúdí"は「天下無敵」、"举棋不定 jǔqí búdìng"は「ためらって決まらないたとえ」)

(15) 正解は❹ ("面对大海望洋兴叹的日子也一去不复返了。Miànduì dàhǎi wàng yáng xīng tàn de rìzi yě yí qù bú fù fǎn le."は「果てしのない海を見てため息する日々にもう２度と戻らなくなった」、"彻底告别了望着大海无能为力的日子。Chèdǐ gàobiéle wàngzhe dàhǎi wú néng wéi lì de rìzi."は「完全に海を

335

見てどうしようもない日々と別れを告げた」、"面对大海望眼欲穿。Miànduì dàhǎi wàng yǎn yù chuān."は「海を見てひたすら待ち望む」、"因为海面上没有桥,所以人们只能望洋兴叹。Yīnwèi hǎimiànshang méiyǒu qiáo, suǒyǐ rénmen zhǐ néng wàng yáng xīng tàn."は「海面に橋がないので、人々は海を見てため息するしかない」、"舟山人想彻底改变以舟为桥的生活。Zhōushānrén xiǎng chèdǐ gǎibiàn yǐ zhōu wéi qiáo de shēnghuó."は「舟山人は船を橋とする生活を徹底的に改めたい」)

⒃ 正解は❸ ("桃花岛已经被写到小说里了。Táohuādǎo yǐjing bèi xiědào xiǎoshuōli le."は「桃花島はすでに小説に書かれた」、"舟山只有本岛能住人。Zhōushān zhǐyǒu běndǎo néng zhù rén."は「舟山は本島しか人が住めない」、"听说有名人都去过舟山。Tīngshuō yǒumíngrén dōu qùguo Zhōushān."は「有名人はみんな舟山に行ったことがあるそうだ」、"这项连岛工程就是把舟山所有的岛屿都用桥连起来。Zhè xiàng liándǎo gōngchéng jiù shì bǎ Zhōushān suǒyǒu de dǎoyǔ dōu yòng qiáo liánqilai."は「この連島プロジェクトは舟山のすべての島嶼を橋でつなげていくことだ」)

長文(8)

日本語訳 《子供のときの記憶》

　小さいとき、父はどんな仕事をする人なのか、私は知らなかった。私の記憶の中では、彼は部屋で、座って煙草を吸いながら字を書く人だった。大きくなってから初めて、父は文章を書くのが本当に上手だ、とひとから聞いた。彼はいつも忙しそうで、いくら書いても書き終わらない字があるようだった。日曜日もよくオフィスで字を書いていた。

　ある日曜日、母と祖母は私を家に置いたまま急いで出かけていった。家は父の職場に近いので、父に連れられて彼の字を書く場所に行った。部屋に入ると、父はすぐに机に並んでいた石のようなもので作ったライオンを目の前に置いた、私をこの石のライオンと遊ばせようとしたのだ。さらに、「喋らないで、勝手に動かないで、仕事の邪魔をしたら家に帰す」と言った。言い終わるとすぐに字を書くことに没頭した。4、5歳の子供が、静かに座って大人が字を書くのを見るのを強いられることはとんだ災難だ。私は小さいとき肝が小さく、1人で家にいるのは怖かったので、このとき父を怒らせて、家に送られるのを大変恐れていた。声を出してはいけないし、勝手に動けないので、おとなしく父に指定された椅子に座って、黙って目の前に置いたあの石のライオンを見るしかなかった。最初はあの活気のない石のライオンに興味があるわけではなかったが、とても退屈

したので、両手で揺らしてみた。こうすると、ライオンの口に入っている玉も一緒に動いた、私はすぐに興味が湧いて、力を入れてライオンを繰り返し揺り動かして玉を取ろうとした。しかしもうすぐで取り出せそうなとき、玉は1つの小さな歯にしっかり引っ掛かって動かなくなった、まるでからかわれているみたいだ。失敗に終わるのがいやで、一生懸命に掘り出そうとした、退屈な気分はとうにすっかり忘れてしまった。

　どれくらいの時間、掘り出そうとしていたか自分でも分からないが、父は既に書くべき字を全部書き終わったようで、私のそばに来て、もう家に帰らなくては、と言った。私はしょんぼりと元気がなかった、しかたなく私を故意に困らせたそいつを見てみた、そしてしぶしぶお父さんについて家に帰った。

ピンイン

　　Xiǎo shíhou wǒ bù zhīdào bàba shì gàn shénme de. Zài wǒ de jìyì zhōng, tā shì zuòzài wūzili yìbiān chōuyān, yìbiān xiězì de. Zhǎngdà yǐhòu cái tīng rén shuōguo, nǐ bàba de wénzhāng xiěde zhēn hǎo. Tā hǎoxiàng zǒngshì hěn máng, zǒng yǒu nàme duō zěnme xiě yě xiěbuwán de zì. Xīngqītiān yě chángcháng qù bàngōngshì xiězì.

　　Yí ge xīngqītiān, māma hé nǎinai bǎ wǒ rēngzài jiāli, jiù cōngcōngmángmáng (jíjímángmáng, jícōngcōng) de chūmén le. Yīnwèi wǒ jiā lí bàba shàngbān de dìfang hěn jìn, bàba jiù dàizhe wǒ qùle tā xiězì de dìfang. Yí jìn wū, tā jiù bǎ bǎizài zhuōzishang de yí ge hǎoxiàng shì yòng shítou zuò de shīzi fàngdàole wǒ de miànqián, yìsi shì ràng wǒ gēn shítou shīzi wánr. Bìng shuō, bùxǔ shuōhuà, bù néng luàn dòng, yàoshi yǐngxiǎng wǒ gōngzuò dehuà, jiù sòng nǐ huíjiā. Shuōwán tā jiù máitóu xiěqi zì lai le. Ràng yí ge sì、wǔ suì de háizi jìngjìngde zuòzài nàli kàn dàren xiězì, jiǎnzhí shì huó shòuzuì. Yīnwèi wǒ xiǎo shíhou dǎnzi hěn xiǎo, bù gǎn yí ge rén zài jiā dāizhe, suǒyǐ zhè shíhou shēngpà rě bàba shēngqì, bǎ wǒ sònghui jiā. Wǒ bù gǎn chū shēng, yòu bù gǎn luàn dòng, zhǐhǎo guāiguāide zuòzài tā zhǐdìng de yǐzishang, mòmòde kànzhe bǎizài miànqián de nèige shítou shīzi. Kāishǐ wǒ duì nèige méiyǒu shēngqì de shítou shīzi bìng méiyǒu xìngqù, yīnwèi shízài tài jìmò le, jiù yòng liǎng zhī shǒu yònglìde huànglehuàng. Zhè yí huàng shítou shīzi zuǐli hánzhe de zhūzi yě gēnzhe dòngleqǐlai, wǒ dùnshí (yíxiàzi, mǎshàng) jiù láile xìngqù. Wǒ pīnmìngde bǎ tā huàng lái huàng qù, xiǎng bǎ zhūzi cóng tā de zuǐli náchulai. Kěshì yǎnkàn jiùyào diàochulai le, què bèi yì kē xiǎoxiǎo de yáchǐ sǐsǐde qiǎzhù le, shítou shīzi hǎoxiàng zài cháoxiào wǒ. Wǒ bù gānxīn shībài, jiù pīnmìngde kōu a, kōu a, zǎo bǎ jìmò wàngdào jiǔ xiāo yún wài qù le.

　　Yě bù zhīdào kōule duōcháng shíjiān, bàba hǎoxiàng yǐjing bǎ gāi xiě de zì dōu xiěwánle shìde, zǒudào wǒ gēnqián, shuō, gāi huíjiā le. Wǒ chuí tóu sàng qì, yòu wú kě nài hé de kànlekàn zhèige gùyì gēn wǒ zuòduì de jiāhuo, hěn bù qíngyuànde gēnzhe bàba huíjiā le.

> 解答・解説

(1) 正解は❸ (「動詞＋"着"」は動作の持続状態、何かが存在することを表し、その後に物や人ですので、"屋子"という場所詞を伴うことができません、それに対して「動詞＋"在"」は後に場所詞を伴うことができます。"了"は完了を、"过"は経験を表すことができます)

(2) 正解は❹ ("怎么＋動詞＋也＋同一動詞＋可能補語の否定"は「いくらしても～できない」、"什么"は「なに」、"这么"は「このように」、"多么"は「どんなに」)

(3) 正解は❸ ("忙忙碌碌 mángmánglùlù"は「忙しい」、"匆匆忙忙 cōngcōngmángmáng" "急急忙忙 jíjímángmáng"は「慌ただしい」、"急匆匆 jícōngcōng"は「あたふたと急いでいるさま」)

(4) 正解は❸ ("一…就…"は「～すると～」、"越…越…"は「～すればするほど～」、"只要…就…"は「～さえすれば～」、"即使…也…"は「たとえ～でも～」)

(5) 正解は❶ ("shīzi 狮子"は「ライオン」)

(6) 正解は❶ ("要是…就"は「もし～ならば」、複文の前半は単純な仮定の場合に用い、"既然…就"は「～であるからには」、一般に複文の前半は既に実現したことや確実となったことの場合に用います。"哪怕…也"は「たとえ～でも」、"只有…才…"は「～してこそはじめて～」)

(7) 正解は❷ ("活受罪 huó shòuzuì" "灾难 zāinàn"は「災難だ」、"糟糕 zāogāo"は「だめになる」、"困难 kùnnan"は「困難だ」、"瞎折腾 xiā zhēteng"は「無駄なことをする」)

(8) 正解は❹ ("乖乖地 guāiguāide" "老老实实地 lǎolǎoshíshíde"は「おとなしく」、"认认真真地 rènrènzhēnzhēnde"は「真面目に」、"可怜巴巴地 kěliánbābāde"は「とても可哀いそうなさま」、"结结实实地 jiējieshīshīde"は「しっかりしている」)

(9) 正解は❹ ("默默地 mòmòde"は「黙って」、"偷偷地 tōutōude"は「こっそり」、"堂堂正正地 tángtángzhèngzhèngde"は「正々堂々」、"慎重地 shènzhòngde"は

「慎重に」)

(10) 正解は ❸ ("寂寞 jìmò"は「(退屈で)寂しい」、"无聊 wúliáo"は「退屈だ」、"寂静 jìjìng"は「音もなく静かだ」、"幽默 yōumò"は「ユーモア」、"沉默 chénmò"は「口をきかない」)

(11) 正解は ❷ ("一会儿"は「まもなく」、"顿时 dùnshí"は「ただちに」、"一下子""马上"は「すぐに」)

(12) 正解は ❶ ("出来"は中から外へ出てくることを表し、"起来"は垂直にあがってくることを表します、"下来"は高い所から低い所へ下がってくることを表し、"进来"は外から中へ入ってくることを表します)

(13) 正解は ❸ ("眼看就要掉出来了。Yǎnkàn jiùyào diàochulai le."は「もうすぐ出そうになる」、"好像要掉出来了。Hǎoxiàng yào diàochulai le."は「もうすぐ出てくるみたい」、"看着看着就掉出来了。Kànzhe kànzhe jiù diàochulai le."は「見るうちに出てきた」、"已经掉出来了。Yǐjing diàochulai le."は「すでに出てきた」、"早就掉出来了。Zǎojiù diàochulai le."は「とうに出てきた」)

(14) 正解は ❷ ("作对 zuòduì""过不去 guòbuqù"は「困らせる」の意味を持つ、"发牢骚 fā láosao"は「愚痴をこぼす」、"闹着玩儿 nàozhe wánr"は「冗談を言う、ふざける」、"合不来 hébulái"は「気が合わない」)

(15) 正解は ❹ ("很不情愿地跟着爸爸回家了。Hěn bù qíngyuànde gēnzhe bàba huí jiā le."は「しぶしぶお父さんについて家に帰った」、"因为我还想继续抠珠子。Yīnwèi wǒ hái xiǎng jìxù kōu zhūzi."は「私はまだ引き続き玉を掘り出したいから」、"因为我太喜欢石头狮子了。Yīnwèi wǒ tài xǐhuan shítou shīzi le."は「私はあまりにも石のライオンが好きだから」、"因为我被石头狮子嘲笑了，很生气。Yīnwèi wǒ bèi shítou shīzi cháoxiào le, hěn shēngqì."は「私は石のライオンに笑われて怒っているから」、"因为我想看爸爸写字。Yīnwèi wǒ xiǎng kàn bàba xiězì."は「私はお父さんが字を書くのを見たいから」)

(16) 正解は ❷ ("因为一次偶然的机会我去了爸爸写字的地方。Yīnwèi yí cì ǒurán de jīhuì wǒ qùle bàba xiězì de dìfang."は「1度偶然の機会で私はお父さんの字を書くところに行った」、"我终于把珠子抠出来了。Wǒ zhōngyú bǎ zhūzi kōuchulai le."は「私はついに玉を掘り出した」、"爸爸让我抠石头狮子嘴里的珠子。Bàba ràng wǒ kōu shítou shīzi zuǐli de zhūzi."は「お父さんは私に石のライオンの口の中の玉を掘り出させる」、"一到星期天，我就跟爸爸去办公室。

Yí dào xīngqītiān, wǒ jiù gēn bàba qù bàngōngshì."は「日曜日になると、私はお父さんについてオフィスに行く」)

STEP 4
実力アップを確認しよう！

筆記問題　模擬試験

筆記問題　模擬試験　第1回
筆記問題　模擬試験　第2回

筆記問題　模擬試験　第1回　解答と解説
筆記問題　模擬試験　第2回　解答と解説

筆記問題　模擬試験　第1回

1

次の文章を読み、⑴〜⑽の問いの答えとして最も適当なものを、それぞれ①〜④の中から1つ選びなさい。　　　　　　　　　　　　　　　　（24点）

　　那是一个阳光明媚的夏日，我和往常一样乘上了熟悉的电车。由于头天晚上熬夜熬到凌晨三点才睡下，所以一坐上电车困意就悄然而来，电车简直是再好不过的摇篮了。那天要去的地方比较远，我就⑴索性闭上了眼睛，想⑵眯一会儿。在电车上我一直处于半睡状态。忽然好像在梦中听到了乘务员报站的声音，我慌忙　⑶　眼睛向外张望，想确认一下到了什么地方，坐没坐过站。这时电车已经在站台上停稳了，车门刚一打开，只见一只蝴蝶轻盈敏捷，独自优先地飞进了电车里，把在站台上排着长队等车的乘客，都抛到了身后。

　　她越过众人抢先上了电车，　⑷　应该感到自豪才对，可是却见不到半点儿得意的样子。不知道是耻于自己没有遵守凭票上车的规则呢，还是已经认识到这里不是她该来的地方了呢。只见她早已失去了平日那⑸悠闲自在的神情，而是惶惶不安地在车厢里忽高忽低，漫无目标地飞来撞去。一会儿飞到了乘客的头顶上，一会儿又快要钻到了乘客的脚底下。小小一只蝴蝶，这时竟然好像没有藏身之处。本应在辽阔的天空遨游的蝴蝶，怎么却　⑹　挤进这又窄小，空气又不新鲜的车厢里呢？我想她一定是迷路了吧？

　　蝴蝶是美丽的象征，被誉为"会飞的花朵"，人们常常把美丽的姑娘比作蝴蝶，很招人喜爱。平时在野外看到轻盈飞舞的蝴蝶时，总是情不自禁地想多看几眼。可是在电车里，不知道为什么却觉得离她越远越好。

　　不仅是我，我看到周围的人大都和我一样，　⑺　躲开她，　⑺　把她从自己身边赶走。谁都不喜欢她在自己的头顶上，或者身边飞来飞去的。⑻从大家的表情上可以看出，对这位不速之客都有几分讨厌。

　　几经周折，受到了冷遇的蝴蝶终于向一位绅士模样的人飞了过去。周围的人都把目光投向了那位绅士，大概都想看看他的反应，看他会如何处理那只不守规矩的蝴蝶吧？只见他淡淡地看了看蝴蝶，仿佛怕吓着她似的，只是把有点儿倾斜的腿轻轻地移动了一下，让身体站稳，然后他就一动也不动了。我立刻明白了，他这是为了避免自己的身体随着电车晃动，为了让受了惊的蝴蝶感到安全。这时我又观察了一下那只蝴蝶，她安详地站在那位绅士的腿上，仿佛找到了安全的地方，再也不在车厢里乱飞了。

　　等电车到了下一站，车门打开时，他把站着蝴蝶的那条腿慢慢地移到了车门口，

让蝴蝶面对着外边。然后又轻轻地弹了弹自己的裤子，似乎在通过微微的震动告诉那只蝴蝶，到了，你该下车了，你应该飞到你该去的地方，外面的大自然才是你的世界。那只蝴蝶也仿佛理解了那位绅士的用意，愉快地　(9)　了那位绅士。

- (1) 与划线部分(1)的意思相符的是以下哪一项？
  ①宁可　　②果断　　③干脆　　④反正

- (2) 与划线部分(2)的意思相符的是以下哪一项？
  ①打个哈欠　②打个喷嚏　③打马虎眼　④打个盹儿

- (3) 空欄(3)を埋めるのに適当なものは、次のどれか。
  ①睁开　　②张开　　③打开　　④推开

- (4) 空欄(4)を埋めるのに適当なものは、次のどれか。
  ①比如说　②按理说　③说来说去　④胡说

- (5) 与划线部分(5)的意思相符的是以下哪一项？
  ①我行我素　②漫不经心　③天真烂漫　④自由自在

- (6) 空欄(6)を埋めるのに適当なものは、次のどれか。
  ①要是　　②非常　　③非要　　④并非

- (7) 空欄(7)を埋めるのに適当なものは、次のどれか。
  ①越…越　②除了…以外　③不是…就是　④宁愿…也

- (8) 为什么会出现划线部分(8)那样的结果？
  ①因为这只蝴蝶飞进车厢后，空气就不好了。
  ②因为这只蝴蝶只喜欢那位绅士。
  ③因为这只蝴蝶不够美丽。
  ④因为她在电车里乱飞，弄得大家都很不舒服。

- (9) 空欄(9)を埋めるのに適当なものは、次のどれか。
  ①分头　　②送别　　③告别　　④离别

- (10) 与本文内容相符的是以下哪一项？
  ①我在电车上打了个喷嚏。　②我那天坐过站了。
  ③我平时就不喜欢看蝴蝶。　④是那位绅士让蝴蝶安静下来的。

2

1. (1)～(5)の中国語①～④の中から、正しいものを1つ選びなさい。

(10点)

☐ (1) ①顿顿都吃那么多鱼和肉，不得糖尿病才怪呢。
②天天都吃怎么多鱼和肉，怎么可能不得糖尿病呢。
③样样都吃这么多鱼和肉，当然要得糖尿病了。
④种种都吃那么多鱼和肉，不得糖尿病才怪呢。

☐ (2) ①跟他见面见面怕什么啊，他又不是大老虎。
②跟他见见面怕什么啊，他又不是大老虎。
③见一面他怕什么啊，他又不是大老虎。
④见面他怕什么啊，他又不是大老虎。

☐ (3) ①自从明天起，你就不再也用来上班了。
②等到昨天以后，你就再不也用来上班了。
③从明天开始，你就再也不用来上班了。
④到昨天为止，你就再也不用来上班了。

☐ (4) ①请你迅速把那里的情况知道一下。
②请你迅速把那里的情况明白一下。
③请你迅速把那里的情况了解一下。
④请你迅速把那里的情况听见一下。

☐ (5) ①不知道怎么办的，我的电视只能收看一个台了，帮我干干吧。
②不知道怎么干的，我的电视只能收看看一个台了，帮我办办吧。
③不知道怎么搞的，我的电视只能收看一个台了，帮我弄弄吧。
④不知道怎么弄的，我的电视只能收看了台一个，帮我修修吧。

2. (6)～(10)の中国語の下線を付した語句の意味に最も近いものを、それぞれ①～④の中から1つ選びなさい。

(10点)

☐ (6) 她好像对什么都<u>不在意</u>。
①不外乎　　②无所谓　　③不相信　　④没有兴趣

☐ (7) 我对这种人<u>不太感冒</u>，所以跟他也没什么来往。
①很难受　　②讨人嫌　　③不太感兴趣　　④很讨厌

- (8) 我先把丑话说在前，以后有问题不要埋怨我啊！
  ①模棱两可的话　②表扬对方的话　③谴责对方的话　④对方不爱听的话

- (9) 她花钱大手大脚的，见什么买什么。
  ①乱花钱　　　②手忙脚乱　　③很有钱　　　④手脚很大

- (10) 人心隔肚皮，天晓得她在想什么。
  ①说的和做的不一样　　　　　②心里不高兴，嘴上却不说
  ③人心都是肉长的　　　　　　④很难猜测出对方在想什么

3

⑴～⑽の中国語の空欄を埋めるのに最も適当なものを、それぞれ①～④の中から1つ選びなさい。　　　　　　　　　　　　　　　　(20点)

- (1) 你把箱子翻了个底朝天，（　）想找什么啊？
  ①或者　　　　②到底　　　　③显然　　　　④毕竟

- (2) 他总是戴着一（　）墨镜，显得很有派。
  ①幅　　　　　②双　　　　　③副　　　　　④对

- (3) 奶奶听到孙子获得了金牌的消息，高兴得两（　）热泪夺眶而出。
  ①滴　　　　　②行　　　　　③把　　　　　④排

- (4) 他突然晕了过去，不省人事，赶快叫救护车（　）他去医院。
  ①搬　　　　　②拉　　　　　③抬　　　　　④推

- (5) 她很（　）丈夫的为人。
  ①谅解　　　　②了解　　　　③认识　　　　④体贴

- (6) 在我精神上快要（　）不住的时候，他给了我很大的安慰。
  ①支援　　　　②援助　　　　③继续　　　　④支持

- (7) 她（　）去中国旅游的机会，对饺子进行了一番调查研究。
  ①就着　　　　②根据　　　　③凭着　　　　④靠着

- (8) 他的吉他演奏（　）一般人，连音乐家都说了不起。
  ①再说　　　　②除非　　　　③别说　　　　④别看

- (9) 大家（　）饱眼福，排着长队买票。
  ①但是　　　　②为了　　　　③因为　　　　④由于

(10) 他（　　）不喝酒，一喝起来就醉成烂泥。
　　①宁愿　　②除非　　③哪怕　　④但是

4

次の文章を読み、⑴～⑹の問いの答えとして最も適当なものを、それぞれ①～④の中から１つ選びなさい。　　　　　　　　　　　　　　（16点）

　　太阳村是个大家庭，那里共同生活着被人们称为法律孤儿的孩子们。这是由于这些孩子的父母　(1)　犯罪，　(1)　不得不丢下年幼的孩子入狱所造成的。他们的年龄都在十八岁以下。

　　他们大都来自农村，其中有些孩子的父母是因为贫困，为了生活，再加上无知，做起了贩卖毒品的生意，触犯了法律。这些孩子的父母虽然是犯罪者，可是天真烂漫的孩子，却是无辜的。然而他们不仅在社会上受到　(2)　，而且连衣食住行和就学都得不到保障。由于父母的过失，有的孩子被迫辍学，有的孩子流落街头变成了乞丐，甚至走上了犯罪的道路。有的孩子年纪太小，还理解不了进监狱是怎么回事儿。听说妈妈在监狱里，就拼命地找到监狱，以为只要到了监狱就可以和妈妈在一起了呢。过去大多数人只把爱心献给了贫困地区的孩子或者有残疾的孩子们，很少有人(3)关心这些犯罪者的孩子。

　　九十年代起，善良的人们为了让这些无辜的孩子也能够和普通家庭的孩子们一样拥有(4)一片蓝天，享受童年的快乐，在全国各地先后建立了四个太阳村。很多人为太阳村捐款，或者把自己家中闲置不用的物品捐赠给了太阳村。据说，在各地的太阳村长大的孩子，至少有六百人以上。太阳村从创办到运营管理无疑都遇到了重重困难，最大的困难　(5)　资金问题了。就拿北京市太阳村来说吧，现在大约有一百几十个人，要让这么多孩子吃饱、上学，就需要很大一笔资金。怎么筹备这么多资金呢？这确实不是一件容易的事。听说开始主要是靠社会捐助，后来他们想出租地种枣树的办法，开发了自己的产业，以此来增加收入。随着时间的推移和媒体的宣传，知道太阳村和帮助太阳村的人越来越多了。

⑴　空欄⑴を埋めるのに適当なものは、次のどれか。
　　①因…而　　②以…为　　③给…以　　④非得…不可

⑵　空欄⑵を埋めるのに適当なものは、次のどれか。
　　①区别　　②歧视　　③差别　　④斜视

⑶　与划线部分(3)的意思相符的是以下哪一项？
　　①过目　　②过问　　③过分　　④过瘾

☐ (4) 划线部分(4)"一片蓝天"所指的是以下哪一项?
①上学的权利。　　　　　　　②和普通家庭的孩子们在一起的机会。
③属于自己的时间。　　　　　④属于自己的生活空间。

☐ (5) 空欄(5)を埋めるのに適当なものは、次のどれか。
①依赖于　　　②不至于　　　③莫过于　　　④不亚于

☐ (6) 与本文内容相符的是以下哪一项?
①太阳村是一个孤儿院。　　　②太阳村是一个少年教养院。
③这些孩子都当过乞丐。　　　④为太阳村捐献的人正在不断增多。

5

(1)～(5)の日本語を中国語に訳しなさい。（標点符号も忘れないように。）
(20点)

☐ (1) 駅まで走って行こう、さもないと間違いなくこの電車に間に合わないよ。

☐ (2) 昨夜下痢をしたので、1晩で少なくとも5回トイレに行った。

☐ (3) 私は覚え間違っていない、今日は確かに傘を持ってきたよ、どこに忘れてしまったか分からない。

☐ (4) 今日はもともとお客さんのところに行くことになっていたが、頭がすごく痛いので、行けなくなった。

☐ (5) 冗談を言うことで雰囲気を和らげる、いいではないか？

筆記問題　模擬試験　第２回

1

次の文章を読み、(1)〜(10)の問いの答えとして最も適当なものを、それぞれ①〜④の中から１つ選びなさい。　　　　　　　　　　　　　　　　　　（24点）

　前不久，在妻子的再三　(1)　下，我很不情愿地去医院检查了一下血管年龄。检查后，不到十分钟结果就出来了。我的上帝，看到检查结果时，我好像被当头泼了一盆冷水似的。难道这真是我的血管年龄吗？没搞错吗？竟然比我的实际年龄整整老二十岁。大夫拿来了模型，并让我摸摸其中一个像石头一样硬的血管，说，你现在的血管就是这种状态。我　(2)　都是精神饱满，工作起来总是觉得浑身有怎么使也使不完的劲儿。而且是凡见过我的人，没人不说我长得年轻。每次听人夸我年轻时，心里也不由得有几分得意。时常有人对妻子说，你丈夫看起来要比你年轻多了。所以常常弄得妻子垂头丧气、醋意大发。可是，这时听了大夫的说明，我的情绪已是一落千丈，仿佛自己真的已经成了年过花甲的老人似的。

　回到家里也闷闷不乐，妻子见我(3)情绪低落的样子，担心地问，检查结果怎么样？我没有回答，只是把检查单递给了妻子。妻子接过去一看，顿时脸色大变，啊，这怎么可能呢，这怎么可能呢，她自言自语地说着。妻子开始反省，是不是因为自己平时做菜时，用的材料有什么问题，或者营养搭配不合理等等。她二话不说立刻放下手里的活儿，一屁股就坐到电脑前，开始检索起有关改善血管年龄的信息来了。(4)不一会儿，她眼睛里充满了喜悦，高兴地对我说，大概是因为晚上熬夜熬的，只要保证睡眠时间，另外再吃些能促使血管软化的食品和营养药，肯定会得到改善的，恢复到你的实际年龄。她在说这些话的时候，显得那么有自信，让我没有否认的余地。我不由得被她的情绪所感染，只好相信，更确切地说，是愿意相信她说的是对的。

　说完了，她立刻把她认为对改善血管年龄有效的健康食品、营养药的　(5)　打印出来，然后带着出门了。大约过了一个小时左右，她买回来了一些核桃仁儿、杏仁儿什么的。从那天起，我的饮食和睡眠时间被严格地管理　(6)　了，她简直把我当成了一个未成年的孩子，什么核桃仁儿和杏仁儿每天只能各吃八个啦，到了十二点一定要上床睡觉等等。我们家的米饭也从白色的变成了杂色的，红的、黄的、黑的，吃着五颜六色的米饭，味道如何暂且不谈，倒是觉得很新鲜，好像　(7)　在吃米饭，　(7)　在欣赏米饭。最难以忍受的是饭桌上的肉食像　(8)　似的，悄悄地消失了。这对我这个喜欢吃肉的人来说，确实有些不舒服。不过，看到妻子这么认真地在帮我改善血管的状况，我总得配合配合吧，所以我也尽量克制自己。不过有的时候，

实在 (9) 了，也免不了打开冰箱找点儿吃的。比如，趁她不注意的时候，多吃几个核桃仁儿啦，杏仁儿等等。因为我觉得多吃几个，少吃几个，都不会有什么问题的。妻子敦促我，三个月以后，再到医院做一次检查，我只好答应了，也期待着奇迹的出现。

☑ (1) 空欄(1)を埋めるのに適当なものは、次のどれか。
　　①促进　　　②追赶　　　③督促　　　④追问

☑ (2) 空欄(2)を埋めるのに適当でないものは、次のどれか。
　　①自从　　　②从来　　　③向来　　　④一向

☑ (3) 与划线部分(3)的意思相符的是以下哪一项？
　　①有情绪　　②没情绪　　③情绪不稳　　④性情急躁

☑ (4) 划线部分(4)"不一会儿，她眼睛里充满了喜悦"是为什么？
　　①因为她买来了改善血管年龄的药。
　　②因为她相信丈夫的血管年龄一定能恢复到正常值。
　　③因为她觉得这是不可能的事。
　　④因为她看到丈夫的情绪已经好了。

☑ (5) 空欄(5)を埋めるのに適当なものは、次のどれか。
　　①菜单　　　②买单　　　③清单　　　④支票

☑ (6) 空欄(6)を埋めるのに適当なものは、次のどれか。
　　①出来　　　②上来　　　③下来　　　④起来

☑ (7) 空欄(7)を埋めるのに適当なものは、次のどれか。
　　①不是…就是　②只要…就　③不是…而是　④虽然…但是

☑ (8) 空欄(8)を埋めるのに適当なものは、次のどれか。
　　①变戏法　　②猜谜语　　③走过场　　④耍猴儿

☑ (9) 空欄(9)を埋めるのに適当なものは、次のどれか。
　　①吃不开　　②忍不住　　③挺不住　　④忍得住

☐ ⑽ 与本文内容不相符的是以下哪一项？
①我本来没打算去检查血管年龄，可是妻子非让我去不可。
②妻子平时说话的时候，从来都显得很有自信。
③妻子认为吃核桃仁儿可以改善血管的状况。
④我的血管年龄完全超出了我的预料。

2

1．⑴〜⑸の中国語①〜④の中から、正しくないものを1つ選びなさい。
（10点）

☐ ⑴ ①在前面的海湾里停着几艘外国货船。
②在前面的海湾里停着几根外国货船。
③在前面的海湾里停着几条外国货船。
④在前面的海湾里停着几只外国货船。

☐ ⑵ ①今天和昨天比起来，气温差不多一样。
②今天跟昨天相比，气温几乎差不多。
③今天跟昨天比上来，气温几乎一样。
④今天的气温并不比昨天低。

☐ ⑶ ①昨天在路上抢劫的犯人叫警察抓住了。
②昨天在路上抢劫的犯人让抓住了。
③昨天在路上抢劫的犯人被抓住了。
④昨天在路上抢劫的犯人让警察抓住了。

☐ ⑷ ①要是你已经决定了，那我就什么也不说了。
②既然你已经决定了，那我还有什么可说的呢？
③哪怕你已经决定了，那我还有什么可说的呢？
④因为你已经决定了，所以我就什么也不说了。

☐ ⑸ ①这么多东西，我就是长了十只手也拿不了啊！
②这么多东西，我就是长了十只手也拿不过来啊！
③这么多东西，我就是长了十只手也拿不走啊！
④这么多东西，我就是长了十只手也拿不动啊！

2. (6)～(10)の中国語の下線を付した語句の意味に最も近いものを、それぞれ①～④の中から１つ選びなさい。　　　　　　　　　　　　　　　　　（10点）

(6) 她早就看出了破绽，却<u>不动声色</u>。
①喜形于色　　②不表现出来　　③不哭也不笑　　④一点儿也不紧张

(7) 他净跟别人<u>唱反调</u>，人家说东，他就说西。
①跑调　　②唱对台戏　　③唱高调　　④唱空城计

(8) 谁想干<u>费力不讨好</u>的差事？
①费口舌　　　　　　　　　　②付出了很多代价也得不到应有的评价
③消耗体力　　　　　　　　　④净说废话

(9) 他是一个<u>靠得住</u>的人，你就放心吧。
①重感情　　②可以信赖　　③讲义气　　④可以依靠

(10) 他是个<u>直肠子</u>，说话从来不会拐弯抹角的。
①性格开朗的人　　②直来直去的人　　③性子急的人　　④能忍耐的人

3

(1)～(10)の中国語の空欄を埋めるのに最も適当なものを、それぞれ①～④の中から１つ選びなさい。　　　　　　　　　　　　　　　　　（20点）

(1) 他们哪里是在商量事儿，（　　）是在吵架。
①简直　　②差点儿　　③差不多　　④自然

(2) 半夜两三点钟，一（　　）电话铃声，把我从梦中惊醒了。
①群　　②股　　③顿　　④阵

(3) 我去过中国很多地方，要说出租车的（　　），恐怕要数这里最贵了。
①价格　　②价值　　③值钱　　④值得

(4) 这个案件并没有彻底解决，还得进一步（　　）。
①检讨　　②考察　　③调查　　④检查

(5) 他家门前堆满了垃圾，谁看了都（　　）。
①忍耐　　②难受　　③痛苦　　④伤心

(6) 列车马上就要进站了，有在无锡下车的乘客，请（　　）下车。
①打算　　②准时　　③准备　　④预订

- (7) 这是刚出锅的油条，快（　　）热吃吧。
    ①冲　　　　　②被　　　　　③趁　　　　　④凭

- (8) 她对自己总是很吝啬，平时（　　）一分钱（　　）不舍得乱花。
    ①只要…就　　②连…也　　③连…带　　④只有…才

- (9) 今后你有什么要求，（　　）说。
    ①哪怕　　　　②也就　　　　③不管　　　　④尽管

- (10) 你们随便带患者出去，出了问题医院可（　　）这个责任啊！
    ①负不起　　　②受不了　　　③想不通　　　④付不起

4

次の文章を読み、(1)～(6)の問いの答えとして最も適当なものを、それぞれ①～④の中から1つ選びなさい。　　　　　　　　　　　　　　　　（16点）

　　状元在古代中国，是最高学位者，所以老百姓对状元都是毕恭毕敬的。一见到状元进城，大家不由自主地都要给让路，提供方便。在当时这好像已经成为理所当然的事了。

　　传说古代有个自信满满的樵夫，一天在街上见到了一个趾高气扬的状元。他　(1)　没给状元让路，　(1)　还敢说，状元也没有什么了不起的，我要是有钱念书的话，也能成为状元。状元见他竟然敢对自己如此不敬，非常气愤地说，就因为你(2)不知天高地厚，所以你只配去砍柴。可是樵夫却毫不示弱，说，天下无处无学问，砍柴也有砍柴的学问。说着就拿出一块木头来，并在木头上画了条线，然后举起斧头垂直地劈了下去。只见他　(3)　地劈在了那条线上。(4)状元看得目瞪口呆，惊叹地说，真是三十六行，行行出状元啊！

　　随着时间的流逝和社会的发展，行业也在不断地增加。不知从何日起，唐代社会的肉肆行、鲜鱼行、药肆行、皮革行、杂耍行、成衣行、玉石行、丝绸行、纸行、文房用具行、茶行、酒米行等三十六行，早已变成了三百六十行。而且这句谚语也已成为名言，家喻户晓，人人皆知。

　　可是这三百六十行，(5)到底指的是哪些行当，大概没人说得出来。其实大家也不必过于认真，古代的行业也不仅仅是三十六行，现代社会的行业，岂止是三百六十行，即使说有三千六百行大概也不过言吧。而如今流传下来的"三百六十行，行行出状元"这句谚语，只是个概数。只不过是说起来顺口而已，并不是说现在的行业只有三百六十行。

(1) 空欄(1)を埋めるのに適当なものは、次のどれか。
　　①不是…就是　　②只要…就　　③不仅…反而　　④或者…或者

(2) 与划线部分(2)的意思相符的是以下哪一项？
　　①天高皇帝远　　　　　　②无知却狂妄自大
　　③天不怕，地不怕　　　　④无法无天

(3) 空欄(3)を埋めるのに適当なものは、次のどれか。
　　①丝毫不差　　②分秒不差　　③阴差阳错　　④一念之差

(4) 划线部分(4)"状元看得目瞪口呆"是为什么？
　　①因为他看见樵夫把木头劈成了两半儿，吓成了那样。
　　②因为他看见樵夫抡起了斧头，吓成了那样。
　　③因为他看见樵夫劈得准确无误，惊成了那样。
　　④因为他看见樵夫竟敢对他不敬，气成了那样。

(5) 与划线部分(5)的意思相符的是以下哪一项？
　　①终于　　　　②不愧　　　　③毕竟　　　　④究竟

(6) 与本文内容相符的是以下哪一项？
　　①唐朝以前就有三百六十行，行行出状元的说法。
　　②别看那个樵夫没有文化，可是他确实是一个响当当的工匠。
　　③大家都认为那个樵夫是因为没钱念书，才没成为状元的。
　　④古代有法律规定百姓必须给状元让路。

5

(1)～(5)の日本語を中国語に訳しなさい。（標点符号も忘れないように。）

(20点)

(1) 君は本当に私を怒らせた、もうこれ以上君と話したくないよ。

(2) 多くの観光客も地元の人と一緒に歌を歌いだしたほど興奮した。

(3) 梅雨になるとはとんど毎日傘が欠かせない。

(4) このスーツは確かに綺麗だけど、少し小さい。

(5) ここの羽毛ジャケットはほとんど見たが、デザインは基本的に同じだ。

筆記問題　模擬試験　第1回

解答と解説

1

> **日本語訳**

　それは日差しが美しい夏のある日だった、私はいつものように乗り慣れた電車に乗った。前日の夜は未明3時まで起きていたので、電車に乗ると眠気が静かにやって来た、電車はまったく申し分ないゆりかごだ。あの日行く予定だった場所は比較的遠くて、思い切って目を閉じて、少しうとうとしたかった。電車で私はずっと半眠り状態だった。突然夢の中で車掌の駅名を放送する声が聞こえたようで、私は慌てて目を開けて外を見回した、どこに着いたか、乗り過ごしていないかを確認したかったのだ。このとき電車はすでにホームに停まっていた、扉が開くとすぐに蝶々がすばしこく軽やかに、ホームで長い列を作って電車を待つ乗客を後に引き離し、自分だけ先に電車の中に入ってくるのが目に入った。

　蝶々が多くの人を追い越して先を争って電車に乗ったのだが、道理から言えば、自慢気であるはずだが、しかしかえって少しも得意気な様子を見せなかった。自分が切符を持って乗車するルールを守らなかったことを恥ずかしく思っているのか、それともすでにここは自分が来るべき場所じゃないと分かったのかもしれない。ただ、蝶々がすでに普段のような気ままでのんびりした様子でなく、びくびくと電車の中を飛び回り、目標なくこっちに飛んできたりあっちにぶつかったりしていた。乗客の頭の上を飛んだり、またお客さんの足の下に潜り込みそうになったりしていた。小さな蝶々は、このときなんとも身を寄せるところがなさそうだった。本来は広い空を飛び回るはずの蝶々が、どうしてこの狭くて空気も新鮮でない電車の中に分け入ってくるのか。きっと道に迷ったのだろうと思っていた。

　蝶々は美しさの象徴であり、「飛ぶことのできる花」と称えられ、人々はよく美しい若い娘を蝶々に例え、人にとても好かれている。普段、野外で軽やかに舞う蝶々を見たときは、いつも思わず何度も見たくなる。しかし電車の中では、なぜか分からないが、逆に蝶々が遠ければ遠いほどよいと思った。

　私だけでなく、周りの人も大体私と同じように蝶々を避けた、そうでなくても蝶々を自分のそばから追い出してしまう様子だった。みんな蝶々が自分の頭の上、或いは自分のそばを行き来するのを嫌がっていた。みんなの表情から、この招かれざる客を少し嫌がっていることが分かる。

　幾多の紆余曲折を経て冷たくされた蝶々がやっとある紳士のような乗客に向

かっていった。周りの視線があの紳士に集中した、たぶん彼の反応、どのようにこのルールを守らない蝶々を扱うかを見たかったのだろう。彼は淡々と蝶々を見てみただけだった、まるで蝶々をびっくりさせるのを心配するように、ちょっと傾いた足を軽く動かし身体を安定させただけで、それから少しも動かなくなった。私にはすぐ分かったが、それは自分の身体が電車の揺れに連れて動くのを防止するため、びっくりした蝶々を安心させるためだった。このとき、あの蝶々をまた観察してみた、蝶々はとても落ち着いて紳士の足に止まり、まるで安全な場所を見つけた様子で、もう電車の中ででたらめに飛ばないようになった。

電車が次の駅に着いて扉が開くのを待って、彼は蝶々の留まっている足をゆっくりと扉まで動かし、蝶々を外に向くようにさせた。それから自分のズボンを指で軽く弾いて、着いた、もう降りないといけないよ、君は君の行くべき所に飛んでいくべきだ、外の大自然こそ君の世界だよ、と微々たる振動を通じて蝶々に伝えていたようだ。あの蝶々も紳士の気持ちを理解したみたいで、愉快に彼に別れを告げた。

ピンイン

　　Nà shì yí ge yángguāng míngmèi de xiàrì, wǒ hé wǎngcháng yíyàng chéngshangle shúxī de diànchē. Yóuyú tóutiān wǎnshang áoyè áodào língchén sān diǎn cái shuìxia, suǒyǐ yí zuòshang diànchē kùnyì jiù qiǎorán ér lái, diànchē jiǎnzhí shì zài hǎobuguò de yáolán le. Nàtiān yào qù de dìfang bǐjiào yuǎn, wǒ jiù suǒxìng bìshangle yǎnjing, xiǎng mī yíhuìr. Zài diànchēshang wǒ yìzhí chǔyú bàn shuì zhuàngtài. Hūrán hǎoxiàng zài mèngzhōng tīngdàole chéngwùyuán bàozhàn de shēngyīn, wǒ huāngmáng zhēngkāi yǎnjing xiàng wài zhāngwàng, xiǎng quèrèn yíxià dàole shénme dìfang, zuò méi zuòguo zhàn. Zhè shí diànchē yǐjing zài zhàntáishang tíngwěn le, chēmén gāng yì dǎkāi, zhǐjiàn yì zhī húdié qīngyíng mǐnjié, dúzì yōuxiánde fēijinle diànchēli, bǎ zài zhàntáishang páizhe chángduì děng chē de chéngkè, dōu pāodàole shēnhòu.

　　Tā yuèguò zhòngrén qiǎngxiān shàngle diànchē, ànlǐshuō yīnggāi gǎndào zìháo cái duì, kěshì què jiànbudào bàndiǎnr déyì de yàngzi. Bù zhīdào shì chǐyú zìjǐ méiyǒu zūnshǒu píngpiào shàngchē de guīzé ne, háishi yǐjing rènshidào zhèlǐ bú shi ta gai lai de dìfang le ne. Zhǐjiàn tā zǎoyǐ shīqùle píngrì nà yōuxián zìzài de shénqíng, ér shì huánghuáng bù'ān de zài chēxiāngli hū gāo hū dī, màn wú mùbiāo de fēi lái zhuàng qù. Yíhuìr fēidàole chéngkè de tóudǐngshang, yíhuìr yòu kuàiyào zuāndàole chéngkè de jiǎodǐxià. Xiǎoxiǎo yì zhī húdié, zhè shí jìngrán hǎoxiàng méiyǒu cángshēn zhī chù. Běn yīng zài liáokuò de tiānkōng áoyóu de húdié, zěnme què fēiyào jǐjìn zhè yòu zhǎixiǎo, kōngqì yòu bù xīnxiān de chēxiāngli ne? Wǒ xiǎng tā yídìng shì mílù le ba?

Húdié shì měilì de xiàngzhēng, bèi yùwéi "huì fēi de huāduǒ", rénmen chángcháng bǎ měilì de gūniang bǐzuò húdié, hěn zhāorén xǐ'ài. Píngshí zài yěwài kàndào qīngyíng fēiwǔ de húdié shí, zǒngshì qíng bú zì jìn de xiǎng duō kàn jǐ yǎn. Kěshì zài diànchēli, bù zhīdào wèi shénme què juéde lí tā yuè yuǎn yuè hǎo.

Bùjǐn shì wǒ, wǒ kàndào zhōuwéi de rén dàdōu hé wǒ yíyàng, bú shì duǒkāi tā, jiù shì bǎ tā cóng zìjǐ shēnbiān gǎnzǒu. Shéi dōu bù xǐhuan tā zài zìjǐ de tóudǐngshang, huòzhě shēnbiān fēi lái fēi qù de. Cóng dàjiā de biǎoqíngshang kěyǐ kànchū, duì zhè wèi bú sù zhī kè dōu yǒu jǐfēn tǎoyàn.

Jǐjīng zhōuzhé, shòudàole lěngyù de húdié zhōngyú xiàng yí wèi shēnshì múyàng de rén fēileguoqu. Zhōuwéi de rén dōu bǎ mùguāng tóuxiàngle nà wèi shēnshì, dàgài dōu xiǎng kànkan tā de fǎnyìng, kàn tā huì rúhé chǔlǐ nà zhī bù shǒu guīju de húdié ba? Zhǐjiàn tā dàndànde kànlekàn húdié, fǎngfú pà xiàzháo tā shìde, zhǐshì bǎ yǒudiǎnr qīngxié de tuǐ qīngqīngde yídòngle yíxià, ràng shēntǐ zhànwěn, ránhòu tā jiù yí dòng yě bú dòng le. Wǒ lìkè míngbai le, tā zhè shì wèile bìmiǎn zìjǐ de shēntǐ suízhe diànchē huàngdòng, wèile ràng shòule jīng de húdié gǎndào ānquán. Zhè shí wǒ yòu guānchále yíxià nà zhī húdié, tā ānxiángde zhànzài nà wèi shēnshì de tuǐshang, fǎngfú zhǎodàole ānquán de dìfang, zàiyě bú zài chēxiāngli luàn fēi le.

Děng diànchē dàole xià yí zhàn, chēmén dǎkāi shí, tā bǎ zhànzhe húdié de nà tiáo tuǐ mànmànde yídàole chēménkǒu, ràng húdié miàn duìzhe wàibiān. Ránhòu yòu qīngqīngde tánletán zìjǐ de kùzi, sìhū zài tōngguò wēiwēi de zhèndòng gàosu nà zhī húdié, dào le, nǐ gāi xiàchē le, nǐ yīnggāi fēidào nǐ gāi qù de dìfang, wàimiàn de dàzìrán cái shì nǐ de shìjiè. Nà zhī húdié yě fǎngfú lǐjiěle nà wèi shēnshì de yòngyì, yúkuàide gàobiéle nà wèi shēnshì.

> 解答・解説

(1) 正解は❸ ("索性 suǒxìng"と"干脆 gāncuì"とも「思い切って」の意味を持っています，"宁可 nìngkě"は「むしろ」、"果断 guǒduàn"は「断固としている」、"反正 fǎnzheng"は「どうせ」)

(2) 正解は❹ ("眯一会儿 mī yíhuìr"は「しばらくうたた寝する」、"打个盹儿 dǎ ge dǔnr"は「居眠りをする」、"打个哈欠 dǎ ge hāqian"は「あくびをする」、"打个喷嚏 dǎ ge pēntì"は「くしゃみをする」、"打马虎眼 dǎ mǎhuyǎn"は「数をごまかす」)

(3) 正解は❶ ("睁开 zhēngkāi"は「(目を)あける」、"张开 zhāngkāi"は「(口を)あける、(翼を)広げる」、"推开 tuīkāi"は「押しあける」、"打开"は「あける」、"打开眼睛"は言いません)

(4) 正解は❷ ("按理说 ànlǐshuō"は「道理から言えば」、"比如说"は「例えば」、"说来说去"は「繰り返し話す」、"胡说 húshuō"は「でたらめを言う」)

(5) 正解は❹ ("悠闲自在 yōuxián zìzài"は「ゆったりとしてとらわれるところがない」、"自由自在 zìyóu zìzài"は「自由自在だ」、"我行我素 wǒ xíng wǒ sù"は「我が道を行く」、"漫不经心 màn bù jīng xīn"は「無頓着だ」、"天真烂漫 tiānzhēn lànmàn"は「天真爛漫」)

(6) 正解は❸ ("非要"は「どうしても~しなくてはならない」、"要是"は「もしも」、"非常"は「非常に」、"并非"は「決して~ではない」)

(7) 正解は❸ ("不是…就是…"は「~でなければ~だ」、"越…越"は「~すればするほど」、"除了…以外"は「~を除いて」、"宁愿…也"は「むしろ~しても」)

(8) 正解は❹ ("从大家的表情上可以看出，对这位不速之客都有几分讨厌。Cóng dàjiā de biǎoqíngshang kěyǐ kànchū, duì zhè wèi bú sù zhī kè dōu yǒu jǐfēn tǎoyàn."は「みんなの表情から、この招かれざる客に少し嫌がっていることが分かる」、"因为她在电车里乱飞，弄得大家都很不舒服。Yīnwèi tā zài diànchēli luàn fēi, nòngde dàjiā dōu hěn bù shūfu."は「蝶々が電車の中で勝手に飛んだりしてみんなに嫌な気持ちを与えたからだ」、"因为这只蝴蝶飞进车厢后，空气就不好了。Yīnwèi zhè zhī húdié fēijin chēxiāng hòu, kōngqì jiù bù hǎo le."は「蝶々が電車に飛んできた後、空気が悪くなったからだ」、"因为这只蝴蝶只喜欢那位绅士。Yīnwèi zhè zhī húdié zhǐ xǐhuan nà wèi shēnshì."は「蝶々があの紳士だけを好むからだ」、"因为这只蝴蝶不够美丽。Yīnwèi zhè zhī húdié bú gòu měilì."は「この蝶々はそんなに綺麗じゃないからだ」)

(9) 正解は❸ ("告别 gàobié"は「別れを告げる」、"分头"は「手分けして」、"送别"は「見送る」、"离别"は「(親しんだ人や土地を長期にわたり)離別する」、よく故郷を長く離れるときに用います)

(10) 正解は❹ ("是那位绅士让蝴蝶安静下来的。Shì nà wèi shēnshì ràng húdié ānjìngxialai de."は「あの紳士が蝶々を落ち着くようにさせたのだ」、"我在电车上打了个喷嚏。Wǒ zài diànchēshang dǎle ge pēntì."は「私は電車の中でく

しゃみをした」、"我那天坐过站了。Wǒ nàtiān zuòguò zhàn le."は「私はあの日乗り過ごした」、"我平时就不喜欢看蝴蝶。Wǒ píngshí jiù bù xǐhuan kàn húdié."は「私は普段も蝶々を見るのが好きではない」)

2 1

(1) 正解は❶　("顿顿"は「毎食」、"天天"は「毎日」、"样样"は「各種」、"种种"は「種々」の意味。"那么"は「あんなに」、"这么"は「こんなに」、"怎么"は「どのように」)

顿顿都吃那么多鱼和肉，不得糖尿病才怪呢。
Dùndùn dōu chī nàme duō yú hé ròu, bù dé tángniàobìng cái guài ne.
(毎食あんないっぱい魚や肉を食べれば、糖尿病にならないとおかしいよ。)

(2) 正解は❷　("见面"は離合詞なので、重ね型は"见面见面"ではなく、"见见面"となります。また"见一面他"は言いません、"跟他见见面""跟他见一面""见他一面"と言わなければなりません)

跟他见见面怕什么啊，他又不是大老虎。
Gēn tā jiànjian miàn pà shénme a, tā yòu bú shì dàlǎohǔ.
(彼と顔を合わせて何を怖がるのよ、彼は別にトラでもないのに。)

(3) 正解は❸　("自从"は「〜から」の意味ですが、過去の時間の起点にしか使えません、"自从明天起"は言いません。"再也不…"は「2度と〜しない」)

从明天开始，你就再也不用来上班了。
Cóng míngtiān kāishǐ, nǐ jiù zài yě bú yòng lái shàngbān le.
(明日から君はもう会社に出勤しなくてもいいよ。)

(4) 正解は❸　("知道，明白，听见"は"把"構文に使えません)

请你迅速把那里的情况了解一下。
Qǐng nǐ xùnsù bǎ nàli de qíngkuàng liǎojiě yíxià.
(はやくあそこの状況を調べてください。)

(5) 正解は❸　("弄"は「する、弄る」、ここは「修理する」の意味)

不知道怎么搞的，我的电视只能收看一个台了，帮我弄弄吧。Bù zhīdào zěnme gǎo de, wǒ de diànshì zhǐnéng shōukàn yí ge tái le, bāng wǒ nòngnong ba.
(なぜか分からないが、私のテレビは1つのチャンネルしか見られなくなったから、ちょっと手伝って直してください。)

2

(6) 正解は❷ ("不在意 / 无所谓 wúsuǒwèi"は「気にしない」、"不外乎 búwàihū"は「ほかでもない」、"不相信"は「信じない」、"没有兴趣"は「興味がない」)

她好像对什么都不在意。Tā hǎoxiàng duì shénme dōu bú zàiyì.
(彼女は何に対しても気にしないようだ。)

(7) 正解は❸ ("不太感冒 / 不太感兴趣"は「あまり興味がない」、"难受 nánshòu"は「つらい」、"讨人嫌 tǎo rénxián"は「人に嫌われる」、"讨厌 tǎoyàn"は「嫌い」)

我对这种人不太感冒，所以跟他也没什么来往。
Wǒ duì zhèi zhǒng rén bútài gǎnmào, suǒyǐ gēn tā yě méi shénme láiwang.
(私はこのタイプの人にあまり興味がないので、彼と特に付き合いはない。)

(8) 正解は❹ ("丑话"は「飾りのない率直な話、念のために言う話」、"对方不爱听的话"は「相手の聞きたくない話」、"模棱两可 mó léng liǎng kě 的话"は「あいまいでどちらにでも取れる話」、"表扬 biǎoyáng 对方的话"は「相手をほめる話」、"谴责 qiǎnzé 对方的话"は「相手を責める話」)

我先把丑话说在前，以后有问题不要埋怨我啊！
Wǒ xiān bǎ chǒuhuà shuōzài qián, yǐhòu yǒu wèntí bú yào mányuàn wǒ a!
(私は耳の痛いことを先に言っておく、今後何か問題があったら不満を言わないでね。)

(9) 正解は❶ ("花钱大手大脚的 / 乱花钱 luàn huāqián"は「金遣いが荒い」、"手忙脚乱 shǒu máng jiǎo luàn"は「てんてこ舞いをする」、"很有钱"は「お金がたくさんある」、"手脚很大"は「手足が大きい」)

她花钱大手大脚的，见什么买什么。
Tā huāqián dà shǒu dà jiǎo de, jiàn shénme mǎi shénme.
(彼女は金遣いが荒いのだ、目に入ったものを何でも買う。)

(10) 正解は❹ ("人心隔肚皮 / 很难猜测 cāicè 出对方在想什么"は「他人の気持ちを理解するのは難しい」、"说的和做的不一样"は「言ったこととやったことが違う」、"心里不高兴，嘴 zuǐ 上却不说"は「嬉しくないけど、口で言わない」、"人心都是肉长 zhǎng 的"は「人は誰でも人間らしい感情を持っている」)

人心隔肚皮，天晓得她在想什么。
Rénxīn gé dùpí, tiān xiǎode tā zài xiǎng shénme.
(人の心ははかり難い、彼女が何を考えているのか誰も知らない。)

3

(1) 正解は **❷** ("到底"は「いったい」、"或者"は「あるいは」、"显然"は「明らかだ」、"毕竟"は「さすがに」)

你把箱子翻了个底朝天，**到底**想找什么啊？
Nǐ bǎ xiāngzi fānle ge dǐcháotiān, dàodǐ xiǎng zhǎo shénme a?
(あなたは衣装箱をひっくり返して、いったい何を探したいのですか。)

(2) 正解は **❸** ("眼镜"を数える場合"副"を用い、絵画、布などを数える場合"幅"を用います、"鞋，筷子"などを数える場合"双"を用い、"夫妇，恋人，花瓶"などを数える場合"对"を用います)

他总是戴着一**副**墨镜，显得很有派。
Tā zǒngshì dàizhe yí fù mòjìng, xiǎnde hěn yǒupài.
(彼はいつもサングラスをかけているので、格好よく見える。)

(3) 正解は **❷** ("行"は行や列になった物に用います。"夺眶而出"は「涙が溢れ出る」意味なので、"两滴眼泪"は不適切。"一把鼻涕一把眼泪（激しく泣く場合、鼻水や涙があふれる）"の言い方がありますが、"两把眼泪"は言いません。"排"は列に並んでいる人や物に用います)

奶奶听到孙子获得了金牌的消息，高兴得两**行**热泪夺眶而出。Nǎinai tīngdào sūnzi huòdéle jīnpái de xiāoxi, gāoxìngde liǎng háng rèlèi duó kuàng ér chū.
(祖母は孫の金メダルを獲得した知らせを聞くと、喜び二筋の涙が堰を切ったようにあふれた。)

(4) 正解は **❷** ("拉"は「（車で人、荷物を）運ぶ」についていうことが多いです、"搬"は「重い荷物を運ぶ」として用いることが多い。"抬"は「（２人以上で物を）担ぐ」、"推"は「押し動かす」)

他突然晕了过去，不省人事，赶快叫救护车**拉**他去医院。
Tā tūrán yūnleguoqu, bù xǐng rén shì, gǎnkuài jiào jiùhùchē lā tā qù yīyuàn.
(彼が突然気を失い意識不明になった、はやく救急車を呼んで病院に搬送しなさい。)

(5) 正解は **❷** ("了解"は「（状況、習慣などを）知る」、"谅解"は「理解を得る」、"认识"は「面識がある」、"体贴"は「他人の身になって思いやる」)

她很**了解**丈夫的为人。Tā hěn liǎojiě zhàngfu de wéirén.
(彼女は夫の人柄をよく知っている。)

(6) 正解は ❹ （"支持"は「こたえる、支持する」、"支援"は「支援する」、"援助"は「援助する」、"継続"は「継続する」）

在我精神上快要**支持**不住的时候，他给了我很大的安慰。Zài wǒ jīngshénshang kuàiyào zhīchíbuzhù de shíhou, tā gěile wǒ hěn dà de ānwèi.
（私が精神的に耐えられなさそうなときに、彼は大きな慰めをくれた。）

(7) 正解は ❶ （"就着"は「～を利用して」、"根据"は「～によれば」、"凭着"は「～によって」、"靠着"は「もたれる」）

她**就着**去中国旅游的机会，对饺子进行了一番调查研究。
Tā jiùzhe qù Zhōngguó lǚyóu de jīhuì, duì jiǎozi jìnxíngle yì fān diàochá yánjiū.
（彼女は中国旅行の折に、餃子について調査研究を行った。）

(8) 正解は ❸ （"别说"は「～はもちろんのこと」、"再说"は「～してからにする」、"除非"は"才"と呼応して「～してこそ～する」、"别看"は「～だけれども」）

他的吉他演奏**别说**一般人，连音乐家都说了不起。
Tā de jítā yǎnzòu biéshuō yìbān rén, lián yīnyuèjiā dōu shuō liǎobuqǐ.
（彼のギター演奏は普通の人ばかりか、音楽家さえも素晴らしいと言う。）

(9) 正解は ❷ （"为了"は「～のために」、"但是"は「しかし」、"因为"は「～なので」、"由于"は「～なので」）

大家**为了**饱眼福，排着长队买票。
Dàjiā wèile bǎo yǎnfú, páizhe chángduì mǎipiào.
（みんな目を楽しませるために、長い行列を作ってチケットを購入する。）

(10) 正解は ❷ （"除非"の後で同一の動詞の否定形と肯定形が続けて用いられるとき、「～しないときは別として」の意味。"宁愿"は「むしろ～したい」、"哪怕"は「たとえ～としても」、"但是"は「しかし」）

他**除非**不喝酒，一喝起来就醉成烂泥。
Tā chúfēi bù hējiǔ, yì hēqilai jiù zuìchéng lànní.
（彼はお酒を飲まないときは別にいいけど、飲むと泥酔になる。）

4

日本語訳

太陽村は大家族であり、法律孤児と呼ばれる子供たちがそこで共同生活をしている。それはこの子供たちの両親が罪を犯して止むを得ず幼い子供を置き去りにして入獄したためだ。彼らの年齢は18歳以下である。

彼らの多くは農村から来た、その中の一部の子供の両親は貧困のあまりに、生

活のため、その上無知なため、毒品販売の仕事をし、法律を犯したのだ。これらの子供は両親が犯罪者だけれども、天真爛漫の子供たちには罪が無い。しかし彼らは社会では蔑視されるばかりではなく、衣食住や交通手段及び就学の面も保証がなかった。親の過失で、止むを得ず中途で学校を辞める子供もいたし、街をさまよい乞食になって、更には犯罪の道を歩む子供もいた。まだ入獄の意味も理解できない幼い子供もいた。お母さんが監獄にいると聞き、一生懸命に監獄を探して、監獄に着きさえすればお母さんと一緒にいられると思っているのだ。以前多くの人は貧困地域の子供、或いは障害児だけを思いやっていたが、めったにこれら犯罪者の子供たちを心配しなかった。

　90年代から、善良な人々は罪のない子供たちに一般家庭の子供と同じように自分の世界を持って、子供時代の楽しみを享受できるよう全国各地に相次いで4つの太陽村を作った。多くの人が太陽村にお金を寄付して、または家の使わずに置いてあった品物を太陽村に寄贈した。聞くところによると、各地の太陽村で育てられた子供は少なくとも600人以上になったようだ。太陽村は創設から運営まで間違いなく様々な困難に直面したが、最大な困難は言うまでもなく資金問題だ。北京市太陽村について言えば、現在約百数十人で、これほど多くの子供たちにお腹いっぱい食べさせて、学校に行かせるだけで、もうかなりのお金が必要になる。どのようにこれほどの資金を集めるのだろうか。確かに簡単なことではない。最初は主に社会の寄付に頼っていたが、その後彼らは土地を借りてなつめの木を植える方法を考え付き、自分の産業を開発し、それによって収入を増やしたそうだ。時間の経過とメディアの宣伝につれて、太陽村を知る人、及び太陽村を助ける人がますます多くなった。

> ピンイン

　　　Tàiyángcūn shì ge dàjiātíng, nàli gòngtóng shēnghuózhe bèi rénmen chēngwéi fǎlǜ gū'ér de háizimen. Zhè shì yóuyú zhèxiē háizi de fùmǔ yīn fànzuì, ér bùdébù diūxia niányòu de háizi rùyù suǒ zàochéng de. Tāmen de niánlíng dōu zài shíbā suì yǐxià.

　　　Tāmen dàdōu láizì nóngcūn, qízhōng yǒuxiē háizi de fùmǔ shì yīnwèi pínkùn, wèile shēnghuó, zàijiāshang wúzhī, zuòqile fànmài dúpǐn de shēngyi, chùfànle fǎlǜ. Zhèxiē háizi de fùmǔ suīrán shì fànzuìzhě, kěshì tiānzhēn lànmàn de háizi, què shì wúgū de. Rán'ér tāmen bùjǐn zài shèhuìshang shòudào qíshì, érqiě lián yī shí zhù xíng hé jiùxué dōu débudào bǎozhàng. Yóuyú fùmǔ de guòshī, yǒude háizi bèipò chuòxué, yǒude háizi liúluò jiētóu biànchéngle qǐgài, shènzhì zǒushangle fànzuì de dàolù. Yǒude háizi niánjì tài xiǎo, hái lǐjiěbuliǎo jìn jiānyù shì zěnme huíshìr.

Tīngshuō māma zài jiānyùli, jiù pīnmìngde zhǎodào jiānyù, yǐwéi zhǐyào dàole jiānyù jiù kěyǐ hé māma zài yìqǐ le ne. Guòqù dàduōshù rén zhǐ bǎ àixīn xiàngěile pínkùn dìqū de háizi huòzhě yǒu cánjí de háizimen, hěn shǎo yǒu rén guānxīn zhèxiē fànzuìzhě de háizi.

Jiǔshí niándài qǐ, shànliáng de rénmen wèile ràng zhèxiē wúgū de háizi yě nénggòu hé pǔtōng jiātíng de háizimen yíyàng yōngyǒu yí piàn lántiān, xiǎngshòu tóngnián de kuàilè, zài quánguó gèdì xiānhòu jiànlìle sì ge Tàiyángcūn. Hěn duō rén wèi Tàiyángcūn juānkuǎn, huòzhě bǎ zìjǐ jiāzhōng xiánzhì bú yòng de wùpǐn juānzènggěile Tàiyángcūn. Jùshuō, zài gèdì de Tàiyángcūn zhǎngdà de háizi, zhìshǎo yǒu liùbǎi rén yǐshàng. Tàiyángcūn cóng chuàngbàn dào yùnyíng guǎnlǐ wúyí dōu yùdàole chóngchóng kùnnan, zuìdà de kùnnan mòguòyú zījīn wèntí le. Jiù ná Běijīngshì Tàiyángcūn láishuō ba, xiànzài dàyuē yǒu yìbǎi jǐshí ge rén, yào ràng zhème duō háizi chībǎo、shàngxué, jiù xūyào hěn dà yì bǐ zījīn. Zěnme chóubèi zhème duō zījīn ne? Zhè quèshí bú shì yí jiàn róngyì de shì. Tīngshuō kāishǐ zhǔyào shì kào shèhuì juānzhù, hòulái tāmen xiǎngchu zūdì zhòng zǎoshù de bànfǎ, kāifāle zìjǐ de chǎnyè, yǐcǐ lái zēngjiā shōurù. Suízhe shíjiān de tuīyí hé méitǐ de xuānchuán, zhīdao Tàiyángcūn hé bāngzhù Tàiyángcūn de rén yuè lái yuè duō le.

(解答・解説)

(1) 正解は❶ （"因…而…" は「～のために～する」、"以…为…" は「～を（もって）～とする」、"给…以…" は「～に～を与える」、"非得…不可" は「どうしても～しなければならない」）

(2) 正解は❷ （"歧视 qíshì" は「差別、差別する」、"区别 qūbié" は「区別する」、"差别 chābié" は「区別、違い」、"斜视 xiéshì" は「横目で見る」）

(3) 正解は❷ （"关心 guānxīn" は「心を寄せる」、"过问 guòwèn" は「口出しする」、"过目 guòmù" は「目を通す」、"过分 guòfèn" は「行き過ぎる」、"过瘾 guòyǐn" は「十分に満足する」）

(4) 正解は❹ （"一片蓝天 yí piàn lántiān" は本来は「一面の青空」の意味であり、ここでは、「自分の世界」の意味。"属于自己的生活空间。Shǔyú zìjǐ de shēnghuó kōngjiān." は「自分に属する生活空間」、"上学的权利。Shàngxué de quánlì." は「学校に行く権利」、"和普通家庭的孩子们在一起的机会。Hé pǔtōng jiātíng de háizimen zài yìqǐ de jīhuì." は「普通の家の子供たちと一緒にいる機会」、"属于自己的时间。Shǔyú zìjǐ de shíjiān." は「自分に属する時間」）

(5) 正解は ❸ （"莫过于 mòguòyú"は「〜以上のものはない」、"依赖于 yīlàiyú"は「〜に頼る」、"不至于 búzhìyú"は「〜までには至らない」、"不亚于 búyàyú"は「〜に劣らない」）

(6) 正解は ❹ （"为太阳村捐献的人正在不断增多。Wèi Tàiyángcūn juānxiàn de rén zhèngzài búduàn zēngduō."は「太陽村に寄付する人はますます増えている」、"太阳村是一个孤儿院。Tàiyángcūn shì yí ge gū'éryuàn."は「太陽村は孤児院です」、"太阳村是一个少年教养院。Tàiyángcūn shì yí ge shàonián jiàoyǎngyuàn."は「太陽村は少年院です」、"这些孩子都当过乞丐。Zhèxiē háizi dōu dāngguo qǐgài."は「これらの子供はみな乞食になったことがある」）

5

(1) 駅まで走って行こう、さもないと間違いなくこの電車に間に合わないよ。
我们跑着去车站吧，要不然肯定赶不上这趟车了。
Wǒmen pǎozhe qù chēzhàn ba, yàoburán kěndìng gǎnbushàng zhè tàng chē le.
（「さもないと」は"要不然／不然／不然的话"などを用いてよいです。「間に合わない」は"赶不上"で表せます）

(2) 昨夜下痢をしたので、1晩で少なくとも5回トイレに行った。
我昨天夜里拉肚子，一个晚上至少上了五趟厕所。
Wǒ zuótiān yèli lā dùzi, yí ge wǎnshang zhìshǎo shàngle wǔ tàng cèsuǒ.
（ある期間内に行われる動作の量または動作の回数を表す場合は「期間詞＋動詞＋動作の回数（動作の量）」で表現できます。「下痢をした」は"拉肚子／跑肚"と言います）

(3) 私は覚え間違っていない、今日は確かに傘を持ってきたよ、どこに忘れてしまったか分からない。
我没记错，今天是带雨伞来了，不知道忘在哪儿了。
Wǒ méi jìcuò, jīntiān shì dài yǔsǎn lai le, bù zhīdào wàngzài nǎr le.
（「確かに傘を持ってきた」は"确实带雨伞来了／是带雨伞来了"で表せます。ここの"在""错"はそれぞれ結果補語用法なので、動詞"忘"と"记"の後に置きます）

(4) 今日はもともとお客さんのところに行くことになっていたが、頭がすごく痛いので、行けなくなった。
今天本来要去客户那儿，可是我头疼得厉害，去不了了。
Jīntiān běnlái yào qù kèhù nàr, kěshì wǒ tóuténgde lìhai, qùbuliǎo le.
（条件が許さないのでできない、ここは"不能去／去不了"で表せます）

(5) 冗談を言うことで雰囲気を和らげる、いいではないか？
通过开玩笑来调节气氛，不是很好吗?
Tōngguò kāi wánxiào lái tiáojié qìfēn, bú shì hěn hǎo ma?

(「～によって～（する）」は"通过…来…"。反語文「～ではないか」は"不是…吗"で表現できます）

筆記問題　模擬試験　第 2 回

解答と解説

1

日本語訳

　ついこの間、妻の再三の催促の下で、しぶしぶ病院に血管年齢の検査を受けに行った。検査が終わった後、10分も経たずにもう結果が出た。なんということだろう、検査結果を見ると、頭から冷たい水をかけられたみたいだ。まさかこれは本当に私の血管年齢なのか。間違っていないのか。私の実際年齢よりちょうど20歳上だなんて。先生は模型を持ってきて、しかもその中の石のような硬い血管を私に触らせた、「あなたのいまの血管はこのような状態にある」と言った。私はこれまでいつも元気いっぱいで、仕事をすると体中にいくらでも使いきれない力がある気がした。しかも私と面識のある人で私が若く見えると言わない人はいなかった。毎回若いとほめられたとき、思わずちょっと得意になる。ときには妻に、ご主人は見た目があなたよりずっと若く見える、と言う人もいた。だからたびたび妻をがっかりさせて、大変やきもちを焼かれたものだ。しかし、このとき先生の説明を聞いたら気持ちががた落ちになった、自分が本当にもう還暦を迎えた年になったみたいだった。

　家に戻っても機嫌が悪く、妻は私が落ち込んでいる様子を見て、検査結果はどうだったの、と心配して聞いた。私は答えず、ただ検査結果の紙を妻に渡した、妻はそれを手にとって見ると、急に驚いた表情になり、あっ、こんな事ありえない、ありえない、と独り言を言い続けた。妻は、普段自分がおかずを作るとき、使った材料に何かの問題がある、或いは栄養のバランスが悪い等等のせいじゃないかと反省しはじめた。彼女は何も言わず、すぐ手元の仕事をやめて、パソコンの前に座って、血管年齢を改善する関係の情報を検索し始めた。しばらくすると、彼女の目は喜びでいっぱいになって、たぶん夜更かしのせいだ、睡眠時間さえちゃんとして、さらに血管の軟化を促す食品と栄養薬をとれば、きっと改善できる、あなたの実際年齢まで回復するだろう、と彼女は喜んで言った。彼女がこういった話をするとき、私には否定する余地を持たせないほど、自信があるように見える。思わず彼女の気分につられて、信じるしかないと思った、もっと正確に言えば、彼女の言っていることは正しいと信じたかったのだ。

　言い終わると、すぐに彼女は血管年齢を改善するのに効き目の有ると認めた健康食品、栄養薬のリストを印刷して、それを持って出かけた。だいたい1時間く

らい経って彼女はクルミ、アーモンドなどを買ってきた。あの日から、私の飲食と睡眠時間は厳しく管理された、クルミとアーモンドは毎日それぞれ8個しか食べてはいけないとか、12時になると必ず就寝しなければならない等等、彼女はまったく私を未青年の子供としてあつかった。我が家のご飯も白色から雑多な色に変わった、赤色、黄色、黒色、色とりどりのご飯を食べていて、味はどうか別として、とても新鮮な感じで、まるでご飯を食べているのではなく、ご飯を鑑賞しているかのようだった。最も我慢しがたいのはテーブル上の肉料理が手品を演ずるようにこっそりと消えてしまった。それは私のような肉が大好きな者にとっては、確かにつらかった。しかし妻がこんなに真面目に私のために血管年齢を回復するようやってくれているのを見て、私もどうしても協力しないといけないだろうと思い、できるだけ自分を抑制していた。しかし時々、どうしても我慢できず、冷蔵庫をあけて食べ物を探してみることもあった、例えば、彼女が他の用事に気をとられるうちに、少しクルミやアーモンド等等を食べた、何個か多く食べても少なく食べても、特に問題にならないはずだと思ったからだ。妻に3ヵ月後、もう1度病院へ検査に行くよう促され、私は応じるしかなかった、奇跡が現れるよう期待している。

ピンイン

　　Qiánbùjiǔ, zài qīzi de zàisān dūcù xià, wǒ hěn bù qíngyuànde qù yīyuàn jiǎnchále yíxià xuèguǎn niánlíng. Jiǎnchá hòu, bú dào shí fēnzhōng jiéguǒ jiù chūlai le. Wǒ de Shàngdì, kàndào jiǎnchá jiéguǒ shí, wǒ hǎoxiàng bèi dāngtóu pōle yì pén lěngshuǐ shìde. Nándào zhè zhēn shì wǒ de xuèguǎn niánlíng ma? Méi gǎocuò ma? Jìngrán bǐ wǒ de shíjì niánlíng yào zhěngzhěng lǎo èrshí suì. Dàifu nálaile móxíng, bìng ràng wǒ mōmo qízhōng yí ge xiàng shítou yíyàng yìng de xuèguǎn, shuō, nǐ xiànzài de xuèguǎn jiùshì zhèizhǒng zhuàngtài. Wǒ cónglái (xiànglái, yíxiàng) dōushì jīngshen bǎomǎn, gōngzuòqilai zǒngshì juéde húnshēn yǒu zěnme shǐ yě shǐbuwán de jìnr. Érqiě shìfán jiànguo wǒ de rén, méi rén bù shuō wǒ zhǎngde niánqīng. Měicì tīng rén kuā wǒ niánqīng shí, xīnli yě bùyóude yǒu jǐfēn déyì. Shícháng yǒu rén duì qīzi shuō, nǐ zhàngfu kànqilai yào bǐ nǐ niánqīng duōle. Suǒyǐ chángcháng nòngde qīzi chuí tóu sàng qì, cùyì dà tā. Kěshì, zhè shi tīngle dàifu de shuōmíng, wǒ de qíngxù yī shì yí luò qiān zhàng, fǎngfú zìjǐ zhēnde yǐjing chéngle nián guò huājiǎ de lǎorén shìde.

　　Huídào jiāli yě mèn mèn bú lè, qīzi jiàn wǒ qíngxù dīluò de yàngzi, dānxīnde wèn, jiǎnchá jiéguǒ zěnmeyàng? Wǒ méiyǒu huídá, zhǐshì bǎ jiǎnchádān dìgěile qīzi. Qīzi jiēguoqu yí kàn, dùnshí liǎnsè dà biàn, á, zhè zěnme kěnéng ne, zhè zěnme kěnéng ne, tā zì yán zì yǔ de shuōzhe. Qīzi kāishǐ fǎnxǐng, shì bu shì yīnwèi zìjǐ píngshí zuòcài shí, yòng de cáiliào yǒu shénme wèntí, huòzhě yíngyǎng dāpèi bù hélǐ děngděng. Tā èrhuà bù shuō lìkè fàngxia shǒuli de huór, yí pìgu jiù zuòdào diànnǎo qián, kāishǐ jiǎnsuǒqi yǒuguān gǎishàn xuèguǎn niánlíng de xìnxī lai le. Bùyíhuìr, tā yǎnjingli chōngmǎnle xǐyuè, gāoxìngde duì wǒ shuō, dàgài shì yīnwèi wǎnshang áoyè áo de, zhǐyào bǎozhèng shuìmián shíjiān, lìngwài zài chī xiē néng cùshǐ xuèguǎn ruǎnhuà de shípǐn hé yíngyǎngyào, kěndìng huì dédào gǎishàn de, huīfùdào nǐ de shíjì niánlíng. Tā zài shuō zhèxiē huà de shíhou, xiǎnde nàme yǒu zìxìn, ràng wǒ méiyǒu fǒurèn de yúdì. Wǒ bùyóude bèi tā de qíngxù suǒ gǎnrǎn, zhǐhǎo xiāngxìn, gèng quèqièdo shuō, shì yuànyi xiāngxìn tā shuō de shì duì de.

Shuōwánle, tā lìkè bǎ tā rènwéi duì gǎishàn xuèguǎn niánlíng yǒuxiào de jiànkāng shípǐn、yíngyǎngyào de qīngdān dǎyìnchulai, ránhòu dàizhe chūmén le. Dàyuē guòle yí ge xiǎoshí zuǒyòu, tā mǎihuilaile yìxiē hétaorénr、xìngrénr shénmede. Cóng nàtiān qǐ, wǒ de yǐnshí hé shuìmián shíjiān bèi yángédē guǎnlǐqilai le, tā jiǎnzhí bǎ wǒ dàngchéngle yí ge wèichéngnián de háizi, shénme hétaorénr hé xìngrénr měitiān zhǐ néng gè chī bā ge la, dàole shí'èr diǎn yídìng yào shàngchuáng shuìjiào děngděng. Wǒmen jiā de mǐfàn yě cóng báisède biànchéngle zásède, hóngde、huángde、hēide, chīzhe wǔ yán liù sè de mǐfàn, wèidao rúhé zànqiě bù tán, dàoshì juéde hěn xīnxiān, hǎoxiàng bú shì zài chī mǐfàn, ér shì zài xīnshǎng mǐfàn. Zuì nányǐ rěnshòu de shì fànzhuōshang de ròushi xiàng biàn xìfǎ shìde, qiāoqiāode xiāoshī le. Zhè duì wǒ zhèige xǐhuan chī ròu de rén láishuō, quèshí yǒuxiē bù shūfu. Búguò, kàndào qīzi zhème rènzhēnde zài bāng wǒ gǎishàn xuèguǎn de zhuàngkuàng, wǒ zǒngděi pèihépèihé ba, suǒyǐ wǒ yě jǐnliàng kèzhì zìjǐ. Búguò yǒude shíhou, shízài rěnbuzhù le, yě miǎnbuliǎo dǎkāi bīngxiāng zhǎo diǎnr chīde. Bǐrú, chèn tā bú zhùyì de shíhou, duō chī jǐ ge hétaorénr la, xìngrénr děngděng. Yīnwèi wǒ juéde duō chī jǐ ge, shǎo chī jǐ ge, dōu bú huì yǒu shénme wèntí de. Qīzi dūncù wǒ, sān ge yuè yǐhòu, zài dào yīyuàn zuò yí cì jiǎnchá, wǒ zhǐhǎo dāying le, yě qīdàizhe qíjì de chūxiàn.

> 解答・解説

(1) 正解は ❸ （"督促 dūcù" は「催促する」、"促进 cùjìn" は「促進する」、"追赶 zhuīgǎn" は「追いかける」、"追问 zhuīwèn" は「問い詰める」）

(2) 正解は ❶ （"自从" は「～から」、"从来""向来""一向"「これまでずっと」）

(3) 正解は ❷ （"情绪低落 qíngxù dīluò" は「意気消沈する」、"没情绪" は「やる

る気が出てこない、機嫌が悪い」、"**有情绪**"は「不満がある」、"**情绪不稳 bùwěn**"は「情緒不安定だ」、"**性情急躁 xìngqíng jízào**"は「気が短い」)

(4) 正解は❷ ("**不一会儿，她眼睛里充满了喜悦。Bùyíhuìr, tā yǎnjingli chōngmǎn le xǐyuè.**"は「しばらくすると、彼女の目は喜びでいっぱいになった」。"**因为她相信丈夫的血管年龄一定能恢复到正常值。Yīnwèi tā xiāngxìn zhàngfu de xuèguǎn niánlíng yídìng néng huīfùdào zhèngchángzhí.**"は「彼女は夫の血管年齢が必ず正常値に戻ると信じているからだ」、"**因为她买来了改善血管年龄的药。Yīnwèi tā mǎilaile gǎishàn xuèguǎn niánlíng de yào.**"は「彼女は血管年齢を改善する薬を買ってきたからだ」、"**因为她觉得这是不可能的事。Yīnwèi tā juéde zhè shì bù kěnéng de shì.**"は「彼女はこれは不可能なことだと思うからだ」、"**因为她看到丈夫的情绪已经好了。Yīnwèi tā kàndào zhàngfu de qíngxù yǐjing hǎo le.**"は「彼女は夫の機嫌がもうよくなったのを見たからだ」)

(5) 正解は❸ ("**清单 qīngdān**"は「リスト」、"**菜单 càidān**"は「メニュー」、"**买单 mǎidān**"は「勘定する」、"**支票 zhīpiào**"は「小切手」)

(6) 正解は❹ ("**起来**"はここでは「〜し始める」という動作や状態が始まり続くことを表します。"**出来**"は考え付いたことや識別などを表すことができます。"**上来**"は答えや考えなどを発表できます。"**下来**"は動作がある状態に定着することを表すことができます)

(7) 正解は❸ ("**不是…而是…**"は「〜ではなく〜だ」、"**不是…就是…**"は「〜でなければ〜だ」、"**只要…就…**"は「〜さえすれば〜」、"**虽然…但是…**"は「〜だが、しかし〜」)

(8) 正解は❶ ("**变戏法 biàn xìfǎ**"は「手品をする」、"**猜谜语 cāi míyǔ**"は「謎当て遊びをする」、"**走过场 zǒu guòchǎng**"は「お茶を濁す」、"**耍猴儿 shuǎ hóur**"は「猿回しをする、ふざける」)

(9) 正解は❷ ("**忍不住**"は「我慢できない」、"**吃不开**"は「もてない」、"**挺不住**"は「こらえきれない」、"**忍得住**"は「我慢できる」)

(10) 正解は❷ ("**妻子平时说话的时候，从来都显得很有自信。Qīzi píngshí shuō huà de shíhou, cónglái dōu xiǎnde hěn yǒu zìxìn.**"は「妻が普段話すとき、いつも自信があるように見える」、"**我本来没打算去检查血管年龄，可是妻子非让我去不可。Wǒ běnlái méi dǎsuan qù jiǎnchá xuèguǎn niánlíng, kěshì qīzi fēi ràng wǒ qù bùkě.**"は「最初血管年齢の検査を受けるつもりはなかった

が、妻に無理に行かせられた」、「妻子认为吃核桃仁儿可以改善血管的状况。Qīzi rènwéi chī hétaorénr kěyǐ gǎishàn xuèguǎn de zhuàngkuàng.」は「妻はクルミを食べれば、血管状況を改善できると思う」、「我的血管年龄完全超出了我的预料。Wǒ de xuèguǎn niánlíng wánquán chāochūle wǒ de yùliào.」は「私の血管年齢はまったく自分の予想範囲を超えた」）

2 1

(1) 正解は❷　（量詞の問題、船は"艘，条，只"で数えられます、"根"は使えません）

①在前面的海湾里停着几艘外国货船。（③④は省略）
Zài qiánmiàn de hǎiwānli tíngzhe jǐ sōu wàiguó huòchuán.
（この先の港に何艘かの外国の貨物船が止まっている。）

(2) 正解は❸　（"和…比起来""跟…相比"は「～と比べて」。③の"跟…比上来"の言い方はありません。④の"A不比B"は「AとBはほとんど違いがない」の意味、"并"は語気を強めます）

①今天和昨天比起来，气温差不多一样。
Jīntiān hé zuótiān bǐqilai, qìwēn chàbuduō yíyàng.
（今日は昨日と比べて、気温が同じくらいだ。）

②今天跟昨天相比，气温几乎差不多。
Jīntiān gēn zuótiān xiāngbǐ, qìwēn jīhū chàbuduō.
（今日は昨日と比べて、気温がほぼ同じだ。）

④今天的气温并不比昨天低。Jīntiān de qìwēn bìng bùbǐ zuótiān dī.
（今日の気温は昨日より低いわけではない。）

(3) 正解は❷　（"让，叫"は受身文に使う場合、加動者が省略できませんが、"被"はそのような制限がありません）

①昨天在路上抢劫的犯人叫警察抓住了。（③④は省略）
Zuótiān zài lùshang qiǎngjié de fànrén jiào jǐngchá zhuāzhù le.
（昨日路上で略奪した犯人は警察に捕まった。）

(4) 正解は❸　（"要是"は「もしも～ならば」、"既然"は「～である以上」、"哪怕"は「たとえ～としても」、"因为…所以"は「～なので、だから」。"既然"は複文の前半に既に実現したか、もしくは確実となった前提を述べ、後半に結論を出します。"要是"は単純な仮定を表します）

①要是你已经决定了，那我就什么也不说了。
Yàoshi nǐ yǐjing juédìng le, nà wǒ jiù shénme yě bù shuō le.

（①もし君がすでに決めたら、私はもう何も言わないよ。）
　（②君がもう決めた以上、私には何を言うことがあるのか。）
　（④君がすでに決めたので、だから私はもう何も言わないよ。）

(5)　正解は❹　（"拿不了／拿不过来"は「量が多くて持ちきれない」、"拿不动"は「重くて持てない」、"拿不走"は「持っていかれない」）

①这么多东西，我就是长了十只手也拿不了啊！（②③は省略）
Zhème duō dōngxi, wǒ jiùshì zhǎngle shí zhī shǒu yě nábuliǎo a!
（荷物がこんなにたくさんあって、たとえ手が10個あっても持ちきれないよ。）

2

(6)　正解は❷　（"不动声色"は「感情を顔に現さない」、"不表现出来"は「気持ち、態度が顔や言動に出ない」、"喜形于色 xǐ xíng yú sè"は「喜びが顔に出る」、"不哭也不笑"は「泣かず笑わず」、"一点儿也不紧张 jǐnzhāng"は「少しも緊張しない」）

她早就看出了破绽，却不动声色。
Tā zǎojiù kànchūle pòzhàn, què bú dòng shēng sè.
（彼女ははやくもぼろを見つけたが、黙っていた。）

(7)　正解は❷　（"唱反调"は「反対を唱える、楯突く」、"唱对台戏 chàng duìtáixì"は「対抗する」、"跑调 pǎodiào"は「（歌の）調子がはずれる」、"唱高调 chàng gāodiào"は「大口をたたく」、"唱空城计 chàng kōngchéngjì"は「空城の計で騙す」）

他净跟别人唱反调，人家说东，他就说西。
Tā jìng gēn biéren chàng fǎndiào, rénjia shuō dōng, tā jiù shuō xī.
（彼はわざと反対の意見を言うばかり、相手が東と言うと、彼は西と言うのだ。）

(8)　正解は❷　（"费力不讨好／付出了很多代价也得不到应有的评价 fùchūle hěn duō dàijià yě débudào yīngyǒu de píngjià"は「骨折り損のくたびれ儲け」、"费口舌 fèi kǒushé"は「口数を費やす」、"消耗体力 xiāohào tǐlì"は「体力を消耗する」、"净说废话 Jìng shuō fèihuà"は「くだらないことばかりを言う」）

谁想干费力不讨好的差事？ Shéi xiǎng gàn fèilì bù tǎohǎo de chāishì?
（誰が骨折り損のくたびれ儲けのことをやりたいのか。）

(9)　正解は❷　（"靠得住／可以信赖 xìnlài"は「信頼できる」、"重感情"は「情

け深い」、"讲义气 jiǎng yìqi"は「義理人情に厚い」、"可以依靠 yīkào"は「頼ることができる」)

他是一个**靠得住**的人，你就放心吧。
Tā shì yí ge kàodezhù de rén, nǐ jiù fàngxīn ba.
(彼は信用できる人なので、心配しないでください。)

(10) 正解は❷ ("直肠子"は「まっすぐな性格（の人）」、"直来直去 zhí lái zhí qù"は「率直にものを言う」、"性格开朗 xìnggé kāilǎng"は「性格が朗らかだ」、"性子急 xìngzijí"は「せっかちだ」、"能忍耐 rěnnài"は「我慢できる」)

他是个**直肠子**，说话从来不会拐弯抹角的。
Tā shì ge zhíchángzi, shuōhuà cónglái bú huì guǎi wān mò jiǎo de.
(彼はあけすけな人で、話していても遠回しな言い方ができたことがない。)

3

(1) 正解は❶ ("简直"は「まったく」、"自然"は「自然に」)

他们哪里是在商量事儿，**简直**是在吵架。
Tāmen nǎli shì zài shāngliang shìr, jiǎnzhí shì zài chǎojià.
(彼らのどこが相談をしているのか、まったくけんかではないか。)

(2) 正解は❹ ("阵"はしばらく続いている事や動作に用い、"群"は群になっている物に用います、"股"は気体や水の流れなどに用い、"顿"は叱責等の回数に用います)

半夜两三点钟，一**阵**电话铃声，把我从梦中惊醒了。Bànyè liǎng sān diǎn zhōng, yí zhèn diànhuà língshēng, bǎ wǒ cóng mèngzhōng jīngxǐng le.
(夜中２，３時頃、電話がひとしきり鳴ったので、夢から起こされた。)

(3) 正解は❶ ("价格"は「料金」、"价值"は「値打ち」、"值钱"は「値段が高い」、"值得"は「～する値打ちがある」)

我去过中国很多地方，要说出租车的**价格**，恐怕要数这里最贵了。
Wǒ qùguo Zhōngguó hěn duō dìfang, yào shuō chūzūchē de jiàgé, kǒngpà yào shǔ zhèli zuì guì le.
(中国のいろいろなところに行ったことがあるが、タクシーについて言えば、たぶんここが１番高いだろう。)

(4) 正解は❸ ("调查"は「調査する」、"检讨"は「（過ちを）反省する」、"考察"は「視察する」、"检查"は「検査する、調査する」の意味、思想、仕事、言動、身体、衛生、品物の数量や品質、機械などに用い、「案件を調査する」は"调

査"を用います）

这个案件并没有彻底解决，还得进一步**调查**。
Zhèige ànjiàn bìng méiyǒu chèdǐ jiějué, hái děi jìn yí bù diàochá.
（この案件は徹底的に解決したわけではないので、さらに調査しなければならない。）

(5) 正解は❷　（"难受"は「気持ちが悪い」、"忍耐"は「我慢する」、"痛苦"は「苦しい」、"伤心"は「悲しくなる」）

他家门前堆满了垃圾，谁看了都**难受**。
Tā jiā ménqián duīmǎnle lājī, shéi kànle dōu nánshòu.
（彼の家の玄関はゴミが山積みで、誰が見ても気持ちが悪くなる。）

(6) 正解は❸　（"准备"は「準備する、～するつもりだ」、"打算"は「～するつもりだ」、"准时"は「時間通りに」、"预订"は「予約する」）

列车马上就要进站了，有在无锡下车的乘客，请**准备**下车。Lièchē mǎshàng jiùyào jìn zhàn le, yǒu zài Wúxī xiàchē de chéngkè, qǐng zhǔnbèi xiàchē.
（列車がまもなくホームに入るので、無錫で降りる乗客は下車の準備をしてください。）

(7) 正解は❸　（"趁"は「～のうちに」、"冲"は「～に向かって」、"被"は「～に～（される）」、"凭"は「～に基づいて」）

这是刚出锅的油条，快**趁**热吃吧。
Zhè shì gāng chūguō de yóutiáo, kuài chèn rè chī ba.
（これは出来立てのあげパンで、熱いうちにはやく食べてください。）

(8) 正解は❷　（"连…也"は「～さえも」、"只要…就"は「～さえすれば」、"连…带"は「～から～まで」、"只有…才"は「～してこそはじめて」）

她对自己总是很吝啬，平时**连**一分钱**也**不舍得乱花。
Tā duì zìjǐ zǒngshì hěn lìnsè, píngshí lián yì fēn qián yě bù shěde luàn huā.
（彼女はいつも自分にけちなことをする、普段1分も無駄に使わないようにしている。）

(9) 正解は❹　（"尽管"はここでは「遠慮なく」の意味、"哪怕"は「たとえ～としても」、"也就"は「～したらもう～だ」、"不管"は「～であっても」）

今后你有什么要求，**尽管**说。Jīnhòu nǐ yǒu shénme yāoqiú, jǐnguǎn shuō.
（今後何かご要望があれば、ご遠慮なく言ってください。）

⑽ 正解は❶　("负不起"は「負いきれない」、"受不了"は「耐えられない」、"想不通"は「納得できない」、"付不起"は「払えない」)

你们随便带患者出去，出了问题医院可**负不起**这个责任啊！
Nǐmen suíbiàn dài huànzhě chūqu, chūle wèntí yīyuàn kě fùbuqǐ zhèige zérèn a!
（あなたたちは勝手に患者さんを外に連れていったりして、問題を起こしたら病院側はとてもこんな責任を負いきれませんよ。）

4

日本語訳

　状元は古代中国では、1番高い学位の授与者なので、人々は状元を大変尊敬していた。状元が街に来るのを見ると、みんな思わず道を譲ったり便宜をはかってあげる。それは当時既に当たり前のことになっていたようだ。

　昔自信満々のきこりがいたそうで、ある日街で意気揚揚と歩く状元に会った。彼は状元に道を譲らなかったばかりではなく、逆に状元だって別にたいしたことはない、私に学校へ行くお金があれば、状元になれると大胆に言った。状元は、なんと相手が自分にこんなに失礼なことをするのを見て、あなたは無知であるのに思い上がっているので、だからこそ、あなたは柴刈りがお似合いだ、と大変怒って言った。しかしきこりは少しも弱気にならず、世の中にどこでも学問があり、柴を刈ることにも柴を刈る学問がある、と言った。言いながら1つの木の切れ端を出して、またその上に線を1本書いて、それから斧を持ち上げ、垂直に切った。少しのずれもなくぴったりとその線に沿っていた。状元はそれを見てびっくりして目を丸くし口をぽかんと開けた、本当に36の業界はどんな職業にも優れた人がいるものだ、と驚いて言った。このような話が民間に伝わった。

　時間の経過と社会の発展につれて、業界も絶え間なく増えてきた。いつの間にか、唐朝社会の肉、鮮魚、薬、皮革、芸能、裁縫、玉石、絹、紙、文房具、お茶、酒米などの36業界はとっくに360業界に変わった。しかもこの諺も名言になり、誰もが知るところとなった。

　しかし360業界はいったいどの業界を指すか、はっきり説明できる人はいないだろう。実際のところ皆さんもそんなに真面目に考えなくてもよい、古代の業界も36業界だけではなく、現代社会の業界はさらに360業界どころか、3600業界あると言っても言いすぎではないだろう。いまも伝わる「360業界、どの業界も優れた人物がいる」という諺は、ただの概数だ。言うのに語呂がよいにすぎない、決して現在360業界しかないと言っているわけではない。

> ピンイン

　　Zhuàngyuán zài gǔdài Zhōngguó, shì zuìgāo xuéwèizhě, suǒyǐ lǎobǎixìng duì zhuàngyuán dōu shì bì gōng bì jìng de. Yí jiàndào zhuàngyuán jìnchéng, dàjiā bù yóu zì zhǔ de dōu yào gěi rànglù, tígōng fāngbiàn. Zài dāngshí zhè hǎoxiàng yǐjing chéngwéi lǐ suǒ dāng rán de shì le.

　　Chuánshuō gǔdài yǒu ge zìxìn mǎnmǎn de qiáofū, yì tiān zài jiēshang jiàndàole yí ge zhǐ gāo qì yáng de zhuàngyuán. Tā bùjǐn méi gěi zhuàngyuán rànglù, fǎn'ér hái gǎn shuō, zhuàngyuán yě méiyǒu shénme liǎobuqǐ de, wǒ yàoshi yǒu qián niànshū dehuà, yě néng chéngwéi zhuàngyuán. Zhuàngyuán jiàn tā jìngrán gǎn duì zìjǐ rúcǐ bú jìng, fēicháng qìfènde shuō, jiù yīnwèi nǐ bù zhī tiān gāo dì hòu, suǒyǐ nǐ zhǐ pèi qù kǎn chái. Kěshì qiáofū què háobù shìruò, shuō, tiānxià wú chù wú xuéwèn, kǎn chái yě yǒu kǎn chái de xuéwèn. Shuōzhe jiù náchu yí kuài mùtou lai, bìng zài mùtoushang huàle tiáo xiàn, ránhòu jǔqi fǔtou chuízhíde pīle xiàqu. Zhǐ jiàn tā sīháo bú chà de pīzàile nà tiáo xiànshang. Zhuàngyuán kànde mù dèng kǒu dāi, jīngtànde shuō, zhēn shì sānshíliù háng, hángháng chū zhuàngyuán a!

　　Suízhe shíjiān de liúshì hé shèhuì de fāzhǎn, hángyè yě zài búduànde zēngjiā. Bùzhī cóng hérì qǐ, Tángdài shèhuì de ròusìháng、xiānyúháng、yàosìháng、pígéháng、záshuǎháng、chéngyīháng、yùshíháng、sīchóuháng、zhǐháng、wénfángyòngjùháng、cháháng、jiǔmǐháng děng sānshíliù háng, zǎoyǐ biànchéngle sānbǎi liùshí háng. Érqiě zhè jù yànyǔ yě yǐ chéngwéi míngyán, jiā yù hù xiǎo, rén rén jiē zhī.

　　Kěshì zhè sānbǎi liùshí háng, dàodǐ zhǐ de shì nǎxiē hángdang, dàgài méi rén shuōdechūlái. Qíshí dàjiā yě búbì guòyú rènzhēn, gǔdài de hángyè yě bùjǐnjǐn shì sānshíliù háng, xiàndài shèhuì de hángyè, qǐzhǐ shì sānbǎi liùshí háng, jíshǐ shuō yǒu sānqiān liùbǎi háng dàgài yě bú guò yán ba. Ér rújīn liúchuánxialai de "sānbǎi liùshí háng, hángháng chū zhuàngyuán" zhè jù yànyǔ, zhǐ shì ge gàishù. Zhǐbuguò shì shuōqilai shùnkǒu éryǐ, bìng bú shì shuō xiànzài de hángyè zhǐ yǒu sānbǎi liùshí háng.

> 解答・解説

(1) 正解は ❸　("不仅…反而…"は「～ばかりではなく、かえって～」、"不是…就是…"は「～でなければ～だ」、"只要…就"は「～しさえすれば」、"或者…或者"は「～したり～したり（する）」)

(2) 正解は ❷　("不知天高地厚 bù zhī tiān gāo dì hòu"は「天の高さも地の厚さも知らない、無知であるのに思いあがっている」、"无知却狂妄自大 wúzhī

què kuángwàng zìdà」は「無知であるのに天狗になる」、"天高皇帝远 tiān gāo huángdì yuǎn」は「帝王の力は遠方には届かない」、"天不怕，地不怕 tiān bú pà, dì bú pà」は「天も地も恐れない、怖いものなし」、"无法无天 wú fǎ wú tiān」は「無法の限りを尽くす」)

(3) 正解は❶ ("丝毫不差 sīháo bú chà」は「寸分も違わない」、"分秒不差 fēnmiǎo bú chà」は「1分1秒も違わない」、"阴差阳错 yīn chā yáng cuò」は「事が食い違ってうまくいかないこと」、"一念之差 yí niàn zhī chā」は「ちょっとした考え違い（で重大な結果をもたらす）」)

(4) 正解は❸ ("目瞪口呆 mù dèng kǒu dāi」は「呆然とするさま」、"因为他看见樵夫劈得准确无误，惊成了那样。Yīnwèi tā kànjiàn qiáofū pīde zhǔnquè wúwù, jīng chéngle nàyàng."は「彼はきこりが少しのずれもなくぴったりと切ったのを見たので、びっくりしてそうなった」、"因为他看见樵夫把木头劈成了两半儿，吓成了那样。Yīnwèi tā kànjiàn qiáofū bǎ mùtou pīchéngle liǎngbànr, xiàchéngle nàyàng."は「彼はきこりが木材を2つに切ってしまったのを見たので、恐れてそうなった」、"因为他看见樵夫抡起了斧头，吓成了那样。Yīnwèi tā kànjiàn qiáofū lūnqile fǔtóu, xiàchéngle nàyàng."は「彼はきこりが斧を振るったのを見たので、恐れてそうなった」、"因为他看见樵夫竟敢对他不敬，气成了那样。Yīnwèi tā kànjiàn qiáofū jìnggǎn duì tā bú jìng, qìchéngle nàyàng."は「彼はきこりが自分になんと失礼なことをするのを見たので、腹が立ってそうなった」)

(5) 正解は❹ ("到底 dàodǐ" "究竟 jiūjìng"は「いったい」の意味を持つ、"终于 zhōngyú"は「ついに」、"不愧 búkuì"は「さすが」、"毕竟 bìjìng"は「結局」)

(6) 正解は❷ ("别看那个樵夫没有文化，可是他确实是一个响当当的工匠。Biékàn nèige qiáofū méiyǒu wénhuà, kěshì tā quèshí shì yí ge xiǎngdāngdāng de gōngjiàng."は「あのきこりは学歴がないけれども、間違いなく立派な職人だ」、"唐朝以前就有三百六十行，行行出状元的说法。Tángcháo yǐqián jiù yǒu sānbǎi liùshí háng, hángháng chū zhuàngyuán de shuōfǎ."は「唐朝の前にすでに360業界はどんな職業にも優れた人がいるという言い方があった」、"大家都认为那个樵夫是因为没钱念书，才没成为状元的。Dàjiā dōu rènwéi nèige qiáofū shì yīnwèi méi qián niàn shū, cái méi chéngwéi zhuàngyuán de."は「みんなは、あのきこりはお金がなくて学校に行かなかったため、状元にならなかったと思っている」、"古代有法律规定百姓必须给状元让路。Gǔdài yǒu fǎlǜ guīdìng bǎixìng bìxū gěi zhuàngyuán rànglù."は「古代には、庶民は必ず状元に道を譲るということを定めた法律があった」)

5

(1) 君は本当に私を怒らせた、もうこれ以上君と話したくないよ。
你真把我气死了，我再也不想和你说话了。
Nǐ zhēn bǎ wǒ qìsǐ le, wǒ zàiyě bù xiǎng hé nǐ shuōhuà le.
（「これ以上〜しない、２度と〜しない」は"再也不…"を用いてよいです、文末の"了"は状態変化を表します。「大変怒らせた」は"把我气死了 / 气死人了 / 让人生气"を用いてよいです）

(2) 多くの観光客も地元の人と一緒に歌を歌いだしたほど興奮した。
许多旅游者也兴奋得跟当地人一起唱起歌来了。
Xǔduō lǚyóuzhě yě xīngfènde gēn dāngdìrén yìqǐ chàngqi gē lai le.
（離合詞"唱歌"の"歌"は持ち運べない目的語なので、方向補語"来"の前に置きます）

(3) 梅雨になるとほとんど毎日傘が欠かせない。
到了梅雨季节，几乎天天离不开雨伞。
Dàole méiyǔ jìjié, jīhū tiāntiān líbukāi yǔsǎn.
（「傘が欠かせない」は"离不开雨伞"、可能補語は目的語が取れます）

(4) このスーツは確かに綺麗だけど、少し小さい。
这套西服漂亮是漂亮，就是有点儿小。
Zhè tào xīfú piàoliang shì piàoliang, jiùshì yǒudiǎnr xiǎo.
（「確かに〜だが、しかし〜」は"A 是 A，就是…"で表現できます）

(5) ここの羽毛ジャケットはほとんど見たが、デザインは基本的に同じだ。
这儿的羽绒服我几乎都看过了，样式基本上差不多。
Zhèr de yǔróngfú wǒ jīhū dōu kànguo le, yàngshì jīběnshang chābuduō.
（「同じくらい」は"差不多"で表せます）

付録　常用連語、熟語、離合詞

A

挨罚	áifá		罰を受ける
矮半截	ǎi bànjié		一段と劣る
爱面子	ài miànzi		体裁にこだわる
碍事	àishì		邪魔になる
碍手脚	ài shǒujiǎo		邪魔になる
安空调	ān kōngtiáo		エアコンを取り付ける
安排日程	ānpái rìchéng		スケジュールを作る
安排家务	ānpái jiāwù		家事の切り盛りをする
熬夜	áoyè		徹夜する

B

八九不离十	bā jiǔ bù lí shí		大体のところだ
八字没一撇	bā zì méi yì piě		目鼻もつかない
罢课	bàkè		授業をボイコットする
罢工	bàgōng		ストライキをする
摆摊儿	bǎi tānr		露店を出す
摆阔气	bǎi kuòqi		金持ちぶる
摆手	bǎishǒu		手を振る
摆样子	bǎi yàngzi		格好をつける
搬家	bānjiā		引越しする
办公司	bàn gōngsī		会社を作る
办护照	bàn hùzhào		パスポートを取る
办签证	bàn qiānzhèng		ビザを取る
办手续	bàn shǒuxù		手続きをする
半斤八两	bàn jīn bā liǎng		ドングリの背くらべ
半开玩笑	bàn kāi wánxiào		冗談半分
帮倒忙	bāng dàománg		ありがた迷惑なことをする
包车	bāochē		車を貸し切る
饱眼福	bǎo yǎnfú		目の保養になる
保持距离	bǎochí jùlí		距離を置く
保密	bǎomì		秘密にする
抱孩子	bào háizi		子供を抱く
爆冷门	bào lěngmén		番狂わせになる
报警	bàojǐng		通報する
报名	bàomíng		申し込む
背单词	bèi dāncí		単語を暗記する

背台词	bèi táicí	セリフを暗記する
闭眼睛	bì yǎnjing	目を閉じる
表示感谢	biǎoshì gǎnxiè	感謝の意を表す
表示怀疑	biǎoshì huáiyí	疑問を持つ
编剧本	biān jùběn	脚本を作る
编程序	biān chéngxù	プログラムを作る
变戏法	biànxìfǎ	手品をする
变样儿	biànyàngr	様相が変わる
表演节目	biǎoyǎn jiémù	出し物を演じる
不凑巧	bú còuqiǎo	あいにく
不到家	bú dàojiā	まだ不十分だ
不得法	bù défǎ	要領が悪い
不服气	bù fúqì	負けず嫌いだ
不甘心	bù gānxīn	断念しない
不敢当	bù gǎndāng	恐れ入ります
不简单	bù jiǎndān	すばらしい
不管三七二十一	bùguǎn sān qī èrshiyī	一切を顧みず
不好意思	bù hǎoyìsi	恥ずかしい、すみません
不见得	bújiànde	〜とは限らない
不介意	bú jièyì	気にかけない
不经意	bù jīngyì	不注意
不科学	bù kēxué	科学的ではない
不买账	bù mǎizhàng	服従しない
不起眼	bù qǐyǎn	目立たない
不认帐	bú rènzhàng	非を認めない
不识货	bù shíhuò	目が利かない
不是味儿	bú shì wèir	いやな感じがする
不像话	bú xiànghuà	話にならない
不在乎	búzàihu	気にかけない、気にしない
不值得	bù zhíde	〜する値打ちがない

C

擦玻璃	cā bōli	ガラスをふく
擦黑板	cā hēibǎn	黒板を消す
猜谜语	cāi míyǔ	謎々を当てる
查户口	chá hùkǒu	戸籍検査をする
查字典	chá zìdiǎn	辞書を引く
查资料	chá zīliào	資料を検索する
唱对台戏	chàng duìtáixì	相手に対抗してやる
唱反调	chàng fǎndiào	反対の行動をとる

唱高调	chàng gāodiào	大口をたたく
唱歌儿	chànggēr	歌を歌う
炒股	chǎogǔ	株を売買する
炒鱿鱼	chǎo yóuyú	首にする
吵架	chǎojià	口喧嘩をする
扯后腿	chě hòutuǐ	足を引っ張る
称体重	chēng tǐzhòng	体重を量る
盛饭	chéngfàn	ご飯を盛る
成气候	chéng qìhou	前途有望である
成问题	chéng wèntí	問題になる
吃闭门羹	chī bìméngēng	門前払いを食らう
吃不惯	chībuguàn	食べ慣れない
吃不开	chībukāi	もてない
吃不了兜着走	chībuliǎo dōuzhe zǒu	責任を取る
吃不下	chībuxià	のどを通らない
吃不消	chībuxiāo	耐えられない
吃不住	chībuzhù	支えきれない
吃醋	chīcù	やきもちをやく
吃后悔药	chī hòuhuǐyào	後悔する
吃惊	chījīng	驚く
吃亏	chīkuī	損をする
吃老本	chī lǎoběn	昔の知識や実績に満足しこれ以上努力しないこと
吃鸭蛋	chī yādàn	試験で零点を取る
充电	chōngdiàn	充電する
抽空	chōukòng	時間を割く、暇を作る
抽签	chōuqiān	くじを引く
抽样	chōuyàng	サンプルを抽出する
出汗	chūhàn	汗をかく
出毛病	chū máobing	故障が起きる
出难题	chū nántí	困らせる
出洋相	chū yángxiàng	恥をさらす
穿马路	chuān mǎlù	大通りを横切る
穿小鞋	chuān xiǎoxié	困らせる
穿鞋	chuānxié	靴を履く
穿衣服	chuān yīfu	服を着る
吹冷风	chuī lěngfēng	水を差す
吹牛（皮）	chuī niú(pí)	ほらを吹く
凑趣儿	còuqùr	座を盛り上げる
凑热闹	còu rènao	仲間に入って賑やかにやる、邪魔をする
存钱	cúnqián	お金を預ける

存行李	cún xíngli	荷物を預ける
错过时机	cuòguò shíjī	チャンスを逃す

D

打扮	dǎbàn	着飾る、おめかしをする
打包	dǎbāo	あまったものを持ち帰る
打保票	dǎ bǎopiào	保証する
打盹儿	dǎ dǔnr	居眠りをする
打光棍	dǎ guānggùn	（男性が）独身で暮す
打哈欠	dǎ hāqian	あくびをする
打基础	dǎ jīchǔ	基礎を作る
打交道	dǎ jiāodao	交際する
打雷	dǎléi	雷が鳴る
打麻将	dǎ májiàng	マージャンをする
打马虎眼	dǎ mǎhuyǎn	知らん顔をしてごまかす
打蔫儿	dǎniānr	元気がない、しおれる
打喷嚏	dǎ pēntì	くしゃみをする
打扑克	dǎ pūkè	トランプをする
打气	dǎqì	空気を入れる
打入冷宫	dǎrù lěnggōng	お蔵入りになる
打伞	dǎsǎn	傘をさす
打扫房间	dǎsǎo fángjiān	部屋を掃除する
打闪	dǎshǎn	稲妻が光る
打招呼	dǎ zhāohu	挨拶をする、知らせる、伝える
打折	dǎzhé	割引をする、割り引く
打针	dǎzhēn	注射をする
戴高帽	dài gāomào	人をおだてる
戴戒指	dài jièzhi	指輪をはめる
戴口罩	dài kǒuzhào	マスクをする
戴帽子	dài màozi	帽子をかぶる
戴手套	dài shǒutào	手袋をはめる
戴眼镜	dài yǎnjìng	メガネをかける
代课	dàikè	代講する
贷款	dàikuǎn	金を貸す、金を借りる
耽误时间	dānwu shíjiān	時間を無駄にする
担风险	dān fēngxiǎn	リスクを覚悟する
但愿如此	dànyuàn rúcǐ	そうなったらいいです
当老师	dāng lǎoshī	教師をする
当翻译	dāng fānyì	通訳をする、通訳になる
倒车	dǎochē	乗り換えをする

倒霉	dǎoméi	運が悪い
倒车	dàochē	車をバックさせる、車を後退させる
倒垃圾	dào lājī	ゴミを捨てる
登广告	dēng guǎnggào	広告を載せる
登陆	dēnglù	上陸する
点菜	diǎncài	料理を注文する
点灯	diǎndēng	電気をつける
点歌	diǎngē	歌をリクエストする
点名	diǎnmíng	出席を取る
点钱	diǎnqián	お金を数える
点头儿	diǎntóur	うなずく、軽く頭を下げる
钓鱼	diàoyú	魚を釣る
掉头发	diào tóufa	髪の毛が抜ける
掉眼泪	diào yǎnlèi	涙を落とす
掉雨点儿	diào yǔdiǎnr	雨がぽつぽつ降り出す
跌价	diējià	値下がりする
叠衣服	dié yīfu	服を畳む
丁是丁，卯是卯	dīng shì dīng, mǎo shì mǎo	事物に几帳面である
订报（纸）	dìng bào(zhǐ)	新聞を取る
订合同	dìng hétong	契約を結ぶ
订货	dìnghuò	商品を注文する
订计划	dìngjìhuà	プランを作る
订票	dìngpiào	チケットを予約する
丢面子	diū miànzi	メンツをつぶす
东家长西家短	dōngjiā cháng xījiā duǎn	東の家はどうだ西の家はこうだと言う、とやかく言う
动脑筋	dòng nǎojīn	頭を働かせる
动身	dòngshēn	出発する
动手术	dòng shǒushù	手術をする
兜老底	dōu lǎodǐ	昔の秘密をあばきだす
兜风	dōufēng	ドライブする
兜圈子	dōu quānzi	遠回しにする
肚子疼	dùzi téng	お腹が痛い
度假	dùjià	休日を過ごす
锻炼身体	duànliàn shēntǐ	身体を鍛える
断绝关系	duànjué guānxi	関係を断つ
堆雪人	duī xuěrén	雪ダルマを作る
对半开	duìbàn kāi	5分5分の割合で分ける
对表	duìbiǎo	時計を合わせる
对号入座	duìhào rùzuò	指定席に座る

E

耳旁风	ěrpángfēng	聞き流す
二百五	èrbǎiwǔ	間抜け

F

发榜	fābǎng	合格者の名前を発表する
发财	fācái	財産を作る
发愁	fāchóu	心配する、悩む、愁う
发传真	fā chuánzhēn	ファックスを送る
发呆	fādāi	ぽかんとする
发工资	fā gōngzī	給料を払う
发牢骚	fā láosao	不平を言う
发脾气	fā píqi	かんしゃくを起こす
发球	fāqiú	ボールをサーブする
发烧	fāshāo	熱が出る
发神经	fā shénjīng	気が狂う
发通知	fā tōngzhī	通知を出す
发伊妹儿	fā yīmèir	電子メールを送る
罚款	fákuǎn	罰金を取る
翻报纸	fān bàozhǐ	新聞をめくる
犯错误	fàn cuòwù	過ちを犯す
放高利贷	fàng gāolìdài	高利貸しをする
放学	fàngxué	学校がひける
放烟火	fàng yānhuǒ	花火を打ち上げる
放音乐	fàng yīnyuè	音楽を流す
费时间	fèi shíjiān	時間を費やす
分期付款	fēnqī fùkuǎn	分割で支払う
负责任	fù zérèn	責任を負う

G

盖被	gàibèi	布団を掛ける
盖房子	gài fángzi	家を建てる
盖印	gàiyìn	印を押す
盖章	gàizhāng	印を押す
干家务	gàn jiāwù	家事をする
赶不上	gǎnbushàng	間に合わない
赶时间	gǎn shíjiān	時間に間に合うよう急ぐ
赶时髦	gǎn shímáo	流行を追う
搞对象	gǎo duìxiàng	恋愛中、結婚相手を探す

搞关系	gǎo guānxi	コネをつくる
搞建筑	gǎo jiànzhù	建築の仕事に従事する
刮胡子	guā húzi	ひげを剃る
挂电话	guà diànhuà	電話を切る
挂号	guàhào	番号を登録する
拐弯儿	guǎi wānr	角を曲がる
怪别人	guài biéren	人のせいにする
关电视	guān diànshì	テレビを消す
广播新闻	guǎngbō xīnwén	ニュースを放送する
逛街	guàngjiē	町をぶらつく
逛商店	guàng shāngdiàn	ウインドーショッピングをする
过马路	guò mǎlù	大通りを渡る、通りを横切る
过目	guòmù	目を通す
过年	guò nián	新年を迎える
过期	guòqī	期限が切れる
过日子	guò rìzi	暮らす、生活する
过生日	guò shēngrì	誕生日を祝う
过圣诞节	guò Shèngdànjié	クリスマスを迎える
过时	guòshí	流行遅れ
过瘾	guòyǐn	十分に満足する

H

合口味	hé kǒuwèi	口に合う、好みに合う
贺年	hènián	新年を祝う
胡说	húshuō	でたらめを言う
糊涂账	hútuzhàng	どんぶり勘定
花钱	huāqián	お金を使う
花时间	huā shíjiān	時間を費やす
滑冰	huábīng	スケートをする
滑雪	huáxuě	スキーをする
划船	huáchuán	舟をこぐ
画画儿	huà huàr	絵を描く
化妆	huàzhuāng	化粧する
换车	huànchē	乗り換える
换钱	huànqián	両替をする
换衣服	huàn yīfu	着替える
灰心	huīxīn	がっかりする
恢复健康	huīfù jiànkāng	健康を取り戻す
回电话	huí diànhuà	折り返し電話をする
回锅	huíguō	鍋に戻して温め直す

回头	huítóu	振り返る
回信	huíxìn	返信する、返事する
回答问题	huídá wèntí	質問に答える
活该	huógāi	ざまを見ろ、自業自得
活见鬼	huójiànguǐ	おかしなことだ

J

积累经验	jīlěi jīngyàn	経験を積む
挤车	jǐchē	満員電車に乗る
挤牛奶	jǐ niúnǎi	牛の乳をしぼる
挤时间	jǐ shíjiān	時間を割く
系安全带	jì ānquándài	安全ベルトを締める
系领带	jì lǐngdài	ネクタイをする
寄包裹	jì bāoguǒ	小包を郵送する
记日记	jì rìjì	日記をつける
加热	jiārè	温める、加熱する
加油	jiāyóu	頑張る、頑張れ
减肥	jiǎnféi	ダイエットする
减价	jiǎnjià	値引きする
剪头发	jiǎn tóufa	髪を切る
剪指甲	jiǎn zhǐjia	つめを切る
检票	jiǎnpiào	（改札で）切符を切る
讲故事	jiǎng gùshi	物語を語る
讲价	jiǎngjià	値段を交渉する
讲课	jiǎngkè	授業をする
降低成本	jiàngdī chéngběn	コストを下げる
交朋友	jiāo péngyou	友達を作る
交钱	jiāoqián	お金を払う
交作业	jiāo zuòyè	宿題を提出する
绞脑汁	jiǎo nǎozhī	知恵を絞る
接电话	jiē diànhuà	電話に出る
接站	jiēzhàn	駅で人を出迎える
结冰	jiébīng	氷が張る
节省时间	jiéshěng shíjiān	時間を節約する
解冻	jiědòng	解凍する
解毒	jiědú	解毒する
解雇	jiěgù	解雇する
解决问题	jiějué wèntí	問題を解決する
戒烟	jièyān	禁煙する
借款	jièkuǎn	金を借りる

借钱	jièqián	借金をする
进餐	jìncān	食事をとる
进口	jìnkǒu	輸入する、入口
进屋	jìnwū	部屋に入る
精神准备	jīngshén zhǔnbèi	心の準備
举例子	jǔ lìzi	例を挙げる
举手	jǔshǒu	手を上げる
举行婚礼	jǔxíng hūnlǐ	結婚式をあげる
举行比赛	jǔxíng bǐsài	試合を行う
举行宴会	jǔxíng yànhuì	宴会を催す
纠正错误	jiūzhèng cuòwù	誤りを正す
纠正发音	jiūzhèng fāyīn	発音を矯正する
救火	jiùhuǒ	消防する
救命啊	jiùmìng a	助けてくれ、命を助ける
救灾	jiùzāi	災難から救う
捐款	juānkuǎn	金を寄付する

K

开刀	kāidāo	メスを入れる
开发票（收据）	kāi fāpiào(shōujù)	領収書を書く、伝票を切る
开公司	kāi gōngsī	会社をはじめる
开工资	kāi gōngzī	給料を支払う
开会	kāihuì	会議を開く、会議に出席する
开空调	kāi kōngtiáo	エアコンのスイッチを入れる
开户头	kāi hùtóu	口座を作る
开绿灯	kāi lǜdēng	ゴーサインを出す、便宜を提供する
开门	kāimén	扉を開く、営業を開始する
开玩笑	kāi wánxiào	冗談を言う
开眼界	kāi yǎnjiè	見聞や視野を広める
开药	kāiyào	薬をもらう、処方を書く
开夜车	kāi yèchē	徹夜する、夜なべをする
看孩子	kān háizi	子守りをする
看家	kānjiā	留守番をする
看报纸	kàn bàozhǐ	新聞を読む
看病	kànbìng	診察する、診察を受ける
看病人	kàn bìngrén	見舞いをする
看不起	kànbuqǐ	見下げる、ばかにする
看热闹	kàn rènao	野次馬見物をする、高見の見物をする
考大学	kǎo dàxué	大学を受ける
烤面包	kǎo miànbāo	パンを焼く

刻图章	kè túzhāng	判子を作る
哭鼻子	kū bízi	泣く

L

拉肚子	lā dùzi	下痢をする
拉关系	lā guānxi	コネをつける
拉小提琴	lā xiǎotíqín	バイオリンを弾く
拉手	lāshǒu	手をつなぐ
来不及	láibují	間に合わない、追いつかない
来得及	láidejí	間に合う、まだ〜する時間がある
离谱	lípǔ	筋から外れる
离题	lítí	話が脱線する
理发	lǐfà	散髪する
量身高	liáng shēngāo	身長を測る
量体温	liáng tǐwēn	体温を測る
量体重	liáng tǐzhòng	体重を量る
凉了半截	liángle bànjié	がっかりする
聊天儿	liáotiānr	おしゃべりをする
流鼻涕	liú bítì	鼻水を垂らす
流眼泪	liú yǎnlèi	涙を流す
留后路	liú hòulù	逃げ道を残す
留面子	liú miànzi	（相手の）顔をつぶさないようにする
留念	liúniàn	記念として残す
留情	liúqíng	寛大に扱う
留神	liúshén	注意する
留条子	liú tiáozi	メモを書き残す
留言	liúyán	伝言する
留一手	liú yì shǒu	奥の手を最後まで残す
留作业	liú zuòyè	宿題を出す
露脸	lòuliǎn	面目を施す、男を上げる
露面	lòumiàn	顔を出す
露一手	lòu yìshǒu	腕前を見せる
露马脚	lòu mǎjiǎo	ぼろを出す
录音	lùyīn	録音をする
录像	lùxiàng	録画をする
乱弹琴	luàntánqín	でたらめなことをする
乱糟糟	luànzāozāo	雑然としている
轮班	lúnbān	交替する
落榜	luòbǎng	落第する
落空	luòkōng	目的や目標がだめになる

落选	luòxuǎn	落選する

M

马后炮	mǎhòupào	後の祭り
买单	mǎidān	支払いをする
忙工作	máng gōngzuò	忙しく仕事をする
冒险	màoxiǎn	冒険する
冒烟	màoyān	煙が出る
没办法	méi bànfǎ	仕方がない
没错儿	méi cuòr	間違いない
没趣	méiqù	つまらない
没什么	méi shénme	なんでもない
没事儿	méi shìr	大丈夫だ
没说的	méishuōde	文句をつけるところがない
没问题	méi wèntí	大丈夫だ
没戏	méixì	見込みがない
没心眼儿	méi xīnyǎnr	考えが浅い、人を疑わない
没想到	méi xiǎngdào	思わなかった
没意思	méi yìsi	退屈だ、面白くない
没治了	méizhìle	すごいもんだ
没准儿	méizhǔnr	不確定だ
蒙在鼓里	méngzài gǔlǐ	かやの外にいる
迷路	mílù	道に迷う
迷人	mírén	夢中にさせる
描眉毛	miáo méimao	眉を作る
面对面	miàn duì miàn	面と向かって

N

拿不出手	nábuchū shǒu	人前に出せない
拿手菜	náshǒucài	得意料理
拿主意	ná zhǔyì	考えを決める
纳闷儿	nàmènr	腑に落ちる
难为情	nánwéiqíng	恥ずかしい
闹别扭	nào bièniu	仲たがいする
闹病	nàobìng	病気にかかる
闹肚子	nào dùzi	下痢をする
闹饥荒	nào jīhuang	生活に困る
闹矛盾	nào máodùn	仲たがいする
闹离婚	nào líhūn	離婚騒ぎをする
闹情绪	nào qíngxù	不満を抱く

闹事儿	nàoshìr	騒動を起こす
闹笑话	nào xiàohua	おかしな間違いをする、ふざける
闹着玩儿	nàozhe wánr	冗談を言う
捏把汗	niē bǎ hàn	手に汗を握る、びくびくする

P

爬山	páshān	山に登る
爬树	páshù	木に登る
怕老婆	pà lǎopo	恐妻家
怕冷	pà lěng	寒さに弱い、寒がる
怕麻烦	pà máfan	面倒がる
怕热	pà rè	暑さに弱い、暑がる
拍马屁	pāi mǎpì	ゴマをする
拍电影	pāi diànyǐng	映画を作る、映画を撮る
拍手	pāishǒu	拍手をする、手を叩く
拍照	pāizhào	写真を撮る
排队	páiduì	列を作る
刨根问底	páo gēn wèn dǐ	とことんまで追究する
跑步	pǎobù	ジョギングする
跑马拉松	pǎo mǎlāsōng	マラソンをする
跑买卖	pǎo mǎimai	商売で走り回る
跑题	pǎotí	本題から外れる
泡吧	pàobā	バーで時間をつぶす
泡蘑菇	pào mógu	時間をつぶす
泡时间	pào shíjiān	時間をつぶす
泡汤	pàotāng	ふいになる
泡温泉	pào wēnquán	温泉につかる
赔本儿	péiběnr	元金を割る
赔不是	péi búshi	謝る
赔钱	péiqián	損をする
配眼镜	pèi yǎnjìng	メガネを作る
配药	pèiyào	症状に合わせて薬を調合する
配钥匙	pèi yàoshi	鍵を作る
配音	pèiyīn	吹き替えをする
配乐	pèiyuè	音楽の吹き込みをする
碰钉子	pèng dīngzi	困難にぶつかる
碰运气	pèng yùnqi	運を試す
骗人	piànrén	人を騙す
凭票入场	píngpiào rùchǎng	チケットで入場する
评分	píngfēn	採点をする

泼冷水	pō lěngshuǐ	水を差す
破案	pò'àn	事件を解決する
破产	pòchǎn	破産する
破纪录（记录）	pò jìlù	新記録を作る
破钱	pòqián	金を崩す

Q

沏茶	qīchá	お茶を入れる
起名字	qǐ míngzi	名前をつける
起作用	qǐ zuòyòng	役割を果たす
弃权	qìquán	棄権する
签（订）合同	qiān(dìng) hétong	契約を結ぶ
敲警钟	qiāo jǐngzhōng	警鐘を鳴らす
敲门	qiāomén	ドアをノックする
翘尾巴	qiào wěiba	得意になる
切菜	qiēcài	野菜を切る
请假	qǐngjià	休みをもらう
请客	qǐngkè	客を招待する

R

染头发	rǎn tóufa	髪を染める
让步	ràngbù	譲歩する
让座	ràngzuò	席を譲る、席をすすめる
热饭	rèfàn	ご飯を温める
扔垃圾	rēng lājī	ゴミを捨てる

S

撒谎	sāhuǎng	うそをつく
赛马	sàimǎ	競馬をする
散步	sànbù	散歩する
扫地	sǎodì	掃除する
扫面子	sǎo miànzi	面目を失う
扫墓	sǎomù	墓参りをする
扫兴	sǎoxìng	興が覚める
扫雪	sǎoxuě	雪掻きをする
刹车	shāchē	ブレーキをかける
傻眼	shǎyǎn	ぽかんとする
晒太阳	shài tàiyáng	日なたぼっこをする、日光浴をする
晒衣服	shài yīfu	服を干す

闪电	shǎndiàn	稲妻が走る
伤感情	shāng gǎnqíng	感情を害する
伤脑筋	shāng nǎojīn	頭を悩ます
伤身体	shāng shēntǐ	身体を害する
伤自尊心	shāng zìzūnxīn	プライドを傷つける
上电视	shàng diànshì	テレビに出る
上街	shàngjiē	街へ行く
上闹钟	shàng nàozhōng	目覚まし時計をかける
上年纪	shàng niánjì	年をとる
上市	shàngshì	市場に出回る
上税	shàngshuì	納税する
上岁数	shàng suìshu	年をとる
上网	shàngwǎng	インターネットに接続する
上下班	shàngxiàbān	通勤する
上药	shàngyào	薬をつける
上瘾	shàngyǐn	癖になる
烧高香	shāo gāoxiāng	感謝する
烧香	shāoxiāng	香を焚く
舍不得	shěbude	離れがたい、惜しがる
生病	shēngbìng	病気になる
生孩子	shēng háizi	子供が生まれる、子供を作る
生气	shēngqì	怒る
试体温	shì tǐwēn	体温を測る
收拾房间	shōushi fángjiān	部屋を片付ける
受害	shòuhài	害を受ける
受欢迎	shòu huānyíng	歓迎される
受委屈	shòu wěiqu	つらい思いをさせる
梳头	shūtóu	髪をとかす、髪を結う
刷卡	shuākǎ	カードを使う
刷鞋	shuāxié	靴を磨く
刷牙	shuāyá	歯を磨く
耍花招	shuǎ huāzhāo	ずるい手段を使う
耍贫嘴	shuǎ pínzuǐ	減らず口をたたく
睡懒觉	shuì lǎnjiào	朝寝坊をする
说不定	shuōbudìng	はっきり言えない、〜かもしれない
说假话	shuō jiǎhuà	話を作る
说梦话	shuō mènghuà	寝言を言う、実現しそうもない話をする
死胡同	sǐhútòng	袋小路
送货	sònghuò	荷物を届ける
送礼物	sòng lǐwù	プレゼントをする、贈り物をする
送秋波	sòng qiūbō	ウインクする

随大溜	suí dàliù	みんなの後を追う
随风倒	suí fēng dǎo	勢力の強い方に味方する

T

弹钢琴	tán gāngqín	ピアノを弾く
谈恋爱	tán liàn'ài	恋愛する
烫头发	tàng tóufa	パーマをかける
逃课	táokè	授業をサボる
逃避责任	táobì zérèn	責任を逃れる
讨价还价	tǎo jià huán jià	値引き交渉をする
讨人嫌	tǎo rénxián	人に嫌われる
疼爱孩子	téng'ài háizi	子供を可愛がる
踢皮球	tī píqiú	ゴムまりを蹴る、責任をたらい回しにする
踢足球	tī zúqiú	サッカーをする
提问题	tí wèntí	質問する
提意见	tí yìjian	意見を述べる
剃头	tìtóu	髪を剃る
天晓得	tiān xiǎode	誰も知らない
挑刺	tiāocì	あら捜しをする
挑毛病	tiāo máobing	あら捜しをする
跳绳	tiàoshéng	縄跳びをする
贴邮票	tiē yóupiào	切手をはる
听广播	tīng guǎngbō	放送番組を聞く
听话	tīnghuà	言うことを聞く
停车	tíngchē	停車する
团团转	tuántuánzhuàn	ぐるぐる回る
退房	tuìfáng	チェックアウトする
退货	tuìhuò	返品をする
退烧	tuìshāo	熱が下がる
脱鞋	tuō xié	靴を脱ぐ
拖后腿	tuō hòutuǐ	足を引っ張る
拖时间	tuō shíjiān	時間を引き延ばす、時間稼ぎをする

W

晚点	wǎndiǎn	定刻より遅れる
违法	wéifǎ	法律を犯す
违约	wéiyuē	約束に背く
围围巾	wéi wéijīn	マフラーをする
围围裙	wéi wéiqún	エプロンをする

问长问短	wèn cháng wèn duǎn	あれこれと尋ねる
无风不起浪	wú fēng bù qǐ làng	風がなければ波は立たない
无所谓	wúsuǒwèi	どうでもいい

X

吸引顾客	xīyǐn gùkè	客を集める
瞎说	xiāshuō	でたらめを言う
下台阶	xià táijiē	窮地を逃れる
下工夫	xià gōngfu	大いに力を入れる、努力する
下决心	xià juéxīn	決心する
下围棋	xià wéiqí	囲碁を打つ
下象棋	xià xiàngqí	将棋をさす
下载	xiàzǎi	ダウンロードする
嫌麻烦	xián máfan	面倒がる
想办法	xiǎng bànfǎ	方法を考える、対策を講じる
想家	xiǎngjiā	ホームシックにかかる
消磨时间	xiāomó shíjiān	時間をつぶす
削皮	xiāopí	皮をむく
削苹果	xiāo píngguǒ	りんごをむく
小道消息	xiǎodào xiāoxi	口コミ
欣赏音乐	xīnshǎng yīnyuè	音楽を鑑賞する
欣赏夜景	xīnshǎng yèjǐng	夜景を楽しむ
修路	xiūlù	道路を補修する、道路を作る
修水库	xiū shuǐkù	ダムを作る
绣花	xiùhuā	刺繍する
许愿	xǔyuàn	願をかける
寻开心	xún kāixīn	からかう
寻找时机	xúnzhǎo shíjī	チャンスを探る

Y

腌咸菜	yān xiáncài	漬物を漬ける
验血	yànxuè	血液検査をする
养病	yǎngbìng	療養をする
咬耳朵	yǎo ěrduo	耳打ちをする
摇头	yáotóu	首を横に振る
一口吃个胖子	yì kǒu chī ge pàngzi	一口食べてでぶになる、すぐ目的を達しようとする
一言为定	yì yán wéi dìng	言ったことを守る
迎接新年	yíngjiē xīnnián	新年を迎える
有鼻子有眼儿	yǒu bízi yǒu yǎnr	真に迫っている

有的是	yǒudeshì	たくさんある、いくらでもある
有两下子	yǒu liǎngxiàzi	能力がある
有眉目	yǒu méimu	目鼻がつく
有眼力	yǒu yǎnlì	見る目がある
晕车	yùnchē	車に酔う
晕船	yùnchuán	船に酔う
熨衣服	yùn yīfu	服にアイロンをかける

Z

摘眼镜	zhāi yǎnjìng	眼鏡をはずす
占地方	zhàn dìfang	場所をふさぐ
占便宜	zhàn piányi	うまい汁を吸う
占线	zhànxiàn	話し中
占时间	zhàn shíjiān	時間をふさぐ
涨价	zhǎngjià	値上がりする
长见识	zhǎng jiànshi	見識を高める
掌握火候	zhǎngwò huǒhou	火加減をコントロールする
招待客人	zhāodài kèren	お客さんをもてなす
找别扭	zhǎo bièniu	相手を不愉快にさせる
找对象	zhǎo duìxiàng	（結婚の）相手を探す、恋人を求める
找话题	zhǎo huàtí	話題を探す
找工作	zhǎo gōngzuò	仕事を探す
找机会	zhǎo jīhuì	チャンスを探す
找借口	zhǎo jièkǒu	口実を探す
照顾孩子	zhàogù háizi	子供の世話をする
照葫芦画瓢	zhào húlu huà piáo	ひょうたんを見てひさごを描く、見よう見まねのたとえ
照镜子	zhào jìngzi	鏡を見る
斟酒	zhēnjiǔ	酒を注ぐ
珍惜时间	zhēnxī shíjiān	時間を大切にする
争取时间	zhēngqǔ shíjiān	時間をかせぐ、時間と競争する
争取主动	zhēngqǔ zhǔdòng	主動権を奪う
睁一只眼闭一只眼	zhēng yì zhī yǎn bì yì zhī yǎn	見て見ぬ振りをする
正是时候	zhèng shì shíhou	タイミングがよい
值班	zhíbān	当番をする
值钱	zhíqián	値打ちがある
种菜	zhòngcài	野菜を作る
种地	zhòngdì	畑を作る
种树	zhòngshù	木を植える
煮鸡蛋	zhǔ jīdàn	ゆで卵を作る

煮饺子	zhǔ jiǎozi	餃子をゆでる
抓紧时间	zhuājǐn shíjiān	時間を無駄にしない
转车	zhuǎnchē	乗り換える
转身	zhuǎnshēn	体の向きを変える
转弯	zhuǎnwān	方向を変える
转学	zhuǎnxué	転校する
装车	zhuāngchē	車に貨物を積み込む
撞运气	zhuàng yùnqi	運試しをする
捉迷藏（藏猫猫）	zhuō mícáng(cángmāomao)	かくれんぼをする
着陆	zhuólù	着陸する
着手	zhuóshǒu	着手する
走过场	zǒu guòchǎng	お茶を濁す
走红运	zǒu hóngyùn	好運に恵まれる
走后门	zǒu hòumén	コネを使う、裏門から入る
走极端	zǒu jíduān	極端に走る
走形式	zǒu xíngshì	形式に流れる
走冤枉路	zǒu yuānwanglù	無駄足を踏む、遠回りをする
走着瞧	zǒuzhe qiáo	様子を見る
租房子	zū fángzi	家を借りる
遵守时间	zūnshǒu shíjiān	時間を守る
钻空子	zuān kòngzi	隙に乗じてうまいことをする
钻牛角尖	zuān niújiǎojiān	つまらない問題に頭を悩ます
坐班	zuòbān	勤務時間通りに会社にいる
坐电梯	zuò diàntī	エレベーターに乗る
做伴	zuòbàn	相手をする
作报告	zuò bàogào	講演する
做鬼脸	zuò guǐliǎn	おどけた顔をする
做健美操	zuò jiànměicāo	エアロビクスをする
做手脚	zuò shǒujiǎo	いんちきをやる
做秀	zuòxiù	芝居をする、格好をつける

読者アンケートにご協力ください

この度は小社教材をお買い上げいただき、誠にありがとうございます。実際に教材をお使いいただいた感想をお聞かせください。本書に挟みこんである読者アンケートハガキ、またはパソコン・携帯電話でもご送信いただけます。ご協力いただいた方には、記念品を進呈いたします。

パソコンでの送信 以下のアドレスにアクセスしてください。
http://www.ask-digital.co.jp/chinese/regist/

携帯電話での送信 右のQRコードよりアクセスしてください。

著者紹介

戴 暁旬 (たい ぎょうじゅん)

電気通信大学大学院 博士課程修了（工学博士）。電気通信大学助手、科学技術振興事業団特別研究員、会社員などを経て現在中国語講師。

合格奪取！
中国語検定2級トレーニングブック
筆記問題編

2009年　7月10日　初版　第1刷
2011年　7月30日　初版　第4刷

著者	戴 暁旬（Dài Xiǎoxún）
装丁・本文デザイン	株式会社アスク　広報宣伝部
DTP	株式会社ワードトップ
印刷・製本	精文堂印刷株式会社
発行	株式会社アスク出版
	〒162-8558　東京都新宿区下宮比町2-6
	電話　03-3267-6866（編集）
	03-3267-6864（販売）
	FAX　03-3267-6867
	http://www.ask-digital.co.jp/
発行人	天谷 修平

価格はカバーに表示してあります。
許可なしに転載、複製することを禁じます。
落丁本、乱丁本はお取り替えいたします。
ISBN 978-4-87217-712-1　　Printed in Japan

アスク出版のビジネス中国語

「塚本式中国語仕事術」シリーズ

対中ビジネス経験豊富な塚本慶一先生による超実用的ビジネス中国語学習書。

塚本式中国語仕事術
現場でそのまま使える　事例別
ビジネス中国語フレーズ集

現場に強いビジネスフレーズが1140！

「電話」「接待」「交渉」など150のビジネスシーン別に、実践的なフレーズを1140ピックアップ。巻末の日本語索引を使えば、必要な表現をすぐに確認できます。中国語の基礎的な力はあるが、ビジネス用語や表現に不安を感じる、という方に最適。

A5判/336pp/CD2枚付　　　　著：塚本慶一・石田智子
価格：2,940円（税込）
ISBN978-4-87217-556-1

塚本式中国語仕事術　やさしい会話

初心者の方はこちら

突然の中国出張もこれで安心！
中国語の基礎知識から、簡単なビジネス会話までを学習。まったくの初心者の方からご利用いただけます。中国ビジネスのマナーやルールを解説したコラムも必読。

著：塚本慶一・高田裕子

A5判/160pp/CD1枚付
定価：1,890円（税込）
ISBN4-87217-478-X

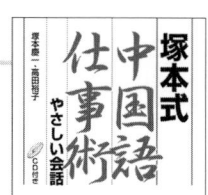

お近くの書店でお求めください。小社に直接ご注文いただくことも可能です。

03-3267-6864

株式会社 アスク出版
〒162-8558　東京都新宿区下宮比町2-6

アスクのオンラインストア
http://www.ask-shop.net/
携帯用サイトもございます。
右のQRコードからアクセス！

新発想シリーズ第3弾！ 好評発売中！

「ルー（rè）」で暑さを
「ローン（lěng）」で寒さを
感じたい。

新発想 イメージで覚える 中国語
基本動詞 形容詞300

編集・制作：アスク出版

A5判・144pp・CD付
価格：1,680円（税込）
ISBN 978-4-87217-640-7

「音」を聞いただけで、即「意味」がわかるようになりたい、そんな願いから生まれた新メソッド。「音」を聴いて、イラストを見て、意味をイメージすることで、日本語に頼らずに中国語を理解する。ネイティブのように中国語を中国語のまま覚える「新しいワークブック単語集」！

第1弾　新発想 中国語の発音

編者：陳莉・董琳莉
ISBN 978-4-87217-618-6／1,575円（税込）

第2弾　続・新発想 中国語の発音
－言葉遊び・漢詩編－

編者：劉徳聯・劉岩
ISBN 4-87217-630-8／1,575円（税込）

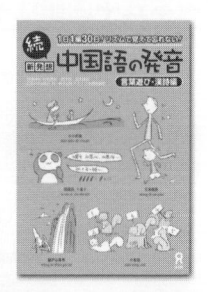

お近くの書店でお求めください。小社に直接ご注文いただくことも可能です。

03-3267-6864

株式会社 アスク出版
〒162-8558　東京都新宿区下宮比町2-6

アスクのオンラインストア
http://www.ask-shop.net/
携帯用サイトもございます。
右のQRコードからアクセス！